WISO *kompakt*

Wirtschafts- und Sozialkunde
zur Prüfungsvorbereitung
für den Kaufmann/die Kauffrau
für Büromanagement

von
Christine Moos
Josef Moos

2., aktualisierte Auflage

Handwerk und Technik • Hamburg

Bildquellenverzeichnis:
dpa-Picture-Alliance GmbH, Frankfurt am Main (dpa-Infografik): S. 115; 149
Maier-Reimer, Nicola, Hamburg: S. 152

ISBN 978-3-582-34048-1   Best.-Nr. 1808

Das Werk und seine Teile sind urheberrechtlich geschützt. Jede Nutzung in anderen als den gesetzlich oder durch bundesweite Vereinbarungen zugelassenen Fällen bedarf der vorherigen schriftlichen Einwilligung des Verlages.

Die Verweise auf Internetadressen und -dateien beziehen sich auf deren Zustand und Inhalt zum Zeitpunkt der Drucklegung des Werks. Der Verlag übernimmt keinerlei Gewähr und Haftung für deren Aktualität oder Inhalt noch für den Inhalt von mit ihnen verlinkten weiteren Internetseiten.

Verlag Handwerk und Technik GmbH,
Lademannbogen 135, 22339 Hamburg; Postfach 63 05 00, 22331 Hamburg – 2020
E-Mail: info@handwerk-technik.de – Internet: www.handwerk-technik.de

Satz und Layout: Jesse Konzept & Text GmbH, 30179 Hannover
Druck: Grafisches Centrum Cuno GmbH & Co. KG, 39240 Calbe

Gebrauchsanweisung für dieses Buch

Sie befinden sich in der Ausbildung zur **Kauffrau** bzw. zum **Kaufmann für Büromanagement.** Vielleicht stehen Sie schon vor Ihrer IHK-Abschlussprüfung, die Sie in den folgenden Bereichen ablegen müssen:
1. Informationstechnisches Büromanagement
2. Kundenbeziehungsprozesse
3. Fachaufgabe in der Wahlqualifikation
4. Wirtschafts- und Sozialkunde

Dieses knapp gehaltene Prüfungsbuch wird Sie bei der Vorbereitung zur Abschlussprüfung **im Fach Wirtschafts- und Sozialkunde** unterstützen.

Nicht alles, was Sie in der Berufsschule in diesem Fach gelernt haben, wird auch von der zuständigen Stelle, der Industrie- und Handelskammer, geprüft, sondern nur das, was in der Ausbildungsordnung vom Dezember 2014 steht. Dabei handelt es sich im Wesentlichen um die folgenden Prüfungsgebiete:

1. **Notwendigkeit des Wirtschaftens**
2. **Betrieblicher Leistungsprozess**
3. **Zahlungsverkehr und Finanzwirtschaft**
4. **Rechtsgrundlagen – Unternehmensrecht**
5. **Rechtsgeschäfte**
6. **Berufsausbildung – Arbeit im Betrieb**
7. **Staat und Wirtschaft**

Dieses Arbeitsbuch folgt in seiner Gliederung diesen sieben Prüfungsgebieten mit deren jeweiligen Teilgebieten. Damit ist der gesamte Prüfungsstoff abgedeckt.

Was und wie wird im Einzelnen geprüft?
Informationen dazu finden Sie in einer Übersicht jeweils am Anfang der sieben Kapitel. Es werden Ihnen in der Prüfung mehrere Aufgabentypen begegnen:
- Multiple-Choice-Aufgaben mit einer richtigen Lösung,
- Multiple-Choice-Aufgaben mit mehreren richtigen Lösungen,
- Zuordnungs- und Einsetzaufgaben,
- Reihenfolgeaufgaben,
- Rechenaufgaben,
- offene Aufgaben, zu denen Sie selbst eine Antwort formulieren müssen.

Wie arbeiten Sie am wirkungsvollsten mit diesem Buch?
Arbeiten Sie den Inhalt des ersten Unterkapitels *1.1 Bedürfnisse und Bedarf* durch. Jeweils am Ende eines oder mehrerer Unterkapitel finden Sie dann Aufgaben zu diesem Prüfungsbereich. Prüfen Sie Ihr Wissen erst anhand der offenen Aufgaben. Notieren Sie Ihre Antworten stichwortartig oder verwenden Sie den vorgesehenen Platz bei den Einsetzaufgaben.
Wenn Sie alle Aufgaben beantwortet haben, vergleichen Sie Ihre Antworten mit den Musterlösungen am Ende des Buches.
Testen Sie dann Ihr Wissen anhand des darauffolgenden Multiple-Choice-Aufgabenbogens. Die Lösung zum Multiple-Choice-Test finden Sie ebenso am Ende des Buchs. Stellen Sie dann noch Lücken in Ihrem Wissen fest, arbeiten Sie das Kapitel nochmals durch.

Wie geht es weiter?
Nach diesem Vorgehensmuster arbeiten Sie alle sieben Kapitel durch – idealerweise eines pro Woche – und lösen die dazugehörigen Aufgaben.
Einige Tage vor der Abschlussprüfung in Wirtschafts- und Sozialkunde bearbeiten Sie dann die drei Musterprüfungssätze. Sie sind ein Mix aus den oben genannten Aufgabentypen. Die Inhalte der Fragen sind, so wie in der IHK-Prüfung auch, nicht streng in der Reihenfolge der sieben Prüfungskapitel geordnet, umfassen aber alle Prüfungsgebiete mit unterschiedlichen Aufgabentypen. Und wie in der Abschlussprüfung auch, treten betriebliche Situationsszenarien mit mehreren Aufgaben dazu auf. Wenn Sie diese Gebrauchsanweisung beachten, dann sind Sie fit für die Prüfung in WISO.

Wie können Sie dieses Arbeitsbuch noch sinnvoll nutzen?
Sie finden hier nur eine knappe Zusammenfassung des Stoffes für die Abschlussprüfung in WISO. Sie können dieses Buch aber auch vom ersten Ausbildungsmonat an benutzen, um parallel zum Unterricht oder zur betrieblichen Unterweisung wichtige Inhalte nachzulesen, zu festigen, laufend zu wiederholen und Ihr Wissen anhand der Aufgaben selbst zu überprüfen.

Wir wünschen Ihnen dabei viel Erfolg.

Inhaltsverzeichnis

1. Notwendigkeit des Wirtschaftens

1.1	Bedürfnisse und Bedarf	1
	Aufgaben Offene Aufgaben	3
	Multiple-Choice-Aufgaben	4
1.2	Güterarten und Betriebe	5
1.3	Wirtschaftsprinzip und Ziele der Wirtschaft	7
1.3.1	Produktivität	8
1.3.2	Wirtschaftlichkeit	8
1.3.3	Rentabilität	9
1.3.4	Wertschöpfung	9
1.3.5	Ökologisches Wirtschaften	10
	Aufgaben Offene Aufgaben	11
	Multiple-Choice-Aufgaben	13
1.4	Preisbildung durch Angebot und Nachfrage	15
	Aufgaben Offene Aufgaben	19
	Multiple-Choice-Aufgaben	21

2. Betrieblicher Leistungsprozess

2.1	Produktionsfaktoren	22
2.1.1	Volkswirtschaftliche Produktionsfaktoren	22
2.1.2	Betriebswirtschaftliche Produktionsfaktoren	23
	Aufgaben Offene Aufgaben	25
	Multiple-Choice-Aufgaben	26
2.2	Wirtschaftskreislauf	27
2.3	Arbeitsteilung	28
	Aufgaben Offene Aufgaben	31
	Multiple-Choice-Aufgaben	33
2.4	Produkt- und Preispolitik	34
2.4.1	Leistungserstellung	34
2.4.2	Produktpolitik	35
2.4.3	Sortimentspolitik	36
2.4.4	Distributionspolitik	38
2.4.5	Marketing	39
	Aufgaben Offene Aufgaben	42
	Multiple-Choice-Aufgaben	44
2.5	Wettbewerb und Konzentration in der Wirtschaft	46
2.5.1	UWG – Gesetz gegen unlauteren Wettbewerb	46
2.5.2	Konzentration in der Wirtschaft	47
2.5.3	Marktbeherrschende Unternehmen	49
	Aufgaben Offene Aufgaben	50
	Multiple-Choice-Aufgaben	52

3. Zahlungsverkehr und Finanzwirtschaft

3.1	Zahlungsverkehr	53
3.1.1	Barzahlung – halbbare Zahlung	53
3.1.2	Bargeldlose Zahlung	54
3.1.3	Störungen im Zahlungsverkehr	55
	Aufgaben Offene Aufgaben	56
	Multiple-Choice-Aufgaben	58
3.2	Investitionen und Kredite	59
3.2.1	Eigenfinanzierung	59
3.2.2	Fremdfinanzierung	59
3.2.3	Lieferantenkredit	62
	Aufgaben Offene Aufgaben	63
	Multiple-Choice-Aufgaben	65
3.3	Steuern	
3.3.1	Besteuerung	66
3.3.2	Steuerarten	66
3.4	Versicherungen für Unternehmen	70
	Aufgaben Offene Aufgaben	71
	Multiple-Choice-Aufgaben	72

4. Rechtsgrundlagen – Unternehmensrecht

4.1	Rechtsordnung	73
4.1.1	Grundlagen und Rechtsnormen	73
4.1.2	Rechts- und Geschäftsfähigkeit	73
	Aufgaben Offene Aufgaben	77
	Multiple-Choice-Aufgaben	79
4.2	Rechtsgeschäfte allgemein	81
4.3	Besitz und Eigentum	82
	Aufgaben Offene Aufgaben	84
	Multiple-Choice-Aufgaben	86
4.4	Unternehmensformen	87
4.4.1	Rechtsformen im Handelsrecht	88
4.4.2	Gewinnbeteiligung bei Gesellschaften	89
4.4.3	Kaufmannseigenschaften	91
4.4.4	Handelsregister	91
	Aufgaben Offene Aufgaben	92
	Multiple-Choice-Aufgaben	94

5. Rechtsgeschäfte

5.1 Vertragsarten 96
5.1.1 Überlassungsverträge 96
5.1.2 Arbeits- und Besorgungsverträge 97
5.1.3 Kaufverträge 98
5.1.4 Online-Kaufverträge 100

5.2 Leistungsstörungen 100
Aufgaben Offene Aufgaben 103
Multiple-Choice-Aufgaben 105

6. Berufsausbildung – Arbeit im Betrieb

6.1 Berufliche Erstausbildung 107
6.1.1 Ausbildung im Betrieb und Berufsschule 108
6.1.2 Ausbildungsvertrag 108
6.1.3 Rechte und Pflichten der Vertragspartner in einem Berufsausbildungsverhältnis 109
6.1.4 Prüfungen 110
6.1.5 Berufliche Mobilität 111
6.1.6 EQR und ECVET 113
Aufgaben Offene Aufgaben 114
Multiple-Choice-Aufgaben 116

6.2 Arbeitsschutz im Betrieb 118
6.2.1 Jugendarbeitsschutz 118
6.2.2 Arbeitsschutzgesetze 118
6.2.3 Arbeitsrecht 119
6.2.4 Arbeitsvertrag und Kündigungsschutz 121
6.2.5 Arbeitsgerichtsbarkeit 123
Aufgaben Offene Aufgaben 125
Multiple-Choice-Aufgaben 126

6.3 Arbeitnehmer im Betrieb 128
6.3.1 Betriebsrat 128
6.3.2 Jugend- und Auszubildendenvertretung 130
6.3.3 Allgemeine Arbeitnehmerrechte 130
6.3.4 Mitbestimmung im Aufsichtsrat 131
Aufgaben Offene Aufgaben 132
Multiple-Choice-Aufgaben 133

6.4 Arbeitnehmer- und Arbeitgeberorganisationen 135
6.4.1 Gewerkschaften 135
6.4.2 Arbeitgeberorganisationen 136
6.4.3 Tarifrecht 137
Aufgaben Offene Aufgaben 139
Multiple-Choice-Aufgaben 140

6.5 Soziale Sicherung 142
6.5.1 Gesetzliche Sozialversicherungen 142
6.5.2 Probleme der sozialen Sicherung 144
6.5.3 Sozialgerichtsbarkeit 146
6.5.4 Private Versicherungen 146
Aufgaben Offene Aufgaben 147
Multiple-Choice-Aufgaben 148

7. Staat und Wirtschaft

7.1 Marktwirtschaft 150
7.1.1 Soziale Marktwirtschaft 150
7.1.2 Globale Wirtschaft 151

7.2 Wirtschafts- und Konjunkturpolitik 153

7.3 Geld- und Währungspolitik 154
7.3.1 Aufgaben der Europäischen Zentralbank (EZB) 154
7.3.2 Instrumente der Europäischen Zentralbank (EZB) 155
Aufgaben Offene Aufgaben 157
Multiple-Choice-Aufgaben 158

8. Musterprüfungssätze

Musterprüfungssatz 1 160
Musterprüfungssatz 2 165
Musterprüfungssatz 3 170

9. Lösungen zu den Aufgaben

Kapitel 1: Notwendigkeit des Wirtschaftens 175
Kapitel 2: Betrieblicher Leistungsprozess 177
Kapitel 3: Zahlungsverkehr und Finanzwirtschaft ... 182
Kapitel 4: Rechtsgrundlagen – Unternehmensrecht .. 185
Kapitel 5: Rechtsgeschäfte 188
Kapitel 6: Berufsausbildung – Arbeit im Betrieb 189
Kapitel 7: Staat und Wirtschaft 194

Lösungen zu den Musterprüfungssätzen 196

Sachwortverzeichnis 197

1 Notwendigkeit des Wirtschaftens

Prüfungsgebiet	Themenbereiche	Prüfungsinhalte
In der Abschlussprüfung WISO müssen Sie im Prüfungsgebiet *Berufsausbildung – Arbeit im Betrieb* Aufgaben zu folgenden Bereichen bearbeiten:	Bedürfnisse und Bedarf	• Vom Bedürfnis zum Bedarf • Bedürfnisarten und -hierarchie
	Güter und Ziele wirtschaftlichen Handelns	• Arten von Gütern • Ziele des Wirtschaftens • Ökologie und Nachhaltigkeit • Preisbildung durch Angebot und Nachfrage

1.1 Bedürfnisse und Bedarf

In den Wirtschaftswissenschaften wird der Begriff **Bedürfnis** als der Wunsch definiert, einen empfundenen Mangel zu beheben. Bedürfnisse werden damit als der Auslöser für jegliches wirtschaftliches Handeln gesehen. Die Produktion von Gütern und Dienstleistungen in einer Volkswirtschaft ist also kein Selbstzweck, sondern erhält ihren Antrieb durch die Bedürfnisse der Menschen und deren Wunsch, diese zu befriedigen. Kann ein Bedürfnis nicht erfüllt werden, entsteht ein Mangelzustand. Jeder Mensch versucht, solche Mangelzustände zu überwinden, indem er seine Bedürfnisse auf einen bestimmten Bedarf hin ausrichtet.

Ein Bedürfnis wird erst in Verbindung mit Kaufkraft zum Bedarf, der dann am Markt als Nachfrage auftritt.

Mangelzustand	→	Bedürfnis	+	Kaufwille	→	Bedarf	+	Kaufkraft	→	Nachfrage	→	Bedürfnisbefriedigung
Mensch hat Durst		nach einem Getränk		es soll ein Genussgetränk sein		z. B. ein *Smoothie*		hat 4 € übrig		geht in eine Saftbar = Kaufentschluss		Durst ist gelöscht (gut geschmeckt = Zusatznutzen)

Bedürfnisse sind nicht gleichrangig, denn der Mensch kann unendlich viele Bedürfnisse entwickeln. Nach Abraham Harold Maslow (1908–1970) lassen sich Bedürfnisse hierarchisch in Form einer Pyramide darstellen.

Bedürfnis nach Selbstverwirklichung
steigert die Lebenszufriedenheit und ist primär intrinsisch (= nach innen wirkend).

Kulturbedürfnisse
sind Sekundärbedürfnisse, z. B. Kino, Theater. Sie steigern die Lebensqualität, sind Wahlbedürfnisse und vom Kulturkreis abhängig, in dem ein Mensch lebt.

Luxusbedürfnisse
z. B. ein Premium-Pkw. Sie verschaffen Ansehen, sind Wahlbedürfnisse, aber entbehrlich.

Sicherheitsbedürfnisse
z. B. sichere Altersversorgung. Sie sollen befriedigt werden und setzen dann Kaufkraft für höhere Bedürfnisse frei.

Grundbedürfnisse
sind Primärbedürfnisse, z. B. Kleidung, Nahrung, Wohnung. Sie sind gegenständlich und lebensnotwendig und müssen befriedigt werden, damit sich höhere Bedürfnisse überhaupt erst entwickeln können.

Bedürfnisse lassen sich auch unterscheiden nach ihrer **Konkretheit** in
- **materielle Bedürfnisse:** Sie sind käuflich, z. B. ein Becher *Coffee to go*.
- **immaterielle Bedürfnisse:** Sie sind nicht käuflich, z. B. Anerkennung im Unternehmen, im Beruf.

Weiterhin können Bedürfnisse ihrer **Zuordnung** nach unterschieden werden in
- **Individualbedürfnisse:** Hierbei handelt es sich um das Bedürfnis eines einzelnen Menschen, bezogen auf seine Person, z. B. Kleidung.
- **Kollektivbedürfnisse:** Sie stellen Bedürfnisse Vieler bzw. ganzer Gruppen dar, z. B. eine störungsfreie Infrastruktur, eine Gesundheitsvorsorge.

Wie Bedürfnisse vom Einzelnen eingeordnet werden, hängt von der individuellen Lebens- und Arbeitssituation und dem jeweiligen Kulturkreis ab, in dem ein Mensch lebt. So kann z. B. das Bedürfnis nach einem Pkw in einem armen Land ein Luxusbedürfnis sein, für einen Taxiunternehmer ist es hingegen ein Existenzbedürfnis. Bedürfnisse verändern sich aber auch mit dem Lebensalter und dem Einkommen. Ein junger Mensch in Ausbildung ist mit einem Zimmer in einer Wohngemeinschaft zufrieden, hat er Familie, dann entwickelt er das Bedürfnis nach einer großen Wohnung oder einem Haus.

Die Wirtschaft weckt Bedürfnisse und sorgt durch ein vielfältiges Angebot für die Bedürfnisbefriedigung.

Unterstützend wirkt hier das **Marketing** (siehe Seite 39), da es unbewusste (= latente) Bedürfnisse überhaupt erst wecken kann, z. B. den Wunsch nach einem Premium-Pkw. Sind bei einem Menschen die Bedürfnisse langfristig größer als das zu ihrer Befriedigung vorhandene Einkommen, kann das zu einem Dauergefühl des Mangels führen, oft aber auch dazu, diese Bedürfnisse mit kurz- und langfristigen Krediten zu finanzieren. Können derartige Kredite dann nicht bedient werden, kann eine Überschuldung bis hin zur Privatinsolvenz die mögliche Folge sein.

Die volkswirtschaftliche Betrachtung ordnet Bedarfe unterschiedlichen Bedarfsträgern zu.

Bedarfe an Gütern zeigen sich in unterschiedlicher Struktur:	**Bedarfsträger** können sein:
- **quantitativ:** als Menge, z. B. Überangebot bei Saisonwaren - **qualitativ:** als Sortiment, z. B. vom Basismodell bis zur Premiumausführung - **räumlich:** als Ort, z. B. Einzelhandel, Kaufhäuser - **zeitlich:** als Zeitpunkt, z. B. Winter- und Sommer-Oberbekleidung	- private Haushalte - Unternehmen der Wirtschaft - Bund, Länder, Kommunen - Ausland

Der zentrale Ort, an dem Bedarfe zur Nachfrage werden und auf ein Angebot treffen können, ist der Markt.

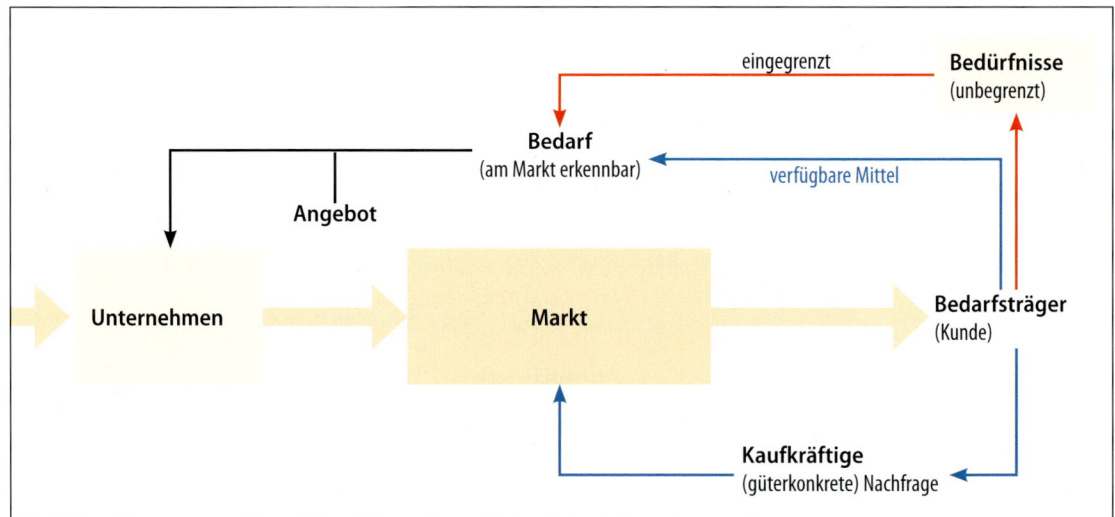

Aufgaben

Offene Aufgaben
Formulieren Sie Ihre Antworten in Stichpunkten und vermeiden Sie es, auf den vorhergehenden Seiten nachzusehen.

① Der Mensch hat sehr unterschiedliche Bedürfnisse – gemeinsam ist allen: Sie können mehr kosten, als möglicherweise Kaufkraft zur Verfügung steht.
Nennen Sie vier für Sie wichtige Bedürfnisse und ordnen Sie diese in der Hierarchie ein: sehr wichtig – wichtig – weniger wichtig – verzichtbar.

② Bringen Sie die Begriffe in die richtige Reihenfolge, indem Sie diese in die zutreffenden Kästchen eintragen.
6,- € zur Verfügung – Hungergefühl – Hunger gestillt – eine Kleinigkeit zum Essen – Cafeteria – Sandwich – im Stehen zu essen

Mangelzustand	Bedürfnis
Kaufwille	Bedarf
Kaufkraft	Nachfrage

Bedürfnisbefriedigung

③ Geben Sie jeweils die Art des Bedürfnisses an, indem Sie die entsprechenden Zahlen in die Kästchen eintragen:
  a) materielles Bedürfnis 1
     immaterielles Bedürfnis 2
  b) Individualbedürfnis 3
     Kollektivbedürfnis 4

	a)	b)
modische Schuhe	☐	☐
Berufsunfähigkeitsversicherung	☐	☐
sicherer Arbeitsplatz	☐	☐
Anerkennung im Beruf	☐	☐
beruflicher Aufstieg	☐	☐
Tablet-PC	☐	☐

④ Bedürfnisse eines Menschen führen zwar oft zu einem Bedarf, doch wenn die Kaufkraft fehlt, dann ist eine Bedürfnisbefriedigung oft nicht möglich oder muss mit Nachteilen erkauft werden.
Bringen Sie das folgende Szenario in eine richtige Reihenfolge.

Budget: 400,- € – Kauf gegen Ratenzahlung – Sonderangebot: Notebook für 650,- € – Ratenzahlung möglich – Wunsch nach einem aktuellen Notebook – Anbieter im Internet – Verzicht auf das Notebook

⑤ Bedürfnisbefriedigung ohne ausreichende Kaufkraft führt manche Menschen in die Privatinsolvenz. Sie kann neben persönlichen Einschränkungen berufliche Nachteile nach sich ziehen. Erläutern Sie, wie Arbeitgeber reagieren könnten, wenn Mitarbeiter in die Privatinsolvenz geraten.

⑥ Welche Folgen hat eine rasche Veränderung der Bedürfnisse der privaten Haushalte, wie z. B. Biofleisch statt Billigfleisch, auf die Unternehmen der Lebensmittelindustrie und den Handel?

Die Lösungen zum Überprüfen Ihrer Antworten finden Sie auf Seite 175.
Lösen Sie nun die Multiple-Choice-Aufgaben.

Multiple-Choice-Aufgaben

Kreuzen Sie die richtige Lösung an! Die Anzahl der richtigen Lösungen ist in Klammern angegeben.

1. **Was ist kein Existenzbedürfnis? (1)**
   1. gesunde Nahrung ☐
   2. Theaterbesuch ☐
   3. zweckmäßige Kleidung ☐
   4. sauberes Trinkwasser ☐
   5. angemessene Wohnung ☐

2. **Welches Sicherheitsbedürfnis spielt eine zunehmend wichtige Rolle? (1)**
   1. große Wohnung ☐
   2. moderner Arbeitsplatz ☐
   3. modische Kleidung ☐
   4. ausreichende Altersrente ☐
   5. tolerante Gesellschaft ☐

3. **In welchen Fällen liegt ein immaterielles Bedürfnis vor? (2)**
   1. hohes Einkommen ☐
   2. sicherer Arbeitsplatz ☐
   3. Anerkennung bei Kollegen ☐
   4. moderner Arbeitsplatz ☐
   5. gesunde Ernährung ☐

4. **Welche Bedürfnisse sind vielen Menschen wichtig? (3)**
   1. zuverlässige Energieversorgung ☐
   2. billige Tattoos ☐
   3. zuverlässiger Bananenimport ☐
   4. sicherer Arbeitsplatz ☐
   5. beruflicher Aufstieg ☐

5. **Welches Bedürfnis ist stark abhängig vom Kulturkreis, in dem ein Mensch lebt? (1)**
   1. glückliche Partnerschaft ☐
   2. gesunde Ernährung ☐
   3. Mitgliedschaft in Vereinen ☐
   4. zuverlässiger Freundeskreis ☐
   5. hohe Lebenserwartung ☐

6. **Welche Behauptungen treffen zu? (2)**
   1. Je höher die Kaufkraft, desto höher sind die Bedürfnisse. ☐
   2. Kulturbedürfnisse sind verzichtbar. ☐
   3. Geschicktes Marketing weckt Bedürfnisse. ☐
   4. Je höher der Bedarf, desto höher ist die Kaufkraft. ☐
   5. Konsumverzicht reduziert Bedürfnisse. ☐

7. **Welchen Einfluss hat Marketing auf die Bedürfnisse eines Menschen? (2)**
   1. Es hat keinen Einfluss. ☐
   2. Es kann latente Bedürfnisse wecken. ☐
   3. Es führt zur Überschuldung von Verbrauchern. ☐
   4. Es ist ein legales Mittel, Umsatz zu steigern. ☐
   5. Es kann Bedürfnisse vortäuschen. ☐

8. **In welchem Zusammenhang stehen Individual- und Kollektivbedürfnisse? (2)**
   1. Sie sind identisch. ☐
   2. Mit den Kollektivbedürfnissen nehmen die Individualbedürfnisse zu. ☐
   3. Mit den Individualbedürfnissen nehmen die Kollektivbedürfnisse zu. ☐
   4. Individualbedürfnisse steigern die Lebenszufriedenheit des Einzelnen, Kollektivbedürfnisse die der Gesellschaft. ☐
   5. Nicht jedes Kollektivbedürfnis ist für den Einzelnen wichtig. ☐

Die Lösungen finden Sie auf Seite 175.
Arbeiten Sie jetzt die **Kapitel 1.2** und **1.3** durch.

1.2 Güterarten und Betriebe

Güter dienen den Menschen zur Bedürfnisbefriedigung. Weil die Bedürfnisse sehr vielfältig und auch individuell sind, wird zu ihrer Befriedigung eine Vielfalt an Gütern benötigt.
Güter, die in der Umwelt und Wirtschaft vorhanden sind und zur Herstellung von Gütern und Dienstleistungen genutzt werden, sind nicht gleichrangig. Man unterscheidet im Wesentlichen:

Freie Güter:
- sind unbegrenzt vorhanden,
- haben keinen Preis,
- können sofort genutzt werden,
- können von jedem genutzt werden, z. B. Luft, Sonne, Meer.

Wirtschaftsgüter:
- sind knapp und nur begrenzt vorhanden,
- haben einen Preis, der von Angebot und Nachfrage abhängt,
- müssen oft erst verarbeitet („veredelt") werden,
- müssen durch Kauf auf dem Markt erworben werden, z. B. Erdöl, Möbel, Pkw, Nahrungsmittel.

Die folgende Übersicht zeigt die Vielfalt und Verwendung von Wirtschaftsgütern.

Wirtschaftsgüter

materielle Güter
= Sachgüter
Herstellung und Verwendung erfolgen zeitversetzt, sie werden nach der weiteren Verwendung unterschieden in

- **Konsumgüter**
  für private Haushalte zur direkten Bedürfnisbefriedigung
- **Produktionsgüter**
  werden in Betrieben verwendet, um daraus wieder Güter und Dienstleistungen herzustellen

immaterielle Güter
= nicht gegenständliche Güter

- **Dienstleistungen**
  Erbringung und Nutzung sind zeitgleich bis zeitnah
- **Rechte**
  z. B. Patente, Lizenzen

Konsumgüter:
- **Gebrauchsgüter** z. B. Möbel nutzen sich ab
- **Verbrauchsgüter** z. B. Wurst, Brot, Käse werden verzehrt

Produktionsgüter:
- **Gebrauchsgüter** z. B. Maschinen, Anlagen, PCs nutzen sich ab
- **Verbrauchsgüter** z. B. Erdöl, Stahl, Holz; alle Roh-, Hilfs- und Betriebsstoffe

Dienstleistungen:
- **für private Haushalte** – **personenbezogen** z. B. Altenpflege (= privat), z. B. Unternehmensberatung
- **für Unternehmen** – **sachbezogen** z. B. Pizzaservice (= privat), z. B. Tankstellenwartung

Viele materielle Güter, ob Konsum- oder Produktionsgüter, stillen dieselben Bedürfnisse und lassen sich austauschen, ersetzen oder sind voneinander abhängig. Man spricht dann von:

- **Substitutionsgütern:** Sie sind in ihrem Nutzen annähernd gleichwertig und können gegeneinander ausgetauscht werden, z. B. Butter gegen Margarine, Erdgas gegen Kohle, Elektroherde gegen Gasherde. Sie verringern aber oft den Absatz der ursprünglich produzierten Güter.
- **Komplementärgütern:** Sie ergänzen sich gegenseitig. Ein **Basisgut** benötigt zu seinem Gebrauch ein weiteres Gut, z. B. erfordert ein Pkw für seinen Betrieb Diesel oder Benzin, ein Drucker Tinten- oder Laserpatronen sowie Papier. Vertreibt ein Anbieter Basis- und Komplementärgüter, so steigt mit dem Absatz der Basisprodukte auch der Absatz der Komplementärprodukte.

Absatz: Substitutionsgüter und Basisgut

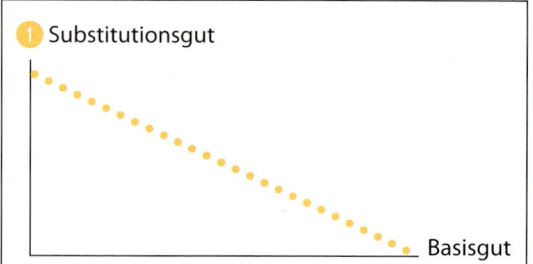

Absatz: Komplementärgüter und Basisgut

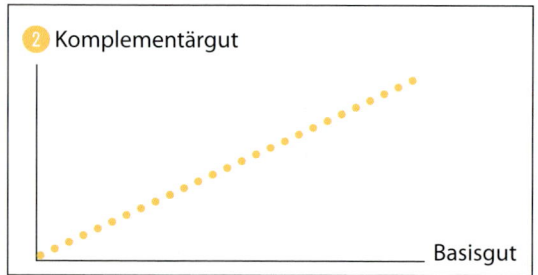

Alle Wirtschaftsgüter, die auf dem Markt angeboten werden, werden in Betrieben der deutschen Volkswirtschaft erzeugt oder aus dem Ausland importiert.

In Deutschland befinden sich die meisten Unternehmen in Privatbesitz und sind in der zu ihrer jeweiligen Größe passenden Rechtsform organisiert (siehe Seite 87 zu den Rechtsformen von Unternehmen). Ergänzt werden die privaten Betriebe durch Unternehmen der öffentlichen Hand und durch öffentlich-rechtliche Anstalten.

Unternehmen der öffentlichen Hand	öffentlich-rechtliche Anstalten
• sind in staatlichem oder kommunalem Besitz, • haben oft eine Monopolstellung, • decken Gemeinbedarf, • müssen nicht kostendeckend arbeiten.	• nehmen Aufgaben im gesetzlichen Auftrag wahr, • haben in ihrem Bereich eine Monopolstellung, • der Gesetzgeber gibt ihnen Pflichtleistungen vor, • verwalten sich selbst durch gewählte oder von den Parlamenten entsandte Aufsichtsgremien.
• z. B. kommunale Wasserversorgung	• z. B. Westdeutscher Rundfunk (WDR), Bundesagentur für Arbeit.

Alle Unternehmen der Wirtschaft benötigen unabhängig von der Art ihrer Erzeugnisse (Güter oder Dienstleistungen) die Produktionsfaktoren Arbeit, Boden und Kapital.

Produktionsfaktoren		
Arbeit	Boden (Natur)	Kapital
• Wissen und Kenntnisse (geistige Arbeit) • Muskelkraft (körperliche Arbeit)	• Betriebsgelände (Standort) • Gebrauchsgüter • Rohstoffe • Verbrauchsgüter	• Geldkapital: z. B. Kassen- und Bankbestand • Sachkapital: z. B. Maschinen, Anlagen, Gebäude

Betrachtet man die Produktionsformen (das, was ein Betrieb herstellt), so lassen sich unterscheiden:

Urproduktion (Primärbereich) Verarbeitung	Verarbeitung (Sekundärbereich) Fertigung	Dienstleistung (Tertiärbereich)
Gewinnung der Rohstoffe	Veredelung der Rohstoffe und Produktion von Konsumgütern für Endverbraucher und Produktionsgütern zur Fertigung von Gütern	Verteilung der produzierten Güter als Groß- und Einzelhandel sowie Dienstleistungen
• Anbaubetriebe wie Landwirtschaft, Fischerei • Abbaubetriebe wie Montan- und Steinindustrie, Erdöl- und Erdgasgewinnung	Produzierendes Gewerbe: • Handwerk (meist nach Kundenauftrag) • Industrie (Serienfertigung für einen anonymen Markt)	z. B. Handel, Verkehr, Logistik, Banken, Versicherungen, öffentlicher Dienst, Schulen, Hochschulen

Von zentraler Bedeutung für die gesamte Wirtschaft sind Unternehmen der sogenannten **Schlüsselindustrie.** Von ihnen hängen viele andere Betriebe ab. In Deutschland ist z. B. die Pkw-Produktion eine Schlüsselindustrie, da von ihr viele Zulieferbetriebe, aber auch die Mineralölindustrie sowie Straßenbauunternehmen abhängig sind.

Man unterscheidet weiterhin:
- Grundstoffindustrie: Diese Betriebe verarbeiten Rohstoffe, z. B. Stahlwerke, Zementfabriken.
- Schwerindustrie: Betriebe der Eisen- und Stahlgewinnung.
- Dienstleister: Sie stellen keine Güter her, sondern bieten Dienstleistungen an, z. B. Friseure; in diesem Bereich sind zurzeit mehr als 60 % der Arbeitnehmer in Deutschland tätig.

Je nach Zugehörigkeit zur jeweiligen Kammer (Es besteht Pflichtmitgliedschaft! Siehe Seite 137.) und Art der Fertigung unterscheidet man:

Handwerksbetriebe	Industriebetriebe
Merkmale: • Kundennähe • lohnintensive Produktion • oft Einzelfertigung • rasche Anpassung der Fertigung an Kundenwünsche möglich • meist geringer Verwaltungsaufwand	Merkmale: • oft fern vom Verbraucher • meist kapitalintensive Produktion • arbeitsteilige Serien- und Massenfertigung • Umstellung der Produktion bei Veränderungen am Markt durch die Größe oft schwierig • oft hoher Verwaltungsaufwand
Beispiele: Metallbaubetrieb, Friseur, Fliesenleger, Installateur	Beispiele: Kraftwerk, Pkw-Hersteller, Erdölraffinerie

Betrachtet man bei Fertigungsbetrieben die Produktionsmenge, so lassen sich unterscheiden:

Einzelfertigung	Serienfertigung	Massenfertigung
Ein Mitarbeiter fertigt das Erzeugnis überwiegend selbst, vom Halbzeug bis zum Fertigprodukt, oft in „handwerklicher" Art und Weise, ohne Arbeitsteilung.	Viele Erzeugnisse werden mit geringen Variationen in Arbeitsteilung hergestellt. Ein Mitarbeiter führt oft nur einen Arbeitsgang an einem Einzelteil aus.	Eine unendlich große Stückzahl von immer gleichen Teilen wird meist von Automaten oder computergesteuerten Maschinen gefertigt.
z. B. Schreiner stellt eine Empfangstheke her (Stückzahl: eins)	z. B. Herstellen von Serienteilen für die Pkw-Produktion (Stückzahl = Größe der Serie)	z. B. Schrauben, Normteile, Pkw-Teile wie Luftfilter (Stückzahl: unendlich)

1.3 Wirtschaftsprinzip und Ziele der Wirtschaft

In der Volkswirtschaft versteht man unter *wirtschaften*,
- die knappen Güter so einzusetzen, dass die Bedürfnisse der Kunden erfüllt werden, und
- der Schaden an Umwelt und Ressourcen bei der Produktion von Gütern und Dienstleistungen möglichst gering gehalten wird.

Dabei verfolgen die Unternehmen unterschiedliche Ziele:
1. **Gewinn erwirtschaften:** Ein Gewinn erlaubt es, Investitionen zu tätigen, und verschafft den Eigentümern eine Rendite.
2. **Qualität anbieten:** Qualität wird von den Kunden erwartet und bindet sie langfristig an die Anbieter.
3. **Marktanteile erhöhen:** Ein erhöhter Marktanteil verbessert die Ertragslage und steigert den Erfolg am Markt.
4. **Bedarfsdeckung sichern:** Die Sicherung der Bedarfsdeckung ist besonders für gemeinwirtschaftliche Unternehmen wichtig, die sich im Besitz von Bund, Land oder Kommune befinden. Solche Unternehmen sind für die Grundversorgung und die Bildung, die Infrastruktur und den öffentlichen Verkehr zuständig. Sie können nur selten Gewinn erzielen, sollten aber eine möglichst hohe Kostendeckung anstreben, denn ihre Verluste müssen aus Steuermitteln ersetzt werden.

Kennzeichen des kostenbewussten Wirtschaftens ist der planvolle, sparsame Einsatz und die zweckmäßige Kombination der drei Produktionsfaktoren Arbeit, Kapital und Rohstoffe. Der Unternehmenserfolg lässt sich dann messen mit den **Kenngrößen**
- Produktivität P,
- Wirtschaftlichkeit W,
- Rentabilität R,
- Wertschöpfung WS.

Diese vier Kenngrößen dienen auch dazu, den Unternehmenserfolg über mehrere Jahre zu verfolgen oder Unternehmen und Betriebe einer Branche miteinander zu vergleichen. Diesen Betriebsvergleich nennt man auch **Benchmarking** (engl. *bench* = Werkbank; *mark* = ein Zeichen setzen). Über das Benchmarking wird versucht, einen Prozess der ständigen Verbesserung der Kenngrößen in Gang zu halten. Jeder Mitarbeiter ist aufgefordert, sich am **KVP** (= kontinuierlicher Verbesserungsprozess) seines Unternehmens einzubringen.

1.3.1 Produktivität

$$\text{Produktivität } P = \frac{\text{Betriebsergebnis}}{\text{Mitteleinsatz}}$$

Beispiel: Betrieb A fertigt mit 20.000 Mitarbeitern 700 Mittelklasse-Pkws pro Tag.

$$P_A = \frac{700 \text{ Pkws}}{20.000 \text{ MA}}$$

$$P_A = \frac{0,035 \text{ Pkw}}{\text{MA}}$$

oder: Die Fertigung eines Pkws erfordert 28,57 Mitarbeiter.

Betrieb B fertigt mit 8.000 Mitarbeitern 300 Mittelklasse-Pkws pro Tag.

$$P_B = \frac{300 \text{ Pkws}}{8.000 \text{ MA}}$$

$$P_B = \frac{0,0375 \text{ Pkw}}{\text{MA}}$$

oder: Die Fertigung eines Pkw erfordert 26,67 Mitarbeiter.

Betrieb B hat eine höhere Produktivität; Voraussetzung für diese Beurteilung: Die beiden Pkw-Typen sind in Größe, Ausstattung usw. vergleichbar.

Die Produktivität ist der wichtigste mengenmäßige Leistungsmaßstab in Unternehmen. Sie vergleicht die erzeugte Menge (= Output) mit dem dafür notwendigen Einsatz (= Input). So steigt z. B. die Produktivität, wenn durch Rationalisierung an der gleichen Maschine nicht mehr 100 Teile pro Tag, sondern 125 Teile pro Tag gefertigt werden. Die Steigerung der Produktivität wird meist in Prozent angegeben.
Produktivität ist aber nicht nur eine Messgröße der industriellen Fertigung, sondern kann auch für andere Wirtschaftszweige verwendet werden, z. B. bei der Steigerung der Bodenproduktivität in der Landwirtschaft durch den Einsatz von Dünger.

Die Produktivität lässt sich steigern durch:

Maximierungsprinzip	Minimierungsprinzip
Prinzip des größten Erfolgs (Haushaltsprinzip)	Prinzip des kleinsten Aufwands (Sparprinzip)
möglichst großes Betriebsergebnis **E** bei konstantem Aufwand **A**	möglichst geringer Aufwand **A** bei konstantem Betriebsergebnis **E**

Eine Mischung aus den beiden Prinzipien ist das **Extremumprinzip**; es sieht vor, dass das optimalste (beste) Verhältnis zwischen Aufwand und Ertrag erreicht wird. Um dieses Prinzip zu erfüllen, muss sowohl vom Maximierungs- als auch vom Minimierungsprinzip abgewichen werden.

Beispiel: Beschaffung eines Laserdruckers; Anwendung von
- Maximierungsprinzip: Eingeplant sind 1500,– €. Es soll ein Gerät mit möglichst vielen Funktionen, geringem Energieverbrauch und hoher Druckleistung gefunden werden.
- Minimierungsprinzip: Gefordert sind viele Funktionen, geringer Energieverbrauch und hohe Druckleistung; gefunden wird ein Gerät zum Preis von 1300,– €, das alle Anforderungen erfüllt.
- Extremumprinzip: Es steht ein Gerät zur Auswahl, das alle Anforderungen erfüllt, 1600,– € kostet und zusätzlich einen kostenlosen Wartungsvertrag über zwei Jahre beinhaltet.

1.3.2 Wirtschaftlichkeit
Die Wirtschaftlichkeit betrachtet Ertrag und Aufwand.

$$\text{Wirtschaftlichkeit } W = \frac{\text{Ertrag } E}{\text{Aufwand } A}$$

Beispiel: Ein Betrieb beurteilt mit der Wirtschaftlichkeit den Nutzen einer Rationalisierung:

Wirtschaftlichkeit W_1 vor der Rationalisierung
E_1 = 30 Mio. €, A_1 = 28 Mio. €

$$W_1 = \frac{30 \text{ Mio. €}}{28 \text{ Mio. €}}$$

W_1 = **1,07**

Wirtschaftlichkeit W_2 nach der Rationalisierung
E_2 = 32 Mio. €, A_2 = 29 Mio. €

$$W_2 = \frac{32 \text{ Mio. €}}{29 \text{ Mio. €}}$$

W_2 = **1,10**

Die Wirtschaftlichkeit eines Unternehmens muss immer größer als 1 sein, d. h. die Verkaufserlöse (Ertrag) müssen die Kosten (Aufwand) übersteigen, sonst schreibt das Unternehmen **rote Zahlen** (= macht Verlust). Wurde wirtschaftlich gearbeitet, hat das Unternehmen Gewinn erzielt. Dieser dient wiederum dazu, die Produktionsanlagen zu verbessern, zu rationalisieren oder die Fertigung ökonomischer zu gestalten.
Ist die Wirtschaftlichkeitskennziffer größer als 1, dann wurde neues Kapital gebildet.

1.3.3 Rentabilität

Die Rentabilität betrachtet die Verzinsung des eingesetzten Kapitals und ist eine wichtige Kennzahl für den Unternehmenserfolg. Dabei kann noch zwischen der Rentabilität des Gesamtkapitals und der Rentabilität des Eigenkapitals differenziert werden.

$$\text{Rentabilität } R = \frac{\text{Gewinn } G \cdot 100}{\text{eingesetztes Kapital } K}$$

$$\text{Gewinn } G = \text{Ertrag } E - \text{Aufwand } A$$

Beispiel: Rentabilität vor und nach einer Rationalisierung

Fall A: vor der Rationalisierung	Fall B: nach der Rationalisierung
$A_A = 25$ Mio. €	$A_B = 30$ Mio. €
$E_A = 27$ Mio. €	$E_B = 33$ Mio. €
$K_A = 15$ Mio. €	$K_B = 16$ Mio. €
$G_A = 27$ Mio. € − 25 Mio. € = 2 Mio. €	$G_B = 33$ Mio. € − 30 Mio € = 3 Mio. €
$R_A = \dfrac{2 \text{ Mio. €} \cdot 100}{15 \text{ Mio. €}}$	$R_B = \dfrac{3 \text{ Mio. €} \cdot 100}{16 \text{ Mio. €}}$
$R_A = 13{,}33\,\%$	$R_B = 18{,}75\,\%$

Die **Rentabilität** wird manchmal auch als **Zins** oder **Rendite** bezeichnet. Eine Voraussetzung dafür, dass die Rendite positiv ausfällt, ist ein Gewinn. Unternehmen, die keinen Gewinn erzielen, verschwinden vom Markt, denn sie können kein neues Kapital bilden und deshalb keine Neuinvestitionen mehr tätigen.
Eine Ausnahme bilden Unternehmen der öffentlichen Hand, z. B. kommunale Schwimmbäder. Die Kostendeckung durch den Eintrittspreis beträgt hier oft nur 50 %, die Differenz zum Aufwand müssen die Träger, meist sind es Kommunen, aus Steuermitteln aufbringen.

Die Daten zur Berechnung der Kenngrößen von Unternehmen werden der Bilanz und der Gewinn- und Verlustrechnung entnommen.
Bei der Berechnung der Eigenkapitalrendite ist zu berücksichtigen, dass sie nicht der echten Verzinsung des Eigenkapitals entspricht, denn vom Gewinn müssen vorweg abgezogen werden:
- die Risikoprämie für die betrieblichen Wagnisse wie Garantieleistungen,
- der Unternehmerlohn, wenn der Eigentümer selbst in der Geschäftsführung tätig ist,
- der Gewinneinbehalt für Ersatz- und Erweiterungsinvestitionen.

1.3.4 Wertschöpfung

Die Wertschöpfung ist ein Maß für die betriebliche Leistung in Euro und berechnet sich in einer mehrstufigen Rechnung aus Gesamtleistung minus Vorleistungen:

> Umsatzerlöse
> + Bestandsmehrung
> = Gesamtleistung (= Rohertrag)
> − Materialaufwand (= Vorleistung)
> − Abschreibungen (= Vorleistung)
> = **Wertschöpfung WS**

Beispiel: Veränderung der Wertschöpfung in einem Maschinenbauunternehmen (in Mio. €):

	Vorjahr A	Folgejahr B
Umsatzerlöse	45	48
Bestandsmehrungen	+ 5	+ 6
Gesamtleistung	= 50	= 54
Materialaufwand	− 12	− 11
Abschreibungen	− 8	− 9
Wertschöpfung	**= 30**	**= 34**

In der realen Volkswirtschaft muss ein Unternehmen davon noch die indirekten Steuern abziehen und die erhaltenen Subventionen hinzurechnen. Damit ist die Wertschöpfung WS gleich der Summe von
- Löhnen und Gehältern (= Arbeitserträge der Mitarbeiter),
- bezahlten Steuern (= Gemeinerträge für den Staat),
- bezahlten Zinsen (= Kapitalerträge der Kreditgeber),
- erzieltem Gewinn (= eigene Kapitalerträge).

Alle unternehmerischen Entscheidungen in Privatbetrieben müssen sich am Markt orientieren. Ein Unternehmen muss sich auf dem Markt dem Wettbewerb mit anderen Unternehmen stellen. Dort bestimmen dann Angebot und Nachfrage den Preis und damit den Ertrag. Ist das Unternehmen nicht mehr konkurrenzfähig, so bieten sich folgende Alternativen an:
- **Investitionen** in kostengünstigere Fertigungsverfahren oder Abläufe tätigen, z. B. Scannerkassen einführen.
- **Auslagern der Unterstützungsprozesse,** z. B. der Büroreinigung.
- **Kooperationen** mit ähnlichen Unternehmen in einer Interessengemeinschaft anstreben (siehe Seite 48).
- *Global Sourcing:* Einschränkung der Teilefertigung und Bezug über Zulieferfirmen weltweit (siehe Seite 34).
- **Outsourcing:** Auslagern der Fertigung, meist ins kostengünstigere Ausland.

1.3.5 Ökologisches Wirtschaften

Da alle Wirtschaftsgüter knapp sind, haben sie einen Preis, der sich am Markt bildet. Dabei wird aber nicht berücksichtigt, dass sie nur begrenzt vorhanden sind, wie z. B. Erdöl. Aus dem zunehmenden Bewusstsein für die **Ökologie**, den Beziehungen des Menschen zu seiner Umwelt, hat sich die Forderung nach einem veränderten wirtschaftlichen Handeln entwickelt. Ein solches verändertes wirtschaftliches Handeln soll sich nicht nur am Gewinnstreben der Unternehmen und dem maximalen Nutzen der Verbraucher orientieren, sondern soll umweltverträglich und ressourcenschonend sein. Ein ökologisches und damit zukunftsorientiertes Wirtschaften lässt sich erreichen durch:

- **umweltschonendes Verhalten:** Das Vermeiden von Schäden an der Umwelt, z. B. bei der Förderung von Braunkohle oder durch die Verringerung des Individualverkehrs. Ziel ist es, das Verursacherprinzip anzuwenden: Wer die Umwelt schädigt, soll für die Kosten der Wiederherstellung aufkommen.

- **Nachhaltigkeit:** Sie soll die Bedürfnisse der Menschen befriedigen, die heute leben, ohne die Chancen für die zukünftigen Generationen zu mindern oder gar zu zerstören. So können beispielsweise durch die Nutzung von alternativen Energien die begrenzten Erdölvorräte geschont werden oder durch die Begrenzung des Fischfangs auf den Weltmeeren diese Nahrungsmittelvorräte nachhaltig gesichert werden.

- **Ressourcenschonung:** Von einem Rohstoff, z. B. Holz, wird nur so viel verwendet, wie nachwachsen kann.

- **Recycling:** Das Wiederverwenden von Werkstoffen, z. B. Glasflaschen oder Bauschutt, im Wirtschaftskreislauf. Dazu trägt auch das 1990 gegründete Unternehmen „Der Grüne Punkt, Duales System Deutschland" bei, das sich mit dem Sammeln, Sortieren und der Wiederverwertung von Verpackungsmaterial befasst.

Eine Veränderung des wirtschaftlichen Handelns – mit dem Ziel einer ökologisch verträglichen nationalen und globalen Wirtschaft – ist jedoch ein Fernziel, das nicht kurzfristig zu erreichen ist.

Aufgaben

Offene Aufgaben
Formulieren Sie Ihre Antworten in Stichpunkten und vermeiden Sie es, auf den vorhergehenden Seiten nachzusehen.

① Nennen Sie je drei freie Güter und drei Wirtschaftsgüter, die Sie an Ihrem Arbeitsplatz vorfinden.

② Bezeichnen Sie möglichst differenziert die folgenden Güter.
Beispiel: Schreibtisch im Büro: materiell, Produktionsgut, Gebrauchsgut

a) Benzin für einen Privat-Pkw: _____

b) Diesel für ein Taxi: _____

c) Sandwich in der Mittagspause: _____

d) Patent zur Papierbeschichtung: _____

e) Mieterberatung durch einen Anwalt: _____

f) Möbel im Büro: _____

g) Schlafzimmermöbel: _____

h) Patrone für Abteilungsdrucker: _____

③ Ein Büroartikelhändler konnte seinen Absatz an Laserdruckern in einem Jahr von 80 auf 140 Stück steigern. Der Absatz an Druckerpatronen stieg im gleichen Jahr von 200 auf 450 Stück. Stellen Sie diese Entwicklung grafisch dar, indem Sie die Daten in die Koordinaten einarbeiten und bezeichnen Sie die beiden Güterarten möglichst genau.

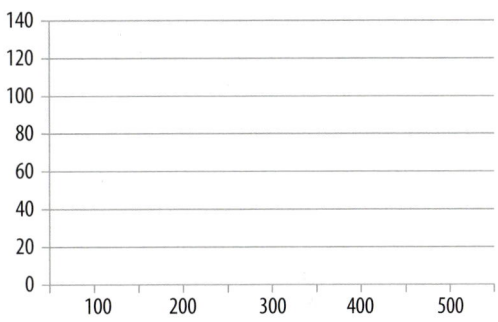

④ Wie lässt sich die Wirtschaftlichkeit in einem Markt mit großer Konkurrenz, z. B. im Reinigungsgewerbe, steigern?

⑤ Beschreiben Sie einen Pkw-Hersteller und seine Erzeugnisse mit den Begriffen *Produktionsformen* und *Produktionsarten*.

⑥ Zu einem Handelsunternehmen sind folgende Daten bekannt (in Mio. €):

	Vorjahr A	Folgejahr B
Ertrag (= Umsatzerlöse)	14	16
Aufwand	13	14
Eingesetztes Eigenkapital	8	8,5
Materialaufwand	2	2,5
Abschreibungen	3	4
Bestandsmehrungen	1	0,5

Berechnen und vergleichen Sie die Entwicklung von
a) Wirtschaftlichkeit W,
b) Gewinn G,
c) Rentabilität des Eigenkapitals R_{EK},
d) Wertschöpfung WS.

Wirtschaften

7 Welche Form des ökologischen Wirtschaftens liegt jeweils vor?

Altglassammlung: _____

_____

Pfandflaschen: _____

_____

Aufforstung von Brachland: _____

_____

Rad fahren statt Pkw-Nutzung: _____

_____

System Grüner Punkt: _____

_____

„papierloses Büro": _____

_____

Die Lösungen zum Überprüfen Ihrer Antworten finden Sie auf den Seiten 175–176.
Lösen Sie nun die Multiple-Choice-Aufgaben.

Multiple-Choice-Aufgaben

Kreuzen Sie die richtige Lösung an!
Die Anzahl der richtigen Lösungen ist in Klammern angegeben.

1. **In welchem Fall handelt es sich um Gebrauchsgüter für den privaten Bereich? (2)**
   1. Benzin für den privaten Zweitwagen ☐
   2. Diesel für einen Lieferwagen ☐
   3. Fahrrad eines Postzustellers ☐
   4. Möbel im Wohnzimmer ☐
   5. Müllcontainer einer Wohnanlage ☐

2. **In welchem Fall handelt es sich um Produktionsgüter zum Verbrauch? (2)**
   1. PC in einem Werkstattbüro ☐
   2. Druckerpatronen für ein Verlagslektorat ☐
   3. Kaffeeautomat in der Cafeteria einer Verwaltung ☐
   4. Betriebsstoffe für einen Pkw-Hersteller ☐
   5. Arbeitskleidung der Mitarbeiter einer Kfz-Werkstatt ☐

3. **Welche Dienstleistung ist unternehmensbezogen, persönlich und zeitgleich? (1)**
   1. Beratung durch den Architekten für einen Wintergarten beim Zweitwohnsitz ☐
   2. Erwerb einer Lizenz von einem Franchisegeber der Systemgastronomie ☐
   3. Beratungsgespräch mit einem Unternehmensberater für Rationalisierung ☐
   4. Notarzteinsatz in einem Altenheim ☐
   5. schriftliche Auskunft einer Verbraucherzentrale an einen Privatmann ☐

4. **In welchen Fällen sind Basis- und Komplementärgut richtig zugeordnet? (2)**
   1. Laserdrucker – Papier ☐
   2. Kugelschreiber – Tintenfüller ☐
   3. Laserdrucker – Tintenstrahldrucker ☐
   4. Sandwich – Kaffee ☐
   5. Lkw-Zugmaschine – Auflieger ☐

5. **Welche Eigenschaften haben Substitutionsgüter? (2)**
   1. Sie sind in ihrem Nutzen annähernd gleichwertig. ☐
   2. Sie können nicht gegeneinander ausgetauscht werden. ☐
   3. Sie haben immer einen geringeren Absatz. ☐
   4. Sie verringern den Absatz der ursprünglich produzierten Güter. ☐
   5. Sie haben eine höhere Qualität als andere Güter. ☐

6. **Was ist Hauptziel eines privaten Unternehmens? (1)**
   1. den Markt versorgen ☐
   2. Qualität der Erzeugnisse steigern ☐
   3. Gewinn erzielen ☐
   4. Bedürfnisse befriedigen ☐
   5. Marktanteil erhöhen ☐

7. **Was ist Hauptzweck eines gemeinwirtschaftlichen Unternehmens? (1)**
   1. Marktanteile sichern ☐
   2. Kollektivbedürfnisse befriedigen ☐
   3. Gewinn erzielen ☐
   4. Kostendeckung verringern ☐
   5. Preise dem Markt anpassen ☐

8. **Die Produktivität vergleicht (1)**
   1. Angebot und Nachfrage. ☐
   2. erzeugte Menge und Mitteleinsatz. ☐
   3. Aufwand und Ertrag. ☐
   4. Gewinn und Kapitaleinsatz. ☐
   5. Eigenkapital und Fremdkapital. ☐

9. **Ein Großhandelsunternehmen will seine Produktivität steigern. Welche Maßnahmen sind erfolgreich? (2)**
   1. Mitteleinsatz verringern ☐
   2. Gewinn begrenzen ☐
   3. Zahl der Mitarbeiter verringern ☐
   4. Lieferzeiten verkürzen ☐
   5. Warenbestand verringern ☐

Wirtschaften

10. In welchen Fällen steigt die Wirtschaftlichkeit W? (2)
    1. Aufwand senken, Ertrag steigern ☐
    2. Ertrag steigern, Aufwand stabil halten ☐
    3. Gewinn stabil halten, Aufwand steigern ☐
    4. Gewinn bei gleichem Aufwand stabil halten ☐
    5. Produktivität gleichbleibend halten ☐

11. In welchen Fällen steigt die Produktivität? (2)
    1. Ein Mitarbeiter steigert seinen Umsatz von 20.000,– € auf 23.000,– €/Monat. ☐
    2. Die Getreideernte bleibt bei größerer Anbaufläche stabil. ☐
    3. Die Rendite des Eigenkapitals steigt. ☐
    4. Ertrag und Aufwand bleiben stabil. ☐
    5. Der Blechbedarf für einen Pkw sinkt von 300 kg auf 250 kg. ☐

12. Was ist das Ziel, wenn man bei einer eigenen Urlaubsreise das Minimierungsprinzip anwendet? (1)
    1. Die Reise soll möglichst lange dauern. ☐
    2. Die Reise soll möglichst kurz sein. ☐
    3. Bei konstantem Budget soll die Reise möglichst lange dauern. ☐
    4. Der Aufwand pro Urlaubstag soll möglichst gering sein. ☐
    5. Die Gesamtkosten sollen möglichst gering sein. ☐

13. In welchem Fall ist das Maximierungsprinzip für den eigenen Urlaub am besten erfüllt? (1)
    1. Für ein Budget von 800,– € können 10 Tage Urlaub gebucht werden. ☐
    2. Für ein Budget von 800,– € können 12 Tage Urlaub gebucht werden. ☐
    3. Eine 14-tägige Urlaubsreise wird für 1200,– € angeboten. ☐
    4. Die Angebote für 10-tägige Urlaubsreisen liegen zwischen 900,– € und 1200,– €. ☐
    5. Die Kosten für eine 10-tägige Urlaubsreise liegen bei 90,– €/Tag. ☐

14. Wie hoch sind die Renditen R_K des Gesamtkapitals und R_{EK} des Eigenkapitals bei folgenden Größen: Ertrag = 30 Mio. €, Aufwand = 29,2 Mio. €, R_K = 10 Mio. €, Eigenkapitalquote = 25 %? (1)
    1. R_K = 2 %, R_{EK} = 0,5 % ☐
    2. R_K = 10 %, R_{EK} = 2,5 % ☐
    3. R_K = 8 %, R_{EK} = 2 % ☐
    4. R_K = 2 %, R_{EK} = 8 % ☐
    5. R_K = 2,92 %, R_{EK} = 2,5 % ☐

15. Die Wertschöpfung eines Unternehmens (1)
    1. entspricht dem Rohertrag. ☐
    2. ist identisch mit dem Gewinn. ☐
    3. ist bei Fertigungsbetrieben höher als bei Dienstleistungsunternehmen. ☐
    4. besteht aus Steuern, Risikoprämie und Unternehmerlohn. ☐
    5. ist ein Maß für die Betriebsleistung. ☐

16. Wie lässt sich die Konkurrenzfähigkeit eines privaten Unternehmens steigern? (3)
    1. Umwandlung in ein gemeinwirtschaftliches Unternehmen ☐
    2. Erhöhung des Marktanteils ☐
    3. Verringerung des Aufwands ☐
    4. Kooperation mit ähnlichen Unternehmen z. B. im After-Sales-Service ☐
    5. Verlagerung der Fertigung auf Premiumerzeugnisse ☐

17. In welchen Fällen spricht man von nachhaltigem Wirtschaften? (2)
    1. Reduzieren des Verbrauchs von Primärenergie ☐
    2. Begrenzung von Urlaubsdauer und -geld ☐
    3. Einführung von papierlosen Verwaltungsabläufen ☐
    4. Begrenzung der Nahrungsmitteleinfuhr ☐
    5. Verringern der Begrenzung der Fläche von Solaranlagen ☐

Die Lösungen finden Sie auf Seite 176.
Arbeiten Sie jetzt das **Kapitel 1.4** durch.

1.4 Preisbildung durch Angebot und Nachfrage

Die Preise von Gütern und Dienstleistungen bilden sich auf dem Markt – das ist der „Ort", an dem Angebot und Nachfrage aufeinandertreffen. Das Verhältnis von Angebot (= Gütermenge) und Nachfrage bestimmt die Marktart und die Preisentwicklung. Diese Gesetzmäßigkeit gilt auch für Dienstleistungen (siehe Tabelle unten).
Die Preisbildung wird zudem von weiteren Faktoren beeinflusst wie
- der Stärke von Bedürfnissen,
- Modetrends,
- Einkommen der Käufer,
- Konjunkturlage.

Verhalten sich die Kunden und die Anbieter rational, tritt ein Selbstregulierungsmechanismus ein. Es stellt sich immer wieder ein Gleichgewicht zwischen Angebot und Nachfrage ein, auch wenn dieses Gleichgewicht natürlichen Schwankungen unterliegt. Der Gleichgewichtspreis (GGP) und die Gleichgewichtsmenge (GGM) stehen also immer in einem bestimmten Verhältnis zueinander und ergeben sich am Schnittpunkt von Angebots- und Nachfragekurve.

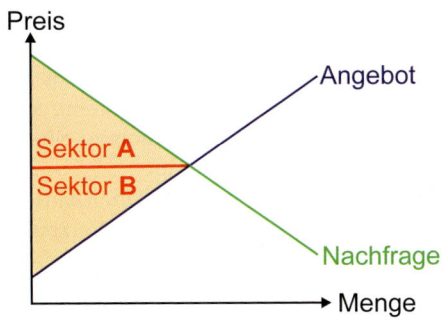

Im Schaubild oben bezeichnet man den
- **Sektor A als Konsumentenrente:** Sie ist die Differenz zwischen dem Marktpreis eines Erzeugnisses und seinem Nutzen. Sie entsteht immer dann, wenn der Preis eines Erzeugnisses niedriger ist, als der, den ein Kunde als Gleichgewichtspreis zu bezahlen bereit wäre.
  - **Beispiel:** Beträgt der Marktpreis eines Mobiltelefons 400,– €, der Kunde kauft aber ein Sonderangebot für 350,– €, so kann der Kunde als Käufer eine Konsumentenrente von 50,– € erzielen.

Verhältnis: Angebot zu Nachfrage	Nachfrageüberhang und zu wenig Güter auf dem Markt	Nachfrage = Angebot und Konkurrenz auf dem Markt	Angebotsüberhang und zu geringe Nachfrage auf dem Markt
Marktart	Verkäufermarkt	Gleichgewichtsmarkt	Käufermarkt
Preisentwicklung	steigende Preise	stabile Preise	fallende Preise
grafische Darstellung GGP = Gleichgewichtspreis GGM = Gleichgewichtsmenge	(Diagramm: GGP hoch, GGM niedrig)	(Diagramm: GGP und GGM am Schnittpunkt)	(Diagramm: GGP niedrig, GGM hoch)
langfristige Folgen	Aufgrund der hohen Preise sinkt die Nachfrage, es bleiben Güter und Dienstleistungen „auf dem Markt", die keine Kunden mehr finden, die Preise fallen wieder.	Größtmöglicher Nutzen für Anbieter und Nachfrager.	Aufgrund der niedrigen Preise steigt die Nachfrage, die Anbieter bringen mehr Güter und Dienstleistungen auf den Markt, die Preise steigen wieder.

- **Sektor B als Produzentenrente:** Sie ist die Differenz zwischen dem Gleichgewichtspreis bzw. dem realisierbaren Preis und dem auf der Basis der Kosten geplanten Mindestpreis. Die Produzentenrente entsteht immer dann, wenn ein Erzeugnis zu einem höheren Preis auch noch Käufer findet.
  - **Beispiel:** Ein Hersteller muss für einen Mittelklasse-Pkw mindestens 25.000,– € als Verkaufspreis festsetzen, damit er die Selbstkosten und seine Gewinnerwartungen decken kann. Der GGP für einen vergleichbaren Pkw beträgt aber 30.000,– €, darum bietet der Hersteller sein Erzeugnis auch zu diesem Preis an. Seine Produzentenrente beträgt also 5000,– €, wenn er Käufer findet.

Da jeder Staat aber auch Steuern erhebt, verringern sich die Produzenten- und die Konsumentenrente um die Steuern und um einen Wohlfahrtsverlust. In der grafischen Darstellung wird diese Verringerung der Produzenten- (B) und Konsumentenrendite (A) erkennbar.

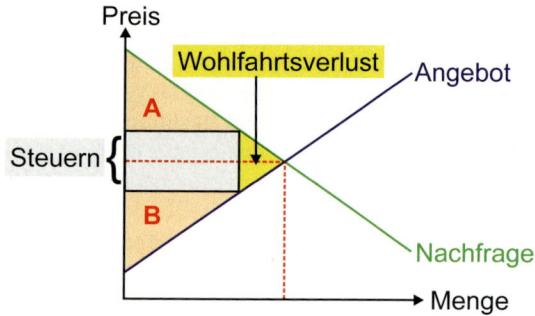

Angebot und Nachfrage von Gütern und Dienstleistungen bleiben aber über die Zeit nicht stabil. Da Angebot und Nachfrage laufend schwanken, führt dies zu ständigen Veränderungen von Gleichgewichtspreis und -menge.

	Nachfrage		Angebot	
Veränderung	nimmt zu	nimmt ab	nimmt zu	nimmt ab
mögliche Ursache	z. B.: Anstieg des Einkommens der Konsumenten	z. B.: ein Erzeugnis ist nicht mehr zeitgemäß	z. B.: Obstschwemme in der Erntesaison	z. B.: Wohnungsmangel durch Zunahme der Bevölkerung
Auswirkungen auf Gleichgewichtsmenge (GGM) und -preis (GGP)	Nachfragekurve verschiebt sich nach rechts: GGM und GGP steigen. ①	Nachfragekurve verschiebt sich nach links: GGM und GGP fallen. ②	Die Angebotsmenge steigt, die Nachfrage fällt, GGM steigt, GGP fällt. ①	Angebotsmenge nimmt ab, die Nachfrage steigt, GGM fällt, GGP steigt. ②
Grafische Darstellung	①	②	①	②

Preise sind zwar primär das Ergebnis von Nachfrage und Angebot, sie haben aber noch weitere Funktionen:
- **Signalfunktion:** Sie zeigen die Knappheit von Gütern und Dienstleistungen an und sind damit für diese ein Wertmaßstab.
- **Ausschaltungsfunktion:** Sie verdrängen die Anbieter mit überhöhten Preisen durch den Nachfragerückgang vom Markt.
- **Lenkungsfunktion:** Sie lenken die Nachfrage in Bereiche, in denen die Anbieter am wirtschaftlichsten – das heißt mit geringerem Aufwand – produzieren, sodass sie ihre Erzeugnisse günstiger als die Konkurrenz anbieten können.

Damit eine freie Preisbildung auf den Märkten möglich wird, muss aber ein vollkommener Wettbewerb herrschen. Dieser ist beispielsweise nicht mehr gegeben, wenn
- Angebotsmonopole und -oligopole den Markt dominieren und mit überhöhten Preisen ihre Gewinne maximieren können.
- Nachfragemonopole und -oligopole herrschen, die die Anbieter zu Dumpingpreisen zwingen und zu einem ruinösen Wettbewerb führen.
- der Staat zum Schutz bestimmter Wirtschaftszweige oder aus sozialen Gründen Höchst- oder Mindestpreise festsetzt.

Solche Störungen in der freien Preisbildung führen zu nicht-marktgerechten Preissituationen und beeinflussen damit auch die Selbstregulierung des Angebots. Die Käufer können die Preisbildung für ein bestimmtes Gut aber durch die Wahl eines
- Substitutionsprodukts positiv beeinflussen, z. B. Erdbeeren statt Himbeeren kaufen, wenn der Preis der Erdbeeren zu hoch ist.
- Komplementärprodukts negativ beeinflussen, z. B. wenn sie für ihren Laptop zusätzlich Computerspiele kaufen wollen.

Ein **staatlicher Höchstpreis** P_{max} – beispielsweise für Mietwohnungen – schützt die Nachfrager, führt aber zu einer Verringerung des Angebots. Die Gewinnerwartungen der Investoren sinken, sie bauen weniger und in Folge bildet sich bei der Vermietung des geringer werdenden Wohnungsbestandes ein **schwarzer Markt**. Es entsteht ein **Nachfrageüberhang** und die Mieter bezahlen „unter der Hand" eine höhere Miete, als es die Mietpreisbindung erlaubt. (Siehe die Grafik oben rechts.)

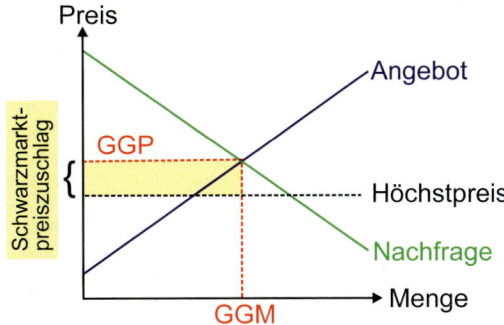

Ein **staatlicher Mindestpreis** P_{min} – beispielsweise für Tabakwaren – schützt die Anbieter, lenkt aber die Nachfrage möglicherweise auf andere Drogen um, die vielleicht sogar illegal sind und für die sich deshalb kein Marktpreis bilden kann. Es entsteht ein **Angebotsüberhang** und damit ein **grauer Markt**.

Ein grauer Markt entsteht aktuell bei der Vermittlung privater Personenbeförderung zu geringeren Tarifen als die vom Staat festgesetzten Tarife für Taxiunternehmen. Die Vermittlung ist internetbasiert und deshalb vom Staat kaum kontrollierbar. Eine ähnliche Entwicklung ist auch als Auswirkung des seit 2015 geltenden Mindestlohns für einige Wirtschaftszweige feststellbar. Lohn ist der Preis für Arbeitskraft und da aufgrund der Arbeitslosenquote ein Überangebot an Arbeitskraft herrscht, bildet sich ein grauer Markt, der unter anderem durch unbezahlte Mehrarbeit gekennzeichnet ist.

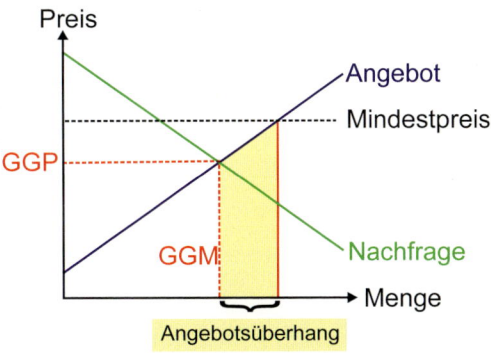

Der Staat ist aber durch das Sozialstaatsgebot (Artikel 20 GG) verpflichtet, beispielsweise in den Mietwohnungsmarkt regulierend einzugreifen, wenn dieser in Großstädten nicht mehr im Gleichgewicht ist.

Da Märkte nie vollkommen sind, können die Anbieter einen Teil der Konsumentenrente durch Preisdifferenzierung als Produzentenrente abschöpfen, wenn Angebotsmonopole oder -oligopole den Markt bestimmen.

Preisdifferenzierungen sind jedoch zulässig und lassen sich unterscheiden in:
- sachliche: z. B. durch Mengenrabatte,
- persönliche: z. B. durch ein höheres Honorar für eine individuelle Chefarztbehandlung,
- räumliche: z. B. durch höhere Kraftstoffpreise an Autobahntankstellen,
- zeitliche: z. B. durch höhere Gaspreise im Winter,
- verdeckte: z. B. durch die vermeintlich höhere Qualität von Premiumfahrzeugen.

Bei einer Monopolstellung des Anbieters kann der Staat regulierend eingreifen, beispielsweise auf dem Wohnungsmarkt, wenn der Mietpreis bei Neuvermietungen unangemessen hoch über den Vergleichsmieten liegt.

Aufgaben

Offene Aufgaben
Formulieren Sie Ihre Antworten in Stichpunkten und vermeiden Sie es, auf den vorhergehenden Seiten nachzusehen.

1 Zum Ende des Sommers ist ein Preisanstieg bei Erdbeeren festzustellen.
a) Welche Art von Markt liegt vor?

_____

b) Zeichnen Sie die Preisentwicklung in die Grafik ein.

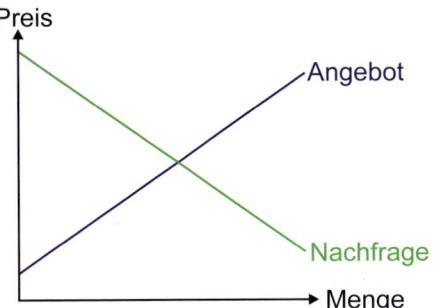

c) Welches Verbraucherverhalten wäre jetzt marktkonform?

_____
_____
_____

d) Welche Maßnahme der Anbieter wäre jetzt marktkonform?

_____
_____
_____

2 Wie entsteht auf dem Wohnungsmarkt ein Gleichgewichtspreis?

_____
_____
_____

3 Gegeben sei die grafische Darstellung von Angebot und Nachfrage nach Mobiltelefonen.
a) Ergänzen Sie die fehlenden Bezeichnungen in der Grafik.
b) Wie kann ein Kunde seine Konsumentenrente um 100,– € verbessern? Ergänzen Sie dazu die Grafik.

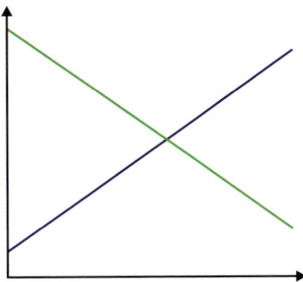

c) Wie verändert sich der Marktpreis, wenn ein Überangebot an Mobiltelefonen herrscht?

_____
_____
_____

4 Welche Funktion des Preises steht in den folgenden Beispielen jeweils im Vordergrund?
a) Zahnersatzleistungen sind sehr teuer.

_____

b) Die Produzenten bieten statt Seefisch vermehrt Flussfische zu günstigeren Preisen an.

_____

c) Möblierte Appartements finden kaum noch Mieter.

_____

d) In wirtschaftlichen Krisenzeiten steigt der Goldpreis.

_____

5 Welche Wirkung ist jeweils bei folgenden Marktverhältnissen zu erwarten?

a) In einer Region ist nur ein Anbieter von Busreisen tätig.

_____

_____

b) In einer Shopping-Mall konkurrieren fünf Geschäfte für Unterhaltungselektronik.

_____

_____

c) Der Staat begrenzt die Miethöhe bei Neuvermietungen von Wohnungen.

_____

_____

d) Der Staat führt einen Mindestlohn von 8,50 €/h ein.

_____

_____

e) Eine Kommune weist große Flächen als Bauland aus.

_____

_____

f) Ein Anbieter gewährt einen Mengenrabatt beim Kauf von 10 Blu-Rays.

_____

_____

g) Die Heizölpreise liegen im Winter um 30 % über den Sommerpreisen.

_____

_____

6 Die folgende Grafik zeigt die Preisbildung am Markt für modische Damenschuhe.

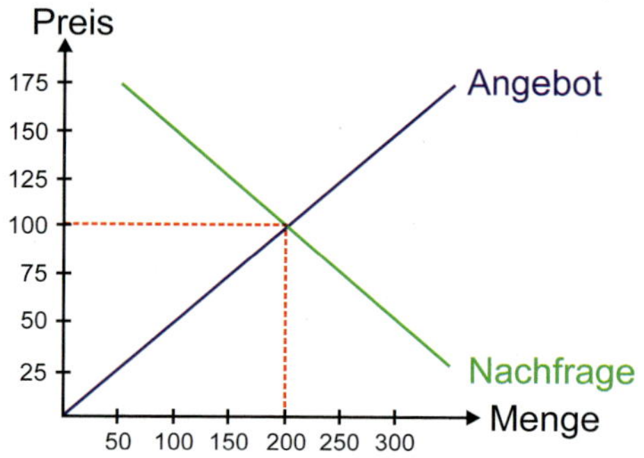

a) Wie hoch sind Gleichgewichtspreis und Gleichgewichtsmenge?
b) Wie hoch dürfte der Preis bei einem Rückgang der Nachfrage um 50 Stück liegen?
c) Wie verändert sich die Nachfrage bei einem Preis von 150 €?
d) Wie verändert sich der Preis, wenn die Schuhe nach der Saison als nicht mehr modern gelten?

Die Lösungen zum Überprüfen Ihrer Antworten finden Sie auf den Seiten 176–177.
Lösen Sie nun die Multiple-Choice-Aufgaben.

Multiple-Choice-Aufgaben

Kreuzen Sie die richtige Lösung an!
Die Anzahl der richtigen Lösungen ist in Klammern angegeben.

1. Die Lenkungsfunktion eines Preises zeigt sich, wenn (2)
   1. Verbraucher Alternativangebote kaufen. ☐
   2. die Preise für Komplementärgüter stabil bleiben. ☐
   3. die Verbraucher auf teurere Waren verzichten. ☐
   4. der Markt geräumt wird. ☐
   5. der Gleichgewichtspreis steigt. ☐

2. Welche Faktoren beeinflussen den Marktpreis für Unterhaltungselektronik am stärksten? (2)
   1. neuartige Geräte mit mehr Funktionen ☐
   2. Anzahl der Anbieter im Internet ☐
   3. Trends ☐
   4. Anzahl der Anbieter in einer Region ☐
   5. Größe des Geräts ☐

3. Ein Verbraucher kann seine Konsumentenrente verbessern durch (2)
   1. Kauf eines Sonderangebots. ☐
   2. Konsumverzicht. ☐
   3. Kauf auf Raten. ☐
   4. Kauf eines höherwertigen Produkts zum gleichen Preis. ☐
   5. Suche nach einem günstigeren Anbieter. ☐

4. In welchem Fall werden Anbieter am wahrscheinlichsten zu Dumpingpreisen verkaufen? (1)
   1. Die Nachfrage steigt. ☐
   2. Die Konsumenten üben Kaufzurückhaltung. ☐
   3. Die Konjunkturlage ist sehr gut. ☐
   4. Viele Anbieter müssen sich einen begrenzten Markt teilen. ☐
   5. Die Verbraucher warten technische Neuerungen ab. ☐

5. In welchem Fall verbessert ein Anbieter seine Produzentenrente? Er (1)
   1. erzielt einen höheren Preis als den Marktpreis. ☐
   2. gewährt einem Käufer einen Rabatt. ☐
   3. senkt seine Preise linear um 10 %. ☐
   4. wartet einen Nachfrageboom ab. ☐
   5. verzichtet bei Ratenzahlung auf Kreditzinsen. ☐

6. Kreuzen Sie die richtige Zuordnung an. (Nur eine Antwort ist richtig.)
   A Anbietermonopol   a Preise sinken
   B Nachfragemonopol   b Preise steigen
   C höhere Winterpreise   c sachliche Preisdifferenzierung
   D Rabatt für Großkunden   d persönliche Preisdifferenzierung
   E Obstschwemme   e Preise bleiben stabil

   1. A – a ☐
   2. B – e ☐
   3. C – a ☐
   4. E – d ☐
   5. D – c ☐

7. Ein staatlicher Höchstpreis für Arzneimittel (2)
   1. begrenzt die Gesundheitskosten. ☐
   2. schützt die Arzneimittelhersteller vor Konkurrenz. ☐
   3. schützt die Kunden vor überhöhten Preisen. ☐
   4. begrenzt das Angebot. ☐
   5. ist bei einem Überangebot marktkonform. ☐

8. Was kennzeichnet einen Gleichgewichtsmarkt? (1)
   1. Es liegt ein Verkäufermarkt vor. ☐
   2. Es liegt ein Käufermarkt vor. ☐
   3. Die Preise sind stabil. ☐
   4. Die Nachfrage sinkt. ☐
   5. Die Preise steigen. ☐

Die Lösungen finden Sie auf Seite 177.
Arbeiten Sie jetzt das **Kapitel 2** durch.

2 Betrieblicher Leistungsprozess

Prüfungsgebiet	Themenbereiche	Prüfungsinhalte
In der Abschlussprüfung WISO müssen Sie im Prüfungsgebiet *Betrieblicher Leistungsprozess* Aufgaben zu folgenden Bereichen bearbeiten:	Produktionsfaktoren	• volkswirtschaftliche Produktionsfaktoren • betriebswirtschaftliche Produktionsfaktoren • Wirtschaftskreislauf
	Arbeitsteilung	• Arten von Arbeitsteilung • betriebliche, volkswirtschaftliche und globale Arbeitsteilung
	betriebliche Prozesse	• Leistungserstellung • Produkt- und Preispolitik • Marketing • Wettbewerb und Konzentration in der Wirtschaft

In allen Unternehmen einer Volkswirtschaft findet eine Leistungserstellung statt. Ihre Abfolge in Unternehmen der Güterproduktion lässt sich zerlegen in
- die Beschaffung der dazu notwendigen Güter und Dienstleistungen,
- den eigentlichen Produktionsprozess und
- die Leistungsverwertung, also den Absatz und Vertrieb.

Dazu ist eine dem Markt angepasste Produkt- und Preispolitik notwendig, deren Gestaltung die Aufgabe des Marketings ist. Märkte sind aber nie vollkommen, deshalb sind Regeln notwendig, um den Wettbewerb zum Nutzen der Verbraucher zu sichern und die Konzentration von Marktmacht einzuschränken. Kennzeichen der industriellen Produktion sind Arbeitsteilung, Zergliederung von Aufgaben und deren Verteilung auf spezialisierte Arbeitsplätze.

2.1 Produktionsfaktoren

Ganz gleich was ein Betrieb herstellt, in jedem Fall benötigt er dazu Produktionsfaktoren – hierbei handelt es sich um die bei der Leistungserstellung eingesetzten Güter und Dienstleistungen. Im Kapitel 1 *Notwendigkeit des Wirtschaftens* wurden die Produktionsfaktoren im Zusammenhang mit der Fertigung von Wirtschaftsgütern dargestellt. Diese Produktionsfaktoren können mit Blick auf volkswirtschaftliche und betriebswirtschaftliche Aspekte weiter untergliedert werden.

2.1.1 Volkswirtschaftliche Produktionsfaktoren

Für die Produktion von Wirtschaftsgütern sind immer Boden (Natur), Arbeit und Kapital notwendig – dabei sind der Boden und die Arbeit ursprüngliche Faktoren, das Kapital ein abgeleiteter Faktor.

Art	Boden (Natur)	Arbeit	Kapital

Formen	Wirtschaftlich nutzbare Elemente der Natur:
	1. Abbauprodukte, Rohstoffe wie Erz, Kies
	2. Anbauprodukte wie Kartoffeln oder Nutzholz
	3. Standort der Betriebsanlagen
		Tätigkeit gegen Entgelt zur Bedürfnisbefriedigung:
		1. geistige Arbeit
		  = Informationsverarbeitung, schöpferische Arbeit
		2. körperliche Arbeit
		  = physische Arbeit, Muskelarbeit
			1. Geldkapital
			  z. B. Ersparnisse, Guthaben (durch Konsumverzicht gebildet)
			2. Sachkapital,
			  z. B. Maschinen, Gebäude (investierte Ersparnisse)

Beim Faktor Boden ist besonders die Standortwahl für Betriebsgebäude von zunehmender Bedeutung, denn positive und negative Standortfaktoren beeinflussen den Betriebserfolg:
- positive Faktoren: Kundennähe, hohe Kaufkraft, Fachkräfte, stabile politische Verhältnisse;
- negative Faktoren: hohe Personalkosten, hohe Steuern, instabile politische Verhältnisse.

Beim Faktor Arbeit unterscheidet man die Formen:
- **dispositive Arbeit:** leitende und organisierende Tätigkeiten, wie sie in Geschäftsleitung, Planung und Controlling anfallen;
- **exekutive Arbeit:** alle Tätigkeiten bei der Leistungserstellung, die auf Anweisung von Vorgesetzten oder aufgrund fester Regeln ausgeführt werden, z. B. die Tätigkeit von Sachbearbeitern oder Verkaufspersonal.

Produktionsfaktoren lassen sich auch in begrenztem Umfang durcheinander ersetzen, dies wird als **Substitution** bezeichnet. Nutzt z. B. ein Abteilungsleiter ein Diktiergerät, so wird das Stenogramm einer Sekretärin, der Faktor Arbeit, durch das Betriebsmittel Diktiergerät ersetzt. Voraussetzung ist, dass vorher genügend Kapital gebildet wurde, um Betriebsmittel beschaffen zu können.
Es liegt hier dann eine Neuinvestition in eine Anlage vor, das Anlagevermögen ist gewachsen.
Weitere Arten der Investition sind
- Vorratsinvestitionen: Sie erhöhen den Lagerbestand.
- Ersatzinvestitionen: Sie ersetzen abgeschriebene Betriebsmittel.
- Erweiterungsinvestitionen: Erwerb zusätzlicher Betriebsmittel oder Einstellung von Mitarbeitern, die den Output steigern sollen.

Die Summe von Anlage- und Vorratsinvestitionen ergibt die Bruttoinvestitionen.

Durch die zunehmende Rationalisierung wird in der Wirtschaft die **Umwegproduktion** immer wichtiger. Darunter versteht man die vorangehende Fertigung von Hilfsmitteln, um den Output des Wirtschaftsguts zu erhöhen, das ein Unternehmen auf den Markt bringen will. So ist z. B. die Fertigung von Montagerobotern eine Umwegproduktion, denn sie ist nicht nur ein Hilfsmittel, um die Personalkosten bei der Montage von Pkws zu senken, sondern auch eine Substitution des Produktionsfaktors Arbeit durch den Faktor Kapital. In jedem Fall ist von der Geschäftsleitung aber zu prüfen, ob eine Umwegproduktion auch wirtschaftlich ist, also trotz des höheren Aufwands auch der Ertrag überproportional steigt.

2.1.2 Betriebswirtschaftliche Produktionsfaktoren

Die betriebswirtschaftliche Sichtweise betrachtet die Verwendung der Produktionsfaktoren mit dem Ziel der Produktion von Gütern und Dienstleistungen, also die elementaren und die dispositiven Faktoren. Sie befasst sich also mit Kombinations- und Einsatzfragen bei der Leistungserstellung im Betrieb.

betriebswirtschaftliche Produktionsfaktoren

Elementarfaktoren
verändern die Erzeugnisse.

Repetierfaktoren
(= Verbrauchsgüter)
Sie werden zum Bestandteil der Erzeugnisse und unmittelbar verbraucht:
- Fertigungsmaterial, z. B. Blech für Pkws,
- Hilfsstoffe: z. B. Klebstoff,
- Betriebsstoffe, z. B. Beize zum Reinigen beim Kleben.

Potenzialfaktoren
(= Gebrauchsgüter)
Sie werden genutzt, aber verbrauchen sich nicht.
1. materielle Betriebsmittel, z. B. Maschinen, Werkzeuge,
2. Ausführende Arbeit produktbezogen,
3. immaterielle Betriebsmittel, z. B. Rechte, Patente, Informationen.

Dispositive Faktoren
lassen die Erzeugnisse unverändert (immaterielles Gut).

Alle Tätigkeiten der
- Führung und Leitung,
- Organisation,
- Planung.

Die wichtigste Aufgabe des dispositiven Faktors in einem Betrieb ist
- das Organisieren und Planen einer möglichst sparsamen Verwendung der zur Fertigung notwendigen Verbrauchsgüter,
- der kostengünstige Einsatz der Gebrauchsgüter sowie der notwendigen menschlichen Arbeit bei der Produktion.

Mit der Struktur und den Abläufen in Betrieben befasst sich die Betriebsorganisation. Sie wird in Kapitel 2.3 auf Seite 29 näher beschrieben.

Ziele der Betriebsorganisation sind:
- die zweckmäßige Regelung aller betrieblichen Arbeitsabläufe,
- ein System der eindeutigen Weisungsbefugnis,
- eine reibungslose und kostengünstige Fertigung.

Betrachtet man die Abläufe im Unternehmen, so lässt sich feststellen:

Früher wurde unterschieden nach	
Aufbauorganisation (Hierarchie)	Ablauforganisation
• Leitungssystem • Abteilungsgliederung • Entscheidungssysteme	• Materialfluss • Informationsfluss • Auftragsdurchlauf

Unternehmen, die ein Qualitätsmanagementsystem nach DIN ISO 9001 eingeführt haben und zertifiziert sind, organisieren es heute prozessorientiert in Kern-, sowie Führungs- und Unterstützungsprozesse.

Eine wichtige Funktion in einem prozessorientiert-organisierten Unternehmen hat das in der Unternehmensleitung angesiedelte **Controlling**. Es plant und steuert:
- Art und Kosten der Produkte,
- Zahl und Qualifikation der Mitarbeiter,
- geeignete Fertigungsverfahren,
- Belegung der Betriebsmittel,
- notwendiger Bedarf an Energie, Material, Löhnen,
- Absatz, Absatzstrategien und deren Erfolg.

Unabhängig von der Betriebsorganisation haben alle Unternehmen drei grundlegende Aufgaben, die für den Betriebserfolg bestimmend sind:

Beschaffung		Produktion		Absatz
Fertigungsbetrieb	Handel	Fertigungsbetrieb	Handel	Fertigungsbetrieb und Handel

Kostengünstiger Einkauf der
• Gebrauchsgüter:
  z. B. Maschinen
• Verbrauchsgüter:
  z. B. Bleche für die Pkw-Fertigung
	Kostengünstiger Einkauf der
	• Gebrauchsgüter:
	  z. B. Verkaufseinrichtungen
	• Handelsware:
	  z. B. Damenoberbekleidung
		rationelle Fertigung bei geringen Kosten sowie die sie vorbereitende Konstruktion, Fertigungsplanung	geringe Kosten durch Kommissionierung und/oder Präsentation der Handelswaren	• Reagieren auf Kundenwünsche,
				• Erzielen hoher Verkaufserlöse

Aufgaben

Offene Aufgaben
Formulieren Sie Ihre Antworten in Stichpunkten und vermeiden Sie es, auf den vorhergehenden Seiten nachzusehen.

1 a) Unterstreichen Sie die im folgenden Text enthaltenen Begriffe zu Produktionsfaktoren.
b) Ordnen Sie diese Begriffe den drei Produktionsfaktoren Boden, Arbeit und Kapital zu.
c) Welche Art von Investition liegt hier vor?

> Die Geschäftsleitung der Firma *Pedalo* plant, Elektrofahrräder in ihr Produktionsprogramm aufzunehmen. Dazu sind Investitionen in Maschinen und Anlagen sowie eine neue Montagehalle auf dem Betriebsgrundstück notwendig. Es sollen primär die Rücklagen, aber auch Darlehen eingesetzt werden. Auch müssen Forschungs-, Entwicklungs- und Konstruktionsarbeiten geleistet werden. Da das technische Büro bereits jetzt ausgelastet ist, müssen neue Mitarbeiter gewonnen werden. Für die Montage soll vor allem auf dem Markt auf bereits lieferbare Bauteile zurückgegriffen werden.

b)

Boden	Arbeit	Kapital

c) Art der Investition: _____

2 Nennen Sie die für einen Elektrogroßhandel notwendigen Produktionsfaktoren mit konkreten Beispielen.

3 Die Firma *Pedalo* plant, die neue Produktlinie *Elektrofahrräder* nicht mehr händisch in Gruppenarbeit, sondern auf einer Fertigungsstraße von Robotern montieren zu lassen.
a) Warum handelt es sich um eine Umwegproduktion?
b) Was könnte das Motiv für die Geschäftsleitung sein und welche Kosten verändern sich?

4 Ergänzen Sie in der Übersicht die notwendigen betriebswirtschaftlichen Faktoren zum Beispiel der Aufgabe 1: Geplante Fertigung von Elektrofahrrädern:

Betriebswirtschaftliche Faktoren für die geplante Fertigung von Elektrofahrrädern		
Elementarfaktoren		Dispositive Faktoren
Repetierfaktoren	Potenzialfaktoren	

5 Die Firma *Pedalo* hat ein Qualitätsmanagementsystem nach DIN ISO 2010 eingeführt. Die vormalige strikte Trennung in Aufbau- und Ablauforganisation wurde durch Führungs-, Kern- und Unterstützungsprozesse abgelöst.
a) Nennen Sie jeweils zwei Beispiele für die drei Prozesse der Firma *Pedalo*.
b) Welche Bedeutung hat in diesem Unternehmen ein Controlling?

Die Lösungen zum Überprüfen Ihrer Antworten finden Sie auf den Seiten 177–178.
Lösen Sie nun die Multiple-Choice-Aufgaben.

Multiple-Choice-Aufgaben

Kreuzen Sie die richtige Lösung an!
Die Anzahl der richtigen Lösungen ist in Klammern angegeben.

1. In welchen Fällen handelt es sich um volkswirtschaftliche Produktionsfaktoren? (3)
   1. Betriebsgrundstück ☐
   2. Unternehmenszielplanung ☐
   3. Geldkapital ☐
   4. Nutzung von Patenten ☐
   5. Montagetätigkeit ☐

2. Tragen Sie jeweils den richtigen Buchstaben in das Kästchen ein:
   A = Ersatzinvestition, B = Vorratsinvestition,
   C = Erweiterungsinvestition
   1. Update von Abrechnungssoftware ☐
   2. Einstellung zusätzlicher Mitarbeiter ☐
   3. Auswechseln von PCs ☐
   4. Einkäufe für das Weihnachtsgeschäft ☐
   5. Anwerbung neuer Vertriebspartner ☐

3. Zum Produktionsfaktor Kapital zählen *nicht*: (2)
   1. Darlehen ☐
   2. Kredite ☐
   3. Zukaufteile ☐
   4. ein gepachtetes Betriebsgrundstück ☐
   5. Lieferantenkredite ☐

4. Bei der Substitution von Betriebseinrichtungen (3)
   1. steigen die Kosten auf jeden Fall. ☐
   2. müssen die Kosten neutral bleiben. ☐
   3. muss Kapital zur Beschaffung vorhanden sein. ☐
   4. können Kosten gesenkt werden. ☐
   5. kann der Faktor Arbeit verringert werden. ☐

5. Betriebswirtschaftliche Potenzialfaktoren (2)
   1. verändern Erzeugnisse während der Fertigung. ☐
   2. verbrauchen sich während der Fertigung. ☐
   3. sind nie produktbezogen. ☐
   4. können auch PC-Programme sein. ☐
   5. dienen der Zielplanung. ☐

6. Ordnen Sie den Aufgaben eines Kaufhauses den jeweils richtigen Prozess zu:
   A = Kernprozess, B = Führungsprozess,
   C = Unterstützungsprozess
   1. Personalbüro ☐
   2. Einkauf ☐
   3. Verkauf ☐
   4. Betriebskantine ☐
   5. Zielvorgabe fürs Weihnachtsgeschäft ☐

7. Das Controlling befasst sich primär mit (2)
   1. der Anwesenheitskontrolle der Mitarbeiter. ☐
   2. der Wareneingangsprüfung. ☐
   3. der Steuerung der Betriebsabläufe. ☐
   4. der Ursachenforschung bei verfehlten Zielvorgaben. ☐
   5. der Einhaltung von Arbeitsschutzgesetzen. ☐

8. Der Anteil der Produktionsfaktoren Natur, Arbeit und Kapital (2)
   1. ist immer gleichwertig. ☐
   2. hängt vom Produktionsprogramm ab. ☐
   3. soll laufend steigen. ☐
   4. soll minimiert werden. ☐
   5. hängt von der Konjunktur ab. ☐

Die Lösungen finden Sie auf Seite 178.
Arbeiten Sie jetzt das **Kapitel 2.2** bis **2.3** durch.

2.2 Wirtschaftskreislauf

Der Begriff *Wirtschaftskreislauf* verdeutlicht, dass ein Austausch zwischen den Akteuren in der Wirtschaft stattfindet. Der überwiegende Teil der Sachgüter und Dienstleistungen wird in privaten Unternehmen erzeugt oder von diesen aus dem Ausland importiert. Das universelle Tauschmittel in jeder Volkswirtschaft ist Geld, das die Menschen in Form von Einkommen aus Arbeit oder Kapital erhalten, um damit Waren und Dienstleistungen zu kaufen.

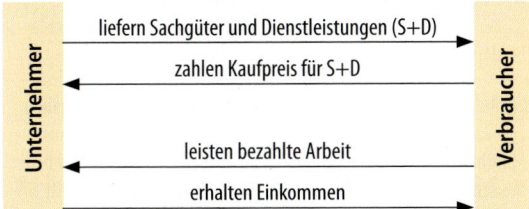

Aber auch die Banken erfüllen eine zentrale Aufgabe in der Wirtschaft: Üben die Bürger Konsumverzicht (d. h., sie geben nicht ihr gesamtes Einkommen für Konsumgüter aus), sondern sparen einen Teil, sammeln dies die Banken (z. B. in Form von Sparguthaben). Die Banken können dieses gesammelte Kapital dann gegen Zins verleihen, sodass Bürger, Unternehmen und der Staat langlebige Wirtschaftsgüter beschaffen oder Investitionen tätigen können.

Erweitert man nun die Abbildung um die Akteure Staat, Banken und das Ausland, erhält man ein Modell, das das Funktionieren einer Volkswirtschaft skizziert.

Für ein **Wachstum** im Wirtschaftskreislauf ist die Bildung von Sachkapital entscheidend. Dieser Prozess, beginnend mit der Vorstufe Geldkapital, läuft in mehreren Stufen ab:

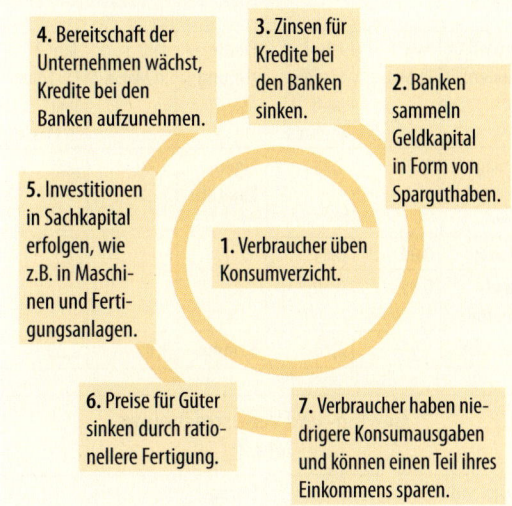

So verändert sich der Kreislauf zu einer Wachstumsspirale. Ist eine Volkswirtschaft gewachsen, dann haben sich nicht nur Geld- und Sachkapital vermehrt, sondern auch der Wohlstand der Bürger ist gestiegen.

Die Investitionstätigkeit eines Unternehmens lässt sich durch den Vergleich der Bilanzen aufeinanderfolgender Jahre erkennen. Die Auszüge aus zwei stark vereinfachten Bilanzen sowie aus der Gewinn- und

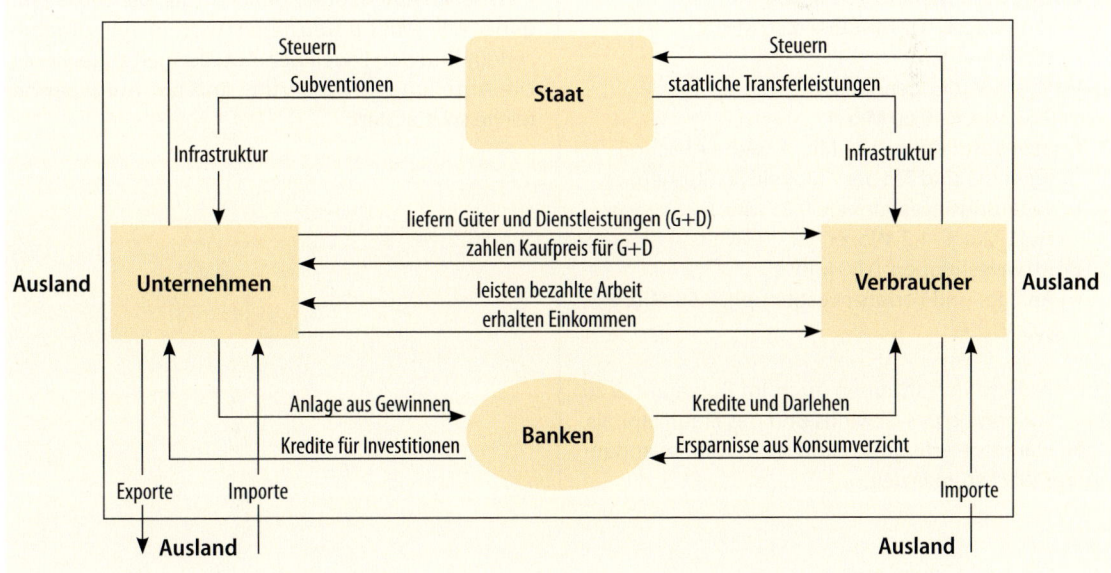

Verlustrechnung zeigen die Art und die Größe der im Jahr 2 getätigten Investitionen (siehe Seite 59).

Bilanz					
Aktiva			**Passiva**		
Investitionen:	Jahr 1 in Mio. €	Jahr 2 (= Folgejahr) in Mio. €	Finanzierung:	Jahr 1 in Mio. €	Jahr 2 (= Folgejahr) in Mio. €
Anlagevermögen	1,20	1,45	Eigenkapital	2,00	2,20
Vorräte	0,60	0,65			
Geldkapital	0,15	0,10			
Summe	1,95	2,20	Summe	1,95	2,20

Gewinn- und Verlustrechnung Jahr 2			
Aufwand (= Werteverzehr) in Mio. €:		**Ertrag** (= Wertezufluss) in Mio. €:	
Löhne	6,00	Umsatzerlöse:	8,80
Materialverbrauch	2,40		
Abschreibungen	0,30	Zinsen für Kapitalrücklagen	0,10
Gewinn	0,20		
Summe	8,90	Summe	8,90

Mit einer Bilanzanalyse lassen sich Arten und Veränderungen der Investitionen berechnen:
1. Anlageinvestitionen: 0,55 Mio. €
    → (1,45 Mio. €–1,2 Mio. €) + 0,30 Mio. € Abschreibungen
2. Vorratsinvestitionen: 0,05 Mio. €
    → 0,65 Mio. €– 0,60 Mio. €
3. Ersatzinvestitionen: 0,30 Mio. € (siehe Abschreibungen, sie sind Teil der Anlageinvestitionen)
4. Erweiterungsinvestitionen: 0,25 Mio. €
    → (1,45 Mio. €–1,2 Mio. €).
5. Bruttoinvestitionen: 0,60 Mio. €
    → Anlage- und Vorratsinvestitionen: 0,55 Mio. € + 0,05 Mio. €.

Führen diese Investitionen auch im Folgejahr 3 zu einer Steigerung des Gewinns und des Eigenkapitals, dann waren sie erfolgreich und es wurde ein andauerndes Wachstum erzielt.

2.3 Arbeitsteilung

Arbeitsteilung in Unternehmen ist die Zerlegung von Arbeitsaufgaben in Teilaufgaben und deren Zuweisung an die Abteilungen und die dort tätigen Mitarbeiter. Ziel ist die Steigerung der Wirtschaftlichkeit durch Spezialisierung und parallele Ausführung von Aufgaben.

Grundsätzlich unterscheidet man zwischen:

Mengenteilung (= Kennzeichen handwerklicher Fertigung)	Artteilung (= Kennzeichen industrieller Fertigung)
Ein Auftrag über mehrere gleiche Erzeugnisse wird auf mehrere Mitarbeiter aufgeteilt. Jeder stellt das Erzeugnis komplett her.	Ein Auftrag wird in Teilaufgaben zerlegt, die nacheinander ausgeführt werden. Jeder Mitarbeiter führt nur einen Arbeitsschritt aus.
z. B.: Mehrere Kfz-Mechatroniker reparieren jeweils ein einzelnes Fahrzeug komplett alleine.	z. B.: Mehrere Mitarbeiter montieren einen Pkw an einem Fließband.

Vergrößert man den Betrachtungshorizont, so lassen sich unterscheiden:
- betriebliche Arbeitsteilung innerhalb eines Unternehmens,
- volkswirtschaftliche Arbeitsteilung zwischen den unterschiedlichen Unternehmen innerhalb eines Landes,
- internationale Arbeitsteilung auf dem Weltmarkt.

Die **betriebliche Arbeitsteilung** spiegelt sich in der klassischen Aufbauorganisation wider. Die Gesamtaufgabe, z. B. *Pkws produzieren,* wird in Teilaufgaben zerlegt und den jeweiligen Abteilungen zugewiesen. Die Abteilungen wiederum sind auf Aufgabenbereiche spezialisiert.

Beispiel: Pkw-Fertigung

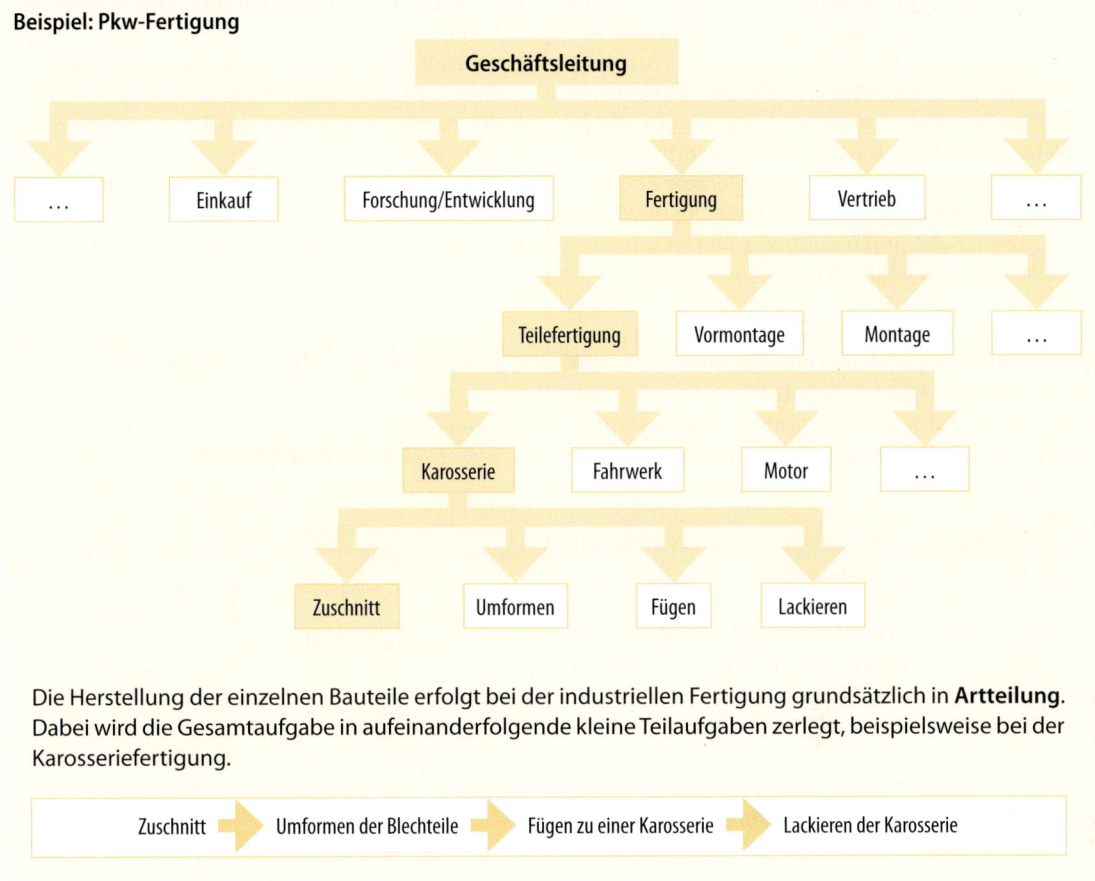

Die Herstellung der einzelnen Bauteile erfolgt bei der industriellen Fertigung grundsätzlich in **Artteilung**. Dabei wird die Gesamtaufgabe in aufeinanderfolgende kleine Teilaufgaben zerlegt, beispielsweise bei der Karosseriefertigung.

Zuschnitt → Umformen der Blechteile → Fügen zu einer Karosserie → Lackieren der Karosserie

Am einzelnen Arbeitsplatz wird nur **eine spezialisierte Verrichtung an einem Bauteil** ausgeführt, welches dann an den nächsten Arbeitsplatz weitergegeben wird. Dort findet dann ein weiterer Arbeitsschritt statt. Die Zusammenführung der vielen unterschiedlichen Bauteile erfolgt in der Vor- und Endmontage. Dieses Vorgehen wird – nach dessen Erfinder Henry Ford – auch als *Fordismus* bezeichnet. Üblich ist ebenso die Bezeichnung **Taylorismus**, benannt nach Frederick Taylor, der die Arbeitsabläufe in der Artenteilung um 1910 untersuchte und zu präzisieren versuchte. Der *Taylorismus* ist Vorläufer und Grundlage des Fordismus.

Auch in der Gesamtbetrachtung eines Unternehmens ist die Aufteilung der Aufgaben auf die unterschiedlichen Abteilungen eine Artteilung.

In der handwerklichen Art der Produktion findet man noch die **Mengenteilung**. Dabei wird die Gesamtaufgabe, z. B. vier Stühle herzustellen, auf vier Mitarbeiter aufgeteilt. Jeder fertigt einen Stuhl mit allen Arbeitsaufgaben, vom Holzzuschnitt bis zur Fertigstellung.

Bei komplexen Aufgaben ist auch eine **Phasenteilung** üblich. So wird z. B. die Errichtung eines großen Objektbaus unterteilt in zeitlich aufeinanderfolgende Abschnitte wie Planung, Entwurf, Werkplanung, Tiefbau, Hochbau, Ausbau und Abnahme.

Die **volkswirtschaftliche Arbeitsteilung** setzt sich aus der Gesamtheit der unterschiedlichen, beteiligten Betriebe zusammen, die auf unterschiedlichen Stufen Güter und Dienstleistungen produzieren. Man unterscheidet zwei Arten der volkswirtschaftlichen Arbeitsteilung:
- **vertikale Arbeitsteilung:** Sie findet statt in den Produktionsfaktoren
    - Primärbereich: Urproduktion wie Erzförderung oder Landwirtschaft,
    - Sekundärbereich: Herstellung von Gütern, z. B. Diesel aus Erdöl, Chips aus Kartoffeln,
    - Tertiärbereich: Handel mit Gütern, z. B. Verkauf von Diesel an Tankstellen, sowie Dienstleistungen, z. B. in der Gastronomie.

- **horizontale Arbeitsteilung:** In einer Volkswirtschaft zeigt sie sich anhand der Vielzahl von Betrieben mit ihren unterschiedlichen Erzeugnissen, z. B. für die Pkw-Fertigung. So stellen Stahlwerke Bleche her, in Gießereien werden Motorenteile gefertigt und in Webereien Stoffe für die Innenausstattung von Pkws. Gibt es für jedes Erzeugnis mehrere Betriebe, so herrscht Konkurrenz und die Preise für die Waren und Dienstleistungen können sich frei auf dem Markt durch Angebot und Nachfrage bilden.

Die **internationale Arbeitsteilung** findet zwischen großen Wirtschaftsregionen wie den Mitgliedstaaten der EU oder zwischen Kontinenten statt. So hat sich in Südostasien aufgrund der großen Bevölkerungszahlen die arbeitsintensive Textilindustrie konzentriert, in Südafrika und Südamerika die Haltung von Schlachtvieh, da dort ausreichend Weideland zur Verfügung steht. Diese Globalisierung der Wirtschaft bringt aber auch Nachteile mit sich, wie z. B. die Abhängigkeit von Ländern, die wichtige Rohstoffe liefern, oder die Bildung von Monostrukturen in Entwicklungsländern. Der Zwang, die Produktionskosten zu senken, führt auch zu sinkenden Löhnen in der Textilindustrie in Asien.

Die auf allen Ebenen seit Jahrzehnten fortschreitende Arbeitsteilung hat für Unternehmen Vorteile, aber auch Nachteile.

Die **Vorteile der Arbeitsteilung** sind erkennbar
- am technischen Fortschritt durch zunehmende Spezialisierung,
- an der Möglichkeit, viele Abläufe – als Folge der Serienfertigung – zu automatisieren,
- an der Produktion großer Stückzahlen zu niedrigen Kosten,
- an der Möglichkeit, einfache Tätigkeiten für Geringqualifizierte anbieten zu können,
- an der Einbindung von Entwicklungsländern in die Weltwirtschaft,
- an den Bemühungen der Nationen, Handelskriege friedlich beizulegen.

Die **Nachteile der Arbeitsteilung** zeigen sich vor allem anhand
- der zunehmenden Abhängigkeit der Betriebe, der Wirtschaftssektoren und der Länder voneinander,
- der zunehmend monotonen Arbeitsabläufe durch extreme Artteilung,
- der verloren gegangenen Entscheidungsspielräume der Mitarbeiter,
- der Abhängigkeit der Entwicklungsländer von den Industrienationen.

Für Beschäftigte von Unternehmen mit sehr differenzierter Arbeitsteilung zeigen sich ebenfalls Vor- und Nachteile.

Arbeitsteilung	
Vorteile	Nachteile
• höhere Produktivität • Einsatz spezieller Fähig- und Fertigkeiten • schnellere Einarbeitung und Routine • höhere Transparenz • schnellerer Lerneffekt • Beschränkung des erforderten Wissens	• Routine kann auch Monotonie bedeuten • einseitige Belastung • sinkende Motivation • Gefahr der Entfremdung • sinkende Lernkurve • niedrigere Anpassungsfähigkeit

Die Arbeitsteilung entwickelte sich während der Industrialisierung im 18. und 19. Jahrhundert besonders stark, schreitet heutzutage weiter fort und trägt erheblich zum Massenwohlstand sowie zu einem hohen Bruttoinlandsprodukt vieler Länder bei. Doch bereits in frühen Zeiten war die Arbeitsteilung in Form von **Berufsteilung** bzw. **Berufsspaltung** anzutreffen, z. B. die Spaltung des Berufs Schmied in die Berufe Hufschmied (für grobe Arbeiten) und Kunstschlosser (für feine Arbeiten). Gleiches gilt beispielsweise für die Aufteilung der Holzarbeiter in Zimmermann und Möbelschreiner.

Aufgaben

Offene Aufgaben
Formulieren Sie Ihre Antworten in Stichpunkten und vermeiden Sie es, auf den vorhergehenden Seiten nachzusehen.

1. Was versteht man unter Wachstum einer Volkswirtschaft und in welchen Stufen läuft es ab?

2. Ergänzen Sie die fehlenden Daten in der Bilanz und der Gewinn- und Verlustrechnung (siehe Seite 32) und berechnen Sie die Größe von:

   a) Anlageinvestitionen: _____ Mio. € → (_____ Mio. € – _____ Mio. €) + _____ Mio. €

   b) Vorratsinvestitionen: _____ Mio. € → _____ Mio. € – _____ Mio. €

   c) Ersatzinvestitionen: _____ Mio. €

   d) Erweiterungsinvestitionen: _____ Mio. € → _____ Mio. € – _____ Mio. €

   e) Bruttoinvestitionen: _____ Mio. € → _____ Mio. € + _____ Mio. €

Bilanz					
Aktiva			**Passiva**		
Investitionen	Jahr 1 in Mio. €	Jahr 2 (= Folgejahr) in Mio. €	Finanzierung	Jahr 1 in Mio. €	Jahr 2 (= Folgejahr) in Mio. €
Anlagevermögen	1,60	1,85	Eigenkapital	2,0	2,35
Vorräte	0,30	0,35			
Geldkapital	0,20	0,15			
Summe			Summe		

Gewinn- und Verlustrechnung Jahr 2			
Aufwand		**Ertrag**	
	in Mio. €		
Löhne	6,50	Umsatzerlöse	10,75
Materialverbrauch	2,50		
Abschreibungen	0,40		
Gewinn	0,35		
Summe		Summe	

3. Beschreiben Sie am Beispiel Bau von gleichen Reihenhäusern in einer Wohnsiedlung eine mögliche Art- und Mengenteilung. Wie läuft bei dieser Gesamtaufgabe die Phasenteilung ab?

4. Der folgende Text enthält Aussagen zur Arbeitsteilung. Unterstreichen Sie falsche Aussagen und stellen Sie diese richtig.

Kennzeichen einer entwickelten Volkswirtschaft ist die Mengenteilung. Dabei werden bei der Fertigung von Erzeugnissen die dafür notwendigen Arbeitsschritte zerlegt und einzelnen spezialisierten Arbeitsplätzen zugewiesen. Die Fertigung der Erzeugnisse erfolgt gleichzeitig, also parallel. Diese Form der Arbeitsteilung findet man auch bei den unterschiedlichen Aufgaben eines Unternehmens. Eine Gesamtaufgabe, beispielsweise *Fahrräder produzieren*, wird in Teilaufgaben aufgeteilt und in den Abteilungen erledigt. Die Kosten sind bei Serienfertigung höher als bei einer Mengenteilung. Überträgt man diese Arbeitsteilung auf eine Volkswirtschaft, so spricht man von horizontaler Arbeitsteilung: der Primärbereich befasst sich mit der Güterherstellung, der Sekundärbereich mit der Gewinnung von Rohstoffen und der Tertiärbereich mit dem Handel. Dieses Modell der Arbeitsteilung ist auch in der Weltwirtschaft erkennbar. So ist beispielsweise die Textilindustrie in Hochlohnländern konzentriert, während komplexe Industrieerzeugnisse in Entwicklungsländern gefertigt werden. Vorteile der Arbeitsteilung bestehen unter anderem in der Automatisierung, aber auch darin, die Motivation der Mitarbeiter zu steigern. Die Arbeitsteilung hat in der Technikgeschichte sehr früh eingesetzt. Damit ist die Spezialisierung der Berufe eine Folge der Arbeitsteilung. Die einzelnen Handwerker begannen zunehmend, ein komplexes Erzeugnis, z. B. eine Werkzeugmaschine, alleine zu fertigen.

Aussage	falsch	richtig
	Mengenteilung	Artteilung

5. Ergänzen Sie das Modell eines Wirtschaftskreislaufs am Beispiel eines Pkw-Herstellers. Beschriften Sie die Pfeile mit Vorgängen: Kredite, Zinsen, Steuern, Kaufpreis, Pkw, Pkw-Teile, Spareinlagen, Infrastruktur usw.

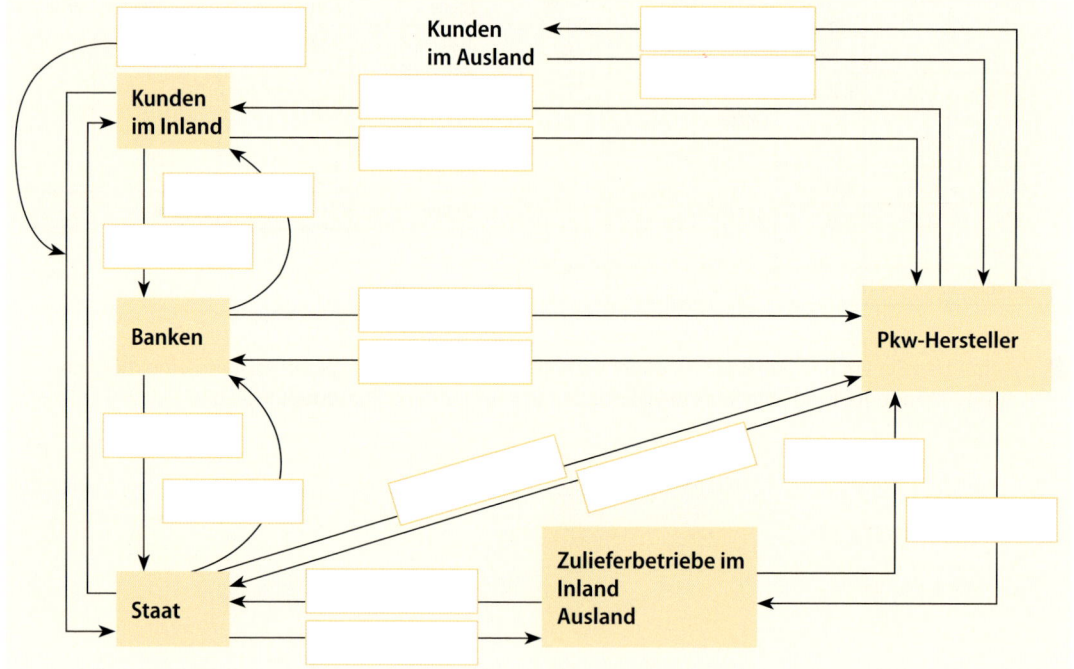

Die Lösungen zum Überprüfen Ihrer Antworten finden Sie auf den Seiten 178–179.
Lösen Sie nun die Multiple-Choice-Aufgaben.

Multiple-Choice-Aufgaben

Kreuzen Sie die richtige Lösung an!
Die Anzahl der richtigen Lösungen ist in Klammern angegeben.

1. **Was wird im Kreislauf einer Volkswirtschaft nicht erfasst? (1)**
   1. Arbeitseinkommen der Verbraucher ☐
   2. Lieferungen an das Ausland ☐
   3. Kredite von Banken ☐
   4. Ersparnisse der Verbraucher ☐
   5. ehrenamtliche Arbeit ☐

2. **Das Wachstum einer Volkswirtschaft ist erkennbar an (2)**
   1. sinkenden Realeinkommen. ☐
   2. konstanten Unternehmereinkommen. ☐
   3. der Zunahme von Investitionen. ☐
   4. steigender Staatsverschuldung. ☐
   5. steigenden Kreditvolumen der Banken. ☐

3. **Eine Bilanz gibt Auskunft über (2)**
   1. Investitionen und deren Finanzierung. ☐
   2. die Höhe der Abschreibungen. ☐
   3. die Produkte eines Unternehmens. ☐
   4. den Wert eines Unternehmens. ☐
   5. die Lohnquote. ☐

4. **Ein Unternehmen hat sein Anlagevermögen um 0,5 Mio. € erhöht und Abschreibungen von 0,4 Mio. € getätigt. Wie hoch waren die Anlageinvestitionen? (1)**
   1. 0,5 Mio. € ☐
   2. 0,4 Mio. € ☐
   3. 0,1 Mio. € ☐
   4. 0,9 Mio. € ☐
   5. 0 Mio. € ☐

5. **Zur Berechnung der Erweiterungsinvestitionen muss bekannt sein: die Veränderung (1)**
   1. des Anlagevermögens. ☐
   2. des Geldkapitals. ☐
   3. des Materialverbrauchs. ☐
   4. der Lohnsumme. ☐
   5. der Bilanzsumme. ☐

6. **Die Artteilung ist (2)**
   1. Kennzeichen der handwerklichen Fertigung. ☐
   2. Kennzeichen der industriellen Fertigung. ☐
   3. nur im Handel möglich. ☐
   4. auch in der Abteilungsgliederung eines Unternehmens sichtbar. ☐
   5. immer ein Bestandteil der Mengenteilung. ☐

7. **Die vertikale Arbeitsteilung (2)**
   1. betrachtet die Produktionsfaktoren. ☐
   2. setzt viele Betriebe der gleichen Branche voraus. ☐
   3. findet zwischen Primär- und Tertiärbereich statt. ☐
   4. trägt zum Wirtschaftswachstum bei. ☐
   5. ist nur global möglich. ☐

8. **Bewerten Sie die Auswirkungen der Arbeitsteilung auf den Menschen.**
   A = positiv, B = negativ
   1. Sie führt zu Monotonie. ☐☐
   2. Sie fördert Lerneffekte. ☐☐
   3. Sie grenzt das Arbeitsumfeld ein. ☐☐
   4. Sie steigert die Produktivität. ☐☐
   5. Sie belastet einseitig. ☐☐

9. **Bewerten Sie die Aussagen.**
   A = wahr B = falsch
   1. Globale Arbeitsteilung steigert den Wohlstand in Entwicklungsländern. ☐
   2. Je geringer die Arbeitsteilung, desto höher die Produktivität. ☐
   3. Artteilung ist nur in großen Unternehmen möglich. ☐
   4. Die Berufsdifferenzierung ist eine Artteilung. ☐
   5. Arbeitsteilung beeinflusst die Entwicklung einer Volkswirtschaft. ☐

Die Lösungen finden Sie auf Seite 179.
Arbeiten Sie jetzt das **Kapitel 2.4** durch.

2.4 Produkt- und Preispolitik

2.4.1 Leistungserstellung

Betrachtet man die Unternehmen im Rahmen der Volkswirtschaft, so lassen sie sich unterscheiden in Fertigungsbetriebe, Handelsunternehmen und Dienstleister. Ihre Tätigkeitsbereiche sind aber nicht immer klar voneinander abgegrenzt, denn Fertigungsbetriebe können auch Dienstleistungen anbieten und den Handel, also den Absatz ihrer Erzeugnisse, selbst vornehmen. Bei einer strikten Abgrenzung der Aufgaben stellen sich die Tätigkeiten von Unternehmen wie skizziert dar.

Die Produzenten und Anbieter von Gütern und Dienstleistungen sind untereinander auf vielfältige Weise miteinander verflochten, oft sogar abhängig voneinander:
- bei der Herstellung von Gütern durch die Prozessketten:
Zulieferer – Fertigungsbetrieb – Großhandel – Einzelhandel – Kunde(n),
- im Handel mit Gütern durch Einkaufsgenossenschaften, die Waren vom Großhandel beziehen, kommissionieren und dann die Einzelhändler oder ihre Filialen beliefern,
- mit anderen Unternehmen durch lockere bis enge Verflechtungen und Zusammenschlüsse.

Die Abhängigkeit von Zulieferern lässt sich verringern durch
- **Multiple Sourcing:** Bezug von Gütern von verschiedenen Lieferanten
- **Global Sourcing:** Bezug von Gütern aus unterschiedlichen Ländern.

Multiple Sourcing in Verbindung mit Global Sourcing in der Pkw-Fertigung:

Ziele des Wirtschaftens in allen Unternehmen über alle Stufen sind:
- Bedürfnisbefriedigung der Verbraucher mit den am Markt nachgefragten Gütern und Dienstleistungen zu den Marktpreisen, die deren Kaufkraft entsprechen.
- Erhöhen von Absatz und Gewinn, um damit wiederum Investitionen vornehmen zu können. Nur so lässt sich ein **Wachstum**, also eine Steigerung des Bruttoinlandsprodukts (BIP), in der Wirtschaft erreichen, das wiederum allen Konsumenten und dem Staat zum Vorteil gereicht. (Näheres zum BIP siehe Seite 153).

Das Wachstum einer Volkswirtschaft zieht aber auch Folgeschäden nach sich, wie die Zersiedelung der Landschaft, irreparable Umweltschäden und die Ausbeutung von begrenzten Rohstoffen, z. B. von Erdöl.

2.4.2 Produktpolitik

Die zwei Hauptziele von Unternehmen gelten gleichermaßen für die Produzenten von Wirtschaftsgütern sowie den Groß- und Einzelhandel:
- Die Kosten bei der Leistungserstellung zu senken und
- den Absatz der Güter und Dienstleistungen zu erhöhen

Ein Instrument der Absatzpolitik ist die **Produktpolitik**. Sie umfasst alle Entscheidungen, die Qualität, Marke, Äußeres und Produktlebenszyklus bestimmen. Da die Lebensdauer aller Wirtschaftsgüter begrenzt ist, muss die Produktpolitik laufend Maßnahmen ergreifen, sie zu verändern und zu verbessern, um beim Kunden Zufriedenheit zu erreichen.

Wichtige Maßnahmen sind:
- **Produktinnovation:** neue Produkte entwickeln oder fertigen lassen und auf den Markt bringen.
- **Produktvariation:** Ergänzen und Verändern der Produkte, um den Kunden mehr Auswahl anzubieten.
- **Produktgestaltung:** Verändern von Qualität oder Verpackung, um Kaufanreize zu schaffen.
- **Produkteliminierung:** Produkt vom Markt nehmen, wenn es sich auf dem Markt als nicht mehr konkurrenzfähig erweist oder nicht mehr den Kundenwünschen entspricht.

Alle Wirtschaftsgüter durchlaufen fünf Phasen, deren Dauer produktabhängig ist. Die wellenförmige Grafik zeigt den typischen **Produktlebenszyklus** eines Gebrauchsguts. Als Beispiel dient ein Mobiltelefon: Verlauf von Gewinn und Absatz während seiner Lebensdauer.

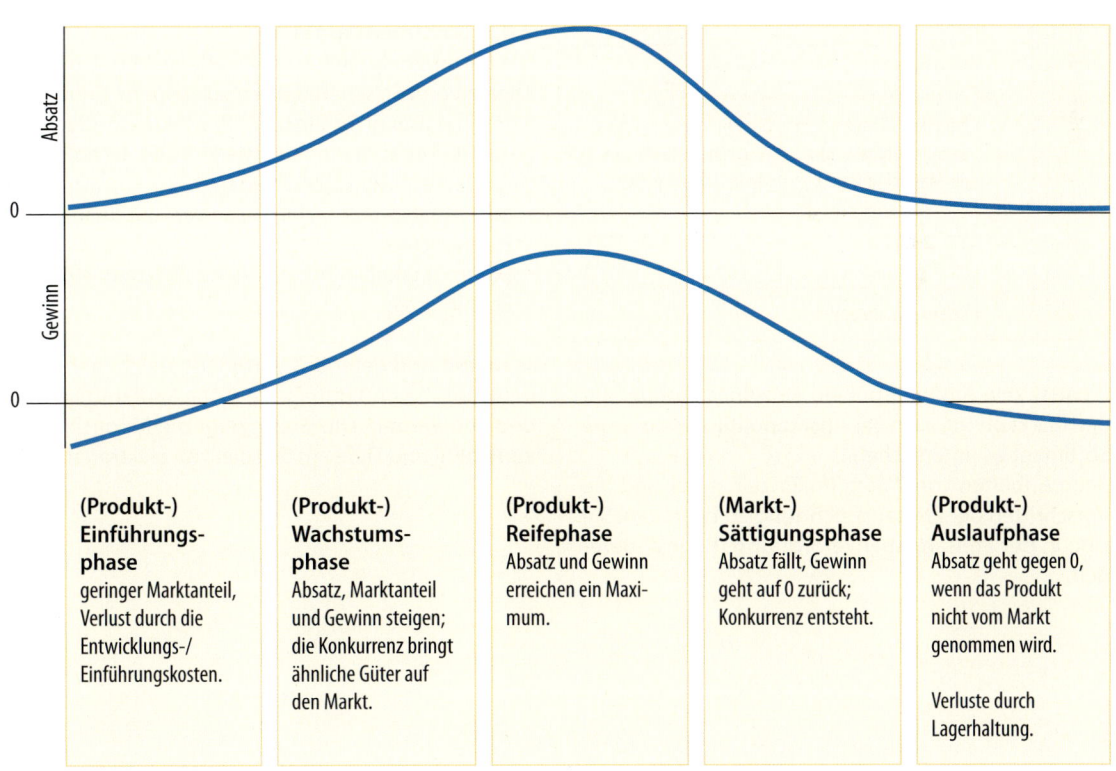

Ein Anbieter kann Verluste während der Produkteinführungsphase durch zwei entgegengesetzte Strategien seiner Preispolitik mindern:
- **Penetrationspreis:** Der Preis wird sehr niedrig gehalten, um rasch einen großen Absatz und Marktanteil zu erreichen. In der Produktwachstums- und Reifephase wird in Produktinnovation, -variation und -gestaltung investiert und der Preis dann angehoben.
- **Abschöpfungspreis:** Der Preis wird sehr hoch angesetzt, um Bedürfnisse bei kaufkräftigen Verbrauchern zu wecken. In der Produktwachstums- und Reifephase wird der Preis gesenkt, um möglichst viele Käufer bedienen zu können und den Marktanteil zu steigern.

Im Produktlebenszyklus werden Erzeugnisse oft auch einer Portfolioanalyse unterzogen, die das Marktwachstum mit dem relativen Marktanteil vergleicht.

Marktwachstum	Question Marks	Stars
hoch	Produkt befindet sich in der Einführungs- und Wachstumsphase; wird nicht weiter investiert, kann es zum Poor Dog absinken.	Die Wachstumsphase des Produkts war erfolgreich.
	Poor Dogs	**Cash Cows**
niedrig	Produkt befindet sich in der Auslaufphase oder die Markteinführung war nicht erfolgreich.	Das Produkt ist auf dem Weg von der Reife- zur Marktsättigungsphase.
	niedrig	hoch
	Relativer Marktanteil	

Da aber kein Anbieter nur ein einzelnes Produkt auf den Markt bringt, ist in der **Absatzpolitik** das gesamte Sortiment zu untersuchen.
Beim Anbieten von Waren im Einzelhandel sind die Vorschriften der Preisauszeichnung zu beachten. Sie sind in der Preisangabenverordnung (PAngV) geregelt.

So heißt es in §1:

> Wer Letztverbrauchern gewerbs- oder geschäftsmäßig oder regelmäßig in sonstiger Weise Waren oder Leistungen anbietet oder als Anbieter von Waren oder Leistungen gegenüber Letztverbrauchern unter Angabe von Preisen wirbt, hat die Preise anzugeben, die einschließlich der Umsatzsteuer und sonstiger Preisbestandteile zu zahlen sind (Gesamtpreise). Soweit es der allgemeinen Verkehrsauffassung entspricht, sind auch die Verkaufs- oder Leistungseinheit und die Gütebezeichnung anzugeben, auf die sich die Preise beziehen.

Es müssen also direkt an der Ware oder dem Warenträger, z. B. dem Verkaufsregal, angegeben werden:
- Der Bruttopreis, unabhängig von einem möglichen Rabatt.
- Die Bezeichnung der Ware und die Menge, z. B. 2,5 kg Kartoffeln: 1,80 €.
- Der Preis pro Grundeinheit, z. B. der Preis für 1 kg Kartoffeln: 0,72 €/kg.

Nur wenn diese Angaben auf einem Preisschild für den Kunden deutlich erkennbar sind, herrscht Preisklarheit und Preiswahrheit. Falsche Preisangaben lassen sich durch eine elektronische Preisauszeichnung vermeiden.

2.4.3 Sortimentspolitik

Die Sortimentspolitik ist ein weiteres Mittel, um den Absatz von Wirtschaftsgütern zu steigern. Betrachtet werden dabei nicht einzelne Produkte, sondern das gesamte Angebot eines Herstellers oder Händlers. Dabei lassen sich unterscheiden:
- Sortimentsbreite = Vielzahl an verschiedenen Erzeugnissen,
- Sortimentstiefe = verschiedene Varianten eines Erzeugnisses.

Je breiter und tiefer das Sortiment, desto mehr Kundenwünsche und unterschiedliche Kaufkraft können bedient werden. Die Grafik zeigt die Möglichkeiten von Breite und Tiefe am Beispiel von Elektrogeräten:

Betriebl. Leistungsprozess

		Sortimentsbreite				
		schmal Spezialanbieter ←──────────────────────→				breit Vollsortimenter
Sortimentstiefe	flach	Elektroherde	Kühlschränke	Waschmaschinen	…	…	Unterhaltungs- elektronik
		freistehend	freistehend	freistehend	…	…	Stereoanlagen
		einbaufähig	einbaufähig	einbaufähig	…	…	FS-Geräte
		Backofen getrennt	mit Gefrierfach	mit Schleudergang	…	…	Tonstudios
		…	…	…	…	…	…
	tief	Induktionsherde	mit Eiszubereitung	mit Spar- programmen	…	…	Quadrophonie- anlagen

Anbietern stehen bei der Sortimentsbildung mehrere Maßnahmen zur Verfügung, um die Kundenwünsche zu befriedigen und damit den Absatz zu erhöhen:

1. Sortimentsbildung:
Welche Erzeugnisse werden nachgefragt, in welcher Breite und Tiefe?

2. Sortimentserweiterung:
Mit welchen Erzeugnissen und Varianten soll das aktuelle Sortiment erweitert werden, um den Anforderungen der Kunden zu genügen? Z. B. mit Diversifikation (= Aufnahme neuer Produkte in das Sortiment) und/oder Differenzierung (= Anbieten weiterer Varianten).

3. Sortimentsbereinigung:
Welche Produkte müssen aus dem Sortiment genommen werden, die nicht mehr nachgefragt werden („Ladenhüter")?
- Kosten sinken.
- Attraktivität des Anbieters steigt.
- Kunden erhalten genau die Produkte, die ihren Bedürfnissen entsprechen.
- Gewinn steigt.

handwerk-technik.de

2.4.4 Distributionspolitik

Eine wichtige Aufgabe nach der Produktion von Wirtschaftsgütern ist die Art und Weise, wie sie vom Ort des Herstellers zu den Kunden, ob Groß- oder Einzelhandel, gelangen. Damit befasst sich die **Distributionspolitik** eines Unternehmens. Die Distributionspolitik

- steuert Vertrieb und Absatz,
- muss die Verfügbarkeit der Waren bei den Kunden sicherstellen und den
- Absatz nach Menge, Termin und niedrigen Kosten sicherstellen.

Dabei sind die Art der Ware sowie die räumliche Entfernung von Hersteller bzw. Großhändler und Kunden entscheidende Bestimmungsgrößen.

Die notwendige **Distribution** kann sein:
- **lokal:** z. B. eine Großbäckerei beliefert seine fünf Verkaufsfilialen in einer Stadt,
- **regional:** z. B. ein Lebensmittelgroßhändler beliefert 50 Einzelhändler in einer Großstadt,
- **landesweit:** z. B. ein Möbelproduzent beliefert 150 Möbelmärkte in Deutschland,
- **global:** z. B. ein Chiphersteller in China beliefert 2000 IT-Hersteller auf allen fünf Kontinenten.

Hersteller oder Großhändler müssen deshalb akquisitorische und logistische Aufgaben lösen, damit die Wirtschaftsgüter die Kunden zu vertretbaren Kosten auch zuverlässig erreichen.

	akquisitorische Distribution	**logistische Distribution**
Aufgaben	• Absatzwege festlegen: z. B.: Hersteller → Großhandel → Einzelhandel • Absatzmittler verpflichten: z. B. betriebseigene Absatzsysteme, oder betriebsfremde Absatzhelfer wie: – Handelsvertreter, – Handelsmakler, – Handelskommissionäre. • Vertragliche Vertriebssysteme einrichten: z. B. Speditionen liefern vertraglich geregelte Abnahmemengen zu festen Terminen an die Kunden.	Wahl des Transportmittels: z. B. • Boten • Pkw • Lkw • Bahn • Flugzeug • Schiff
bei Beachtung von	• Art der Waren • Entfernung zu den Kunden • Vorhandenen Lagersystemen, z. B. Eigen- oder Fremdlager; diese können zentral oder dezentral angelegt sein	• Art und Menge der Waren • Kosten des Transports • Termin beim Kunden • Sicherheit des Transportmittels • Umweltbelastung durch das Transportmittel

Große Unternehmen, ob Hersteller oder Großhändler, richten für die Distribution der Waren eine eigene Abteilung ein: die Absatzorganisation.

Absatzorganisation		
kundenorientiert (**CRM** = Customer Relationship Management)	**produktorientiert** (**PM** = Product Management)	**funktionsorientiert** (**IFM** = Internal Function Management)
Je ein Team bei einem Pkw-Großhändler betreut: • Gewerbliche Kunden • Privatkunden • Behörden und Ämter	Je ein Team bei einem Softwarehersteller betreut: • Produkt A: Systemsoftware; • Produkt B: Anwendersoftware: Standardlösungen; • Produkt C: Anwendersoftware: Individuallösungen.	Je ein Team bei einem Großhändler ist zuständig für • Entgegennahme von Aufträgen, • Versand von Rechnungen, • Mahn- und Reklamationswesen.

Die Art der Waren, deren Mengen sowie Zahl und Ort der Kunden bestimmen beim **direkten Absatz** die notwendige Absatzorganisation eines Herstellers oder Großhändlers. Die Absatzorganisation kann auch vollständig vom Unternehmen getrennt sein und in einer GmbH zusammengefasst oder einem fremden Unternehmen übertragen werden – also als **indirekter Absatz** organisiert sein. In einem solchen Fall kaufen Großhändler beim Hersteller die Waren und verkaufen sie wiederum an Einzelhändler. Der vom Hersteller unabhängige Handel lenkt hier den Warenfluss, deckt den Bedarf, berät die Kunden und übernimmt Service und Gewährleistung. Der Hersteller steht also in keinerlei Geschäftsbeziehung mit dem Endverbraucher.

Weitere indirekte Absatzmöglichkeiten sind:
- **Vertragshändler:** Sie verpflichten sich, die Produkte eines Herstellers exklusiv zu verkaufen, dies aber in eigenem Namen und auf eigene Rechnung. Beispiel: ein Pkw-Vertragshändler: Er übernimmt als Vertragshändler auch Wartung und Reparatur für den Hersteller.
- **Franchisesysteme:** In diesem Fall übernimmt beispielsweise ein Fast-Food-Hersteller als Franchisegeber die Absatzpolitik und das Marketing, ein selbstständiger Kaufmann, der Franchisenehmer, betreibt den Fast-Food-Shop auf eigenes Risiko, darf aber nur die Produkte des Franchisegebers anbieten und muss diesem eine Umsatzbeteiligung abführen.
- **Onlineshops:** Sie nutzen ausschließlich das Internet als Verkaufsforum, arbeiten auf eigene Rechnung, treten aber für den Kunden oft nur als Mittler zum Hersteller in Erscheinung. Für Online-Bestellungen gibt es besondere gesetzliche Regelungen. So muss die Website des Anbieters strenge Anforderungen erfüllen, zudem besteht ein erweitertes Widerrufsrecht. Auch darf ein Online-Händler mit Kunden nur nach Zustimmung Mailkontakt aufnehmen.

Der indirekte Absatz hat für Hersteller – im Gegensatz zum unternehmenseigenen Direktabsatz – Vor- und Nachteile:

Vorteile	Nachteile
• geringe bis keine Lagerhaltung • einfache Absatzorganisation • geringe Absatzkosten	• verringerte Gewinnspanne • Verlust des Kontakts zum Endkunden • Abhängigkeit vom Abnehmer bzw. Zwischenhändler

Für welche Absatzart sich ein Hersteller entscheidet, hängt von einer Vielzahl von Faktoren ab, sodass keine allgemeingültige Regel angegeben werden kann.

2.4.5 Marketing

Das Überangebot von Gütern und Dienstleistungen auf den Märkten verschafft den Kunden Wahlfreiheit und wirkt sich preisstabilisierend bis -senkend aus. Unternehmen der privaten Wirtschaft – und zunehmend auch die der öffentlichen Hand, wie beispielsweise die Deutsche Bahn AG – müssen deshalb Maßnahmen treffen, um ihre Erzeugnisse auf einem bereits gesättigten Markt platzieren und auch verkaufen zu können. Das ist Aufgabe des **Marketings**.
Ziel ist es,
- die Bedürfnisse und Erwartungen der Kunden zu ermitteln, aber auch neue überhaupt zu wecken,
- Erwartungen in die Eigenschaften der Erzeugnisse zu implementieren,
- die Kunden auf neue Erzeugnisse aufmerksam zu machen,
- die Kaufentscheidung zu beeinflussen,
- sie langfristig an das Unternehmen zu binden.

Ziel des Marketings ist also die konsequente Ausrichtung des Unternehmens auf den Markt und die Kunden. Je nach Art des Unternehmens sind unterschiedliche Unternehmensbereiche mit Marketingmaßnahmen befasst.
So sind das
- im Handel, z. B. der Lebensmitteleinzelhandel: Einkauf und Verkauf bzw. Vertrieb,
- bei Dienstleistern, z. B. Reinigungsfirmen: die Geschäftsleitung und die Leistungsersteller,
- bei produzierenden Unternehmen, z. B. Pkw-Hersteller: die Geschäftsleitung und alle Abteilungen von der Erzeugnis-Entwicklung, der Beschaffung, der Fertigung und Montage bis zum Vertrieb.

In Planwirtschaftssystemen ist Marketing nicht notwendig, da Bedarfe und die dafür notwendige Produktion geplant sind, wohl aber in Marktwirtschaften, da eines ihrer Kennzeichen das Überangebot an Gütern und Dienstleistungen ist und sie sich deshalb laufend um die Kunden bemühen müssen.

Das Marketing bedient sich dazu unterschiedlicher Werkzeuge, der **Marketinginstrumente**, kurz als die „4 P" bezeichnet: von Produkt- und Service- bis hin zur Kommunikationspolitik. Der **Marketing-Mix** ist die Kombination aller verkaufspolitischen Marketinginstrumente.

Instrument	Produkt- und Servicepolitik (*p*roduct)	Kontrahierungs- und Preispolitik (*p*rice)	Distributions- und Vertriebspolitik (*p*lace)	Kommunikationspolitik (*p*romotion)
Inhalte	• Verkaufsprogramm • Qualität und Ausstattung • Produktkennzeichnung • Kundenservice	• Gestaltung von Preis und Leistungen • Rabatte • Liefer- und Zahlungsbedingungen	• Vertriebsorganisation • Logistik und Versand • Absatzkanäle	• Werbung und Verkaufsförderung • Öffentlichkeitsarbeit • Event Marketing • Sponsoring • Messepräsentation • Keyaccounting
Ziele	Was erwartet der Kunde? Was bietet man ihm an?	Welche Konditionen kann der Kunde erwarten?	Wie und wo werden die Erzeugnisse angeboten?	Wie werden die Kundenkontakte hergestellt und gepflegt?

Die klassischen „4 P" lassen sich noch mit drei weiteren Instrumenten erweitern:

Instrument	Produktpositionierung (*p*roduct positioning)	Personalentwicklung (*p*ersonal politics)	Ausstattungspolitik (*p*hysical facilities)
Inhalte	• Marktsegmentierung • Added Value • Kooperation • Leistungskombination • Leistungsdifferenzierung • Imagedifferenzierung • Sozialdifferenzierung	• Personalquantität • Sachschulung • Persönlichkeitsentwicklung • Qualität der Kundenkommunikation • Gratifikationen	• Büro und Nachrichtentechnologie • Bau- und Büromaterial • Kundenempfang • Kundenbetreuung
Ziele	Die Stellung des eigenen Produkts wird gegenüber dem der Mitbewerber abgehoben.	Das Produktversprechen wird auf sachlicher und persönlicher Ebene gesteigert.	Die Ausstattung wird sachlich und kundenpsychologisch optimiert.

Die Marktforschung muss, um die Wirksamkeit der einzelnen Maßnahmen herbeizuführen,
- die notwendigen Daten liefern,
- die Intensität der Einzelmaßnahmen vorschlagen und
- deren Verbindungen zu einem wirksamen Marketing-Mix herstellen.

Die einzelnen **Marketinginstrumente** müssen, um wirksam zu sein, auf unterschiedlichen Ebenen angesiedelt werden. Man unterscheidet:
- **Informationsebene:** Hier soll die Marktforschung Kundenwünsche ermitteln, wecken und die wirksamsten Mittel zu ihrer Befriedigung erkunden.
- **Aktionsebene:** Hier findet der direkte oder virtuelle Kontakt zum Kunden statt, beispielsweise im Geschäft, während der Dienstleistung oder auf einer Website im Internet.
- **Managementebene:** Hier werden alle Marketingmaßnahmen geplant und gesteuert, also die Strategie festgelegt.

Die wechselseitige Abhängigkeit der Unternehmensfunktionen mit den Aufgaben, die im Marketing anfallen, zeigt sich deutlich, wenn man sie um die Entwicklung der Kundenbeziehungen gruppiert.

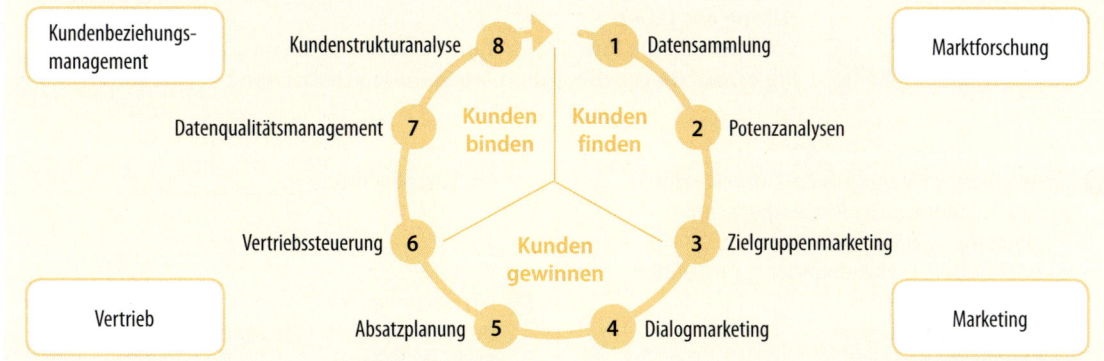

Die Marketinginstrumente und ihre Orientierung können langfristig nur dann neue Kunden finden, gewinnen und binden, wenn sie sich laufend dem Wandel der Kundenwünsche und der Märkte anpassen.

In Deutschland und vergleichbar hochentwickelten Ländern lässt sich dieser Wandel vom Verkäufer- zum Käufermarkt mit seinem Überangebot an Waren und Dienstleistungen auch in der Orientierung der Marketingmaßnahmen erkennen. Stand in den 1950er-Jahren beim Wiederaufbau das Produkt im Vordergrund, so ist es heute das Wecken und Pflegen von Produktsympathien im Internet und in den sozialen Netzwerken, z. B. das Animieren der User, damit sie den „gefällt mir"-Button klicken.

Langfristig werden sich viele Geschäftsbeziehungen auf das Internet verlagern, deshalb kommt der Präsentation eines Unternehmens auf seiner Internetseite eine zunehmende Bedeutung zu, ebenso der Kommunikation zwischen Anbieter und Kunden auf Webseiten durch **Content Marketing.** *Content Marketing* muss gesetzlichen Anforderungen genügen, beispielsweise müssen die Allgemeinen Geschäftsbedingungen und die Bestellung vor dem Abschicken einzusehen sein. Die dazu notwendigen Schritte müssen bei der Programmierung berücksichtigt werden.

Von zunehmender Bedeutung für den Unternehmenserfolg ist aber nicht nur der Marketingmix, sondern auch, wie sich das Unternehmen als Ganzes den Kunden nach außen und Mitarbeitern nach innen präsentiert. Man bezeichnet das als **Corporate Identity (CI)** – mit den Teilbereichen:

- *Corporate Communication (CC):* Wie gehen Vorgesetzte und Mitarbeiter miteinander um und wie sind die Mitarbeiter in Informationen eingebunden? Ziel ist ein „Wir-Gefühl", das durch die zunehmende Job-Mentalität teilweise verloren gegangen ist.
- *Corporate Design (CD):* Wie zeigt sich das Unternehmen nach außen, also gegenüber der Öffentlichkeit und den Kunden? Ein einheitliches Erscheinungsbild, beispielsweise durch Farben, Formen und Zeichen, soll ein Alleinstellungsmerkmal gegenüber Konkurrenzprodukten signalisieren und einen hohen Wiedererkennungswert sichern.
- *Corporate Behaviour (CB):* Wie verhält sich das Unternehmen gegenüber Markt und Gesellschaft? Die klare Positionierung aller Unternehmensaktivitäten soll die Glaubwürdigkeit nach innen sowie nach außen sichern und dem Unternehmen einen festen und sicheren Platz am Markt verschaffen.

Ist die *Corporate Identity* in allen Teilbereichen umgesetzt und wird sie auch von den Mitarbeitern „gelebt", dann erst entfaltet sich ein Marketingmix für den Erfolg eines Unternehmens auf dem Markt.

PRINZIP CONTENT MARKETING

Aufgaben

Offene Aufgaben
Formulieren Sie Ihre Antworten in Stichpunkten und vermeiden Sie es, auf den vorhergehenden Seiten nachzusehen.

❶ Geben Sie zum Erzeugnis *Laserdrucker* den richtigen Standort der Prozesskette an:
A Zulieferer   B Fertigungsbetrieb
C Großhandel   D Einzelhandel   E Kunde

a) Beratung des Kunden ☐
b) Gehäusefertigung ☐
c) Umverpackung zu Einzelgeräten ☐
d) Präsentation im Geschäft ☐
e) Einkauf von Bauteilen ☐
f) Inhouse-Beratung eines Kunden ☐
g) Zusammenstellung einer Lieferung ☐
h) Mechanische Bauteile bearbeiten ☐
i) Transport zum Verbrauchermarkt ☐
j) Konfektionieren von Bestellungen ☐

❷ Erklären Sie bei der Pkw-Fertigung Global Sourcing am Beispiel der Baugruppe *„Räder komplett: Felge + Reifen"* und nennen Sie zwei Vorteile dieser Art der Beschaffung.

❸ Wie groß war das Wachstum der Volkswirtschaft in Deutschland in Prozent gegenüber dem Vorjahr?
Basis: BIP 2017: 2850 Mrd. €

Bruttoinlands-produkt BIP in Mrd. €	2017: 2900	2019: 3050	2020: 3180
Steigerung in % gegenüber dem Vorjahr			

❹ Geben Sie am Beispiel des Erzeugnisses „Einbaukühlschrank" je eine Maßnahme einer Produktpolitik an:

Produktinnovation: _____

Produktvariation: _____

Produktgestaltung: _____

❺ Ein Hersteller von Tintenstrahldruckern verfolgt den Absatz seiner Erzeugnisse. In welchem Stadium befindet sich das Erzeugnis jeweils?

Beobachtung	Phase
Der Großhandel nimmt den Drucker aus dem Sortiment.	a)
Der Gewinn bei Druckern ist maximal.	b)
Der Einzelhandel meldet sinkenden Absatz.	c)
Mehrere Hersteller bringen ebenfalls Drucker auf den Markt.	d)
Einzelhändler fordern das neue Modell an.	e)

❻ Erklären Sie am Erzeugnis „Internetfähige Armbanduhr" die Maßnahmen und Absicht von
a) Penetrationspreis,
b) Abschöpfungspreis.

❼ Wie zeigen sich am Erzeugnis *Fahrräder* für die Kunden
a) Sortimentsbreite und
b) Sortimentstiefe?

❽ Ein Hersteller von Fahrrädern beabsichtigt sowohl eine Diversifikation als auch eine Differenzierung seines Angebots. Wie verändert sich damit das Angebot für die Kunden, so diese Maßnahmen umgesetzt werden?

9 Alle Marketingziele dienen der Ausrichtung eines Unternehmens auf den Markt. Differenzieren Sie diese Ziele am Beispiel „Vegane Erzeugnisse erfolgreich auf dem Markt platzieren".

10 Ein Marketingmix bedient sich der „4 P". Geben Sie jeweils ein Ziel der einzelnen Marketingmaßnahmen am Beispiel Elektro-Pkw an:

Maßnahmen	Ziel
product	_____
price	_____
place	_____
promotion	_____

11 Setzen Sie die Buchstaben A bis I an der richtigen Stelle im folgenden Text über Marketing ein.

- A Corporate Identity
- B Aktionsebene
- C *product positioning*
- D „4 P"
- E Ausstattung des Produkts
- F persönliche Ebene
- G Content Marketing
- H Geschäftsbedingungen
- I online

Neue Erzeugnisse auf einen gesättigten Markt zu bringen gestaltet sich zunehmend schwieriger. Die Wirtschaft bedient sich dazu unterschiedlicher Marktinstrumente, die als die _____ bezeichnet werden.
Deren Wirksamkeit kann durch ergänzende Maßnahmen noch gesteigert werden. Sie hebt als _____ das eigene Produkt gegenüber dem der Mitbewerber ab. Das Instrument *physical facilities* optimiert die _____ und die Maßnahme *personal politics* soll das Produktversprechen auf eine _____ heben. Ziel ist immer die langfristige Kundenbindung. Sie lässt sich nachhaltig besonders beim direkten Kontakt mit dem Kunden entwickeln, auf der _____ also. Da Erzeugnisse und Dienstleistungen immer häufiger im Internet angeboten und nachgefragt werden, gewinnt das _____ zunehmend an Bedeutung. Es muss so gestaltet sein, dass _____ eine Kommunikation zwischen Anbietern und Kunden möglich ist. Dabei ist eine Reihe an gesetzlichen Vorschriften zu beachten, zum Beispiel müssen die Allgemeinen _____ vor dem Kauf eingesehen werden können. Die Kunden legen aber auch zunehmend Wert darauf, wie sich ein Unternehmen und seine Mitarbeiter den Kunden gegenüber präsentieren. Diese _____ soll nicht nur ein „Wir-Gefühl" im Unternehmen erzeugen, sondern den Markt und die Kunden miteinbeziehen.

12 Korrigieren Sie die folgenden Aussagen.
- a) Die akquisitorische Distribution befasst sich mit der Wahl des Transportmittels von Wirtschaftsgütern.
- b) Ein Franchisenehmer ist ein betriebseigener Handelsvertreter.
- c) Ein Pkw-Vertragshändler verkauft Pkws auf fremde Rechnung.
- d) Ein *Customer Relationship Management* ist produktorientiert organisiert.
- e) Eine funktionsorientierte Absatzorganisation wird immer outgesourct.
- f) Vorteil eines indirekten Absatzes ist eine höhere Gewinnspanne.

Die Lösungen zum Überprüfen Ihrer Antworten finden Sie auf den Seiten 179–180.
Beantworten Sie nun die Multiple-Choice-Fragen.

Multiple-Choice-Aufgaben

Kreuzen Sie die richtige Lösung an!
Die Anzahl der richtigen Lösungen ist in Klammern angegeben.

1. Eine Manipulation von Sachgütern liegt *nicht* vor beim (2)
   1. Umverpacken. ☐
   2. Konfektionieren. ☐
   3. Veredeln. ☐
   4. Anbieten von Dienstleistungen. ☐
   5. Beraten von Kunden. ☐

2. Der Bezug von Gütern über einen Anbieter ist ein (1)
   1. Single Sourcing. ☐
   2. Multiple Sourcing. ☐
   3. Global Sourcing. ☐
   4. Multiple Global Sourcing. ☐
   5. Kommissionieren. ☐

3. Das Wachstum einer Volkswirtschaft zeigt sich (1)
   1. am Umsatz von Fertigungsbetrieben. ☐
   2. im Anstieg des BIP. ☐
   3. in steigenden Sozialabgaben. ☐
   4. am Rückgang des BIP. ☐
   5. an der Zunahme von Insolvenzen. ☐

4. Welche Folgen kann das Wachstum einer Volkswirtschaft nach sich ziehen? (3)
   1. Schäden an der Umwelt ☐
   2. Arbeitslosigkeit ☐
   3. Anstieg des BIP ☐
   4. geringere Staatseinnahmen ☐
   5. Vollbeschäftigung ☐

5. Die Marktsättigungsphase eines Produkts ist erkennbar an (2)
   1. steigendem Absatz. ☐
   2. fallendem Absatz. ☐
   3. zunehmendem Marktanteil. ☐
   4. steigendem Gewinn. ☐
   5. verminderten Gewinnen. ☐

6. Ein Abschöpfungspreis (2)
   1. ist geringer als ein Penetrationspreis. ☐
   2. spricht kaufkräftige Kunden an. ☐
   3. ist höher als ein Penetrationspreis. ☐
   4. spricht kaufkraftschwache Kunden an. ☐
   5. ist nur bei Investitionsgütern üblich. ☐

7. Ein Erzeugnis wird als poor dog bezeichnet, wenn: (1)
   1. Marktanteil hoch – Marktwachstum hoch. ☐
   2. Marktanteil hoch – Marktwachstum niedrig. ☐
   3. Marktanteil niedrig – Marktwachstum hoch. ☐
   4. Marktanteil niedrig – Marktwachstum niedrig. ☐
   5. Marktanteil stabil – Marktwachstum stabil. ☐

8. In welchem Fall wird ein Sortiment verbreitert? (2)
   1. Ein Tierfutteranbieter schränkt sein Sortiment ein. ☐
   2. Ein Pkw-Hersteller bietet zahlreiche Ausstattungspakete an. ☐
   3. Zwei Produzenten gehen eine Fusion ein. ☐
   4. Ein Pkw-Hersteller bietet zukünftig auch Elektro-Pkws an. ☐
   5. Ein Supermarkt bietet zukünftig auch Non-Food-Waren an. ☐

9. Welche Motive können zu einer Sortimentsbereinigung führen? (3)
   1. Die Kosten sollen sinken. ☐
   2. Der Gewinn soll gesteigert werden. ☐
   3. Die Kunden sollen mehr Auswahl haben. ☐
   4. Die Variantenvielfalt soll erhöht werden. ☐
   5. Die Kundenwünsche sollen zielgerichteter bedient werden. ☐

10. Als Diversifikation bezeichnet man (2)
    1. das Anbieten vieler Produktvarianten. ☐
    2. die Reduzierung des Angebots. ☐
    3. die Aufnahme neuer Produkte in ein Verkaufssortiment. ☐
    4. die Konzentration auf die Cashcows im Sortiment. ☐
    5. die Ausweitung des Angebots durch ergänzende Dienstleistungen. ☐

11. Ziele des Marketings sind (3)
    1. die langfristige Kundenbindung. ☐
    2. die Konzentration auf Stammkunden. ☐
    3. das Wecken neuer Bedürfnisse. ☐
    4. das Ignorieren von Käuferwünschen. ☐
    5. die Konsolidierung des Umsatzes. ☐

12. Womit befasst sich das Marketinginstrument promotion? (2)
    1. Öffentlichkeitsarbeit ☐
    2. Schulung der Mitarbeiter ☐
    3. Messepräsentationen ☐
    4. Gestaltung von Rabatten ☐
    5. Vertriebsorganisation ☐

13. Ein Marketingmix (2)
    1. konzentriert sich auf die Kundenbetreuung. ☐
    2. sucht nach unterschiedlichen Vertriebswegen. ☐
    3. ist die Summe von verkaufsfördernden Maßnahmen. ☐
    4. bedient sich der „4P" des Marketings. ☐
    5. hat eine große Sortimentsbreite zum Ziel. ☐

14. Kunden finden, Kunden gewinnen, Kunden binden (2)
    1. ist allein Aufgabe des Vertriebs. ☐
    2. fördert Umsatz und Gewinn. ☐
    3. kann Marktanteile erhöhen. ☐
    4. ist nur im Content Marketing üblich. ☐
    5. beeinflusst den Unternehmenserfolg nur gering. ☐

15. Wo ist das Prinzip des Content Marketings richtig angegeben? (1)
    1. suchen – bestellen – bezahlen ☐
    2. publizieren – gefunden werden – konvertieren ☐
    3. auswählen – kaufen – bezahlen ☐
    4. katalogisieren – informieren – diversifizieren ☐
    5. question mark – star – cash cow – poor dog ☐

16. Kreuzen Sie falsche Aussagen an und stellen Sie diese richtig: (2)
    1. ☐ Marketing ist allein Sache der Unternehmensleitung.
    _____
    2. ☐ Je höher der Umsatz eines Unternehmens, desto entbehrlicher ist Marketing.
    _____
    3. ☐ In der Marktsättigungsphase ist Marketing nicht mehr sinnvoll.
    _____
    4. ☐ Ist ein Produkt ein „Star", dann war die Wachstumsphase erfolgreich.
    _____
    5. ☐ Die Marktforschung steuert den Vertrieb.
    _____

Betriebl. Leistungsprozess

Die Lösungen finden Sie auf Seite 180.
Arbeiten Sie jetzt das **Kapitel 2.5** durch.

2.5 Wettbewerb und Konzentration in der Wirtschaft

2.5.1 UWG – Gesetz gegen unlauteren Wettbewerb

Ein Kennzeichen unserer hochentwickelten Volkswirtschaft ist das Überangebot an Waren und Dienstleistungen auf dem Markt. Das kann Marktteilnehmer dazu verleiten, sich gegenüber den Konkurrenten durch ungesetzliches Verhalten Vorteile zu verschaffen. Das UWG (Gesetz gegen den *unlauteren* Wettbewerb) schützt die Mitbewerber vor geschäftlichen Handlungen, die als unlauter und damit als unzulässig angesehen werden, und sorgt so für ein *Fair Play* auf dem Markt – selbst dann, wenn ein Überangebot herrscht.

Die beiden Hauptziele des UWG sind:
- Schutz der Interessen der Allgemeinheit an einem unverfälschten Wettbewerb auf dem Markt der Wirtschaftsgüter sowie
- Schutz der Verbraucher und Mitbewerber vor unlauteren Handlungen bei der Werbung für Waren und Dienstleistungen.

Im Einzelnen enthält das UWG vier Tatbestände, die insbesondere bei der Werbung für Waren und Dienstleistungen wie auch bei der Präsentation des eigenen Unternehmens in den Medien zu beachten sind (siehe Tabelle unten).

In § 4 bis 7 UWG (der sogenannten *Schwarzen Liste*) sind 30 Tatbestände aufgelistet, die bei der Werbung und Kontaktaufnahme mit Kunden verboten sind. Es gibt aber auch Ausnahmen. So ist vergleichende Werbung dann erlaubt, wenn – objektiv und für jeden erkennbar – Gleiches mit Gleichem verglichen wird, beispielsweise die Daten von zwei sehr ähnlichen Mittelklassefahrzeugen. Auch darf ein Anbieter seinen Kunden unaufgefordert E-Mails zuschicken, wenn diese bereits einmal Waren bei ihm bestellt hatten. Der Kunde muss aber die Möglichkeit haben, aus dem E-Mail-Verteiler gestrichen zu werden. Gewerbliche Kunden hingegen dürfen auch ohne ihr Einverständnis mit E-Mail, Telefon, Fax oder Briefsendungen kontaktiert werden.

Verstößt ein Unternehmen gegen die Vorschriften des UWG, dann sieht das Gesetz Folgendes vor:
- **Abmahnung:** Die Aufforderung, eine bestimmte Handlung oder ein bestimmtes Verhalten zukünftig zu unterlassen, z. B. den Verbrauch des eigenen Kleinwagens mit einem Mittelklassefahrzeug der Konkurrenz zu vergleichen. Abmahnungen sind gebührenpflichtig und orientieren sich am Streitwert. Dieser kann zum Beispiel bei unzulässigem Downloaden von Filmen oder Musik aus dem Internet mehrere Tausend Euro betragen.
- **Unterlassungserklärung:** Der Mahnende, sehr oft ein Rechtsanwalt, verlangt vom Verursacher eine schriftliche Erklärung, unzulässige Handlungen oder ein bestimmtes Verhalten zukünftig zu unterlassen.

Tatbestand	Verbot unlauterer geschäftlicher Handlungen	Verbot irreführender geschäftlicher Handlungen	Regelungen zur vergleichenden Werbung	unzumutbare Belästigungen
Absicht	Die Interessen der anderen Marktteilnehmer sollen nicht spürbar beeinträchtigt werden.	Eigene Waren und Dienstleistungen sollen keinen unzulässigen Vorteil erhalten.	Waren und Dienstleistungen der Mitbewerber sollen nicht herabgewürdigt werden.	Verbraucher und Mitbewerber sollen nicht unverlangt mit Postsendungen, Telefonanrufen oder E-Mails belästigt werden.
verboten sind	• Psychologischer Druck, • Verleumdung von Mitbewerbern, • Verbreiten von Unwahrheiten über Mitbewerber und deren Produkte.	• Unwahre Angaben über Waren, • falsche Preisreduzierung, • Lockangebote (Waren sind gar nicht im Angebot), • unterlassene Angaben bei Produkten.	• Vergleiche von Waren mit unterschiedlichen Eigenschaften, • Vergleiche, die nicht objektiv sind.	• Kontaktaufnahme trotz Widerspruch, • Anrufe oder E-Mails ohne vorherige Einverständniserklärung.

- **Schadenersatz:** Der materielle Ausgleich des Schadens, den einer durch eine bestimmte Handlung oder ein bestimmtes Verhalten beim Geschädigten verursacht hat. Der Geschädigte muss den Schaden konkret nachweisen können, ein Umsatzrückgang allein ist kein materieller Schaden.
- **Geld- oder Freiheitsstrafe:** Bei wiederholten Verstößen gegen das UWG; diese kann aber nur ein Gericht nach einem Zivilprozess verhängen.

Abmahnungen und Unterlassungserklärungen können nicht einzelne Verbraucher aussprechen, sondern nur Wirtschaftsverbände, Rechtsanwälte oder Kartellbehörden des Bundes und der Länder.

2.5.2 Konzentration in der Wirtschaft

Private Unternehmen und Unternehmen der öffentlichen Hand bieten ihre Erzeugnisse und Dienstleistungen auf dem Markt den Kunden an und stehen dabei im Wettbewerb. Der Wettbewerb funktioniert aber nur dann, wenn viele Anbieter vielen Kunden gegenüberstehen. Dabei darf er nur über Preis, Qualität, Service und Kundendienst erfolgen, nicht über Absprachen untereinander. Erst dann kann sich ein Marktpreis bilden, der Anbietern wie Kunden den größtmöglichen Nutzen verschafft. Dies ist nur in einer Marktwirtschaft möglich, da in Planwirtschaften Preise, Mengen und Bedarfe geplant und nicht dem Markt überlassen sind.

Betrachtet man in einer realen Volkswirtschaft die Anzahl der Anbieter und der Nachfrager (Kunden) sowie ihr zahlenmäßiges Verhältnis zueinander, so lassen sich neun unterschiedliche **Marktformen** erkennen. Die beiden Extreme sind das zweiseitige Monopol und das Polypol.

Marktform	zweiseitiges Monopol		Polypol	
Kennzeichen	ein Anbieter, z. B. Kriegswaffenhersteller	ein Nachfrager, z. B. Bundeswehr	viele Anbieter, z. B. Bäckereien in Städten	viele Nachfrager, z. B. private Kunden
Wirkung	totale gegenseitige Abhängigkeit		totale Wahlfreiheit für die Kunden	
mögliche Reaktion	Der Anbieter wird versuchen, weitere Kunden im Ausland zu finden.	Der Nachfrager wird versuchen, Kriegswaffen von Herstellern im Ausland zu importieren.	Die Bäckereien könnten versuchen, Preisabsprachen zu Ungunsten aller Kunden zu treffen.	Die Privatkunden könnten bevorzugt nur in „ihrer" Bäckerei einkaufen und so die anderen Anbieter zu Anpassungsreaktionen zwingen.

Zwischen den extremen Marktformen des zweiseitigen Monopols und des Polypols sind je nach Anzahl der Anbieter und der Nachfrager noch Zwischenformen möglich:

	ein Nachfrager		wenige Nachfrager		viele Nachfrager	
ein Anbieter	zweiseitiges Monopol Beispiel:		beschränktes Angebotsmonopol Beispiel:		Angebotsmonopol Beispiel:	
	Kriegswaffenhersteller	Bundeswehr	Spezialmedikament	wenige Kranke	Städtischer Verkehrsbetrieb	Fahrgäste
wenige Anbieter	beschränktes Nachfragemonopol Beispiel:		zweiseitiges Oligopol Beispiel:		Angebotsoligopol Beispiel:	
	Banknotendruckereien	Bundesbank	Kohlegruben	Kraftwerke	Pkw-Hersteller	Privatkunden
viele Anbieter	Nachfragemonopol Beispiel:		Nachfrageoligopol Beispiel:		Polypol Beispiel:	
	Ausstatter von ICE-Waggons	Deutsche Bahn AG	Zuckerrübenanbauer	Zuckerfabriken	Bäckereien	Privatkunden

Ideal wären Polypole auf allen Märkten. Dabei stehen viele Anbieter vielen Kunden gegenüber, denn so herrscht Konkurrenz, die sich günstig auf die Vielfalt des Angebots und die Preise auswirkt.

Trotzdem bilden sich durch Angebots- oder Nachfragemacht Zusammenschlüsse von Oligopolen bis hin zu Monopolen, die den Markt zu Ungunsten der Kunden beeinflussen. Folgende Zusammenschlüsse werden unterschieden:

ohne Kapitalbeteiligung	mit Kapitalbeteiligung
• Interessengemeinschaften (IG) • Arbeitsgemeinschaften (Arge) • Kartelle	• Holdings • Konzerne • Fusionen

Unternehmenszusammenschlüsse werden von den einzelnen Landeskartellbehörden, vom Bundeskartellamt in Berlin und vom Bundesministerium für Wirtschaft und Energie überwacht und sind in der Regel genehmigungspflichtig.

Man unterscheidet nach der Kapitalbeteiligung in:
- Unternehmen ohne Kapitalbeteiligung (IG, Arge und Kartelle)
- IG (Interessengemeinschaften):
  Unternehmen mit ähnlichem Produktionsprogramm können ihre Kosten senken, wenn sie in bestimmten Bereichen kooperieren, z. B. in Forschung und Entwicklung, Vertrieb, Marketing oder bei der Abstimmung des Fertigungsprogramms. Die Unternehmen einer IG bleiben rechtlich selbständig. Die Kooperation ist nur zwischenbetrieblich, führt aber oft langfristig zur Kartell- und Konzernbildung.
- Arge (Arbeitsgemeinschaften):
  Große Projekte wie der Bau einer U-Bahn lassen sich selten von einem Unternehmen alleine bewältigen. Dazu gehen Betriebe der gleichen Branche, begrenzt z. B. auf die Bauzeit, eine Verbindung ein, die sich aber nur auf das konkrete Projekt bezieht. Die Unternehmen einer Arge bleiben rechtlich selbstständig.
- Kartelle:
  Treffen zwei oder mehrere marktbeherrschende Unternehmen Absprachen oder machen Verträge über Preise, Mengen oder Liefergebiete, so spricht man von einem Kartell. Ein Kartell kann vom Bundeskartellamt untersagt werden, wenn es eine marktbeherrschende Stellung zum Schaden des Verbrauchers hat. Der Bundesminister für Wirtschaft und Energie kann dagegen Kartelle genehmigen, wenn dies im gesamtwirtschaftlichen Interesse ist. Kartelle stören auf jeden Fall den Wettbewerb.

Bei verbotenen Kartellen können das Bundeskartellamt als Aufsichtsbehörde, bei übernationalen Kartellen auch die EU-Kommission, Geldbußen verhängen.

- Unternehmen mit Kapitalbeteiligung (Konzerne):
  Das sind Zusammenschlüsse von rechtlich selbständigen Unternehmen zu wirtschaftlichen Einheiten auf nationaler oder multinationaler Ebene. Dabei ist zu unterscheiden zwischen:

vertikaler Konzentration	horizontaler Konzentration	diagonaler Konzentration
Alles in einer Hand vom Ur- bis zum Fertigprodukt, z. B. von der Kohleförderung bis zur Energieerzeugung in Kraftwerken und der Energieverteilung.	Herstellung und Vertrieb einer ganzen Erzeugnisgruppe, z. B. Elektromotoren, Reaktoren, Küchengeräte.	Unternehmen verschiedener Wirtschaftszweige schließen sich zusammen, z. B. Brauereien, Reedereien, Lebensmittelindustrie.

Je nach dem Grad der Verschmelzung wird unterschieden zwischen:

Holding	Konzern	Fusion
Dachgesellschaft, bei der die Zentrale Einfluss auf die Einzelunternehmen nimmt; sie ist oft die Vorstufe einer Konzernbildung.	Mehrere rechtlich selbständige (Tochter-) Unternehmen werden unter einer einheitlichen Geschäftsführung, der Muttergesellschaft, zusammengefasst (= Unterordnungskonzern). Bleiben die einzelnen Unternehmen voneinander unabhängig, bilden sie einen Gleichordnungskonzern.	Die Verschmelzung von rechtlich selbständigen Unternehmen zu einer neuen Einheit bei Verlust der Selbständigkeit. Diese neue Einheit wird auch als **Trust** bezeichnet.
z. B. Lebensmitteldiscounter EDEKA mit seinen Filialen, McDonalds Restaurants	z. B. Deutsche Bahn AG mit Untergesellschaften für Netz, Fuhrpark, Energieversorgung	z. B. Verschmelzung der Unternehmen Thyssen und Krupp zur Thyssenkrupp AG

Bei Fusionen gilt: Hat ein Unternehmen nach der Fusion mehr als 20 % Marktanteil oder mehr als 10.000 Mitarbeiter, so muss die Fusion vom Bundeskartellamt genehmigt werden.

Konzernbildungen und Fusionen werden auf Grund des **Gesetzes gegen Wettbewerbsbeschränkungen** (GWB bzw. „Kartellgesetz") und des **Gesetzes gegen den unlauteren Wettbewerb** (UWG) dann untersagt, wenn daraus **Oligopole** oder **Monopole** werden könnten, die dann den freien Wettbewerb stören.

2.5.3 Marktbeherrschende Unternehmen

Der Markt in vielen Bereichen unserer Volkswirtschaft ist trotz der gesetzlichen Regelungen, wie dem Kartellgesetz, von einigen marktbeherrschenden Unternehmen geprägt, beispielsweise in der Energieversorgung, dem Lebensmittelhandel aber auch im Wohnungsmarkt mancher Großstädte.

Betrachtet man nicht nur die Unternehmen selbst, sondern auch ihr Agieren auf dem Markt, so lassen sich vier Erscheinungsformen kartellartigen Verhaltens feststellen, die einen Missbrauch einer marktbeherrschenden Stellung darstellen (siehe Tabelle unten).

Zur Sicherung der Existenz von kleinen und mittleren Unternehmen sind allerdings bestimmte Absprachen zwischen rechtlich selbständigen Unternehmen zulässig:
- Mittelstandskartelle: Einzelhändler können Einkaufgenossenschaften bilden, um mit größeren Bestellmengen günstigere Konditionen vom Großhandel oder von Produzenten zu erhalten.
- Produktionsquoten in der Landwirtschaft: Sie dienen der Vermeidung von Überproduktion bei landwirtschaftlichen Erzeugnissen wie Milch, Getreide oder Kartoffeln; hier greifen Bund und EU regulierend ein und vermarkten beispielsweise Überschüsse.
- Preisbindung für Verlagserzeugnisse: Zeitungen, Zeitschriften und Bücher sind preisgebunden, um eine vielfältige Presse- und Buchproduktion sicherzustellen und der Konzentration im Mediensektor entgegenzuwirken.

Das **Gesetz gegen Wettbewerbsbeschränkungen** (GWG) kontrolliert die Kartellbildung nicht nur bei der weiten bis engen Zusammenarbeit von Unternehmen, sondern auch bei ihrem Verhalten am Markt. So kann der Bund Wettbewerbspolitik zum Nutzen der Verbraucher betreiben.

Kartellart	Preiskartell	Quotenkartell	Gebietskartell	Empfehlungskartell
Kennzeichen	Die Marktbeschicker treffen Absprachen über Preise und/oder Lieferbedingungen.	Die Marktbeschicker verknappen das Angebot bei sinkenden Preisen.	Produzenten oder Großhändler teilen sich den Markt in bestimmte Regionen auf, die nur sie beliefern.	Produzenten geben dem Handel die Preise und Rabattkonditionen vor. Unverbindliche Preisempfehlungen sind aber erlaubt.
Folgen für den Verbraucher	Obwohl unterschiedliche Anbieter am Markt agieren, sind bei allen die Preise für gleiche Erzeugnisse identisch.	Obwohl ein Überangebot vorhanden wäre, steigen die Preise aufgrund der künstlichen Verknappung.	Verbraucher können nicht zwischen verschiedenen Anbietern wählen, sondern sind den Monopolisten ausgeliefert.	Da Händler, die die Empfehlung missachten, nicht mehr beliefert werden, verringert sich das Angebot für die Verbraucher.

Aufgaben

Offene Aufgaben
Formulieren Sie Ihre Antworten in Stichpunkten und vermeiden Sie es, auf den vorhergehenden Seiten nachzusehen.

1. Beurteilen Sie mit Hilfe des UWG folgende Vorkommnisse auf dem Markt und geben Sie den Tatbestand an:
   a) Ein Reiseveranstalter besorgt sich bei einer Stadtverwaltung Name und Anschrift aller Bürger über 65 Jahren und bietet ihnen per persönlichem Brief eine Kaffeefahrt ins Blaue an.
   b) Ein Elektronikfachgeschäft bietet Flachbildfernsehgeräte zu einem sensationell niedrigen Preis an, hat aber nur zwei Geräte zum Verkauf.
   c) Eine Online-Apotheke bewirbt per E-Mail ein Nahrungsergänzungsmittel, das eine Gewichtsabnahme von 20 kg innerhalb eines Monats garantiert.
   d) Ein Pkw-Händler stellt die besonders niedrigen Abgaswerte seines Kleinwagens im Vergleich zum SUV eines namentlich genannten Konkurrenten heraus.
   e) Ein Lebensmittelkaufmann rät vom Kauf bei einem Mitbewerber ab, da dieser angeblich Probleme mit der Sauberkeit seiner Geschäftsräume hat.

2. Beurteilen Sie folgenden Fall: Eine Anwaltskanzlei verlangt von einem Internetuser eine Unterlassungserklärung mit 500 € Gebühren, einen Schadenersatz von 2000 € und verhängt eine Geldbuße von 5000 €, da der User von einer nicht näher genannten Internetadresse zwei Filme unberechtigt heruntergeladen hat.

3. Welche Möglichkeiten haben Verbraucher, um das Angebotsmonopol der Deutschen Bahn AG im Fernverkehr zu durchbrechen?

4. Drei mittelständische Bauunternehmen bilden eine Arbeitsgemeinschaft (Arge A 103) zum Bau einer neuen Autobahn. Was unterscheidet diesen Unternehmenszusammenschluss von einer Fusion?

5. Kreuzen Sie die zutreffende Marktform an:

	Monopol	Polypol
a) In einer Kleinstadt gibt es nur einen Bäcker.		
b) Auf einem Wochenmarkt bieten 10 Händler Gemüse an.		
c) In zwei Bundesländern ist nur ein Energieversorger tätig.		
d) Die Berliner Verkehrsgesellschaft betreibt den Nahverkehr in Berlin.		
e) In Südbayern kauft nur die Firma „Südzucker" Zuckerrüben auf.		

6. Warum ist die folgende Behauptung berechtigt? „Einkaufsgenossenschaften im Lebensmittelsektor stellen oft nur eine Vorstufe zu Konzernen dar."

7. Geben Sie für die beschriebenen Beobachtungen die Art des Kartells an und nennen Sie Möglichkeiten, wie die Verbraucher wirkungsvoll darauf reagieren können:
   a) Ein Energieversorger erklärt ein Bundesland zu seinem exklusiven Versorgungsgebiet.
   b) Die Händler eines Wochenmarkts setzen den Preis von Bananen auf 3 €/kg fest.
   c) Ein Pkw-Hersteller setzt den Preis für einen neuen SUV auf 75.000 € fest. Rabatte sind dem Händler nicht gestattet.
   d) Ein Verlag legt den Verkaufspreis für ein Prüfungsbuch zum „Büromanagement" auf 19,90 € fest.
   e) Ein Großhändler ermittelt den Bedarf an Weihnachtsbäumen in einer Region und beliefert die Einzelhändler mit der ermittelten Menge zu erhöhten Einkaufspreisen.

8 Der folgende Text zu Wettbewerb und Konzentration in der Wirtschaft enthält Fehler. Unterstreichen Sie falsche Aussagen und stellen Sie diese richtig.

> Ein Kennzeichen der Volkswirtschaft Deutschlands ist die zunehmende Konzentration in der Wirtschaft. Diese führt unter anderem zu einem Mangel auf dem Markt der Waren und Dienstleistungen. Der Staat beugt hier mit Gesetzen vor, vor allem mit dem Gesetz gegen den unlauteren Wettbewerb (UWG) und dem Strafrecht. Diese sollen die Interessen der Allgemeinheit schützen und den Wettbewerb der Marktteilnehmer einschränken. So sind beispielsweise unwahre Behauptungen zu Eigenschaften von Waren zwar verboten, nicht aber die grenzenlose vergleichende Werbung. Verstöße gegen das UWG können durch Abmahnung oder Unterlassungserklärung geahndet werden. Dazu ist jeder Verbraucher berechtigt, der Verstöße von Marktteilnehmern feststellt.
>
> Ein weiteres Kennzeichen einer entwickelten Volkswirtschaft ist die Bildung von Monopolen durch Unternehmenszusammenschlüsse. Dabei unterscheidet man zwischen Angebotsmonopolen (= ein Nachfrager – viele Anbieter) und Nachfragemonopolen (= ein Anbieter – viele Nachfrager). Ideal für einen funktionierenden Markt sind Polypole, also viele Anbieter und wenige Kunden.
> Die Konzentration ist aber nicht nur am Markt, sondern auch bei den Unternehmen selbst festzustellen. Zunehmend fusionieren Unternehmen zu Konzernen ohne und zu Interessengemeinschaften mit Kapitalbeteiligung. Sie werden als marktbeherrschend angesehen, wenn sie 50 % des Marktes beherrschen und mit den noch verbliebenen Unternehmen Preiskartelle bilden können. Ein Missbrauch von Marktmacht zeigt sich auch, wenn große Unternehmen ein Quotenkartell beschließen, also ihre Liefergebiete untereinander aufteilen. Die Verbraucher können dann nicht mehr zwischen verschiedenen Anbietern wählen.
>
> Das UWG lässt aber auch Ausnahmen zu. So können große Pkw-Hersteller eine Einkaufsgenossenschaft bilden, um wirtschaftliche Bestellmengen zu generieren. Langfristig sichern Einkaufsgenossenschaften die Vielfalt der Anbieter, eine große Auswahl für die Verbraucher und Produkte mit festen Verkaufspreisen.

	falsch	richtig
Aussage	Mangel auf dem Markt …	Überschuss auf dem Markt …

Die Lösungen zum Überprüfen Ihrer Antworten finden Sie auf Seite 181.
Lösen Sie nun die Multiple-Choice-Aufgaben.

Multiple-Choice-Aufgaben

Kreuzen Sie die richtige Lösung an! Die Anzahl der richtigen Lösungen ist in Klammern angegeben.

1. **Was trifft zu? Der Wettbewerb in einer Volkswirtschaft (2)**
   1. setzt viele Anbieter und Nachfrager voraus. ☐
   2. führt zu steigenden Preisen. ☐
   3. fördert die Bildung von Monopolen. ☐
   4. findet auf dem Markt statt. ☐
   5. muss vom Staat geplant werden. ☐

2. **Welche Werbebotschaft ist nach UWG unzulässig? (2)**
   1. Inlineskaten steigert die Lebensfreude. ☐
   2. Vorsicht! Firma XY ist in Insolvenz. ☐
   3. Unser Softdrink baut Muskeln auf. ☐
   4. BMW ist Freude am Fahren. ☐
   5. Unser Softdrink garantiert Ihnen 20 kg Gewichtsreduktion in 5 Tagen. ☐

3. **Wer darf einen Anbieter wegen falscher Werbeversprechen abmahnen? (1)**
   1. Jeder, der davon betroffen ist. ☐
   2. Das Abmahngericht am Landgericht. ☐
   3. Ein Verbraucherverband. ☐
   4. Ein Mitbewerber am Markt. ☐
   5. Ein Provider im Internet. ☐

4. **In welchen Fällen liegt ein zweiseitiges Oligopol vor? (2)**
   1. Lkw-Hersteller – Fuhrunternehmer ☐
   2. Omnibushersteller – Reiseveranstalter ☐
   3. Bäckereien – Verbraucher ☐
   4. Banknotendruckerei – Bundesbank ☐
   5. Landwirte – Nahrungsmittelhersteller ☐

5. **Zwei kleine Pkw-Hersteller betreiben ein gemeinsames Händlernetz. Was liegt hier vor? (1)**
   1. ein Trust ☐
   2. eine Holding ☐
   3. ein Monopol ☐
   4. eine Interessengemeinschaft (IG) ☐
   5. eine Arbeitsgemeinschaft (Arge) ☐

6. **Fast-Food-Lokale sind oft Franchisenehmer. Was trifft zu? (3)**
   1. Sie sind Angestellte des Franchisegebers. ☐
   2. Sie arbeiten auf eigene Rechnung. ☐
   3. Sie müssen mindestens zwei Franchisegeber vertreten. ☐
   4. Der Franchisegeber bestimmt die Gestaltung des Lokals und das Angebot. ☐
   5. Der Franchisenehmer ist selbständiger Unternehmer. ☐

7. **In welchem Fall ist die Absatzorganisation kundenorientiert organisiert? (3)**
   1. Ein Produzent informiert seine Hauptkunden per Newsletter. ☐
   2. Ein Unternehmer beschäftigt mehrere Key Accounter. ☐
   3. Für jedes Erzeugnis gibt es in einem Unternehmen einen Ansprechpartner. ☐
   4. Die Absatzorganisation ist in Funktionen gegliedert. ☐
   5. Großkunden erhalten umsatzbezogene Rabatte. ☐

8. **Geben Sie zu einer direkten Absatzorganisation die Entwicklungsrichtung an.**

	steigt	konstant	sinkt
1. Gewinnspanne	☐	☐	☐
2. Absatzkosten	☐	☐	☐
3. Personalbedarf	☐	☐	☐
4. Zwischenhandel	☐	☐	☐
5. Kundenkontakt	☐	☐	☐

Die Lösungen finden Sie auf Seite 181.
Arbeiten Sie jetzt das **Kapitel 3** durch.

3 Zahlungsverkehr und Finanzwirtschaft

Prüfungsgebiet	Themenbereiche	Prüfungsinhalte
In der Abschlussprüfung WiSo müssen Sie im Prüfungsgebiet *Finanzwirtschaft* Aufgaben zu folgenden Bereichen bearbeiten:	Zahlungsverkehr	• Barzahlung • unbare Zahlung • Kaufverträge • Störungen im Kaufrecht
	Investitionen und Finanzierung	• Finanzierungsanlässe • Finanzierungsarten • Kreditsicherungen
	Steuern und Versicherungen	• Steuerprinzip und -arten • Lohn- und Einkommensteuer • Betriebssteuern

3.1 Zahlungsverkehr

Zahlungsverkehr ist der Übergang des Kaufpreises für Waren, Dienstleistungen oder Rechte vom Schuldner (= Käufer) an den Gläubiger (= Verkäufer). Er kann auf unterschiedliche Art und Weise erfolgen. Je nach Art der Übergabe einer Geldschuld unterscheidet man
- Barzahlung,
- halbbare Zahlung,
- bargeldlose Zahlung.

Im Geschäftsverkehr zwischen Unternehmen und Kaufleuten ist nur die bargeldlose Zahlung üblich.

3.1.1 Barzahlung – halbbare Zahlung

Barzahlung ist nur noch bei kleinen Beträgen für Waren oder Dienstleistungen üblich. Dabei übergibt der Schuldner dem Gläubiger einen Geldbetrag direkt, z. B.
- beim Einkauf an der Kasse eines Supermarktes,
- bei der Übergabe durch einen Boten (z. B. Pizza-Lieferdienst),
- in einem Wertbrief oder Einschreibbrief an den Empfänger (nur noch sehr selten).

Der Schuldner erhält als Nachweis seiner Zahlung eine Quittung. Nach § 126 BGB muss sie schriftlich erfolgen und mindestens die erhaltene Leistung oder Ware, Datum, Name des Gläubigers (Verkäufers) und seine Unterschrift enthalten. Der Schuldner (Käufer) kann angegeben werden. Auf einem elektronisch erstellten Kassenbon ist keine Unterschrift notwendig. Eine Rechnung muss darüber hinaus den Aussteller, wie Name und Ort, und die Zahlungsbedingungen, wie Bankverbindung und Zahlungsziel, enthalten. Erfolgt die Geldübergabe sofort, so wird das auf der Rechnung quittiert, der Schuldner braucht dann kein Bankkonto.

Bei der halbbaren Zahlung zahlt der Schuldner den für eine Leistung fälligen Betrag mittels Zahlschein am Bankschalter auf das Konto des Gläubigers ein. Er braucht kein Konto bei einer Bank.

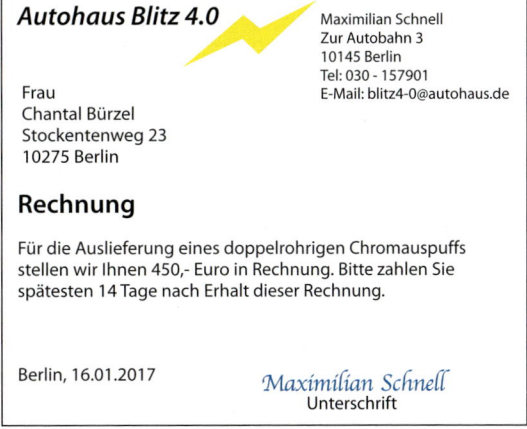

3.1.2 Bargeldlose Zahlung

Heutzutage ist der bargeldlose Zahlungsverkehr der Normalfall, zunehmend auch in Privathaushalten. Voraussetzung hierfür ist allerdings, dass beide Geschäftspartner ein sogenanntes **Girokonto** bei einer Bank oder Sparkasse besitzen. Die Abwicklung des Zahlungsverkehrs erfolgt dann zwischen den jeweiligen Konten – die hier bewegten Beträge werden aus diesem Grunde auch **Buchgeld** oder **Giralgeld** genannt.

Für Überweisungen, ob Einmalzahlungen oder Daueraufträge, ist seit Februar 2016 nur noch das Verfahren SEPA *(= Single Euro Payments Area)* zulässig. Damit sind sowohl Inlandsüberweisungen als auch internationale Überweisungen in 34 (europäische und weitere) Länder möglich. Das SEPA-Verfahren wird immer in Euro abgewickelt.

Auf Überweisungsträgern erscheinen nur noch:
- IBAN *(= International Bank Account Number)* von Schuldner und Gläubiger, 22-stellig, mit standardisierter Kontonummer und Bankleitzahl,
- BIC *(= Bank Identifier Code)* von Schuldner und Gläubiger, 11-stellig, sie ist bei Überweisungen im Inland nicht notwendig,
- Zahlbetrag in €,
- Betreff/Verwendungszweck, damit der Empfänger den Zahlbetrag zuordnen kann,
- Datum und Unterschrift des Schuldners.

Die folgende Übersicht zeigt alle möglichen Formen des bargeldlosen Zahlungsverkehrs.

Bargeldlose Zahlung durch								
Übergabe eines Verrechnungsschecks	Einzelüberweisung	Dauerauftrag	Lastschriftverfahren (= Einzugsermächtigung)	Geldkarte	Bankkarte (früher EC-Karte)	Kreditkarte	Internetbezahlsysteme
Einmalzahlungen	unregelmäßige Zahlungen für Einmalkäufe	regelmäßige gleichbleibende Zahlungen	regelmäßige gleichbleibende Zahlungen	unregelmäßige kleine Beträge	unregelmäßige Zahlungen für Einmalkäufe	unregelmäßige Zahlungen für Einmalkäufe	unregelmäßige Zahlungen für Einmalkäufe
z. B. Privatkauf eines Pkw	z. B. nach Lieferung einer Ware mit Rechnung	z. B. Miete, Stromvorauszahlungen	z. B. Miete, Stromvorauszahlungen	z. B. S-Bahn-Fahrschein am Automaten	z. B. Bezahlung eines Smartphones unmittelbar beim Kauf	z. B. Bezahlung einer Urlaubsreise oder Buchung im Internet	z. B. Bezahlung bei Käufen im Internet
Der Schuldner stellt dem Gläubiger einen Scheck aus, dieser löst ihn bei seiner Bank ein. Der Scheck muss gedeckt sein.	Die Geldschuld kann bar am Bankschalter einbezahlt oder vom Girokonto abgebucht werden.	Der Gläubiger hat die Sicherheit, dass regelmäßig fällige Zahlungen pünktlich auf seinem Konto eingehen.	Der Schuldner räumt dem Gläubiger das Recht ein, von seinem Konto Geld abzubuchen.	Der Chip auf der Karte muss erst mit Guthaben vom eigenen Konto aufgeladen werden.	Wird von Banken ausgegeben und diese gewähren oft einen vorher vereinbarten Dispositionskredit.	Wird von Banken und speziellen Kreditinstituten ausgegeben, gewährt oft einen vorher vereinbarten Dispositionskredit, z. B. Visa- oder Master Card.	Der Betreiber des Bezahlsystems übernimmt die Abwicklung über E-Mail-Verkehr; Konten von Gläubiger und Schuldner sind nur dem Bezahlsystem bekannt, z. B. PayPal.
Heute kaum mehr üblich.	Kontoverwaltung/ Zahlungen auch online möglich	Kontoverwaltung/ Zahlungen auch online möglich	Kontoverwaltung/ Zahlungen auch online möglich	Kontoverwaltung auch online möglich	Kontoverwaltung/ Zahlungen auch online möglich	Kontoverwaltung/ Zahlungen auch online möglich	Kontoverwaltung/ Zahlungen nur online möglich

Bei Zahlungen mit Bankkarte identifiziert sich der Kunde als Kontoinhaber durch Eingabe einer PIN (Persönliche Identifikationsnummer) an einem Terminal. Beim Onlinebanking ist zusätzlich eine TAN (Transaktionsnummer) notwendig, um Geschäftsvorgänge (Transaktionen) wie Überweisungen vornehmen zu können. Meist wird hierzu das Mobiltelefon genutzt.

3.1.3 Störungen im Zahlungsverkehr

Im Geschäftsverkehr zwischen Unternehmen und Kaufleuten ist ein reibungsloser Zahlungsverkehr Voraussetzung für Wirtschaftlichkeit und Rentabilität, aber auch für ein Vertrauen zwischen Gläubiger und Schuldner.
- Ein Schuldner erwartet, dass ihm eine Rechnung rechtzeitig zugestellt wird, damit er eventuell Skonti in Anspruch nehmen kann, und dass die Rechnung alle für die Überweisung notwendigen Daten enthält.
- Ein Gläubiger erwartet, dass sein Schuldner eine fällige Zahlung rechtzeitig und vollständig leistet.

Störungen können dann auftreten, wenn beispielsweise
- eine Rechnung verspätet zugestellt wird oder unvollständig ist und Rückfragen notwendig werden,
- der Rechnungsbetrag nicht spätestens am Fälligkeitstag auf dem Konto des Gläubigers gutgeschrieben werden kann, also nicht rechtzeitig überwiesen wurde,
- ein Überweisungsträger unvollständig oder falsch ausgefüllt wurde,
- das Konto des Gläubigers nicht ausreichend gedeckt ist,
- eine Fehlsteuerung des Zahlungsbetrags zwischen Banken auftritt; dieser Fall ist jedoch sehr selten.

Um eine nicht ausreichende Deckung ihres Kontos zu vermeiden, vereinbaren Geschäfts- wie Privatkunden mit ihrer Bank einen **Kontokorrentkredit**. Das ist eine im Betrag limitierte Überziehungsmöglichkeit eines Girokontos zur Überbrückung von kurzfristigen Liquiditätsengpässen. Die Zinsen dafür liegen deutlich über denen eines Kredits. Allerdings wird der Negativsaldo bei Zahlungseingängen auch sofort wieder ausgeglichen. Man bezeichnet diesen kurzfristigen Kredit von Banken bei Privatkunden als **Dispositionskredit**, bei Geschäftskunden als **Betriebsmittelkredit**. In einem Kreditvertrag werden Höchstgrenze, Laufzeit, Zinsen und Sicherheiten, z. B. ein regelmäßiger Gehaltseingang, vereinbart. Auch muss das Girokonto in der Abrechnungsperiode, meist ein Kalenderjahr, einmal ein Guthaben aufweisen.

Eine Besonderheit gilt für die Bezahlung einer Schuld mittels Bar- oder Verrechnungsscheck. In diesem Fall muss das Konto des Schuldners gedeckt sein, also ein Guthaben aufweisen, wenn der Gläubiger den vom Schuldner erhaltenen Scheck bei einer Bank bar (Barscheck) oder zur Gutschrift auf seinem Konto (Verrechnungsscheck) am Fälligkeitstag einlöst.
Weist das Konto nicht genügend Deckung auf, so liegt ein Scheckbetrug vor, der nach § 263 StGB strafbar ist, wenn der Schuldner vorsätzlich gehandelt hat.

Weitere Störungen im Zahlungsverkehr können im Zusammenhang mit Lieferungen und Leistungen auftreten. (Siehe hierzu Kapitel 5.2 *Leistungsstörungen* Seite 100.)

Aufgaben

Offene Aufgaben
Formulieren Sie Ihre Antworten in Stichpunkten und vermeiden Sie es, auf den vorhergehenden Seiten nachzusehen.

① Beschreiben Sie möglichst genau, welche Art der Zahlung vorliegt:
   a) Eine Telefongesellschaft bucht die monatliche Telefonrechnung ab.
   b) Eine Mieterin beauftragt ihre Bank, die Miete monatlich zu überweisen.
   c) Ein Kunde bezahlt eine Lieferung gegen Nachnahme.
   d) Ein Gast bezahlt seine Hotelrechnung mit Kreditkarte.
   e) Eine Kundin kauft mit Kleingeld ein belegtes Brötchen und einen Kaffee am Kiosk.

② Ergänzen Sie die Quittung mit den gegebenen Daten:
   Ware: Skateboard, Modell Flitzer, 120,- €, 19 % MwSt., Barzahlung
   Käufer: Frau Nadja Zuse
   Kauftag: 16.01.2020

Sporthaus Topfit   Emil Wurmdobler
                                            Radweg 32
                                            10123 Berlin
                                            Tel 040 – 123 456
                                            E-Mail: info@topfit-Berlin.de

Quittung

Von _____

haben wir heute für _____

_____ EURO erhalten.

in dem Betrag sind _____ % Mehrwertsteuer enthalten = _____ EURO

Berlin: _____   _____
                                        Unterschrift

---

③ Entschlüsseln Sie die Kürzel und geben Sie an, bei welchen Zahlungsarten sie notwendig sind:

Kürzel	Erklärung	notwendig bei
TAN		
IBAN		
BIC		

4 Ordnen Sie die Zahlungsarten nach zeitlichem Aufwand und geben Sie mögliche zusätzliche Kosten an:
a) Barzahlung eines Snacks im Betriebskasino
b) Überweisung eines Rechnungsbetrags online
c) Zahlung einer Rechnung durch Einzahlung am Bankschalter
d) Bezahlung einer Konzertkarte durch Überweisung
e) Bezahlung an der Tankstelle mit Geldkarte

Aufwand

gering   hoch

zusätzliche Kosten:

a) _____

b) _____

c) _____

d) _____

e) _____

5 Weisen Sie durch Pfeile die einfachste Zahlungsart zu.

Aufgabe	Zahlungsart
a) monatliche Mietzahlung	Übergabe Verrechnungsscheck
b) Nachzahlung für Heizkosten	Einzelüberweisung
c) Kauf eines Coffee to go	Lastschriftverfahren
d) Kauf eines Buches in einem Onlineshop	Geldkarte
e) Kauf einer Busfahrkarte im Stadtverkehr	Bankkarte
f) Kauf eines gebrauchten Rollers von privat	Kreditkarte
g) Buchen eines Landgangs während einer Kreuzfahrt	Internet-Bezahldienste
h) Bezahlung der Gebühren für das Mobiltelefon	Barzahlung
i) Kauf von Damenoberbekleidung bei eBay	Einzahlung am Bankschalter
j) Buchung einer DB-Fahrkarte online	Dauerauftrag

6 Die Bezahlung einer Schuld mit einem Scheck ist heute unüblich geworden.
Geben Sie drei plausible Gründe dafür an.

7 Die Rechnung über 25.000 € für die von einem Großhändler bezogenen Waren geht mit 29 Tagen Verspätung beim Kunden ein. Zahlungsziel sind 30 Tage ab Rechnungsdatum. Was kann der Kunde tun, um dennoch 2 % Skonto bei Barzahlung innerhalb 30 Tage in Anspruch nehmen zu können?

Die Lösungen zum Überprüfen Ihrer Antworten finden Sie auf den Seiten 182–183.
Lösen Sie nun die Multiple-Choice-Aufgaben.

Multiple-Choice-Aufgaben

**Kreuzen Sie die richtige Lösung an!
Die Anzahl der richtigen Lösungen ist in Klammern angegeben.**

1. Barzahlung empfiehlt sich (1)
   1. bei wiederkehrenden Zahlungen. ☐
   2. nur bei Einmalbeträgen über 1000 €. ☐
   3. bei kleinen Einzelbeträgen. ☐
   4. bei Online-Bestellungen. ☐
   5. bei Käufen bei Firmen im Ausland. ☐

2. Im Zahlungsverkehr zwischen Unternehmen ist üblich: (1)
   1. Barzahlung, ☐
   2. Zahlung mit Verrechnungsscheck, ☐
   3. Zahlung mit Barscheck, ☐
   4. Überweisung über Girokonten, ☐
   5. Zahlung mit Geldkarte. ☐

3. Das Zahlungsverfahren SEPA (2)
   1. wird in Euro abgewickelt. ☐
   2. ist nur im Inland möglich. ☐
   3. ist nur mit dem Ausland möglich. ☐
   4. ist mit dem Inland und dem europäischen Ausland möglich. ☐
   5. setzt einen Dispositionskredit voraus. ☐

4. Die IBAN im SEPA-Verfahren (1)
   1. enthält Landeskürzel, Bankleitzahl und Kontonummer. ☐
   2. enthält nur die Bankleitzahl des Zahlungsempfängers. ☐
   3. wird von der überweisenden Bank eingetragen. ☐
   4. enthält die Steuernummer des Empfängers. ☐
   5. ist nur bei Auslandsüberweisungen notwendig. ☐

5. Eine TAN im Onlinebanking (2)
   1. erhöht die Sicherheit gegen Phishing. ☐
   2. wird nur einmal vergeben. ☐
   3. kann nur einmal verwendet werden. ☐
   4. kann frei gewählt werden. ☐
   5. ist auf der Kreditkarte vermerkt. ☐

6. Eine Geldkarte (2)
   1. setzt einen Dispositionskredit voraus. ☐
   2. setzt einen Betriebsmittelkredit voraus. ☐
   3. kann ohne PIN verwendet werden. ☐
   4. ist für kleine Beträge ideal. ☐
   5. wird nur für Beträge bis 50,- € akzeptiert. ☐

7. Kreuzen Sie die richtige Lösung an: ja   nein
   1. Banken geben Geldkarten aus. ☐ ☐
   2. Eine Kreditkarte setzt immer einen Dispositionskredit voraus. ☐ ☐
   3. Dispositionskredite sind immer in der Höhe begrenzt. ☐ ☐
   4. Ein Barscheck wir nur auf einem Konto gutgeschrieben. ☐ ☐
   5. Betriebsmittelkredite sind im Geschäftsleben üblich. ☐ ☐

8. In welchen Fällen liegt eine Störung im Zahlungsverkehr vor? (3)
   1. Ein Scheck geht auf dem Postweg verloren. ☐
   2. Von einer Rechnung wird Skonto abgezogen. ☐
   3. Ein Überweisungsträger enthält eine falsche IBAN. ☐
   4. Auf einer Inlandsüberweisung fehlt die BIC. ☐
   5. Ein Überweisungsträger für Zahlungen von Deutschland nach Kasachstan wird in Euro ausgestellt. ☐

9. Einzelüberweisungen (2)
   1. setzen einen Dispositionskredit voraus. ☐
   2. können auch online abgewickelt werden. ☐
   3. sind nur mit Kreditkarte möglich. ☐
   4. erscheinen auf dem Monatsauszug der Bank. ☐
   5. sind nur bei einem Mindestbetrag von 10 € möglich. ☐

*Die Lösungen finden Sie auf Seite 183.
Arbeiten Sie jetzt das **Kapitel 3.2** durch.*

3.2 Investitionen und Kredite

Investitionen sind Kapitaleinlagen in ein Unternehmen. Sie dienen der Mehrung von Anlage- oder Umlaufvermögen, das dann auf der Aktivseite der Bilanz erkennbar ist.

Die Finanzierung befasst sich mit der Beschaffung von Investitionskapital. Dabei unterscheidet man nach der Herkunft des Kapitals zwischen Außen- und Innenfinanzierung bzw. Fremd- und Eigenfinanzierung.

Die Grafik gibt eine Übersicht zur Unternehmensfinanzierung nach Kapitalherkunft und -geber sowie Eigen- und Fremdfinanzierung.

		Kapitalgeber	
		eigene	fremde
Kapitalquelle	von „innen"	Einbehalten von Gewinn, teilweise oder komplett.	Auflösen und Investieren von Rückstellungen in der Bilanz.
	von „außen"	Erhöhen der Einlage durch die Gesellschafter.	Kredite von • Banken, • Versicherungen, • Venturecapital, • Zessionären, • Lieferanten, • Lombardkreditgebern.

3.2.1 Eigenfinanzierung
Bei der Eigenfinanzierung kommt neues Kapital nicht von Banken in Form von Krediten, sondern das Vermögen wird aufgestockt durch
- Einlagen der Gesellschafter einer GmbH oder der Eigentümer von Personengesellschaften (= Außenfinanzierung). Diese Einlagen verändern eventuell die Geschäfts- und die Gewinnanteile der Gesellschafter bzw. Eigentümer.
- Verwendung des Gewinns für Investitionen. Er wird nicht oder nur teilweise an die Eigentümer oder Gesellschafter ausgeschüttet.

Die Auflösung von Rücklagen und stillen Reserven, um damit Anlagevermögen zu beschaffen oder das Umlaufvermögen zu mehren, ist dagegen eine Fremdfinanzierung, da Rückstellungen wie Fremdkapital auf der Passivseite einer Bilanz verbucht werden müssen.

Durch Eigenfinanzierung erhöht sich die Eigenkapitalquote eines Unternehmens, also der prozentuale Anteil des Eigenkapitals am Gesamtkapital.

Geschäftsjahr	2019	2020
Bilanzsumme	2,8 Mio. €	3,2 Mio. €
Eigenkapital	0,8 Mio. €	1,2 Mio. €
Eigenkapitalquote	28,6 %	37,5 %

Die Differenz zu 100 % ergibt die **Fremdkapitalquote**, hier 62,5 % für das Jahr 2020. Je höher die Eigenkapitalquote, desto niedriger ist der Anteil von Fremdkapital und damit der Zinsaufwand, der aus der Gewinn- und Verlustrechnung entnommen werden kann. Eine Eigenkapitalquote von 100 % bedeutet, das Unternehmen nimmt keine Kredite von Banken oder sonstigen Kapitalgebern in Anspruch. Dieser Extremfall kommt jedoch im Geschäftsleben kaum vor. Die Eigenkapitalquote von Unternehmen liegt in Deutschland je nach Wirtschaftszweig zwischen
- ca. 15 %, z. B. bei Geschäftsbanken und
- ca. 60 % beim verarbeitenden Gewerbe wie dem Maschinen- oder dem Fahrzeugbau.

3.2.2 Fremdfinanzierung
Bei der Fremdfinanzierung kommt Kapital in Form von Krediten in ein Unternehmen. Das kann erfolgen
- von außen durch einen Kreditgeber (= Gläubiger) wie
  - Banken,
  - institutionelle Anleger wie Versicherungen,
  - Venturecapital-Geber; dabei handelt es sich um Kapitalgeber, die speziell junge Unternehmen (sogenannte Start-ups) finanzieren, die bei Banken noch nicht kreditwürdig sind und bei denen ein hohes Verlustrisiko besteht, da sie sich ggf. nicht erfolgreich am Markt etablieren,
  - Lieferantenkredite; hier gewährt ein Lieferant gegen Zins ein Zahlungsziel in 30 bis 90 Tagen.
- von innen durch die Auflösung von Rückstellungen.

Kredite lassen sich nach der Laufzeit und der Art der Sicherheit unterscheiden in
- kurz-, mittel- und langfristige Kredite mit Laufzeiten von ca. 6 Monaten, 2–5 Jahren und über 10 Jahren,
- Personalkredite und Realkredite.

Bei **Personalkrediten** haftet der Kreditnehmer persönlich mit seinem Firmen- und Privatunternehmen. Oft verlangt eine Bank auch einen Bürgen, der bei Zahlungsunfähigkeit des Kreditnehmers Zins und Tilgung übernehmen muss, wenn eine selbstschuldnerische Bürgschaft vorliegt.

Wurde im Kreditvertrag nur eine Ausfallbürgschaft vereinbart, dann haftet ein Bürge nur bei einer erfolglosen Zwangsvollstreckung beim Schuldner.

Zur Kreditsicherung ist auch eine Sicherungsübereignung einer genau bezeichneten Sache, z. B. eines Pkws, eines Lkws oder einer Maschine möglich. Dabei wird der Gläubiger Eigentümer, hat das Herrschaftsrecht über die Sachen, der Kreditnehmer bleibt aber Besitzer und hat das Nutzungsrecht.

Realkredite sind dinglich gesichert, z. B. als Hypothek durch ein Grundstück.

Besondere Kreditformen sind:
- **Zessionskredit:** Hier tritt der Kreditnehmer (= Zedent) eine Forderung, die er an Kunden hat, an den Kreditgeber (= Zessionär) als Sicherheit für einen Kredit ab; dazu sind sowohl ein Kreditvertrag als auch ein Zessionsvertrag notwendig.
- **Lombardkredit:** Besonders bei kurzfristigen Krediten tritt hier der Schuldner Aktien, Pfandbriefe oder Wertgegenstände an den Gläubiger ab. Auch Pfandhäuser vergeben Lombardkredite. Der Gläubiger wird Besitzer, der Schuldner bleibt Eigentümer der Sache.
- **Factoring:** Dabei verkauft ein Unternehmen eine Forderung an einen Kunden aus Lieferungen und Leistungen gegen einen prozentualen Abschlag an eine darauf spezialisierte Factoring-Bank und wird so sofort wieder liquide. Die Factoring-Bank wird Eigentümer der Forderung und treibt diese beim Schuldner ein.
- **Blankokredit:** Hier liegt die Sicherheit nahezu ausschließlich in der Person des Kreditnehmers. Er muss keine Sicherheiten gegenüber dem Gläubiger erbringen, jedoch kreditwürdig sein. Der Kontokorrentkredit ist die häufigste Form des Blankokredits. Hier räumt die Bank einem Unternehmen einen Kreditrahmen ein, der frei ausgeschöpft werden kann und bei Geldeingängen sofort wieder ganz- oder teilweise getilgt wird. Bei privaten Schuldnern spricht man von Dispositionskrediten.
- **Lieferantenkredit:** siehe Kapitel 3.2.3.

Unabhängig vom Kreditgeber gilt für jede Form der Finanzierung von Unternehmen:
- Das Unternehmen muss kreditwürdig und leistungsfähig sein. Es darf also zum Zeitpunkt der Kreditgewährung nicht bereits überschuldet sein, noch darf es in Liquiditätsschwierigkeiten bei der Bezahlung der Zinsen und der Rückzahlung des Kreditbetrages kommen.
- Der Kreditgeber darf durch die Kreditgewährung nicht in wirtschaftliche Schwierigkeiten kommen. Das gilt es insbesondere bei der Eigenfinanzierung durch Gesellschafter oder Miteigentümer zu prüfen.
- Die Laufzeit von Krediten muss der Verwendung angepasst sein: Anlagevermögen muss langfristig, Umlaufvermögen kann kurzfristig fremdfinanziert werden.
- Kreditfähigkeit und -würdigkeit des Schuldners müssen vor Vergabe des Kredits geprüft werden. Die Kreditwürdigkeit bezieht sich vor allem auf die persönliche Zuverlässigkeit des Schuldners.

Vorteile der Fremdfinanzierung sind:
- Der Gläubiger nimmt selten Einfluss auf unternehmerische Entscheidungen und hat kein Mitbestimmungsrecht im Unternehmen.
- Die Zinsbelastung ist berechenbar, die Zinsen können steuerlich abgesetzt werden.

Zinszahlung und Tilgung von Bankkrediten können unterschiedlich gestaltet sein.
Ein Beispiel zeigt die vom Kreditvertrag abhängige und mögliche Gestaltung von Zins und Tilgung während der Laufzeit:

Kreditbetrag: $K = 80.000$ €, Zinssatz $p = 6\%$ p. a., Beginn der Laufzeit: 01.06.2018, Rückzahlung in 24 gleichen Monatsraten zu je 3.333,33 € zum Monatsende, keine zusätzlichen Kosten.

$$\text{Zins } Z \text{ in €} = \frac{\text{Kreditbetrag } K \cdot \text{Tage} \cdot \text{Zinssatz } p}{360 \text{ Tage} \cdot 100}$$

Stichtag	30.06.2018 (1 Rate)	30.06.2019	30.06.2020
Zins	400 € $\dfrac{80.000\,€ \cdot 30\,\text{Tage} \cdot 6\,\%}{360\,\text{Tage} \cdot 100\,\%}$	200 € $\dfrac{40.000\,€ \cdot 30\,\text{Tage} \cdot 6\,\%}{360\,\text{Tage} \cdot 100\,\%}$	16,67 € $\dfrac{3333\,€ \cdot 30\,\text{Tage} \cdot 6\,\%}{360\,\text{Tage} \cdot 100\,\%}$
Tilgung	3.333 €	3.333 €	3333 €
Zins + Tilgung	3733,33 €	3533,33 €	3.349,67 €
Restschuld:	76.667 € (gerundet)	40.000 € (gerundet)	0 €

Es liegt hier ein Darlehen mit fester Tilgungsrate vor, ein sogenanntes Annuitätendarlehen. Dabei verringert sich der Zinsanteil monatlich, da er immer für die Restschuld berechnet wird.

Daneben gibt es noch
- Fälligkeitsdarlehen: Hier muss jeden Monat der gleiche Zins bezahlt werden, der Kredit wird bei Fälligkeit in einer Summe getilgt.
- Kredite mit fallender Rate: Der Schuldner bezahlt über die Laufzeit einen fallenden monatlichen oder vierteljährlichen Betrag, bei dem der Tilgungsanteil über die Laufzeit konstant bleibt.

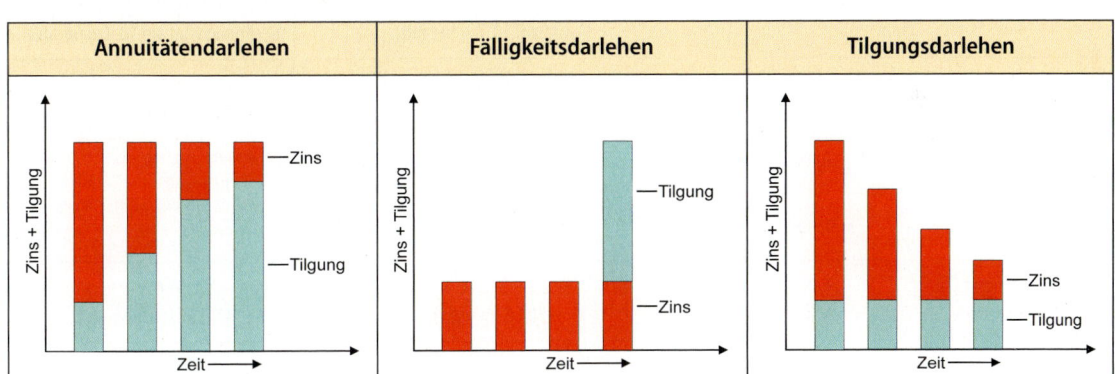

3.2.3 Lieferantenkredit

Dabei handelt es sich um einen kurzfristigen Kredit, den ein Lieferant seinen Kunden bei einem *Kauf auf Ziel* bis zur Bezahlung von Lieferungen und Leistungen gewährt. Der Kreditzeitraum beträgt meist 30 bis 90 Tage. Der Lieferant bleibt Eigentümer der gelieferten Ware, der Schuldner ist deren Besitzer. Bezahlt der Kunde die Lieferung vor Fälligkeit, so gewährt der Lieferant einen Preisnachlass (Skonto). Der Lieferantenzinssatz bezieht sich in der Regel auf den Zahlungszeitraum, z. B. 30 Tage, der Kontokorrentzins aber auf ein Kalenderjahr. Ein Vergleich der beiden Finanzierungsformen anhand eines Geschäftsvorfalls zeigt die unterschiedlichen Kosten und den Finanzierungserfolg.

Der Lieferantenkredit ist eine sehr teure Finanzierungsform. Dies zeigt sich, wenn man ihn auf ein Jahr umrechnet. (Hinweis: Bei der Zinsrechnung hat ein Kalenderjahr immer 360 Tage, ein Monat 30 Tage.)

Zinssatz für 30 Tage: 12 %
Zins für 1 Tag: 12/30
Zins für 360 Tage: 144 %

Ein Lieferantenkredit sollte also nur dann in Anspruch genommen werden, wenn der Rahmen eines Kontokorrentkredits ausgeschöpft ist.

Geschäftsvorfall	Lieferung einer Ware mit dem Rechnungsbetrag $K = 80.000$ €, Zahlungsziel $t = 30$ Tage.		
Art der Finanzierung	Lieferantenkredit mit Zinssatz $p = 12$ % für 30 Tage wird voll in Anspruch genommen.	Lieferantenkredit mit Zinssatz $p = 12$ % wird $t = 10$ Tage in Anspruch genommen (Rechnung wird am 10. Tag bezahlt).	Kontokorrentkredit mit Zinssatz 12 % p. a. wird statt des Lieferantenkredits 10 Tage in Anspruch genommen (Rechnung wird am 10. Tag bezahlt).
Skonto 3 %	0 €	3 % von 80.000 € = 2400 € Restbetrag: 77.600 €	3 % von 80.000 € = 2400 € Restbetrag: 77.600 €
Kreditkosten Z $Z = \dfrac{K \cdot p \cdot t}{100 \cdot 360}$	$Z = \dfrac{80.000 \cdot 12}{100}$ $Z = 9600$ €	$Z = \dfrac{77.600 \cdot 12 \cdot 10}{100 \cdot 30}$ $Z = 3104$ €	$Z = \dfrac{77.600 \cdot 12 \cdot 10}{100 \cdot 360}$ $Z = 258{,}67$ €
Finanzierungsbilanz: Skonto – Zinsen	0 − 9600 € = = −9600 € (negativ)	2400 € − 3104 € = = −704 € (negativ)	2400 € − 258,67 € = = +2141,33 € (positiv)

Aufgaben

Offene Aufgaben
Formulieren Sie Ihre Antworten in Stichpunkten und vermeiden Sie es, auf den vorhergehenden Seiten nachzusehen.

1 Die drei Personen A, B und C sind mit jeweils 100.000 € Gesellschafter einer GmbH. Person A erhöht ihren Anteil aus privaten Mitteln auf 150.000 €, um damit eine neue Anlage im Wert von 70.000 € mitzufinanzieren. Die Bilanzsumme vor der Kapitalerhöhung betrug 650.000 €.
 a) Welche Art der Finanzierung liegt vor?
 b) Wie verändern sich Aktiv- und Passivseite der Bilanz?
 c) Wie wirkt sich die Kapitalerhöhung auf die Gewinnverteilung aus?
 d) Wie groß sind Eigen- und Fremdkapitalquote vor und nach der Kapitalerhöhung?

2 Ein Start-up Unternehmen benötigt ein Gründungskapital von 100.000 €. Die Gesellschafter können dafür nur 20.000 € Kapital aus Eigenmitteln aufbringen.
 a) Was sind Voraussetzungen, damit eine Geschäftsbank einen Kredit bereitstellt?
 b) Welche Vorteile hat in diesem Fall ein *Venturecapital*?

3 Welche Art der Fremdfinanzierung ist bei den folgenden Geschäftsvorfällen besonders geeignet?
 a) Ein Spediteur beschafft einen Lkw im Wert von 300.000 €.
 b) Ein Einzelhändler bezieht Ware im Wert von 15.000 € mit dem Zahlungsziel 30 Tage.
 c) Ein Maschinenbaubetrieb kauft eine Maschine im Wert von 600.000 €.
 d) Ein Makler benötigt kurzfristig 10.000 € für Gehaltszahlungen.
 e) Ein Kunsthändler benötigt zum Ankauf einer Plastik für einen potentiellen Kunden 50.000 €. Er besitzt eine wertvolle Sammlung an Gemälden.

4 Ein Großhändler nimmt bei einer Bank ein Fälligkeitsdarlehen über 36.000 € zu einem Zinssatz von 8 % bei drei Jahren Laufzeit auf. Wie hoch sind Zins und Tilgung pro Monat?

5 Die Grafik zeigt den Verlauf von Zins und Tilgung für ein Darlehen von 48.000 € mit einer Laufzeit von zwei Jahren und einem Zinssatz von 5 %.
 a) Welche Art von Darlehen liegt vor?
 b) Welchen Vorteil hat diese Art des Darlehens?

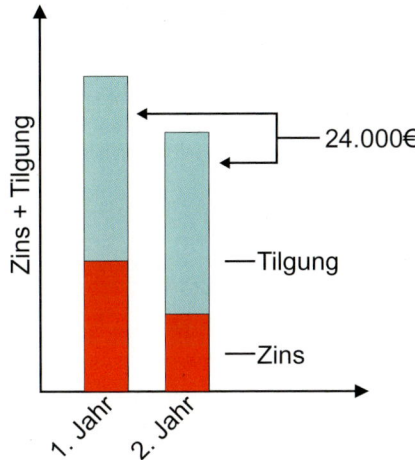

6 Welche Art von Darlehen liegt vor?
 a) Zahlung der Zinsen während der Laufzeit und Tilgung des gesamten Kreditbetrags am Ende der Laufzeit
 _____

 b) Zahlung einer konstanten Rate aus Zins und Tilgungsanteil
 _____

 c) Zahlung einer jährlichen Rate aus konstantem Tilgungsanteil und jährlich sinkenden Zinsen
 _____

7 Ein Einzelhändler kauft Ware im Wert von 30.000 € mit dem Zahlungsziel 60 Tage. Der Lieferant gewährt ihm einen Lieferantenkredit zu 8 % bis zum Zahlungsziel, aber auch 3 % Skonto bei Bezahlung der Rechnung innerhalb von 30 Tagen. Der Einzelhändler könnte auch seinen nicht ausgeschöpften Kontokorrentkredit über 50.000 € mit 9 % in Anspruch nehmen. Vergleichen Sie die drei Zahlungsmöglichkeiten:
- volle Inanspruchnahme des Lieferantenkredits,
- Lieferantenkredit wird 20 Tage in Anspruch genommen und dann die Rechnung beglichen,
- der Kontokorrentkredit wird 20 Tage in Anspruch genommen und die Rechnung dann beglichen.

Geschäftsvorfall	Lieferung einer Ware mit dem Rechnungsbetrag $K =$ _____ € Zahlungsziel: $t =$ _____ Tage.		
Art der Finanzierung	Lieferantenkredit mit Zinssatz $p =$ ____ % für ____ Tage wird voll in Anspruch genommen	Lieferantenkredit mit Zinssatz $p =$ ____ % wird $t =$ ____ Tage in Anspruch genommen (Rechnung wird am ____ Tag bezahlt).	Kontokorrentkredit mit Zinssatz ____ % p. a. wird statt des Lieferantenkredits ____ Tage in Anspruch genommen (Rechnung wird am ____ Tag bezahlt)
Skonto ____ %	_____ €	____ % von _____ € = _____ € Restbetrag: _____ €	____ % von _____ € = _____ € Restbetrag: _____ €
Kreditkosten Z	$Z =$ _____ $Z =$ _____ €	$Z =$ _____ $Z =$ _____ €	$Z =$ _____ $Z =$ _____ €
Finanzierungsbilanz: Skonto - _____	_____ € − _____ € = _____ € (positiv/negativ)	_____ € − _____ € = _____ € (positiv/negativ)	_____ € − _____ € = _____ € (positiv/negativ)

> Die Lösungen zum Überprüfen Ihrer Antworten finden Sie auf den Seiten 183–184.
> Lösen Sie nun die Multiple-Choice-Aufgaben.

Multiple-Choice-Aufgaben

**Kreuzen Sie die richtige Lösung an!
Die Anzahl der richtigen Lösungen ist in Klammern angegeben.**

1. **Die Auflösung von Rücklagen und deren Investition in ein Unternehmen (2)**
   1. erhöht das Anlagevermögen. ☐
   2. hält die Bilanzsumme gleich. ☐
   3. ist eine Eigenfinanzierung. ☐
   4. ist eine Fremdfinanzierung. ☐
   5. muss vom Finanzamt genehmigt werden. ☐

2. **Die Passivseite einer Bilanz zeigt 1,6 Mio. € Bilanzsumme und 0,4 Mio. € Eigenkapital. Was trifft zu? (1)**

	Eigenkapitalquote	Fremdkapitalquote	
1	1,6 Mio. €	1,0 Mio. €	☐
2	25 %	75 %	☐
3	75 %	25 %	☐
4	25 %	100 %	☐
5	1,6 Mio. €	2,0 Mio. €	☐

3. **Was trifft zu? (2)**
   1. Lieferantenkredite sind immer günstiger als Realkredite. ☐
   2. Lombardkredite können mit einem Pfand gesichert werden. ☐
   3. Factoring ist der Verkauf von Forderungen. ☐
   4. Blankokredite setzen keine Kreditwürdigkeit voraus. ☐
   5. Zessionskredite sind immer langfristig. ☐

4. **Eine selbstschuldnerische Bürgschaft wird fällig (2)**
   1. bei Zahlungsunfähigkeit des Schuldners. ☐
   2. bei Zahlungsunwilligkeit des Schuldners. ☐
   3. wenn der Gläubiger in Konkurs geht. ☐
   4. wenn ein Dispositionskredit nicht ausgeschöpft wird. ☐
   5. beim Erfolg eines Start-up-Unternehmens. ☐

5. **Bei einer Sicherungsübereignung (2)**
   1. bleibt der Schuldner Eigentümer. ☐
   2. teilen sich Schuldner und Gläubiger die Eigentumsrechte. ☐
   3. wird der Gläubiger Eigentümer. ☐
   4. bleibt der Schuldner Besitzer. ☐
   5. erhält der Gläubiger ein Nutzungsrecht. ☐

6. **Annuitätendarlehen (2)**
   1. haben steigende Tilgungsraten. ☐
   2. sind nur bei Realkrediten möglich. ☐
   3. haben steigende Zinsanteile. ☐
   4. haben fallende Zinsanteile. ☐
   5. haben feste Tilgungsraten. ☐

7. **Wird ein Teil des Gewinns investiert, liegt vor: (2)**
   1. Fremdfinanzierung, ☐
   2. Innenfinanzierung, ☐
   3. Außenfinanzierung, ☐
   4. Eigenfinanzierung, ☐
   5. Zessionsfinanzierung. ☐

8. **Welche Antwort ist richtig?** ja nein
   1. Realkredite sind dinglich gesichert. ☐ ☐
   2. Kontokorrentkredite verlangen hohe Sicherheiten. ☐ ☐
   3. Factoring ist der Verkauf einer Forderung. ☐ ☐
   4. Lombardkredite sind immer langfristig. ☐ ☐
   5. Fälligkeitsdarlehen werden am Ende der Laufzeit getilgt. ☐ ☐

Die Lösungen finden Sie auf Seite 184.
Arbeiten Sie jetzt **Kapitel 3.3** und **3.4** durch.

3.3 Steuern

Steuern sind Geldleistungen, die Privatpersonen und Unternehmen an den Staat abführen müssen, ohne dafür Anspruch auf eine individuelle Gegenleistung zu erheben. Sie dienen der Finanzierung der öffentlichen Haushalte für Aufgaben, die nicht von Privatpersonen oder Unternehmen geleistet werden können, z. B. Infrastruktur, Landesverteidigung, öffentliche Sicherheit, Schulen und Hochschulen sowie übernationale Aufgaben.

Durch Steuereinnahmen sichert der Staat das Gemeinwohl. Er verwendet sie auch für die sogenannten Transferleistungen, z. B. Kindergeld, Sozialhilfe, Betreuungsgeld usw. Auf diese Leistungen haben Bedürftige einen Rechtsanspruch. Sie sind ein Umverteilungsinstrument des Staates und streben soziale Gerechtigkeit in der Gesellschaft an.

3.3.1 Besteuerung

Steuern sind die wichtigste Einnahmequelle von Bund, Ländern und Gemeinden. Unbedeutend in ihrer Höhe sind dagegen weitere Abgaben wie
- Gebühren, z. B. für die Ausfertigung von Reisepässen,
- Beiträge, z. B. für den Anschluss an die Trinkwasserversorgung,
- Zölle, z. B. auf Importe (= Einfuhren) von Waren aus Nicht-EU-Staaten.

Das gesamte Steueraufkommen betrug 2018 in Deutschland ca. 776 Mrd. €. Es speiste sich aus ungefähr 100 Steuerarten, die nach einem gesetzlich festgelegten Schlüssel auf Bund, Länder, Gemeinden und die EU verteilt wurden.

Die wichtigsten Steuereinnahmen des Bundes sind:

Der Bundeshaushalt betrug 2018 ca. 336 Mrd. € an Einnahmen und ebenso viel an Ausgaben, denn ein Staatshaushalt muss immer ausgeglichen sein.

Die Steuereinnahmen fließen nicht alleine in den Bundeshaushalt ein. Er verteilt beispielsweise Anteile der Lohn- und Einkommensteuer auf die Bundesländer. Einige Steuern, wie die Grunderwerbssteuer, sind Ländersteuern und deshalb in den einzelnen Bundesländern unterschiedlich hoch.

Bei der Besteuerung sind die Grundsätze Gerechtigkeit, Leistungsfähigkeit, Angemessenheit der Belastung sowie die sozialen Aspekte, z. B. Einkommenshöhe und Zahl der Kinder, zu beachten.

Ein Maß für die Belastung der Bürger mit Steuern ist die **Steuerquote**. Sie gibt den Anteil der Steuern im Verhältnis zum Bruttoinlandsprodukt (BIP = Wert aller erzeugten Güter und Dienstleistungen in einem Jahr zu Marktpreisen) wieder. So betrug die Steuerquote 2018 in Deutschland 23,6 %, im Vergleich dazu betrug sie in Großbritannien oder Frankreich jeweils ca. 28 %.

3.3.2 Steuerarten

Man unterscheidet Steuern nach den Kriterien
- Gegenstand: Was wird besteuert? und
- Wirkung: Wer muss die Steuer abführen?

Wichtige Steuerarten sind
- für Privatpersonen sowie Unternehmer in Personengesellschaften die Lohn- und Einkommensteuer,
- für Kapitalgesellschaften die Körperschaftsteuer und
- für alle Unternehmen die Gewerbesteuer.

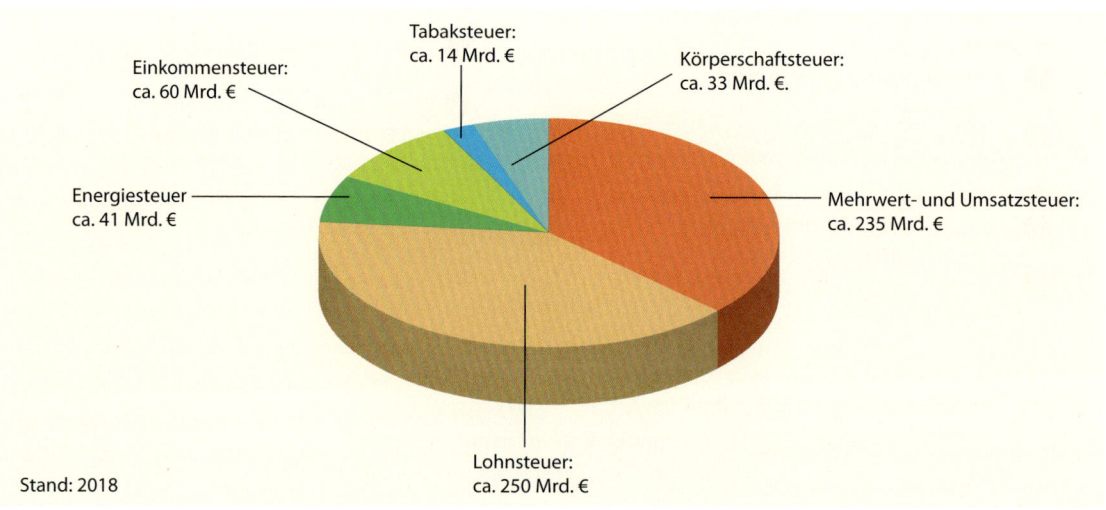

Stand: 2018

Steuerarten nach dem Gegenstand	Verbrauchssteuern	Besitzsteuern	Verkehrssteuern
Was wird besteuert?	Konsum von Gütern	Einkommen und Vermögen	wirtschaftliche Vorgänge
Beispiele	Getränkesteuer, Biersteuer, Mineralölsteuer	Lohnsteuer, Einkommensteuer, Grundsteuer	Mehrwertsteuer, Umsatzsteuer, Grunderwerbssteuer

Steuerarten nach ihrer Wirkung	direkte Steuern	indirekte Steuern
Kennzeichen	Die Steuer muss vom Steuerschuldner direkt abgeführt werden, er ist gleichzeitig der Steuerträger.	Die Steuer ist im Preis von Gütern oder Dienstleistungen enthalten und wird von einem Steuerträger, z. B. dem Kaufmann, abgeführt.
Beispiele	Lohnsteuer, Einkommensteuer, Grunderwerbssteuer	Mehrwertsteuer, Tabaksteuer, Mineralölsteuer

Lohnsteuer

Die Lohnsteuer ist nicht nur die zweitwichtigste Steuer zur Finanzierung des Bundeshaushalts, sie mindert neben den gesetzlichen Sozialversicherungen am stärksten den Bruttolohn der Arbeitnehmer. Die Höhe der Lohnsteuer hängt von Einkommen und Familienstand ab. Sie wird vom Jahreseinkommen berechnet. Bei Ehepaaren wird das **Ehegattensplitting** angewandt. Dazu werden die Einkommen zusammengezählt und die Steuer von der Summe berechnet. Das mindert bei sehr unterschiedlichem Einkommen die Steuerschuld erheblich. Der Staat will mit der Lohnsteuer einen sozialen Ausgleich zwischen Gering- und Spitzenverdienern herstellen, dabei gleichzeitig Familien besonders unterstützen.

Die Lohnsteuer ist eine Vorauszahlung auf die Einkommensteuer, die zum Jahresende auf den erhaltenen Arbeitslohn geschuldet wird. Der Steuertarif basiert auf folgenden Grundlagen (2020):
- Grundfreibetrag: 9.408 €, Ehepartner 18.816 €,
- Eingangssteuersatz: 14 %, gilt ab 9.169 €.
- Eingangssteuersatz: 42 % (zu versteuerndes Einkommen, das bei Alleinstehenden 57.051 € / bei Verheirateten 114.102 € übersteigt).
- Spitzensteuersatz: 45 % (zu versteuerndes Einkommen, das bei Alleinstehenden 270.500 €, bei Verheirateten 541.000 € übersteigt).

Dazu kommt noch der Solidaritätszuschlag von 5,5 % der Steuerschuld, der für die meisten Einkommen abgeschafft werden soll. Stark vereinfacht besteht zwischen Jahreslohn, Steuersatz und Steuerbetrag für Ledige folgende Beziehung:

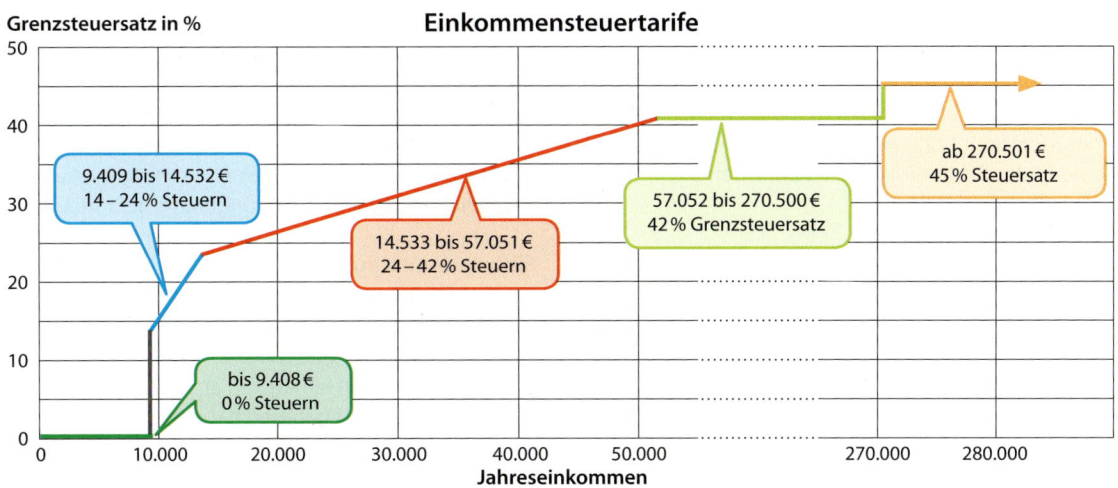

Finanzwirtschaft

Kinderfreibetrag			0,0		0,5		1		1,5		2	
ab €	StK	Steuer	SolZ	KiSt	SolZ	KiSt	SolZ	KiSt	SolZ	KiSt	SolZ	KiSt
2.109,00	I	241,08	13,25	21,69	9,00	14,73	1,98	8,18	–	2,58	–	–
	II	211,66	–	–	7,48	12,24	–	5,89	–	0,93	–	–
	III	49,83	–	4,48	–	0,30	–	–	–	–	–	–
	IV	241,08	13,25	21,69	11,10	18,16	9,00	14,73	6,96	11,40	1,98	8,18
	V	473,50	26,04	42,61	–	–	–	–	–	–	–	–
	VI	505,66	27,81	45,51	–	–	–	–	–	–	–	–
2.112,00	I	241,83	13,30	21,76	9,03	14,79	2,10	8,23	–	2,63	–	–
	II	212,33	–	–	7,51	12,29	–	5,94	–	0,97	–	–
	III	50,33	–	4,53	–	0,34	–	–	–	–	–	–
	IV	241,83	13,30	21,76	11,13	18,22	9,03	14,79	7,00	11,46	2,10	8,23
	V	474,66	26,10	42,72	–	–	–	–	–	–	–	–
(Beispiel, Stand: 2016)	VI	506,66	27,86	45,60	–	–	–	–	–	–	–	–

Die Abführung der Lohnsteuer bei abhängig Beschäftigten ist Aufgabe des Arbeitgebers. Er nimmt für die Höhe der Lohnsteuer sogenannte Steuertabellen zu Hilfe. Sie waren bis 2003 amtliche Unterlagen zur Feststellung der Steuerschuld. Seit 2004 sind nur noch EDV-gestützte Programme üblich, die die stufenlose Berechnung der Lohnsteuer und weiterer Steuerabzugsbeträge ermöglichen.

Beispiel für die Anwendung der amtlichen Lohnsteuertabelle:
Eine Beschäftigte hat einen Bruttolohn von 2.110 € pro Monat, ist ledig, hat Lohnsteuerklasse I und ist katholisch.

Aus der Tabelle ergibt sich folgende Steuerschuld:
- Bruttolohn 2.112,00 € (Es gilt der höhere Wert, wenn das Bruttoeinkommen zwischen zwei Tabellenwerten liegt.),
- Lohnsteuer: 241,83 €,
- Solidaritätszuschlag: 13,30 €,
- Kirchensteuer: 21,76 €.

Des Weiteren werden vom Bruttolohn noch die Arbeitnehmerbeiträge für die gesetzlichen Sozialversicherungen abgezogen: Kranken-, Renten-, Arbeitslosen- und Pflegeversicherung (siehe Kapitel 6.5.1).

Seit dem Jahr 2005 sind alle Arbeitgeber in Deutschland gesetzlich verpflichtet, ihre Lohnanmeldungen, aber auch die Umsatzsteuer-Voranmeldungen sowie Lohnbescheinigungen, elektronisch mit dem ELSTER-System (elektronische Steuererklärung) abzuwickeln. Arbeitnehmer können eine Steuererstattung beantragen für
- erhöhte Werbungskosten, z. B. langer Weg zur Arbeitsstelle, eigene Fortbildungskosten,
- private Vorsorge, z. B. Bausparleistungen, Lebensversicherungen,
- außergewöhnliche Belastungen, z. B. mehrere Kinder studieren.

Sie können diese Steuerminderung aber erst nachträglich beim Finanzamt in einem Lohnsteuerjahresausgleich beantragen. Auch dazu kann ein Formular nach dem System ELSTER aus dem Internet heruntergeladen werden. Eine Minderung der Abgaben an die gesetzlichen Sozialversicherungen ist nicht möglich.

Einkommensteuer
Zur Einkommensteuer werden veranlagt:
- Selbständige für den entnommenen Gewinn aus Einzelunternehmen und Personengesellschaften,
- Personen, die Zinseinkünfte aus Vermögen beziehen sowie Mieteinnahmen haben.

Die Einkommensteuer wird wie die Lohnsteuer berechnet und ist personenbezogen.

Körperschaftsteuer

Kapitalgesellschaften zahlen eine Körperschaftsteuer, die den Gewinn von juristischen Personen besteuert, z. B. GmbHs und AGs. Sie beträgt in Deutschland 15 % plus 5,5 % Solidaritätszuschlag auf den Steuerbetrag und ist nicht progressiv, sondern linear.

Bei einer GmbH fällt sowohl bei Gewinn als auch bei Verlust eine sogenannte *Mindestkörperschaftsteuer* an. Diese beträgt entweder 1.092 € (im Gründungsjahr) oder 1.750 € und ist zu je einem Viertel am 15.2., 15.5., 15.8. und 15.11. zu entrichten.

Gewerbesteuer

Die Gewerbesteuer trägt nicht zum sozialen Ausgleich bei. Sie wird von gewerblichen Unternehmen erhoben, ist eine reine Kommunalsteuer und wird wie folgt berechnet:

> Gewerbesteuer =
> Gewerbeertrag · Steuermesszahl · Hebesatz

- Steuermesszahl = Faktor zur Berechnung der Gewerbesteuer; er beträgt unabhängig von der Unternehmensform zwischen 1 % und 5 % des Gewerbeertrags.
- Hebesatz = Multiplikator mit dem die Steuermesszahl multipliziert wird; er wird von der einzelnen Kommune festgelegt, muss aber mindestens 200 % betragen.

Beispiel:
Gewerbeertrag nach Abzug des Freibetrags: 110.000 €/Jahr
Messzahl: 0,05 (5 % für Gewinne über 100.000 €/a)
Hebesatz der Kommune: 320 %
110.000 € · 0,05 · 3,2 = 17.600 €/Jahr Gewerbesteuer.
Das führt zu einer Minderung des Gewinns um 17.600 €/Jahr.

Der Freibetrag, auf den keine Gewerbesteuer erhoben wird, beträgt
- bei Einzelunternehmen und Personengesellschaften 24.500 €/a,
- für juristische Personen des Privatrechts, wie Vereine, wenn sie wirtschaftlich tätig sind, 5000 €/a.

Nicht gewerbesteuerpflichtig sind freie Berufe, z. B. Ärzte, Ingenieurbüros oder private Bildungsträger. Gewerbesteuern sind – neben der Zuweisung anteiliger Lohn- und Einkommensteuer – die wichtigsten Einnahmequellen von Kommunen. Sie finanzieren damit ihre Aufgaben, z. B. Ausbau und Unterhalt der kommunalen Infrastruktur sowie deren Personalkosten.

3.4 Versicherungen für Unternehmen

Die gesetzlichen Sozialversicherungen sowie die sie ergänzenden freiwilligen privaten Versicherungen sind reine Personenversicherungen (siehe Seite 142). Unternehmen müssen sich mit speziellen Versicherungen gegen auftretende Risiken, insbesondere Haftungsfälle, schützen. Für den Umfang des Versicherungsschutzes sind die Wahrscheinlichkeit eines Schadensfalles und dessen Höhe bestimmend. Für Unterscheidungen siehe die Tabelle unten.

Die für eine Versicherung anfallende Prämie orientiert sich an der Versicherungssumme, der Schadenshäufigkeit und dem zu erwartenden Risiko, z. B. der Art und Gefährlichkeit der Ware.

Von zunehmender Bedeutung ist die **Produkthaftpflichtversicherung**. Sie deckt Schäden ab, die Dritten durch fehlerhafte Produkte des Unternehmens entstanden sind und ist insbesondere für das produzierende Gewerbe wichtig. Die Produkthaftung beträgt zehn Jahre. Nach dem Produkthaftungsgesetz (ProdHaftG, 1989) hat bei Schadensfällen derjenige, der das Erzeugnis in Verkehr bringt, nachzuweisen, dass Fehler an seinem Erzeugnis nicht Ursache des Schadens sind. Nach fünf Jahren gilt die Beweislastumkehr; dann muss der Geschädigte beweisen, dass die Ursache ein Mangel am Erzeugnis ist.

Für die Unternehmensleitung können weitere Vermögensversicherungen notwendig sein:
- **Directors-and-Officers-Versicherung (D & O):** Eine betriebliche, aber personenbezogene Haftpflichtversicherung für Geschäftsführer und Vorstände; sie sichert Handlungen von leitenden Angestellten gegenüber Ansprüchen Dritter ab.
- **Berufshaftpflichtversicherung:** Sie tritt bei Schadensersatzansprüchen für Vermögensschäden im Zuge von erbrachten Leistungen ein, wie sie bei Beratungstätigkeiten oder medizinischen Behandlungen auftreten können, z. B. bei Ärzten, Rechtsanwälten, Steuerberatern oder Wirtschaftsprüfern. Für die letzten beiden Berufe ist sie gesetzlich vorgeschrieben.
- **Vermögensschadenhaftpflicht-Versicherung:** Sie deckt Ansprüche Dritter bei Berufsgruppen ab, die aus ihrer beratenden Tätigkeit heraus fremde Vermögensinteressen wahrnehmen, z. B. Vermögensverwalter, Angestellte von Banken und Versicherungen.

Welche Versicherungen in einzelnen Unternehmen notwendig und sinnvoll sind, muss durch eine Risikoanalyse ermittelt werden. Eine 100-prozentige Absicherung gegen alle im Wirtschaftsleben auftretenden Risiken ist nicht möglich.

Art der Versicherung	Sachversicherungen	Vermögensversicherungen
Beispiele für Versicherungen	• Feuerversicherung, • Leitungswasserversicherung, • Einbruch- /Diebstahlversicherung, • Transportversicherung, • Lagerversicherung.	• Haftpflichtversicherung, • Kreditversicherung, • Betriebsunterbrechungsversicherung, • Umwelthaftpflichtversicherung.
Prinzip	Ersetzt wird ein Sachschaden.	Ersetzt wird Vermögen, das durch Schadensfälle reduziert wird.
Beispiele für Versicherungsleistungen	• Schaden an Gebäuden durch Brand, • Schaden an Waren durch unsachgemäßen Transport.	• Schaden, den ein Firmenfahrzeug im Verkehr verursacht, • Ansprüche von Kunden aufgrund Nichtlieferung von Ware durch einen Stromausfall.

Aufgaben

Offene Aufgaben
Formulieren Sie Ihre Antworten in Stichpunkten und vermeiden Sie es, auf den vorhergehenden Seiten nachzusehen.

1. Ermitteln Sie durch eine Internetrecherche die Einnahmen und Ausgaben des Bundes im letzten Kalenderjahr.

2. Wie sind die Grundsätze Gerechtigkeit und Leistungsfähigkeit bei der Höhe von Lohn- und Einkommensteuer verwirklicht?

3. Geben Sie die Steuerart an und kreuzen Sie ihre Art nach Gegenstand und Wirkung an:

Vorgang / Tatsache	Steuerart	Verbrauchs-steuer	Besitz-steuer	Verkehrs-steuer	direkte Steuer	indirekte Steuer
Kauf von Zigaretten						
Kauf eines Grundstücks						
Ferienreise						
Eigentum an einem Grundstück						
Volltanken eines Pkw						
13. Monatsgehalt						
Verkauf von Aktien						

4. Der Alleininhaber eines Ingenieurbüros, Herr Huber, wandelt seine Firma in eine GmbH um und nimmt seine Frau als Gesellschafterin in die Firma auf. Frau Huber war bisher nicht berufstätig und ist zukünftig am Gewinn beteiligt. Herr Huber bezieht ein Gehalt als Geschäftsführer. Stellen Sie die Besteuerung vor und nach der Firmenumwandlung für Herrn und Frau Huber dar.

	Herr Huber	Frau Huber
Vor der Umwandlung: Einzelunternehmen		
Nach der Umwandlung: GmbH		
GmbH:		

5. Berechnen Sie die Gewerbesteuer bei folgenden Daten:
   - Gewerbeertrag einer GmbH: 45.000 €/a (nach Abzug des Freibetrags)
   - Messzahl: 0,04 (4 %)
   - Hebesatz der Kommune: 350 %

6. Ein güterproduzierender Betrieb kann wegen eines Brandes in einer Fertigungshalle zugesagte Waren nicht rechtzeitig an einen Kunden ausliefern. Der Kunde macht den Betrieb schadenersatzpflichtig. Darüber hinaus hat die Feuerwehr den Pkw des Geschäftsführers beim Einsatz erheblich beschädigt. Welche Versicherungsfälle liegen hier vor und welche Versicherungen sind zuständig?

Die Lösungen zum Überprüfen Ihrer Antworten finden Sie auf den Seiten 184–185.
Lösen Sie nun die Multiple-Choice-Aufgaben.

Multiple-Choice-Aufgaben

Kreuzen Sie die richtige Lösung an!
Die Anzahl der richtigen Lösungen ist in Klammern angegeben.

1. Hauptzweck von Steuern ist die (1)
   1. Vermeidung von größeren Vermögen. ☐
   2. Finanzierung von Gemeinschaftsaufgaben. ☐
   3. Abschöpfung von Gewinnen. ☐
   4. Familienförderung. ☐
   5. Entlohnung von Staatsbediensteten. ☐

2. Zum Bundeshaushalt tragen am meisten bei: (2)
   1. Grundsteuer, ☐
   2. Körperschaftsteuer, ☐
   3. Lohnsteuer, ☐
   4. Mehrwertsteuer, ☐
   5. Mineralölsteuer. ☐

3. Was gibt die Steuerquote an? (1)
   1. Steuersatz für Ledige in % ☐
   2. Steuersatz für Verheiratete in % ☐
   3. Anteil der Steuern am Bruttoinlandsprodukt ☐
   4. Größe des Bundeshaushalts ☐
   5. prozentualer Anteil einzelner Steuerarten ☐

4. Was trifft zu? (3)
   1. Die Grundsteuer ist eine direkte Steuer. ☐
   2. Die Lohnsteuer ist eine Verbrauchssteuer. ☐
   3. Indirekte Steuern sind im Preis enthalten. ☐
   4. Die Mehrwertsteuer beträgt einheitlich 19 %. ☐
   5. Bei direkten Steuern ist der Steuerschuldner gleichzeitig Steuerträger. ☐

5. Im Steuerrecht sind die Kosten einer Fortbildung zur Betriebswirtin (1)
   1. Sonderausgaben. ☐
   2. außergewöhnliche Belastungen. ☐
   3. nicht zu berücksichtigen. ☐
   4. Werbungskosten. ☐
   5. steuerfreie Ausgaben. ☐

6. Kreuzen Sie die richtige Lösung an: ja   nein
   1. GmbHs und AGs sind körperschaftsteuerpflichtig. ☐ ☐
   2. Kommunen haben unterschiedliche Hebesätze für Gewerbesteuern. ☐ ☐
   3. Die Tabaksteuer ist eine direkte Steuer. ☐ ☐
   4. Lohnsteuer + Sozialabgaben dürfen zusammen nicht höher als 50 % des Einkommens betragen. ☐ ☐
   5. Jahreseinkommen unter 8.000 € sind steuerfrei. ☐ ☐

7. Eine Personengesellschaft erzielte einen Ertrag von 20.000 €/a nach Abzug des Freibetrags.
   Wie hoch ist die Gewerbesteuer bei einem Hebesatz von 250 % und einer Messzahl von 2 %? (1)
   1. 0 €/a ☐
   2. 400 €/a ☐
   3. 500 €/a ☐
   4. 750 €/a ☐
   5. 1000 €/a ☐

8. Welche Versicherung deckt Vermögensschäden ab? (3)
   1. Brandversicherung ☐
   2. Betriebshaftpflichtversicherung ☐
   3. Kreditversicherung ☐
   4. Produkthaftpflichtversicherung ☐
   5. Transportversicherung ☐

Die Lösungen finden Sie auf Seite 185.
Arbeiten Sie jetzt das **Kapitel 4** durch.

4 Rechtsgrundlagen – Unternehmensrecht

Prüfungsgebiet	Themenbereiche	Prüfungsinhalte
In der Abschlussprüfung WISO müssen Sie im Prüfungsgebiet *Rechtsgrundlagen – Unternehmensrecht* Aufgaben zu folgenden Bereichen bearbeiten:	Rechtsordnung und Rechtsgeschäfte	• Grundlagen der Rechtsordnung • Rechts- und Geschäftsfähigkeit • Willenserklärungen • Rechtsgeschäfte
	Unternehmensrecht	• Unternehmensformen • Gewinnverteilung • Kaufmannseigenschaften • Handelsregister

4.1 Rechtsordnung

Die Rechtsordnung regelt das Zusammenleben der Menschen in einem Gemeinwesen. Sie ordnet auch das Staatswesen und bindet es in allen Entscheidungen auf allen Ebenen an Recht und Gesetz. So sichert die Rechtsordnung Frieden und Freiheit, sorgt für einen sozialen Ausgleich und reguliert das tägliche Leben, ob im Straßenverkehr oder als Arbeitnehmer oder Arbeitgeber.

4.1.1 Grundlagen und Rechtsnormen

Die Rechtsordnung begegnet den Menschen in Form von Gesetzen, Verordnungen, Satzungen, Normen, Vorschriften und Weisungen, aber auch als Gewohnheitsrecht. Die Rechtsordnung in der Bundesrepublik Deutschland weist folgende Hierarchie auf, an deren Spitze die Verfassung steht:

Verfassung
in Deutschland als Grundgesetz (GG) bezeichnet.

Gesetze
sind geschriebenes Recht, gelten als Bundesgesetze bundesweit, z. B. das Bürgerliche Gesetzbuch (BGB), als Landesgesetze nur im entsprechenden Bundesland, z. B. EUG (Erziehungs- und Unterrichtsgesetz) in Bayern.

Verordnungen
sind Rechtsnormen mit Gesetzeskraft und werden von Ministerien und Verwaltungsbehörden erlassen.

Satzungen
sind Rechtsnormen, die von Kommunen erlassen werden, um lokal begrenzte Angelegenheiten zu regeln.

Vorschriften und Weisungen
sind unmittelbare Anordnungen von Verwaltungsbehörden, z. B. die Anweisung der Polizei, sich als Beteiligter an einem Unfall nicht von der Unfallstelle zu entfernen.

Überstaatliche Normen
zählen zum ungeschriebenen Recht, können nicht eingeklagt werden und sind oft an den Kulturkreis gebunden, z. B. in Europa die Norm, die Religionszugehörigkeit oder politische Meinung anderer zu respektieren.

In ihrer Zuständigkeit lässt sich die Rechtsordnung in vier Bereiche gliedern:

Verfassungsrecht	öffentliches Recht	Privatrecht	Strafrecht
Es ist als Grundgesetz für den Bund oder als Landesverfassung für die Bundesländer oberste Rechtsnorm.	Es regelt das Verhältnis zwischen Bürger und Staat sowie zwischen staatlichen Einrichtungen untereinander.	Es regelt das Rechtsverhältnis der Menschen untereinander, z. B. Bürgerliches Gesetzbuch, Handelsrecht, Arbeitsrecht.	Es sanktioniert Verstöße der Menschen gegen die Rechtsordnung, z. B. bei Diebstahl oder Tötungsdelikten.

Das Recht begegnet den Menschen in Form von:

geschriebenem Recht	Gewohnheitsrecht
Dazu zählen alle Gesetze, Verordnungen, Satzungen.	Es ist nicht schriftlich in Gesetzen festgelegt, sondern allgemein anerkannt, z. B. das Recht, sich auf öffentlichen Straßen und Plätzen frei bewegen zu können.

Daneben lässt sich das Recht unterscheiden in:

materielles Recht	formelles Recht
Es umfasst die Rechtsnormen und Gesetze, z. B. das Bürgerliche Gesetzbuch (BGB).	Es umfasst die Gesetze, die die Durchsetzung des materiellen Rechts regeln, z. B. die Zivilprozessordnung (ZPO) bei der Durchsetzung von Rechten aus dem BGB.

Für Rechtsstreitigkeiten zwischen Bürger und Staat, zwischen Bürgern untereinander, aber auch zwischen staatlichen Institutionen ist die Gerichtsbarkeit zuständig. Man unterscheidet

ordentliche Gerichtsbarkeit	besondere Gerichtsbarkeit
z. B. Straf-, Zivil-, Verfassungsgerichte.	z. B. Arbeits-, Sozial-, Verwaltungsgerichte.

Die Zuständigkeit der Gerichte ist eindeutig in Gesetzen geregelt, z. B. im:

Arbeitsrecht	Sozialrecht	Familienrecht	
örtliches Arbeitsgericht	örtliches Sozialgericht	Amtsgericht	I. Instanz
Landesarbeitsgericht	Landessozialgericht	Landgericht	II. Instanz
Bundesarbeitsgericht	Bundessozialgericht	Bundesgerichtshof	III. Instanz

Einen Sonderfall bildet das **Strafrecht**. Hier bestimmt auch die Art und Schwere der Tat, welches Gericht zuständig ist.

Bei Rechtsstreitigkeiten zwischen Kaufleuten oder zwischen Unternehmen und Kunden ist ein **Zivilgericht** zuständig. Es handelt sich um eine freiwillige Gerichtsbarkeit, da kein Staatsanwalt tätig wird, um öffentliche Interessen wahrzunehmen oder zu schützen.

Beispiel: Ein Käufer (= Kläger) klagt gegen den Verkäufer (= Beklagter) eines Neuwagens, weil dieser den Pkw trotz erheblicher Mängel nicht zurücknehmen und den Kaufpreis erstatten will.

1. **Zivilprozess:** Im Zivilprozess tragen Kläger und Beklagter ihre Argumente mündlich vor und das Gericht prüft, ob die Klage zulässig und begründet ist. Ist dies der Fall, so fällt es nach Anhörung der Parteien ein Urteil.
   Es findet im Vorfeld keine Ermittlung des Sachverhaltes durch das Gericht oder eine Staatsanwaltschaft statt. Kläger und Beklagte können sich selbst während des Verfahrens noch außergerichtlich einigen. Der Zivilprozess endet dann sofort.

2. **Urteil:** Das Gericht fällt ein Urteil aufgrund des vorgetragenen Sachverhaltes und der einschlägigen Vorschriften des Bürgerlichen Gesetzbuches, z. B.: Der Beklagte muss den Pkw zurücknehmen, der Kläger muss jedoch eine Nutzungsentschädigung bezahlen.
   Für die Urteilsfindung dürfen nur Argumente verwendet werden, die bei der Verhandlung vorgebracht wurden. Kläger und Beklagte müssen nicht vor Gericht erscheinen, sie können sich durch Anwälte oder Rechtsbeistände (Nicht-Juristen) vertreten lassen.

3. **Berufung:** Sie ist ein Rechtsmittel zur Überprüfung des Urteils und innerhalb eines Monats durch Kläger oder Beklagten möglich.

4. **Zwangsvollstreckung:** Bei Missachtung des Urteils durch den Beklagten schließt sich nach Ablauf der Berufungsfrist ein Zwangsvollstreckungsverfahren an. Das muss jedoch vom Kläger bei einem zuständigen Gerichtsvollzieher beantragt werden, da das Zivilgericht nicht von sich aus tätig wird.

4.1.2 Rechts- und Geschäftsfähigkeit

Die Rechtsordnung bindet sowohl das Tätigen von Rechtsgeschäften wie auch Rechte und Pflichten aus Rechtsgeschäften an das Alter. Dabei ist zu unterscheiden zwischen:

- **Rechtsfähigkeit:** Fähigkeit, Rechte und Pflichten wahrzunehmen.
- **Geschäftsfähigkeit:** Fähigkeit, Rechtsgeschäfte wirksam abschließen zu können.
- **Deliktfähigkeit:** Rechtliche Verantwortung für Schäden aus unerlaubten Handlungen; sie ist gestaffelt nach dem Alter:
  - deliktsunfähig: bis 6 Jahre (dasselbe gilt für geistig Behinderte, sie sind für unerlaubte Handlungen nicht verantwortlich).
  - beschränkt deliktsfähig: im Bahn- und Kfz-Verkehr unter 10 Jahren und allgemein von 7–17 Jahren.
  - voll deliktsfähig: ab 18 Jahren.

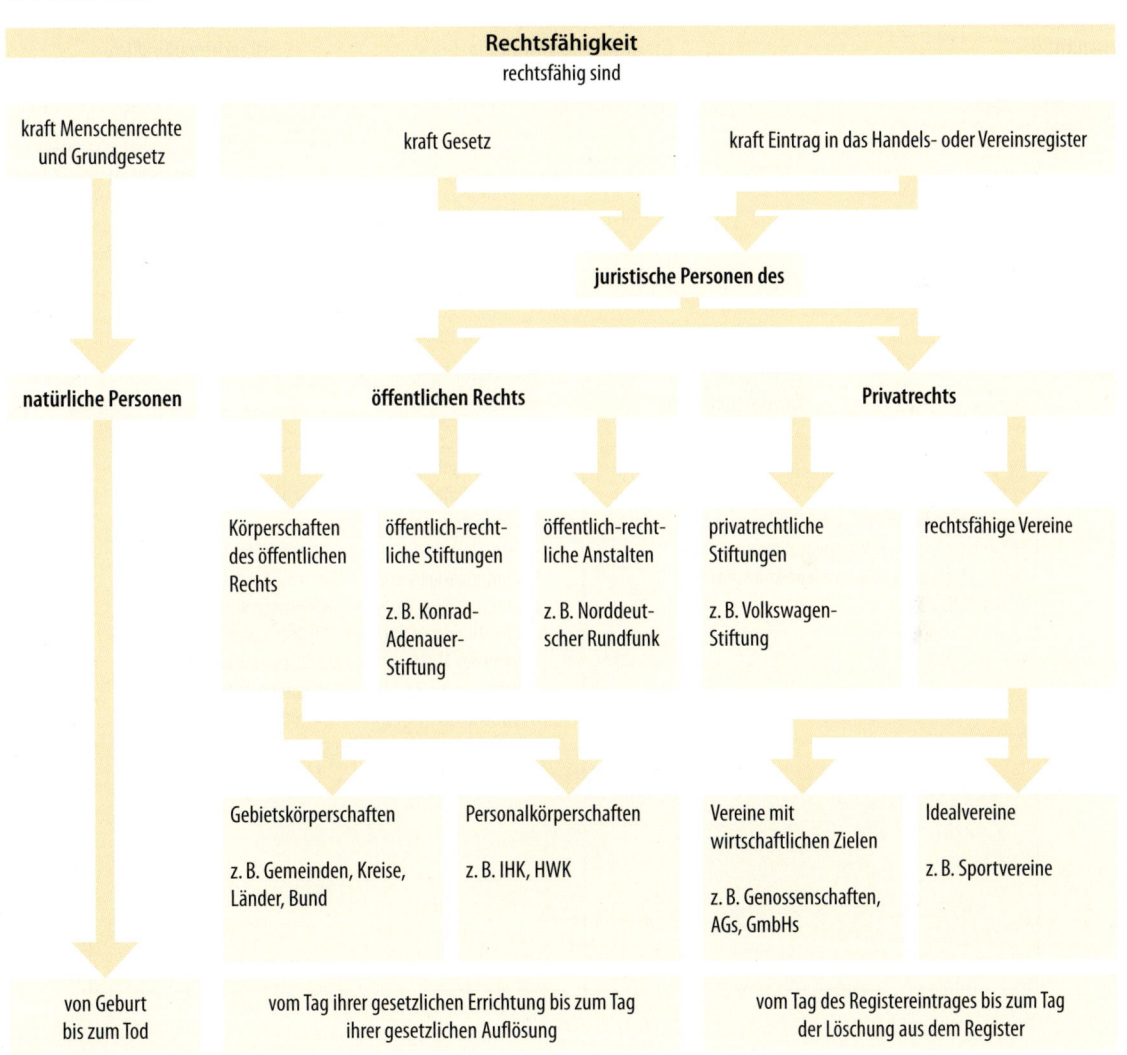

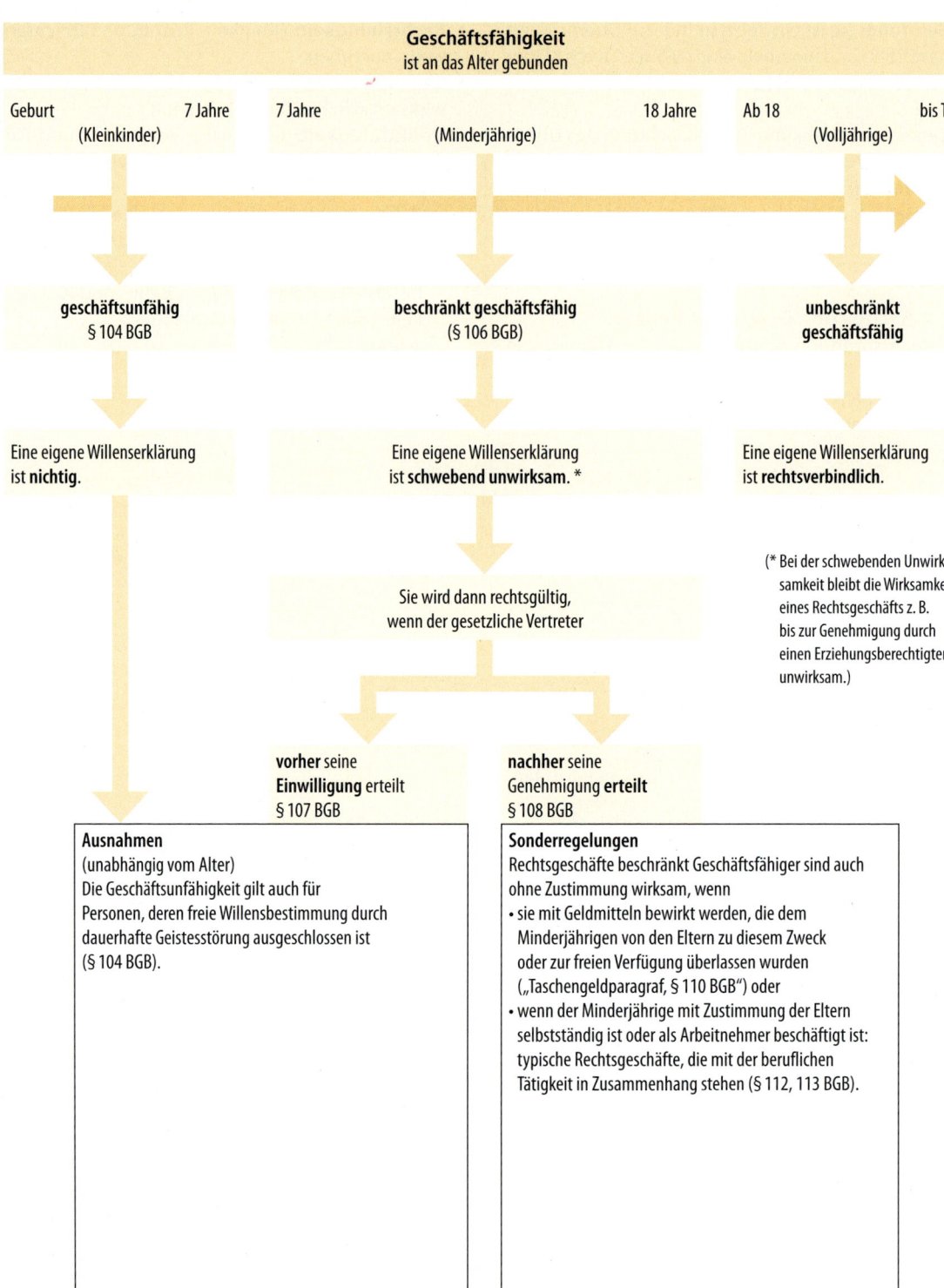

Aufgaben

Offene Aufgaben
Formulieren Sie Ihre Antworten in Stichpunkten und vermeiden Sie es, auf den vorhergehenden Seiten nachzusehen.

1 Nennen Sie jeweils ein Beispiel und bringen Sie diese in eine Rangfolge mit aufsteigender Bedeutung.

Beispiel	Rechtsbereich	Rang
A Verbot des Betretens von Spielplätzen	Weisung einer Behörde	☐
B „Die Würde des Menschen ist unantastbar"	_____	☐
C Elternzeitgesetz	_____	☐
D Schwimmbadsatzung	_____	☐
E Allgemeine Erklärung der Menschrechte	_____	☐
F Lohnsteuerdurchführungsverordnung	_____	☐

2 Ein Unternehmen lehnt Ihre Bewerbung als Sekretariatsleiterin ab, da Sie verheiratet sind und zwei schulpflichtige Kinder haben und deshalb des Öfteren ausfallen könnten. Vorgezogen wird dagegen ein unverheirateter Mitarbeiter.
Erläutern Sie, um welchen Rechtsbereich es sich handelt und welche Rechtsmittel Sie gegen diese Entscheidung der Geschäftsleitung zur Verfügung haben.

3 Welche Absicht verfolgte der Gesetzgeber damit, Jugendliche als beschränkt geschäftsfähig einzuordnen?

4 Markieren Sie die 12 fehlerhaften Aussagen im folgenden Text und stellen Sie diese richtig.

> Die Rechtsordnung bindet das Tätigen von Rechtsgeschäften an Alter und Geschlecht. Die Rechtsfähigkeit von natürlichen Personen beginnt mit der Zeugung und endet mit dem Verlust der Rechtsfähigkeit, z. B. bei Demenz. Juristische Personen des öffentlichen Rechts sind Gebietskörperschaften, Personalkörperschaften und Idealvereine. Die Rechtsfähigkeit von Vereinen mit wirtschaftlichem Zweck, z. B. der Papier und Pappe GmbH, beginnt mit der Gründung in einer Gesellschafterversammlung und besteht bis zum Tag ihrer gesetzlichen Auflösung. Bei der Geschäftsfähigkeit unterscheidet man geschäftsuntüchtig, beschränkt und unbeschränkt geschäftsfähig. Die letztere beginnt mit dem Eintrag in das Handelsregister. Kauft ein Kind mit 10 Jahren eine CD von seinem Taschengeld, dann ist das Rechtsgeschäft nur gültig, wenn die Erziehungsberechtigten vorher ihre Einwilligung erteilt haben. Personen, die z. B. wegen Demenz geschäftsunfähig sind, sind auch nicht mehr rechtsfähig. Dagegen ist eine 17-Jährige zwar rechtsfähig, kann aber keine Erweiterung ihrer beschränkten Geschäftsfähigkeit beantragen, um einen Webshop zu gründen. Personen im Alter von 18 bis 21 Jahren gelten als Heranwachsende und sind deshalb nur beschränkt geschäftsfähig.

(siehe die folgende Seite →)

	falsch	richtig
1	… und Geschlecht	… nur an das Alter.
2		
3		
4		
5		
6		
7		
8		
9		
10		
11		
12		

Die Lösungen zum Überprüfen Ihrer Antworten finden Sie auf den Seiten 185–186.
Lösen Sie nun die Multiple-Choice-Aufgaben.

Multiple-Choice-Aufgaben

Kreuzen Sie die richtige Lösung an!
Die Anzahl der richtigen Lösungen ist in Klammern angegeben.

1. Was trifft zu: Das Bürgerliche Gesetzbuch (BGB) ist (1)
   1. geschriebenes Recht. ☐
   2. Verfassungsrecht. ☐
   3. Gewohnheitsrecht. ☐
   4. Privatrecht. ☐
   5. Satzungsrecht. ☐

2. Hauptzweck des öffentlichen Rechts ist es, (1)
   1. Rechte nach dem Lebensalter zu gewähren. ☐
   2. Schutzrechte gegenüber dem Staat zu sichern. ☐
   3. Minderjährige zu schützen. ☐
   4. den Geschäftsverkehr zu regeln. ☐
   5. das Privatrecht zu ergänzen. ☐

3. Welche Rechtsnorm hat in der Rechtsordnung oberste Priorität? (1)
   1. Grundgesetz ☐
   2. vorstaatliches Recht ☐
   3. Bürgerliches Gesetzbuch ☐
   4. Verordnungen ☐
   5. Bundesgesetze ☐

4. Das Deutsche Mietrecht ist Teil des (1)
   1. Strafrechts. ☐
   2. Arbeitsrechts. ☐
   3. Privatrechts. ☐
   4. Verordnungsrechts. ☐
   5. Gewohnheitsrechts. ☐

5. In welchen Fällen handelt es sich um juristische Personen des Privatrechts? (2)
   1. Fußballclub e.V. ☐
   2. Stiftung Mitbestimmung ☐
   3. Wohnbaugenossenschaft eG ☐
   4. IHK Essen ☐
   5. Volkswagen AG ☐

6. Die Rechtsfähigkeit eines Vereins beginnt (1)
   1. mit der Gründung. ☐
   2. mit der Wahl des Präsidiums. ☐
   3. mit dem 1. Training. ☐
   4. bei Abschluss einer Haftpflichtversicherung. ☐
   5. mit dem Eintrag ins Vereinsregister. ☐

7. Welche Institutionen sind Teil eines Zivilprozesses? (1)
   1. Mediator – Kläger – Staatsanwalt ☐
   2. Angeklagter – Staatsanwalt ☐
   3. Richter – Zeugen – Verteidiger ☐
   4. Richter – Schöffen – Staatsanwalt ☐
   5. Kläger – Beklagter ☐

8. Eine außergerichtliche Einigung ist üblich bei (1)
   1. einfachen Straftaten. ☐
   2. Jugendstraftaten. ☐
   3. Arbeitsgerichtsverfahren. ☐
   4. zivilrechtlichen Auseinandersetzungen. ☐
   5. Sorgerechtsverfahren. ☐

9. In welchem Fall ist eine Erweiterung der beschränkten Geschäftsfähigkeit möglich? (2)
   1. Ein 5-Jähriger kauft ein Fahrrad. ☐
   2. Eine 16-Jährige heiratet. ☐
   3. Ein 17-Jähriger gründet ein Unternehmen. ☐
   4. Ein Entmündigter verfasst ein Testament. ☐
   5. Eine 16-Jährige schließt einen Ausbildungsvertrag ab. ☐

Finanzwirtschaft

Finanzwirtschaft

10. In welchen Fällen ist ein Rechtsgeschäft schwebend unwirksam? (2)
    1. Ein 16-Jähriger kauft sich gegen den Willen seiner Eltern ein Motorrad. ☐
    2. Ein 21-Jähriger meldet für sein Unternehmen Konkurs an. ☐
    3. Ein Ehepaar verfasst gemeinsam ein Testament. ☐
    4. Ein Demenzkranker stimmt seiner Betreuung zu. ☐
    5. Ein 7-Jähriger kauft sich ein Smartphone. ☐

11. Ein Kaufmann will bei einem Schuldner offene Forderungen eintreiben. Was trifft zu? (3)
    1. Zuständig ist das Amtsgericht. ☐
    2. Eine außergerichtliche Klärung ist möglich. ☐
    3. Er kann die Forderung einem Inkassobüro abtreten. ☐
    4. Er kann die Forderung zivilgerichtlich einklagen. ☐
    5. Er kann eine Zwangsvollstreckung einleiten. ☐

Die Lösungen finden Sie auf Seite 186.
Arbeiten Sie jetzt das **Kapitel 4.2** und **4.3** durch.

4.2 Rechtsgeschäfte allgemein

Rechtsgeschäfte entstehen durch freiwillige und bewusste Willenserklärungen, z. B. dann, wenn man eine Ware in einem Geschäft kauft oder im Internet bestellt. Eine Willenserklärung ist in unterschiedlichen Formen möglich, etwa durch
- eine schriftliche Bestellung per Brief, Fax, SMS oder E-Mail,
- eine ausdrückliche Aussage, z. B. „Ich möchte eine Tasse Kaffee",
- Konklusion (= schlüssiges Verhalten), z. B. ein Kunde deutet in einer Bäckerei auf ein Käsebrötchen, sein Verhalten signalisiert, dass er es erwerben möchte,
- Nicht-Handeln, z. B. wenn eine Marktfrau eine bestimmte Apfelsorte als sehr saftig anpreist, der Kunde stillschweigend seine Zustimmung gibt oder nicht widerspricht und die Verkäuferin sie eintütet.

Bei den kleinen Rechtsgeschäften des täglichen Lebens ist für deren Gültigkeit kein schriftlicher Vertrag notwendig. Auch mündlich abgeschlossene Verträge sind gültig. So ist z. B. der Kauf eines Kaffees ein zweiseitiges Rechtsgeschäft, da zwei Personen übereinstimmende Erklärungen abgeben.

Käufer ⟶ ⟵ Verkäufer

will eine bestimmte Ware, z. B. einen Becher Kaffee, erwerben | überreicht den Becher mit Kaffee.

Man unterscheidet einseitige und zwei- bzw. mehrseitige Rechtsgeschäfte (siehe Tabelle unten).

Welche Rechtsgeschäfte **schriftlich** zu erfolgen haben, wird durch das BGB geregelt, so z. B. die Abfassung eines Testaments oder die Kündigung eines Mitarbeiters durch die Personalabteilung. In beiden Fällen handelt es sich um einseitige Willenserklärungen.
Ein Testament hingegen ist eine **nicht empfangsbedürftige Willenserklärung**, denn die Erben müssen davon keine Kenntnis haben.
Eine Kündigung ist eine **empfangsbedürftige Willenserklärung**, denn sie muss erst in den Herrschaftsbereich des Empfängers gelangen, also persönlich übergeben worden sein oder im Briefkasten des Empfängers liegen.

Weitere besondere Formvorschriften bei Rechtsgeschäften können sein:
- **öffentliche Beglaubigung:** Hier bescheinigt ein Notar die Unterschrift, z. B. unter einem Testament, wenn es vor einem Notar abgefasst wurde.
- **öffentliche Beurkundung:** Hier erstellt ein Notar den Inhalt einer Urkunde, z. B. über den Kauf eines Grundstücks und beglaubigt die Unterschriften von Käufer und Verkäufer. Auch der Eintrag eines Unternehmens in das Handelsregister und der Gesellschaftsvertrag einer GmbH bedürfen der öffentlichen Beurkundung. Diese kann beim Amtsgericht von Interessenten eingesehen werden.

Anfechtbare Rechtsgeschäfte
Grundsätzlich geht man davon aus, dass zwei- und mehrseitige Rechtsgeschäfte, z. B. der Kauf eines gebrauchten Pkw, nach Treu und Glauben abgeschlossen werden. Der Käufer verlässt sich auf eine Zusicherung zur Eigenschaft des Pkws; Verkäufer und Käufer

Art	einseitige Rechtsgeschäfte		zwei- und mehrseitige Rechtsgeschäfte	
Kennzeichen	**Eine Person** gibt eine Willenserklärung ab. Sie kann sein:		**zwei oder mehr Personen** geben eine übereinstimmende Willenserklärung ab (= Konsensualvertrag). Das können sein:	
	nicht empfangsbedürftig	empfangsbedürftig	**Verpflichtungsgeschäfte** Die Personen verpflichten sich zu bestimmten Verhaltensweisen.	**Verfügungsgeschäfte** Es wird eine Rechtsänderung an einer Sache bewirkt, bestehend aus Willenserklärung **und** rechtswirksamer Handlung.
Beispiele	• Testament • Aussetzung einer Belohnung für die Ergreifung eines Täters	• Kündigung eines Arbeitsverhältnisses • Anfechtung eines Kaufs	• Kaufvertrag • Mietvertrag • Vereinssatzung • Beschluss der Gesellschafterversammlung einer GmbH	• Verkauf **und** Eigentumsübergang eines Grundstücks • Beschluss der Gesellschafterversammlung einer GmbH und dessen Eintrag in das Handelsregister

wiederum verlassen sich darauf, dass das Geschäft Zug um Zug abgeschlossen wird.

Ist dies nicht der Fall, so liegt ein anfechtbares Rechtsgeschäft vor. Es ist zwar gültig, kann aber innerhalb eines Jahres nach Abschluss von einem Vertragspartner angefochten werden, z. B. dann, wenn ein Geschäft
- durch arglistige Täuschung zustande gekommen ist, beispielsweise wenn ein gebrauchter Pkw als unfallfrei angeboten wurde, er es aber nicht ist.
- unter widerrechtlicher Drohung erpresst wurde, z. B. dann, wenn der Verkäufer den Kauf eines gebrauchten Pkw erzwingt, weil er den Käufer mit dem Wissen um dessen unentdeckte Straftaten erpressen kann.
- irrtümlich abgeschlossen wurde. Der Irrtum kann liegen in der Eigenschaft
  - der Person: Der Verkäufer ist nicht Eigentümer des Pkws.
  - der Sache: Der Pkw hat nicht die zugesicherten Eigenschaften.
  - der Erklärung: Es ist offensichtlich, dass der Kunde nur einen Pkw kaufen will, geliefert werden ihm aber zehn Pkw.
  - der Übermittlung: Eine Bestellung wird per Fax übermittelt und kommt unvollständig beim Empfänger an.

Wird ein **anfechtbares Rechtsgeschäft** angefochten, so wird es **rückwirkend unwirksam**. Die Anfechtung muss aber im Falle eines Irrtums unverzüglich nach Kenntnis des Irrtums, in anderen Fällen ab Kenntnis innerhalb eines Jahres erfolgen.

Nichtige Rechtsgeschäfte
Nichtige Rechtsgeschäfte sind solche Geschäfte, die **von Anfang an unwirksam** sind. Sie müssen nicht angefochten werden, sondern gelten als nie abgeschlossen.
Dies ist zum Beispiel dann der Fall, wenn ein Rechtsgeschäft
- gegen Strafgesetze verstößt, z. B. der Handel mit verbotenen Drogen.
- ein Scheingeschäft ist, z. B. wenn ein Arbeitgeber Arbeitsverträge abschließt, um Lohnkostenzuschüsse zu erlangen, ohne überhaupt Mitarbeiter beschäftigen zu wollen oder zu können.
- ein Scherzgeschäft ist, wie z. B. der Verkauf eines Grundstücks auf dem Mond.
- sich nicht an Formvorschriften hält, z. B. der Kauf eines Grundstücks ohne notarielle Beurkundung.

- mit Geschäftsunfähigen abgeschlossen wird, z. B. der Kauf eines Motorrads durch ein 5-jähriges Kind.
- mit einer Person abgeschlossen wird, die nicht im vollen Besitz ihrer geistigen Kräfte ist, z. B. dann, wenn ein unter Drogen Stehender seine Eigentumswohnung für 2000 Euro verkauft.

4.3 Besitz und Eigentum

Zweiseitige Rechtsgeschäfte – wie der Kauf einer Ware – werden zwischen **Rechtssubjekten** abgeschlossen. Das können natürliche Personen sein, wie Käufer und Verkäufer, aber auch juristische Personen. Kauft beispielsweise die Stadtsiedlung GmbH von einer Kommune ein Grundstück, dann handeln zwar natürliche Personen, als Geschäftspartner stehen sich aber eine juristische Person des Privatrechts (die GmbH) und eine Körperschaft des öffentlichen Rechts (die Kommune) gegenüber.

Den Gegenstand eines Rechtsgeschäftes bezeichnet man als **Rechtsobjekt**. Das können sein:
- **Sachen**: Sie sind materiell, z. B. ein Pkw oder Äpfel. Diese beiden Sachen sind vertretbar, da sie in beliebiger Anzahl hergestellt werden können, sowie verbrauchbar und beweglich. Unvertretbar ist hingegen ein Unikat, z. B. ein Gemälde. Es verbraucht sich auch nicht, ebenso wenig wie ein unbewegliches Grundstück.
- **Rechte**: Sie sind immateriell, z. B. Lizenzen und Patente. Sie verbrauchen sich bei der Nutzung nicht.

Bei Sachen und Rechten wird zwischen Besitz und Eigentum unterschieden:

Besitz	Eigentum
ist die tatsächliche Herrschaft bzw. Verfügungsgewalt über eine Sache oder ein Recht.	ist die rechtliche Herrschaft über eine Sache oder ein Recht.
Die Art der Nutzung bestimmt der Eigentümer.	Der Eigentümer hat die freie, uneingeschränkte Herrschaft über die Sache oder das Recht.
Beispiele: • Mietwohnung, • Leihwagen, • gepachtete Produktionshalle.	Beispiele: • Eigentümer der Wohnung, • Autoverleiher, • Eigentümer des Grundstücks.

Beim Eigentumsübergang, also einem Verkauf, muss zwischen **beweglichen** und **unbeweglichen Sachen** unterschieden werden.

Bewegliche Sachen können den Eigentümer wechseln durch
- Kaufeinigung und Übergabe: z. B. der Besitzer kauft den Leihwagen (= Verpflichtungsgeschäft).
- Abtreten des Herrschaftsanspruches: z. B. ein geleaster Lkw wird von der Leasingfirma an die finanzierende Bank abgetreten, weil sie mit den Raten in Verzug ist. Der Lkw bleibt aber weiterhin im Besitz des Spediteurs. Die finanzierende Bank hatte sich im Kreditvertrag einen **Eigentumsvorbehalt** gesichert.

Ein Eigentumsvorbehalt legt fest, dass eine gekaufte Ware bis zur Bezahlung dem Eigentümer gehört.
Für unbewegliche Sachen, z. B. Grundstücke oder Eigentumswohnungen, ist der Eigentumsübergang ein gesetzlich geregeltes Verfügungsgeschäft und läuft in zwei Stufen ab:

1. Stufe:	Käufer und Verkäufer einigen sich bei einem Notar über die Art der Übergabe und den Kaufpreis. Diese öffentliche Beurkundung wird als Auflassung bezeichnet. Der Notar beantragt beim zuständigen Amtsgericht eine Auflassungsvormerkung.
2. Stufe:	Der Eigentumsübergang wird durch Eintrag des Käufers in das Grundbuch beim Amtsgericht vollzogen. Der Eintrag erfolgt erst nach Bezahlung der Grunderwerbsteuer.

Aufgaben

Offene Aufgaben
Formulieren Sie Ihre Antworten in Stichpunkten und vermeiden Sie es, auf den vorhergehenden Seiten nachzusehen.

1 Kreuzen Sie die zutreffende Art des Rechtsgeschäfts an.

	Rechtsgeschäft	Einseitiges Rechtsgeschäft		Zweiseitiges Rechtsgeschäft	
		Nicht empfangsbedürftig	Empfangsbedürftig	Verpflichtungsgeschäft	Verfügungsgeschäft
a)	Kauf eines Pkws				
b)	Firmenwerbung auf einer Website				
c)	Mitarbeiterin kündigt zum Quartalsende				
d)	Gründung eines Mietervereins				
e)	Firma lässt sich aus dem Handelsregister löschen				
f)	Kundin storniert einen Kauf im Internet				
g)	Abschluss eines Mietvertrags für ein Zimmer in einer WG				
h)	Kundin kauft einen Coffee to go				

2 Warum muss der Gesellschaftsvertrag einer GmbH öffentlich beurkundet werden und wo kann er eingesehen werden?

3 Nennen Sie vier Gründe, mit denen der Kauf eines Laptops angefochten werden kann.

4 In welchen Fällen handelt es sich um ein nichtiges Rechtsgeschäft? Begründen Sie Ihre Entscheidung.
  a) Ein Drogensüchtiger kauft Drogen für 200 €.
  b) Eine Kundin ist mit einem Coffee to go nicht zufrieden.
  c) Ein Kunde kauft von einem Straßenhändler jede Woche eine Stange Zigaretten für 10 €.
  d) Ein 10-Jähriger schließt ein Zeitschriftenabo ab.
  e) Ein Interessent kauft ein Grundstück am Amazonas.
  f) Ein Spediteur stellt einen eben eingereisten Asylbewerber als Lagerhelfer mit 3,50 € Stundenlohn ein.
  g) Ein Kunde reklamiert seltsame Geräusche an seinem neuen Pkw.

5

Der folgende Text enthält Aussagen zu Rechtsgeschäften, Besitz und Eigentum.
Unterstreichen Sie falsche Aussagen und stellen Sie diese richtig.

> Sandy Maier ist Mieterin einer Eigentumswohnung und hat sich eine neue IT-Anlage für 850 € „auf Ziel 30 Tage" gekauft. Da ihr das Design nicht gefällt, glaubt Frau Maier, das Rechtsgeschäft ist unwirksam. Sie verweigert schriftlich die Bezahlung, behält aber die Anlage, weil sie diese wegen der Größe als unbewegliche Sache betrachtet. Der Verkäufer schickt ihr 20 Tage nach Lieferung einen Mahnbescheid. Da Frau Maier in einem finanziellen Engpass ist, beantragt sie bei ihrer Bank einen Kredit und gibt als Sicherheit die Eigentumswohnung an. Die Bank gewährt ihr einen Kredit, verlangt aber eine öffentliche Beglaubigung des Kreditvertrags. Frau Maier kann die IT-Anlage nach sechs Wochen bezahlen, zieht aber vom Rechnungsbetrag 3 % Skonto ab.

Aussage	falsch	richtig

Die Lösungen zum Überprüfen Ihrer Antworten finden Sie auf Seite 186.
Lösen Sie nun die Multiple-Choice-Aufgaben.

Multiple-Choice-Aufgaben

Kreuzen Sie die richtige Lösung an!
Die Anzahl der richtigen Lösungen ist in Klammern angegeben.

1. Der Kauf einer Eigentumswohnung (2)
   1. bedarf notarieller Genehmigung. ☐
   2. muss öffentlich beurkundet werden. ☐
   3. ist nie mehr anfechtbar. ☐
   4. ist ein einseitiges Rechtsgeschäft. ☐
   5. führt zu einem Wechsel der Eigentümer. ☐

2. Rechtssubjekte (2)
   1. sind immer nur zwei Personen. ☐
   2. müssen volljährig sein. ☐
   3. können auch juristische Personen sein. ☐
   4. sind juristische oder natürliche Personen. ☐
   5. müssen das passive Wahlrecht besitzen. ☐

3. In welchem Fall ist ein Rechtsgeschäft anfechtbar bzw. nichtig?

	anfechtbar	nichtig
1. Beschäftigung eines Ausländers ohne Arbeitserlaubnis	☐	☐
2. Kauf eines Pkw mit verdeckten Mängeln	☐	☐
3. Kauf von Hehlerware	☐	☐
4. Kauf von 100 m³ Luftraum in Berlin	☐	☐
5. Verkauf eines Fahrrads an einen 6-Jährigen	☐	☐

4. Was trifft zu?
   Kreuzen Sie Eigentümer und Besitzer an:

	Eigentümer	Besitzer
1. Mieter einer Doppelhaushälfte	☐	☐
2. Lieferant während des Zahlungsziels	☐	☐
3. Fahrer eines Leihwagens	☐	☐
4. Pfandhaus, das ein FS-Gerät in Zahlung genommen hat	☐	☐
5. Leasingnehmer eines Lkw	☐	☐

5. In welchem Fall liegt ein Eigentumsvorbehalt vor? (2)
   1. Eine Bank gewährt einen Kredit zum Kauf von Möbeln. ☐
   2. Ein Großhändler liefert Ware auf Ziel. ☐
   3. Ein Makler vermietet eine möblierte Wohnung. ☐
   4. Eine Bank finanziert ein IT-Netzwerk. ☐
   5. Ein Kaufmann mietet einen Leihwagen für ein Wochenende. ☐

6. In welchem Fall liegt eine Auflassung (Übereignung) vor? (2)
   1. Ein Unternehmen kündigt einem Mitarbeiter. ☐
   2. Ein Kaufvertrag wird rückabgewickelt. ☐
   3. Ein Notar beurkundet einen Grundstückskauf. ☐
   4. Ein Notar beurkundet eine Unterschrift. ☐
   5. Ein Notar beurkundet einen Grundstücksverkauf. ☐

Die Lösungen finden Sie auf Seite 186.
Arbeiten Sie jetzt das **Kapitel 4.4** durch.

4.4 Unternehmensformen

Rechtsformen von Unternehmen

	Einzelunternehmen (eine Person gründet oder betreibt ein Unternehmen)	Gesellschaften (mehrere Personen gründen oder betreiben ein Unternehmen)						1 bis 3 Personen
		Personengesellschaften			Kapitalgesellschaften		Sonderformen	
		OHG (Offene Handelsgesellschaft nach HGB)	**GbR** (Gesellschaft bürgerlichen Rechts nach BGB)	**KG** (Kommanditgesellschaft nach HGB)	**GmbH** (Gesellschaft mit beschränkter Haftung nach HGB, GmbH-Gesetz)	**AG** (Aktiengesellschaft nach AktG)	**eG** (eingetragene Genossenschaft)	**Unternehmergesellschaft „Mini-GmbH"**
Firma = Name des Unternehmens	Beliebig, evtl. mit Zusatz e.K., e.Kfm, e.Kfr.	beliebig, mit Zusatz „OHG"	Beliebig, mit Zusatz „GbR"	beliebig, mit Zusatz „KG"	beliebig, mit Zusatz „GmbH"	beliebig, mit Zusatz „AG"	beliebig, mit Zusatz „eG"	beliebig, mit Zusatz „UG"
Beispiel	Müllermehl e.K.	Müllermehl OHG	Müllermehl GbR	Müllermehl KG	Müllermehl GmbH	Müllermehl AG	Müllermehl eG	Müllermehl UG
Kapital	kein Mindestkapital gesetzlich vorgeschrieben	kein Mindestkapital gesetzlich vorgeschrieben	kein Mindestkapital gesetzlich vorgeschrieben	kein Mindestkapital gesetzlich vorgeschrieben	Stammkapital 25.000 €	Grundkapital: 50.000 €; Nennwert je Aktie: min. 1 €	kein Mindestkapital gesetzlich vorgeschrieben	Mindestkapital 1 €
Haftung	Inhaber unbeschränkt mit Geschäfts- und Privatvermögen	alle Gesellschafter unbegrenzt mit Geschäfts- und Privatvermögen (gesamtschuldnerisch)	alle Gesellschafter unbegrenzt mit Geschäfts- und Privatvermögen (gesamtschuldnerisch)	Komplementäre = Vollhafter wie bei OHG Kommanditisten = Teilhafter mit ihrer Einlage	alle Gesellschafter mit ihrem Anteil an der GmbH, mind. 1 Gesellschafter	alle Gesellschafter (= Aktionäre) mit ihrem Aktienanteil	alle Genossen mit ihrem Genossenschaftsanteil	alle Gesellschafter mit ihrem Anteil an der UG (max. 3 Gesellschafter)
Geschäftsführung	Inhaber	alle Gesellschafter	Geschäftsführer (von den Gesellschaftern bestimmt)	nur die Komplementäre	Geschäftsführer (von den Gesellschaftern bestimmt)	Vorstand (vom Aufsichtsrat gewählt)	zwei Genossen (von der Generalversammlung gewählt)	Geschäftsführer (von den Gesellschaftern bestimmt)
Gewinnbeteiligung	Inhaber	jeder Gesellschafter: 4 % seiner Kapitaleinlage, Rest nach Köpfen	jeder Gesellschafter nach der Höhe seines Gesellschaftsanteils	jeder Gesellschafter 4 % seiner Kapitaleinlage; Rest: nach Beschluss	jeder Gesellschafter nach der Höhe seines Gesellschaftsanteils	Dividende = Ausschüttung bezogen auf den Nennwert der Aktie	jeder Genosse nach der Höhe seines Genossenschaftsanteils	25 % des Gewinns: zur Erhöhung des Kapitals, Rest an die Gesellschafter
Besteuerung	Inhaber: Einkommensteuer	Inhaber: Einkommensteuer	Gesellschafter: Einkommensteuer	Voll- und Teilhafter: Einkommensteuer	• Gesellschafter: Einkommensteuer, • GmbH: Körperschaftsteuer	• Aktionäre: Einkommensteuer • AG: Körperschaftsteuer	Genossen: Einkommensteuer	• Gesellschafter: Einkommensteuer, • GmbH: Körperschaftsteuer
Anzahl: Deutschland 2019	ca. 2,2 Mio.	ca. 0,15 Mio.	ca. 0,20 Mio.	ca. 0,1 Mio.	ca. 0,5 Mio.	ca. 8000	ca. 5000	ca. 4000
Umsatz in Mrd. €	ca. 560	ca. 45	ca. 80	ca.100	ca. 2.200	ca. 800	ca. 70	nicht bekannt

Wer in Deutschland Sachgüter und Dienstleistungen produziert und auf dem Markt anbieten möchte, betreibt ein Gewerbe und kann die Rechtsform des Unternehmens frei wählen. Sie muss aber am Namen der Firma erkennbar sein. Die Wahl einer bestimmten Rechtsform hängt ab von

- der Art des Unternehmens und
- den Eigentumsverhältnissen.

In großen Unternehmen mit Umsätzen von vielen Millionen Euro kann das notwendige Betriebskapital nicht mehr von einer oder wenigen Privatpersonen aufgebracht werden. Hier bietet sich die Form der Aktiengesellschaft (AG) an, die sich das notwendige Kapital durch die Ausgabe von Aktien (Anteilscheine am Unternehmen) an der Börse besorgen kann.

4.4.1 Rechtsformen im Handelsrecht

Im Handelsrecht werden die in der Tabelle auf Seite 87 beschriebenen Rechtsformen von Unternehmen unterschieden.

Keine große Bedeutung in Deutschland haben Unternehmen mit ausländischer Rechtsform, z. B. die *Limited Company* (Ltd.) nach britischem Recht, oder europäische Rechtsform wie die *Societas Europaea* (SE).

Große Aktiengesellschaften und kleine Einzelunternehmen sind die beiden Extreme an Unternehmensformen und Betriebsgrößen. In der öffentlichen Wahrnehmung dominieren die Aktiengesellschaften das Wirtschaftsgeschehen. Es befinden sich von den ungefähr 3 Mio. Unternehmen circa 1,9 Mio. Unternehmen in Familienbesitz. Dabei handelt es sich meist um Unternehmen der Rechtsform Einzelunternehmen oder Offene Handelsgesellschaft mit bis zu 50 Beschäftigten. In diesen kleinen und mittleren Unternehmen (KMU) ist der größte Teil der Arbeitnehmer beschäftigt, in den großen AGs mit über 500 Beschäftigten dagegen waren 2019 nur 5,2 Mio. von 42,5 Mio. Arbeitnehmern berufstätig.

Aktiengesellschaften (AG)

Eigentümer einer AG sind die Aktionäre im Verhältnis ihrer Anteilscheine (Aktien) am Grundkapital. Kaufen die Aktionäre neue Aktien, so fließt der Gesellschaft neues Kapital zu. In Deutschland besitzen nur ungefähr 15 % der Menschen Aktien.

Die Stückelung der Aktien beträgt 5 €, 50 €, 100 € oder ein Vielfaches davon. Aktien werden an der Börse gehandelt, ihr Kurswert spiegelt den Unternehmenserfolg wider.

Ein Aktionär hat folgende Rechte:

- Teilnahme- und Rederecht in der Hauptversammlung,
- Stimmrecht in der Hauptversammlung nach Anzahl seiner Aktien,
- Anspruch auf Dividende (Gewinnausschüttung), sofern Gewinn erzielt wurde,
- Recht auf Bezug neuer Aktien bei Kapitalerhöhungen.

Eine Aktie repräsentiert einen Anteil am Produktivvermögen, d. h. nicht die Rendite, sondern der Vermögensanteil, seine Wertbeständigkeit und seine Sicherheit stehen für den Aktionär oft im Vordergrund.

> **Beispiel zur Rendite einer Aktie:**
>
> Nennwert 50 €, Kurswert 150 €, Dividende 10 %
>
> 10 % Dividende von 50 € Nennwert = 5 € (= Ertrag)
>
> 5 € von 150 € Kurswert = 3,33 % (= Rendite)

Im Gegensatz zu Einzelunternehmen ist in einer Aktiengesellschaft die Geschäftsführung (durch den Vorstand) vollkommen von den Eigentümern, den Aktionären in der Hauptversammlung, getrennt.

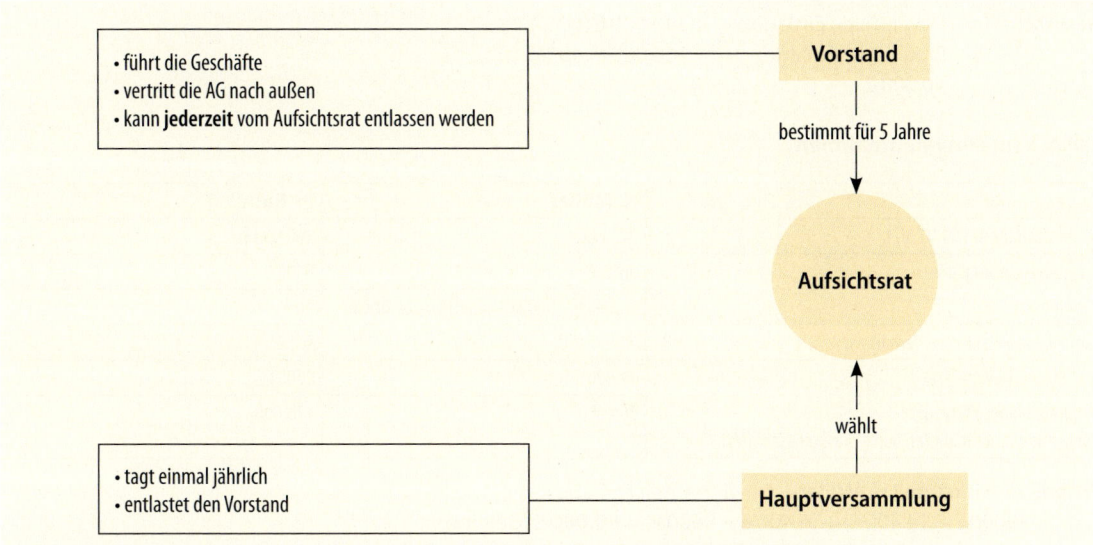

Einzelunternehmen

Inhaber ist eine einzige Person; sie ist Eigentümer, Kapitalgeber und oft auch Betriebsleiter in einer Person. Damit sind freie und schnelle Entscheidungen ohne Rücksicht auf Miteigentümer möglich. Nachteile dieser Unternehmensform sind jedoch:
- alleiniges Risiko,
- uneingeschränkte Haftung,
- Synergieeffekte und Geschäftsimpulse durch weitere Inhaber fehlen.

Der überwiegende Teil der kleinen Handwerks-, Handels- oder Dienstleistungsunternehmen wird als Einzelunternehmen geführt. Einzel- wie auch Gesellschaftsunternehmen können einen oder mehrere Prokuristen einsetzen.

Prokura

Eine Prokura ist im Handelsgesetzbuch (§ 48 – 53 HGB) gesetzlich geregelt. Sie
- umfasst Handlungsvollmacht in allen wirtschaftlichen Entscheidungen und Handlungen, nicht aber den Verkauf oder die Belastung von unternehmenseigenen Grundstücken,
- muss mit ausdrücklicher Erklärung erteilt und in das Handelsregister eingetragen werden,
- ist nicht übertragbar,
- erlischt nicht mit dem Tod des Geschäftsinhabers,
- muss für Geschäftspartner am Zusatz ppa. (*per prokura*) vor der Unterschrift erkennbar sein.

Handlungsvollmacht

Sie ist im § 54 HGB geregelt und umfasst alle laufenden Geschäfte, die in einem Handelsbetrieb üblicherweise anfallen. Wem Handlungsvollmacht erteilt wurde, agiert als Vertreter des Unternehmers oder Geschäftsführers, hat aber nicht die Befugnisse eines Prokuristen, der an Stelle des Unternehmers tätig ist. Für Geschäftspartner ist die Handlungsvollmacht, z. B. ein Verkaufsangebot zu machen, am Zusatz i.V. (in Vollmacht) vor der Unterschrift erkennbar. Der Zusatz i. A. (im Auftrag) vor der Unterschrift weist auf eine auf den Einzelfall bezogene Berechtigung hin, z. B. die Annahme von Post an einem bestimmten Tag, weil der dafür Bevollmächtigte sich auf Geschäftsreise befindet.

4.4.2 Gewinnbeteiligung bei Gesellschaften

Die Gewinnbeteiligung bei den Personengesellschaften OHG und KG richtet sich nach den Vorschriften des Handelsgesetzbuchs, § 168 und § 121 HGB. Für eine OHG ist dort eine Verzinsung des jeweiligen Kapitalanteils von 4 % vorgesehen. Darüber hinausgehender Gewinn wird den Anteilen gemäß verteilt. Reicht der Gewinn nicht aus, so ist er anteilmäßig zu verteilen. Entnahmen während des Geschäftsjahres werden abgezogen. Durch einen Gesellschaftsvertrag kann aber auch eine andere Gewinnverteilung vorgenommen werden. Das Beispiel zeigt die Gewinnverteilung einer OHG mit zwei Gesellschaftern.

Gesellschafter: Herr Müller, Einlage: 240.000 € (60 %)
Frau Rabe, Einlage: 160.000 € (40 %)
Gewinn: 40.000 €

Fall A: keine Privatentnahmen

	H. Müller	Fr. Rabe
Kapitaleinlage am 01.01. d. J.	240.000 €	160.000 €
Kapitalverzinsung: 4 %	9600 €	6400 €
Gewinnrest	40.000 € − 9600 € − 6400 € = **24.000 €**	
Anteile am Gewinnrest: Verhältnis	6	4
Anteile am Gewinnrest:	14.400 €	9600 €
Kapitaleinlage: 31.12. d. J. (keine Gewinnentnahmen durch die Gesellschafter)	264.000	176.000

Probe: Gewinnanteil H. Müller + Gewinnanteil Fr. Rabe =
(9600 € + 14.400 €) + (6.400 € + 9600 €) = **40.000 €** (Gewinn)
Ihre Gewinnanteile unterliegen bei den beiden Gesellschaftern der Einkommensteuer.

Fall B: mit Privatentnahmen durch beide Gesellschafter

	H. Müller	Fr. Rabe
Kapitaleinlage am 01.01. des Jahres	240.000 €	160.000 €
Kapitalverzinsung: 4 %	9600 €	6400 €
Privatentnahme	01.03.d.J.: 6000 €	01.09.d. J.: 2000 € 15.12.d. J.: 3000 €
Zins für Privatentnahmen: 4 % p. a. (Sollzinsen)	$Z = 6000\,€ \cdot \frac{4}{100} \cdot \frac{10}{12}$ $Z = 200\,€$	$Z = 2000\,€ \cdot \frac{4}{100} \cdot \frac{4}{12}$ $Z = 26{,}67\,€$ $Z = 3000\,€ \cdot \frac{4}{100} \cdot \frac{15}{360}$ $Z = 5{,}00\,€$
Zinsanteil	9600 € − 200 € = 9400 €	6400 € − 26,67 € − 5,00 € = 6368,33 €
Gewinnrest	40.000 € − 9600 € − 6400 € + 200 € + 26,67 € + 5,00 € = **24.231,67 €**	
Anteile am Gewinnrest: Verhältnis	6	4
Anteile am Gewinnrest:	14.539,00 €	9692,67 €
Gewinn im Geschäftsjahr	24.139,00 € (9600 € + 14.539,00 €)	16092,67 € (6400 € + 9692,67 €)
Kapitaleinlage: 31.12. d. J. (keine Gewinnentnahmen durch die Gesellschafter)	240.000 € + 9.600 € + 14.539,00 € − 200 € − 6000 € = **263.339,00 €**	160.000 € + 6400 € + 9692,67 € − 26,67 € − 5,00 € − 2000 € − 3000 € = = **170.967,40 €**

Probe: (Gewinnanteil H. Müller − Sollzinsen) + (Gewinnanteil Fr. Rabe − Sollzinsen) =
(9600 € + 14.539,00 € − 200 €) + (6.400 € + 9692,67 − 26.67 € − 5,00 €) = **40.000 €** (Gewinn)

Ihre Gewinnanteile unterliegen bei den beiden Gesellschaftern der Einkommensteuer.
Die Daten zur Gewinnermittlung und zu den Privatentnahmen lassen sich der Bilanz entnehmen, die Anteile am Gewinnrest können zwischen den Gesellschaftern frei vereinbart werden.

4.4.3 Kaufmannseigenschaften

Unabhängig von der Rechtsform eines Unternehmens ist jeder, der ein solches betreibt, ein Kaufmann oder eine Kauffrau. Die Art der Kaufmannseigenschaft ist im Handelsgesetzbuch festgelegt. Voraussetzung für die Kaufmannseigenschaft: Das betriebene Unternehmen ist auf Dauer angelegt, wird selbständig ausgeübt und ist gewinnorientiert. Man unterscheidet drei Formen:

Art	Ist-Kaufmann	Kann-Kaufmann	Form-Kaufmann (Kaufmann kraft Rechtsform)
Geregelt in	§ 1 HGB	§ 2 HGB	§ 6 HGB
Geschäftstätigkeit	Handelsgewerbe	Kleingewerbe	Unternehmen der Rechtsformen GmbH und AG
Eintrag in das HR	Muss	Kann	Muss

Keine Kaufmannseigenschaften haben selbständige Landwirte. Sie können sich aber als Ist- oder Kann-Kaufleute in das Handelsregister eintragen lassen, wenn sie z. B. ein ergänzendes Gewerbe wie einen Hofladen betreiben. Auch die freien Berufe, wie Ärzte, Physiotherapeuten oder Rechtsanwälte zählen zu den Nicht-Kaufleuten.

4.4.4 Handelsregister

In Deutschland müssen sich alle Unternehmen – mit Ausnahme der Urproduktion, der freien Berufe und der Einzelunternehmen von Nichtkaufleuten – in das zuständige Handelsregister beim regionalen Amtsgericht eintragen lassen. Das Handelsregister ist ein Verzeichnis der Rechtsverhältnisse in Unternehmen und ist deshalb öffentlich und für jedermann einzusehen. Die Eintragung kann wirken

- **rechtsbekundend** (deklaratorisch): So können z. B. Befugnisse, wie die Erteilung von Prokura, allgemein mitgeteilt werden.
- **rechtserzeugend** (konstitutiv): Das heißt die Eintragung wird rechtswirksam, z. B. die Umwandlung eines Einzelunternehmens in eine OHG.

Das Handelsregister unterscheidet die Abteilungen A und B.

Handelsregister	
Abteilung A (HRA)	**Abteilung B (HRB)**
• Pflicht: eingetragene Kaufleute (e.K., e.Kfm. und e.Kfr.) und Personengesellschaften wie OHG, KG. • Freiwillig: Einzelunternehmen und Vereine (sie führen den Zusatz e.V.).	Pflicht: Kapitalgesellschaften wie GmbH, KGA, AG.
Inhalt der Eintragungen	
• Name, Sitz, Unternehmenszweck und Rechtsform des Unternehmens. • Name des Inhabers bzw. des persönlich haftenden Gesellschafters, Geschäftsführers, Vorstands. • Zweigniederlassungen. • Erteilung oder Entzug von Prokura (= Handlungsvollmacht). • Eröffnung des Insolvenzverfahrens und Auflösung des Unternehmens.	
	Zusätzlich im HRB: • GmbH und KGaA: Gesellschafter oder Kommanditisten, Höhe der Einlage. • AG: Stammkapital.

Die Eintragungen in das Handelsregister müssen elektronisch dem Registergericht mitgeteilt und von einem Notar beglaubigt werden. Löschungen bleiben im Handelsregister eingetragen, werden aber rot unterstrichen.

Aufgaben

Offene Aufgaben
Formulieren Sie Ihre Antworten in Stichpunkten und vermeiden Sie es, auf den vorhergehenden Seiten nachzusehen.

1 Ein Einzelunternehmer haftet mit seinem gesamten Betriebs- und Privatvermögen. Erläutern Sie, warum trotzdem viele Selbstständige diese Unternehmensform wählen.

2 Ein Einzelunternehmer beabsichtigt, Familienmitglieder „in die Firma aufzunehmen". Welche Rechtsformen bieten sich an, wenn er die Haftung der neuen Teilhaber begrenzen möchte?

3 Geben Sie zu den folgenden Aussagen die zutreffende Unternehmensform an:

a) Alle Gesellschafter haften mit ihrem Geschäfts- und Privatvermögen: _____

b) Alle Gesellschafter müssen in der Geschäftsführung tätig sein: _____

c) Der Gesellschaftsvertrag muss notariell beglaubigt sein: _____

d) Einige Gesellschafter haften nur mit ihrer Einlage: _____

e) Die Hauptversammlung wählt den Aufsichtsrat: _____

f) Die Gesellschaft ist körperschaftsteuerpflichtig: _____

g) Zwei Genossen führen die Geschäfte: _____

h) Es gibt nur einen Inhaber: _____

i) 25 % des Gewinns müssen zur Erhöhung des Stammkapitals verwendet werden: _____

j) Die Gesellschafter bestellen einen Geschäftsführer: _____

k) Der Gewinnanteil der Gesellschafter ist einkommensteuerpflichtig: _____

l) Jeder Gesellschafter erhält vorweg 4 % vom Gewinn: _____

4 Berechnen Sie die fehlenden Daten für die Gewinnverteilung in einer OHG
A: ohne Privatentnahmen

	Fr. Specht	H. Huber
Kapitaleinlage am 01.01. d. J.	120.000 €	80.000 €
Gewinn	20.000 € im Geschäftsjahr	
Kapitalverzinsung: 4 %		
Gewinnrest		
Anteile am Gewinnrest: Verhältnis		
Anteile am Gewinnrest:		
Kapitaleinlage: 31.12. d. J. (keine Gewinnentnahmen durch die Gesellschafter)		

Probe: Gewinn = _____ = _____ €

B: Mit Privatentnahmen

	Fr. Specht	H. Huber
Kapitaleinlage am 01.01. d. J.	120.000 €	80.000 €
Gewinn	20.000 € im Geschäftsjahr	
Kapitalverzinsung: 4 %		
Privatentnahme	01.08.d.J.: 2000 €	15.11.d. J: 3000 €
Zins für Privatentnahmen: 4 % p. a. (Sollzinsen)	Z = Z =	Z = Z =
Zinsanteil		
Gewinnrest		
Anteile am Gewinnrest: Verhältnis		
Anteile am Gewinnrest:		
Gewinn im Geschäftsjahr		
Kapitaleinlage: 31.12. d. J. (keine Gewinnentnahmen durch die Gesellschafter)		

Probe: Gewinn = _____ = _____ €

5 Die Auszubildende Sabine Igel erhält vom Prokuristen ihres Ausbildungsbetriebs, Emil Schreier, die schriftliche Weisung, eine Kundenanfrage zu beantworten. Wie erkennt sie, dass Herr Schreier Prokurist ist und wie muss sie das Schreiben an den Kunden unterzeichnen?

6 Welche Bedeutung hat das Handelsregister, wie ist es gegliedert und wer muss sich in welche Abteilung eintragen lassen?

Die Lösungen zum Überprüfen Ihrer Antworten finden Sie auf den Seiten 187–188.
Lösen Sie nun die Multiple-Choice-Aufgaben.

Finanzwirtschaft

Multiple-Choice-Aufgaben

Kreuzen Sie die richtige Lösung an!
Die Anzahl der richtigen Lösungen ist in Klammern angegeben.

1. Was trifft für die Rechtsform Einzelunternehmen zu? (3)
   1. Eine Person ist Inhaber. ☐
   2. Der Inhaber ist körperschaftsteuerpflichtig. ☐
   3. Der Gewinn muss nicht geteilt werden. ☐
   4. Es sind rasche Entscheidungen möglich. ☐
   5. Der Inhaber haftet nur mit seinem Geschäftsvermögen. ☐

2. Wie viele Personen sind zur Gründung jeweils mindestens notwendig?
   1. Einzelunternehmen: _____
   2. OHG: _____
   3. KG: _____
   4. GmbH: _____
   5. Mini-GmbH: _____

3. Die Gewinnverteilung in einer OHG kann geregelt werden (2)
   1. nach HGB. ☐
   2. nach Anweisung des Vorstands. ☐
   3. nach Beschluss der Hauptversammlung. ☐
   4. nach Beschluss der Gesellschafter. ☐
   5. nach Vorgaben des Handelsregisters. ☐

4. Der Gewinn in Höhe von 60.000 € soll auf drei Gesellschafter aufgeteilt werden. Einer erhält 50 %, die anderen jeweils gleiche Anteile. Welche Verteilung entspricht den Vorgaben des HGB (4 % Gewinnverteilung, Rest nach Anteilen am Kapital)? (1)
   1. 20.000 €, 20.000 €, 20.000 €. ☐
   2. 30.000 €, 15.000 €, 15.000 €. ☐
   3. 26.400 €, 13.200 €, 13.200 €. ☐
   4. 28.800 €, 14.400 €, 14.400 €. ☐
   5. Jeder erhält 2400 €. ☐

5. Welches Organ einer Aktiengesellschaft bestellt und kontrolliert den Vorstand? (1)
   1. Hauptversammlung ☐
   2. Gläubigerversammlung ☐
   3. Vorstandsvorsitzender ☐
   4. Betriebsrat ☐
   5. Aufsichtsrat ☐

6. Eine Aktie zum Nennwert 50 € wird an der Börse mit 225 € gehandelt. Die AG schüttet 7,50 € Dividende aus. Wie groß sind Ertrag E und Rendite R? (1)
   1. E = 7,50 € R = 7,50 % ☐
   2. E = 7,50 € R = 15 % ☐
   3. E = 175 € R = 13,3 % ☐
   4. E = 225 € R = 22,22 % ☐
   5. E = 7,50 € R = 3,33 % ☐

7. Die überwiegende Zahl der Unternehmen in Deutschland sind (1)
   1. AGs, ☐
   2. GmbHs, ☐
   3. KGs, ☐
   4. OHGs, ☐
   5. Einzelunternehmen. ☐

8. Welcher Gesellschafter kann während des Geschäftsjahres Privatentnahmen tätigen? (1)
   1. Komplementär einer KG ☐
   2. Vorstand einer AG ☐
   3. Geschäftsführer einer GmbH ☐
   4. Kommanditist einer KG ☐
   5. Aktionär einer AG ☐

9. Welche Bezeichnung weist auf eine GmbH hin? (1)
   1. Grundkapital ☐
   2. Stammkapital ☐
   3. Gründungskapital ☐
   4. Eigenkapital ☐
   5. Einlagekapital ☐

10. An welcher Unterschrift ist erkennbar, dass Herr Hans Maier Prokura besitzt?(1)
    1. i. A. Hans Maier ☐
    2. i.V. Hans Maier ☐
    3. ppa. Hans Maier ☐
    4. Hans Maier, Handlungsbevollmächtigter ☐
    5. H.M. Prokurist ☐

11. Welche Angabe zu einer GmbH muss *nicht* in das Handelsregister B eingetragen werden? (1)
    1. Erteilung von Prokura ☐
    2. Art der Geschäftstätigkeit ☐
    3. Sitz der GmbH ☐
    4. Anzahl der Beschäftigten ☐
    5. Namen der Gesellschafter ☐

12. Drei Gesellschafter beabsichtigen am 1. August eine GmbH zu gründen, unterschreiben am 15. August den Gesellschaftsvertrag, der am 1. September in das Handelsregister eingetragen wird. Die Geschäftstätigkeit beginnt am 15. September. Ab wann ist die GmbH rechtswirksam? (1)
    1. 1. August ☐
    2. 15. August ☐
    3. 1. September ☐
    4. 2. September ☐
    5. 15. September ☐

13. Ordnen Sie die richtigen kaufmännischen Bezeichnungen zu und schreiben Sie den entsprechenden Buchstaben auf die Linie.
    A Nichtkaufmann
    B Ist-Kaufmann
    C Kann-Kaufmann
    D Kaufmann kraft Rechtsform

    1. Hans Huber, Metallbau _____
    2. Dr. Kurt Kraft, Allgemeinmediziner _____
    3. Saatkartoffel GmbH _____
    4. Dipl.-Kff. Fingerle, IT- und Softwarelösungen _____
    5. Industrieservice AG _____

Die Lösungen finden Sie auf Seite 188.
Arbeiten Sie jetzt das **Kapitel 5** durch.

5 Rechtsgeschäfte

Prüfungsgebiet	Themenbereiche	Prüfungsinhalte
In der Abschlussprüfung WISO müssen Sie im Prüfungsgebiet *Rechtsgeschäfte* Aufgaben zu folgenden Bereichen bearbeiten:	Vertragsarten	• Vertragsarten • Arbeits- und Besorgungsverträge • Überlassungsverträge • Kaufverträge • Online-Kaufverträge
	Leistungsstörungen	• Schlechtleistung • Nicht-Rechtzeitig-Lieferung • Gläubigerverzug • Nicht-Rechtzeitig-Zahlung • Verjährungsfristen

5.1 Vertragsarten

Im privaten Bereich schaffen Vereinbarungen ein Vertrauensverhältnis der Menschen untereinander – man kann sich aufeinander verlassen, wenn die Partner sich an die Vereinbarungen halten. Gleiches gilt im Geschäftsleben, wenn Kunde und Lieferant einen Vertrag abschließen, z. B. einen Kaufvertrag über eine Ware. Der Kunde kann beispielsweise die Großküche eines Seniorenstifts sein und der Lieferant ein Großhändler. In diesem Fall übernehmen beide Verpflichtungen. Werden diese Verpflichtungen nicht eingehalten, dann kommt es zu Leistungsstörungen (siehe Abschnitt 5.2). Im Privat- und Geschäftsleben fällt eine Vielzahl von Verträgen an, deren Formvorschriften im Bürgerlichen Gesetzbuch (BGB) geregelt sind.

Alle Verträge kommen durch zwei inhaltlich voll übereinstimmende, rechtsgültige Willenserklärungen der beiden Vertragspartner zustande. Zu unterscheiden sind:
- Verpflichtungsgeschäft:
Beide Vertragspartner gehen Verpflichtungen ein.
- Erfüllungsgeschäft:
Beide Vertragspartner müssen die eingegangenen Verpflichtungen erfüllen. Eine Ausnahme bilden einseitige Rechtsgeschäfte. Hierbei handelt es sich um:
  – empfangsbedürftige Willenserklärungen, z. B. die Kündigung eines Arbeitsverhältnisses,
  – nicht empfangsbedürftige Willenserklärungen, z. B. das Verfassen eines Testaments.

Je nach Inhalt unterscheidet man
- Überlassungsverträge, z. B. Leih-, Miet-, Pacht-, Leasing- oder Darlehensverträge,
- Arbeits- und Besorgungsverträge, z. B. Werk- und Dienstverträge,
- Kaufverträge,
- Online-Kaufverträge.

5.1.1 Überlassungsverträge

Hier überlässt ein Vertragspartner einem anderen eine Sache kostenlos oder gegen Entgelt. Die Übersicht zeigt die Besonderheiten dieser Verträge, die dazugehörigen Vertragspartner und Beispiele.

Vertragsart geregelt in	Leihvertrag § 598 BGB		Pachtvertrag § 581 ff BGB		Mietvertrag § 535 ff BGB		Leasingvertrag § 535, 311 BGB		Darlehensvertrag § 488 ff BGB	
Vertrags-gegenstand	kostenlose Überlassung der Nutzung einer Sache auf Zeit		Überlassung einer Sache auf Zeit oder Dauer gegen Gebühren (= monatl. oder jährliche Pacht)		Überlassung einer Sache auf Zeit oder Dauer gegen Gebühren (= monatl. oder einmalige Miete)		Überlassung einer Sache auf Zeit gegen eine Einmalzahlung und Gebühren (= monatl. Leasingrate); Sonderform von Finanzierung und Miete		Gewährung von Kapital auf Zeit gegen eine Gebühr (= monatl. Darlehens- oder Kreditzins)	
Vertrags-partner	Verleiher	Entleiher	Pächter	Verpächter	Mieter	Vermieter	Leasing-nehmer	Leasing-geber	Darlehens-nehmer (Schuldner)	Darlehens-geber (Gläubiger)
Besonder-heiten	kostenloses Nutzungsrecht einer Sache; der Verleiher bleibt Eigentümer, der Entleiher wird Besitzer.		Nutzungs- und Ertragsrecht an einer unbeweglichen Sache; der Verpächter bleibt Eigentümer, der Pächter wird Besitzer.		Nutzungsrecht einer unbeweglichen Sache, z. B. Wohnung, Haus, Gebäude oder einer beweglichen Sache, z. B. Leihwagen. Der Vermieter bleibt Eigentümer, der Mieter wird Besitzer. Der Vermieter trägt das Gebrauchsrisiko und muss es instand halten. Der Mieter darf das Mietobjekt nur wie vereinbart nutzen.		limitiertes Nutzungsrecht einer Sache, z. B. Pkw, Lkw. Der Vermieter bleibt Eigentümer, der Mieter wird Besitzer.		Der Gläubiger stellt einen vereinbarten Kapitalbetrag in einer Summe für eine vereinbarte Laufzeit zur Verfügung. Die Rückzahlung kann in gleichen Raten während oder in einer Summe zum Ende der Laufzeit vereinbart sein.	
Beispiele	Ausleihen eines Elektrogrills vom Nachbarn für einen Samstagabend		Pacht einer Gaststätte von einer Brauerei		• Mieten einer Wohnung vom Vermieter mit einem Zeit- oder Dauermietvertrag • Mieten eines Pkws für ein Wochenende		Leasen eines Pkws von einer Leasingfirma für vier Jahre gegen eine Einmalzahlung und laufende Leasingraten. Am Ende der Laufzeit sind möglich: • Rückgabe • neuer Vertrag • Kauf zum Restwert		Darlehen über 500.000 € einer Bank an einen Kaufmann zur Erweiterung der Verkaufsflächen: Laufzeit 5 Jahre, Tilgung bei Fälligkeit	

5.1.2 Arbeits- und Besorgungsverträge

Sie beziehen sich als Werkverträge auf einmalige oder regelmäßige Dienste oder die Herstellung und Lieferung von Sachen. Arbeitsverträge regeln ein Beschäftigungsverhältnis zwischen einem Arbeitgeber und Arbeitnehmer und unterliegen besonderen gesetzlichen und tarifvertraglichen Bestimmungen, deren Inhalte z. B. Höhe des Lohns oder Gehalts, Arbeitszeit und Kündigung betreffen.

Ein Ausbildungsvertrag ist kein Arbeitsvertrag, denn nicht Dienste oder ein erfülltes Werk sind Vertragsinhalte, sondern die Ausbildungspflicht des Ausbildenden und die Bereitschaft des/der Auszubildenden, die in der Ausbildungsverordnung beschriebenen Inhalte während der Ausbildungszeit zu erlernen.

Rechtsgeschäfte

Vertragsart geregelt in	Dienstvertrag (= Arbeitsvertrag) § 611 ff BGB		Werkvertrag § 631 ff BGB	
Vertragsgegenstand	Leisten von Diensten von abhängig Beschäftigten		Erstellen einer Leistung oder einer Sache nach Bestellung	
Vertragspartner	Dienstverpflichteter (= Arbeitnehmer)	Dienstherr (= Arbeitgeber)	Hersteller	Besteller
Besonderheiten	• schuldet die Erfüllung der Dienste, • hat eine Sorgfalts- und Bemühungspflicht, • muss die Anweisungen des Dienstherrn befolgen, • hat eine Verschwiegenheitspflicht. Der Arbeitnehmer schuldet nicht den Erfolg seiner Dienste.	• muss das vereinbarte Entgelt (= Lohn oder Gehalt) bezahlen, • muss für den Schutz am Arbeitsplatz sorgen, • muss dem Arbeitnehmer die gesetzlichen und tariflichen Rechte gewähren, • hat auf Verlangen ein Zeugnis auszustellen.	• sagt den Erfolg zu, • muss das Werk fehlerfrei und fristgemäß dem Besteller übergeben. Der Hersteller schuldet den Erfolg seiner Dienste bzw. seines Werks.	• muss die vereinbarte Vergütung bezahlen, • verpflichtet sich, das Werk abzunehmen, wenn es dem Auftrag entspricht.
Beispiele	• Dauerarbeitsverhältnis einer Kauffrau für Büromanagement bei der Firma Industrieservice GmbH • Mutterschaftsvertretung für vier Monate		• Einbau einer Brandschutzanlage in einen Verkaufsraum • Bau eines Einfamilienhauses • tägliche Reinigung der Geschäftsräume durch einen Hausmeisterservice	

5.1.3 Kaufverträge

Ein Kaufvertrag regelt den Übergang einer Sache vom Verkäufer zum Käufer.
Er besteht aus einem Verpflichtungs- und einem Erfüllungsgeschäft und kommt zustande durch Angebot oder Antrag. Daran schließen sich Lieferung und Bezahlung an.

1. Verpflichtungs- und Erfüllungsgeschäft		
Fall A	Ein Kaufvertrag kommt durch volle inhaltliche Übereinstimmung zustande: • mündlich, • schriftlich: Brief, Fax, E-Mail • telefonisch, • online.	Fall B
Der Verkäufer (Großhändler) macht ein Angebot: „500 T-Shirts der Marke XYZ kosten im Einkauf 200 €." = Willenserklärung I (Verpflichtungsgeschäft)		Der Käufer (Einzelhändler) stellt einen Antrag: „Wir möchten 500 T-Shirts der Marke XYZ zum Einkaufspreis von 200 € kaufen." = Willenserklärung I (Verpflichtungsgeschäft)
Der Käufer (Einzelhändler) nimmt das Angebot an = Willenserklärung II (Erfüllungsgeschäft) und bestellt die Ware oder bezahlt den vereinbarten Preis für die Ware (bei Vorkasse).		Der Verkäufer (Großhändler) nimmt den Antrag an = Willenserklärung II (Erfüllungsgeschäft).

Die beiden Willenserklärungen I und II im Fall A wie im Fall B beziehen sich erst auf den Kauf einer Ware, für die Lieferung und Zahlung sind weitere Willenserklärungen notwendig.

2. Erfüllungs- und Verfügungsgeschäft: Lieferung		
Der Verkäufer (Großhändler) liefert die Ware wie bestellt zur richtigen Zeit am richtigen Ort = Willenserklärung III.		Der Käufer (Einzelhändler) nimmt die Lieferung der Ware zur richtigen Zeit am richtigen Ort an = Willenserklärung IV.

3. Erfüllungs- und Verfügungsgeschäft: Zahlung		
Der Käufer (Einzelhändler) zahlt den vereinbarten Kaufpreis rechtzeitig an den Verkäufer (Großhändler) = Willenserklärung V.	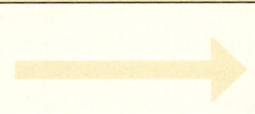	Der Verkäufer (Großhändler) nimmt die Zahlung des vereinbarten Kaufpreises vom Käufer (Einzelhändler) an = Willenserklärung VI.

Für den Kauf einer Ware sind also sechs aufeinander aufbauende Willenserklärungen notwendig.

Jeder Kaufvertrag soll folgende Punkte eindeutig regeln, das vermeidet Rückfragen, Mahnungen und mögliche Klagen vor Zivilgerichten:

- Kaufgegenstand:
  - Stück- bzw. Spezieskauf; diese Waren sind einmalig, z. B. ein Ölgemälde,
  - Gattungskauf; diese Waren sind beliebig oft herstellbar, z. B. 200 T-Shirts der Marke XYZ.
- Rechtliche Stellung der Vertragspartner:
  - bürgerlicher Kauf, z. B. ein Privatmann kauft von einem anderen einen gebrauchten Pkw,
  - einseitiger Handelskauf, z. B. ein Privatmann kauft einen neuen Pkw von einem Händler,
  - zweiseitiger Handelskauf, z. B. ein Autohändler kauft beim Großhändler 5 Pkws.
- Preis der Ware, z. B. 500 T-Shirts der Marke XYZ, 150 € inklusive 19 % Vorsteuer.
- Lieferbedingungen, z. B. unfrei, frei, frei Haus, ab Lager.
- Lieferzeit, z. B. Sofortkauf, Terminkauf (z. B. *Lieferung in 2 Wochen*), Fixkauf (z. B. *Lieferung am 20. Mai des Jahres*), Kauf auf Abruf.
- Zahlungsbedingungen und -zeitpunkt, z. B. Zahlung vor Lieferung (Vorkasse), Zahlung bei Lieferung (Zug-um-Zug-Geschäft), Zahlung nach Lieferung, Zahlung innerhalb einer Frist, Zahlung nach Ablauf einer vereinbarten Frist, Anzahlung + Restzahlung, Ratenzahlung, Lieferantenkredit.
- Erfüllungsort, das ist der Geschäftssitz des Verkäufers, wenn nichts anderes vereinbart ist; betrachtet man die Art der Übergabe der Ware, so sind möglich:
  - Versendungskauf: Der Verkäufer muss für die Versendung der Ware an den Käufer sorgen,
  - Fernkauf: Sitz von Verkäufer und Käufer an unterschiedlichen Orten, Ländern, Kontinenten,
  - Platzkauf: Sitz von Verkäufer und Käufer befinden sich am gleichen Ort,
  - Handkauf: direkte Übergabe der Ware vom Verkäufer an den Käufer.
- Besonderheiten im Kaufvertrag, z. B. Mindestabnahmemengen, verkaufsfördernde Maßnahmen (Sales Promotion) durch den Verkäufer.
- Ein Rabatt, z. B. 10 % Mengenrabatt, muss extra vereinbart werden, ein Skonto hingegen, z. B. 2 % bei Barzahlung innerhalb von 30 Tagen, ist nur innerhalb einer vereinbarten Frist üblich.
- Gerichtsstand, z. B. der Wohnort des Käufers, wenn nichts anderes vereinbart ist.
- Allgemeine Geschäftsbedingungen (AGB); sie dürfen den Käufer nicht unangemessen benachteiligen.

Nicht alle Warenkäufe werden Zug um Zug, also Ware gegen Geld abgewickelt. Es sind ebenfalls üblich:
- Kauf auf Probe, z. B. wenn ein Fahrrad vom Kunden erprobt wird und dieser erst dann bezahlt;
- Kauf nach Probe, z. B. wenn ein Fahrrad vom Kunden erst erprobt und dann bezahlt wird;
- Kauf zur Probe, z. B. wenn ein Fahrrad vom Kunden ohne Kaufabsicht erprobt wird;
- Kauf auf Abruf, z. B. wenn ein Händler bei seinem Großhändler 100 PCs bestellt und diese je nach Geschäftsgang abruft;
- Kommissionskauf, z. B. wenn ein Pkw-Händler nur als Vermittler beim Verkauf eines Gebrauchtwagens auftritt;

- Spezifikationskauf, z. B. wenn ein Käufer die Einzelheiten einer Ware bestimmen kann, z. B. die Farbe von T-Shirts;
- Kauf mit Umtauschrecht, z. B. wenn der Käufer sich ein Umtauschrecht vorbehält oder der Verkäufer ein solches einräumt. Bei Onlinekäufen beträgt es 14 Tage ab Eingang der Lieferung.

5.1.4 Online-Kaufverträge

Eine Besonderheit unter Kaufverträgen sind Fernabsatzverträge nach § 312 ff BGB. Hier stehen sich Käufer und Verkäufer nicht direkt gegenüber, sondern Angebot, Bestellung und Auftragsannahme erfolgen per Katalogbestellung, telefonisch, per Fax oder E-Mail – solche Vorgänge werden auch *E-Commerce* genannt. In diesem Fall hat der Verkäufer besondere Informationspflichten, denn er muss beispielsweise genaue Auskunft geben über:
- Name und ladungsfähige Anschrift,
- wesentliche Merkmale sowie Preis, Nebenkosten und sonstige Kosten der Ware oder Dienstleistung,
- Zahlungs- und Lieferbedingungen,
- Gültigkeitsdauer des Angebots,
- ein Widerrufsrecht des Käufers: schriftlich oder durch Zurücksenden der Ware.

Der Käufer hat bei Fernabsatzverträgen ein Widerrufsrecht. Dies bedeutet, dass er innerhalb von zwei Wochen vom Kaufvertrag zurücktreten kann, auch dann, wenn die Ware bereits geliefert wurde. Ausnahmen bilden unter anderem Zeitungen, auf Bestellung hin speziell gefertigte Waren, Waren aus Versteigerungen usw.

Zusätzliche Regelungen gelten beim E-Commerce. Der Verkäufer hat seine Internetseite so zu gestalten, dass
- der Käufer Eingabefehler vor dem Absenden seiner Bestellung korrigieren kann,
- die Bestellung unmittelbar durch eine E-Mail des Verkäufers bestätigt wird,
- Bestellformular und Allgemeine Geschäftsbedingungen (AGB) auf dem Monitor nicht nur eingesehen, sondern auch ausgedruckt werden können.

Onlinebestellungen werden oft mit einer digitalen Signatur versehen. Das ist eine elektronische Signatur, mit deren Hilfe der Absender einer Nachricht oder der Unterzeichner eines Dokuments seine Identität nachweisen kann.

Der Zahlungsverkehr bei Onlinebestellungen, insbesondere mit Privatkunden, wird oft über einen Treuhandservice, z. B. PayPal, abgewickelt und läuft in folgender Reihenfolge ab:
1. Der Käufer bestellt online eine Ware.
2. Der Käufer überweist den Kaufpreis auf ein Konto des Treuhandservice.
3. Der Treuhandservice informiert den Verkäufer über den Zahlungseingang.
4. Der Verkäufer liefert die Ware an den Kunden.
5. Der Kunde informiert den Treuhandservice über den Wareneingang und die Mängelfreiheit.
6. Der Treuhandservice überweist den Kaufpreis an den Verkäufer.

Dieses Verfahren schützt Verkäufer wie Käufer vor unseriösen Geschäftspartnern.

Nicht zulässig sind das Anbieten und Verkaufen von Waren und Dienstleistungen am Telefon, außer in den Fällen, in denen der Kunde vorher zustimmt, dass ihn der Verkäufer anruft oder wenn der Käufer bereits Geschäftsbeziehungen mit dem Verkäufer unterhält. Der Verkäufer darf während eines Telefongeschäfts seine Rufnummer nicht unterdrücken.

5.2 Leistungsstörungen

Mit dem Gesetz zur Modernisierung des Schuldrechts im Jahr 2002 wurden Mängel im Bürgerlichen Gesetzbuch (BGB) beseitigt und besonders das Kaufvertragsrecht den Erfordernissen des modernen Geschäftsverkehrs angepasst. Dadurch wurde nicht nur der Verbraucherschutz verbessert, sondern es wurden auch mögliche, bei Rechtsgeschäften als Leistungsstörungen auftretende Probleme einheitlich und übersichtlich geregelt.

Es wird unterschieden:

Leistungsstörungen verursacht durch			
den Verkäufer (Lieferant)		**den Käufer** (Kunde)	
Nicht-Rechtzeitig-Lieferung	Schlechtleistung	Gläubigerverzug	Nicht-Rechtzeitig-Zahlung
Der Verkäufer hat sich im Kaufvertrag verpflichtet,		**Der Käufer** hat sich im Kaufvertrag verpflichtet,	
die Ware am rechten Ort, zur rechten Zeit und in der rechten Art und Weise zu liefern.	eine mangelfreie Ware zu liefern.	die bestellte Ware abzunehmen.	den Kaufpreis wie vereinbart zu bezahlen.
Die Ware wird jedoch durch Verschulden des Lieferanten nicht rechtzeitig geliefert, deshalb liegt eine „Nicht-Rechtzeitig-Leistung" vor. Der Liefertermin muss überschritten sein, der Verkäufer muss Lieferant sein und der Käufer muss mahnen. Eine Mahnung ist nicht notwendig: • Liefertermin ist nach Kalender bestimmt, wenn sich der Liefertermin nach Kalender berechnen lässt.	Die Ware hat jedoch • **Rechtsmängel** (§ 435 BGB), z. B. – der Verkäufer ist nicht Eigentümer der Ware, – die Ware ist mit einem Pfandrecht belastet. • **Sachmängel** (§ 434 BGB) z. B. die Ware – ist fehlerhaft oder beschädigt, – ist eine Falschlieferung, – ist eine Zuwenig-Lieferung, – hat Montagemängel, – hat eine mangelhafte Montage-Anleitung, – weist nicht die in der Werbung zugesicherten Eigenschaften auf, Minderlieferung; es wurde zu wenig geliefert.	Der Käufer weigert sich bei der Lieferung, die Ware förmlich anzunehmen. Die Ware muss aber • ordnungsgemäß angeboten worden sein, • zum vereinbarten Zeitpunkt geliefert werden, also weder früher noch später.	Die Ware wird jedoch durch den Schuldner (Käufer) nicht rechtzeitig bezahlt, deshalb liegt ein Schuldnerverzug vor. Der Verkäufer (Gläubiger) hat neben den unten genannten Rechten das Recht auf Verzugszinsen. Sie betragen: • grundsätzlich: **Basiszinssatz + 5 Prozentpunkte** • beim zweiseitigen Handelskauf: **Basiszinssatz + 8 Prozentpunkte** (den Basiszinssatz legt die Bundesbank fest)
Der **Käufer** als Vertragspartner		Der **Verkäufer** (Gläubiger) als Vertragspartner	
hat das Recht auf • **Lieferung + Schadensersatz** (für den Verzögerungsschaden) • **Schadenersatz** statt Leistung (für den Nichterfüllungsschaden) **und gleichzeitig** • **Rücktritt vom Vertrag.** Erst nach erfolgloser Mahnung kann der Käufer vom Vertrag zurücktreten.	hat nach § 437 BGB das Recht **vorrangig auf Nacherfüllung** durch • Nachbesserung oder • Neulieferung, zusätzlich das Recht auf Schadenersatz neben der Leistung, wenn ein Verschulden des Verkäufers vorliegt; **nachrangig auf** – **weitere Sanktionen** (nach Ablauf der Frist zur Nacherfüllung): – Rücktritt vom Vertrag, – Minderung des Kaufpreises, – Schadenersatz statt Leistung, – Ersatz vergeblicher Aufwendungen.	hat das Recht auf • Klage auf Abnahme der Ware, • Hinterlegung, • Selbsthilfeverkauf, dieser muss dem Käufer aber rechtzeitig angekündigt werden und in Form einer Versteigerung durchgeführt werden. • Kostenerstattung, auch bei Mindererlösen beim Selbsthilfeverkauf; einen Mehrerlös beim Selbsthilfeverkauf erhält der Käufer.	hat das Recht auf • **Zahlung + Schadenersatz** (für den Verzögerungsschaden), • **Ersatz** vergeblicher Aufwendungen, z. B. Vertragskosten, • **Schadenersatz statt Leistung** (für den Nichterfüllungsschaden) **und gleichzeitig** • **Rücktritt vom Vertrag.**

Verjährungsfristen

Im reformierten Schuldrecht gibt es nach § 438 BGB auch neue Fristen für die Verjährung von Mängelansprüchen, z. B. bei Sach- und Rechtsmängeln. Sie betragen
- 2 Jahre: übliche Verjährungsfrist im Geschäftsverkehr, sofern nicht aus anderen Gründen längere Fristen bestehen.
- 3 Jahre: für arglistig verschwiegene Mängel.
- 5 Jahre: für Mängel an Bauwerken sowie an Sachen, die darin fest eingebaut sind, z. B. Fenster, Türen usw.
- 30 Jahre: für Rechte, die in ein Grundbuch eingetragen sind, für sogenannte dingliche Herausgabeansprüche.

Daneben gibt es noch allgemeine Verjährungsfristen nach § 194 ff BGB. Sie betragen:
- 3 Jahre: für allgemeine Ansprüche, soweit nicht anders geregelt.
- 10 Jahre: für Rechte an Grundstücken.
- 30 Jahre: z. B. für familien- und erbrechtliche Ansprüche.

Eine Verjährung beginnt in jedem Fall am Schluss des Jahres, in dem der Gläubiger von einem Mangel Kenntnis erhält. Ausnahmen bilden u.a. Mängel und Rechte an Grundstücken und Gebäuden. Nach Eintritt der Verjährung besteht der Rechtsanspruch zwar weiter, der Schuldner ist aber berechtigt, die Leistung zu verweigern. Das Gleiche gilt auch für den Verkäufer einer Ware, die mit Mängeln behaftet ist. Die Verjährung wird gehemmt, das heißt, es tritt eine Pause in der Verjährungsfrist ein, und zwar bei
- Rechtsverfolgung des Anspruchs,
- Verhandlungen über den Anspruch,
- Leistungsverweigerung,
- höherer Gewalt.

Mit diesen Änderungen ist das neue Schuldrecht auch EU-weit harmonisiert.

Aufgaben

Offene Aufgaben
Formulieren Sie Ihre Antworten in Stichpunkten und vermeiden Sie es, auf den vorhergehenden Seiten nachzusehen.

1 Geben Sie jeweils die Vertragsart an:
a) Eine Auszubildende leiht sich ein Fachbuch aus der Stadtbibliothek.

b) Eine Auszubildende lässt sich ein Trachtenkostüm nähen, den Stoff besorgt die Schneiderin.

c) Ein Kunde vereinbart mit seiner Bank einen Dispositionskredit über 5000 €.

d) Ein Gastwirt mietet eine Gastwirtschaft an.

e) Ein Betrieb stellt Saisonarbeitskräfte ein.

f) Ein Mieter lässt einen verstopften Abfluss von einem Installateur reinigen.

g) Ein Auszubildender mietet für 12 Monate ein Appartement.

2 Nehmen Sie zu den folgenden Geschäftsvorfällen Stellung.
a) Eine Auszubildende leiht sich an einem Abend von ihrer Freundin einen Roller aus. Bei der Rückgabe verlangt die Freundin 10 € Leihgebühr.
b) Ein Landwirt pachtet einen Acker für 200 €/ha pro Jahr. Nach der Ernte fordert der Verpächter von ihm 10 % der Ernte.
c) Ihr Kollege hat einen Pkw geleast. Nach Ablauf der Leasingzeit fordert ihn die Leasinggesellschaft auf, den Pkw zum Restwert zu kaufen.

3 Ein Spediteur wägt ab, ob er einen Lkw im Wert von 150.000 € leasen oder bei einer Bank ein Darlehen aufnehmen und einen Lkw kaufen soll. Wie wirken sich Leasing und Darlehen auf Besitz und Eigentum am Lkw und auf die Bilanz aus?

4 Der Eigentümer eines Bürogebäudes lässt die Fenster von einer Reinigungsfirma putzen, muss bei der Abnahme aber die Sauberkeit reklamieren. Die Reinigungsfirma möchte die Glasreiniger in Regress nehmen. Welche Arten von Verträgen liegen hier vor?

5 Eine Auszubildende bestellt online eine Jeans, Größe 34, lindgrün, Modell „Boyfriend". Geliefert wird ihr ein Modell „High Weist", Größe 36. Sie schickt die Lieferung zurück und fordert einen Umtausch. Der Lieferant verweigert die Rücknahme, da Jeans beim Waschen einlaufen, die Form „Boyfriend" nicht mehr modern ist und die Farbe eh aufhellt. Beurteilen Sie die Rechtslage.

6 Welche Art von Leistungsstörung liegt vor und welche Rechte stehen Käufer und Verkäufer zu?
a) Eine neu erworbene Schrankwand zur Selbstmontage lässt sich mit der mitgelieferten Anleitung nicht montieren.
b) Ein Käufer weigert sich, einen bestellten neuen Pkw anzunehmen, da er wegen Arbeitslosigkeit in finanzielle Schwierigkeiten geraten ist.
c) Ein Café bestellt bei einer Konditorei 15 Torten, lieferbar Sonntag 10 Uhr. Es werden um 10 Uhr nur fünf Torten geliefert, der Rest um 17 Uhr.
d) Ein Bauherr weigert sich, Sanitäreinbauten zu bezahlen, weil ihm die Farbe nicht mehr gefällt. Er bietet dem Installateur 50 % des Kaufpreises an.

Finanzwirtschaft

7 Ein Textileinzelhändler in München fragt bei einem Großhändler in Hamburg an: „Ich möchte 50 Dirndlgarnituren zu je 95 € frei Haus kaufen." Die Bestellung soll in Teilmengen von je 10 Stück abgerufen werden, die Farbgebung je nach Kundenwunsch geändert und die Bezahlung einen Monat nach der letzten Lieferung erfolgen. Der Großhändler nimmt den Auftrag zu diesen Bedingungen an. Stellen Sie in einer Übersicht die Abfolge der Willenserklärungen dar und geben Sie Besonderheiten an.

Willenserklärung	Vorgang	Besonderheiten, z. B.
I	Käufer (Textilhändler) stellt einen Antrag (Verpflichtungsgeschäft)	Gattungskauf, zweiseitiger Handelskauf, Fernkauf
II		
III		
IV		
V		
VI		

> Die Lösungen zum Überprüfen Ihrer Antworten finden Sie auf den Seiten 188–189.
> Lösen Sie nun die Multiple-Choice-Aufgaben.

Multiple-Choice-Aufgaben

Kreuzen Sie die richtige Lösung an!
Die Anzahl der richtigen Lösungen ist in Klammern angegeben.

Finanzwirtschaft

1. Ein Vertrag kommt zustande beispielsweise durch (1)
   1. Angebot und Nachfrage. ☐
   2. Nachfrageüberhang. ☐
   3. Angebotsüberhang. ☐
   4. Angebot und Angebotsannahme. ☐
   5. allein durch einen Antrag. ☐

2. Was ist *nicht* für jeden Kaufvertrag notwendig? (1)
   1. Lieferbedingungen ☐
   2. Gerichtsstand ☐
   3. Zahlungsbedingungen ☐
   4. Erfüllungsort ☐
   5. notarielle Beurkundung ☐

3. Welche Art von Vertrag liegt vor?

	Dienstvertrag	Werkvertrag
1. Erntehelfer werden für 2 Monate beschäftigt.	☐	☐
2. Ein Spargelstecher erhält pro kg 1,50 € Lohn.	☐	☐
3. Ein Autohaus repariert eine Kupplung.	☐	☐
4. Ein gewerblicher Pannenhelfer gibt Starthilfe.	☐	☐
5. Eine Buchhalterin erhält 500 € Leistungsprämie.	☐	☐

4. Ein Pachtvertrag (2)
   1. wird auf Zeit abgeschlossen. ☐
   2. muss notariell beglaubigt werden. ☐
   3. ist eine Sonderform eines Mietvertrags. ☐
   4. ist mit einem Eigentumsübergang verbunden. ☐
   5. schließt das Ertragsrecht an einer Sache ein. ☐

5. Leasingverträge (3)
   1. laufen über maximal ein Jahr. ☐
   2. sind nur für Pkws üblich. ☐
   3. führen zu einem Besitzübergang. ☐
   4. sehen Einmalzahlung und regelmäßige Raten vor. ☐
   5. enden mit Ablauf der Leasingfrist. ☐

6. Bei Mietverträgen gilt: Der Mieter (2)
   1. ist Eigentümer der Wohnung. ☐
   2. ist Besitzer der Wohnung. ☐
   3. darf die Wohnung untervermieten. ☐
   4. muss die Wohnung beim Auszug instand setzen. ☐
   5. muss eine Wohnung pfleglich behandeln. ☐

7. Ein Franchisenehmer einer Fast-Food-Kette beabsichtigt, ein weiteres Lokal zu übernehmen. Zu welcher Art von Vertrag ist ihm zu raten? (1)
   1. Mietvertrag ☐
   2. Leasingvertrag ☐
   3. Pachtvertrag ☐
   4. Darlehensvertrag für das Geschäftsrisiko ☐
   5. Leihvertrag für die Einbauten ☐

8. Ein Galerist verkauft einem benachbarten Privatkunden eine Plastik. Was liegt vor? (3)
   1. Gattungskauf ☐
   2. einseitiger Handelskauf ☐
   3. Platzkauf ☐
   4. Kauf auf Abruf ☐
   5. Spezieskauf ☐

9. Onlinebestellungen (2)
   1. werden immer über einen Treuhandservice abgewickelt. ☐
   2. können mit einer elektronischen Signatur versehen werden. ☐
   3. kennen kein Rücktrittsrecht. ☐
   4. sind immer Kauf auf Probe. ☐
   5. müssen vom Verkäufer mit E-Mail bestätigt werden. ☐

10. Ein Treuhandservice bei Onlinebestellungen (2)
    1. wickelt den ganzen Kauf- und Lieferverkehr ab. ☐
    2. stellt eine Sicherheit für Käufer und Verkäufer dar. ☐
    3. schützt vor Spontankäufen. ☐
    4. ist ein Zug-um-Zug-Geschäft. ☐
    5. ist gesetzlich vorgeschrieben. ☐

Finanzwirtschaft

11. Ein Verkäufer liefert eine Ware nicht rechtzeitig. Der Käufer hat das Recht auf (1)
    1. Schadensersatz. ☐
    2. Verzugszinsen. ☐
    3. Nacherfüllung. ☐
    4. Ersatz der Aufwendungen. ☐
    5. beliebige Sanktionen. ☐

12. Eine gelieferte Ware ist fehlerhaft. Was liegt vor? (1)
    1. Nicht-Rechtzeitig-Lieferung ☐
    2. Schlechtleistung ☐
    3. Gläubigerverzug ☐
    4. Nicht-Rechtzeitig-Zahlung ☐
    5. Annahmeverzug ☐

13. Welche Pflicht hat ein Verkäufer nach Abschluss eines Kaufvertrags *nicht*? (1)
    1. Annahme des Kaufpreises ☐
    2. Übertragung des Eigentums ☐
    3. Lieferung der Ware zur rechten Zeit ☐
    4. Lieferung der Ware am rechten Ort ☐
    5. Rücknahme der Verpackung ☐

14. Sie kaufen sich einen gebrauchten Pkw mit einer Garantiezeit von 6 Monaten. Nach drei Monaten stellen Sie einen Getriebeschaden fest. Der Verkäufer (1)
    1. muss den Mangel durch Nachbesserung beseitigen. ☐
    2. kann den Garantieanspruch wegen Ihrer Mitschuld ablehnen. ☐
    3. muss Ihnen nachträglich einen anderen Pkw zur Verfügung stellen. ☐
    4. muss Ihnen einen nachträglichen Rabatt gewähren. ☐
    5. muss den Pkw wieder in Zahlung nehmen. ☐

15. Geben Sie jeweils die Verjährungsfristen an, wenn Sie die folgenden Mängel reklamieren wollen.
    1. Sie stellen nach 15 Monaten einen Schaden an einem Laserdrucker fest: _____
    2. In einem Neubau klemmen nach drei Jahren die Fensterflügel: _____
    3. Der Boden eines gebrauchten Pkw wurde vom Vorbesitzer mit Pappe abgedichtet: _____
    4. Ein Testamentsvollstrecker weigert sich seit 10 Jahren, Ihnen einen Erbanspruch auszuzahlen: _____
    5. Sie reklamieren bei Ihrem Lieferanten falsch geliefertes Fertigungsmaterial: _____

16. Welche Forderung verjährt nach 2 Jahren? (1)
    1. Rechte aus Grundstücksgeschäften ☐
    2. Rechte aus Sachmängeln ☐
    3. Rechte aus arglistig verschwiegenen Mängeln ☐
    4. Rechte aus Erbansprüchen ☐
    5. Rechte aus Gebäuden und Baumängeln ☐

17. Was trifft *nicht* zu? Verjährungsfristen (3)
    1. sind im BGB geregelt. ☐
    2. hängen von der Höhe des Anspruchs ab. ☐
    3. können durch Allgemeine Geschäftsbedingungen verlängert werden. ☐
    4. setzen immer einen Personenschaden voraus. ☐
    5. können mit Hilfe des Strafrechts durchgesetzt werden. ☐

Die Lösungen finden Sie auf Seite 189.
Arbeiten Sie jetzt das **Kapitel 6** durch.

6 Berufsausbildung – Arbeit im Betrieb

Prüfungsgebiet	Themenbereiche	Prüfungsinhalte
In der Abschlussprüfung WISO müssen Sie im Prüfungsgebiet „Berufsausbildung – Arbeit im Betrieb" Aufgaben zu folgenden Bereichen bearbeiten:	Berufsausbildung	• berufliche Erstausbildung • Ausbildungsvertrag, Rechte, Pflichten • Prüfungen • Europäischer Qualifikationsrahmen
	Arbeits- und Gesundheitsschutz	• Arbeitsschutz im Betrieb • Jugendarbeitsschutz • Arbeitsschutzgesetze • Arbeitsvertrag und Kündigungsschutz
	Arbeits- und Tarifrecht	• Jugend- /Auszubildendenvertretung • Betriebsverfassungsgesetz • Arbeitgeberverbände • Gewerkschaften • betriebliche Mitbestimmung
	gesetzliche Sozialversicherungen und private Versicherungen	• gesetzliche Sozialversicherungen • Probleme der sozialen Sicherung • Sozialgerichtsbarkeit • private Versicherungen

6.1 Berufliche Erstausbildung

Mit Ihrem Beruf Kauffrau/Kaufmann für Büromanagement erlernen Sie einen Beruf mit Zukunft. Ihre Ausbildung umfasst sehr unterschiedliche Tätigkeiten: Sie organisieren und bearbeiten bürowirtschaftliche Aufgaben, außerdem erledigen Sie kaufmännische Tätigkeiten in Bereichen wie Auftragsbearbeitung, Beschaffung, Rechnungswesen, Marketing und Personalverwaltung.

Ihr Ausbildungsbetrieb nimmt in der Wirtschaft eine Sonderstellung ein, denn nur gut 30 % der Betriebe bilden aus. Für die Berufsausbildung der Auszubildenden kann der Ausbildende (Betrieb) fachlich und pädagogisch geschulte Ausbilder beauftragen. Ausbilder müssen
- fachlich und persönlich geeignet sein,
- eine einschlägige Berufsabschlussprüfung abgelegt haben,
- eine Ausbildereignungsprüfung abgelegt haben.

Ihre Aufgaben im Ausbildungsbetrieb, also was Sie in den drei Jahren Ihrer Ausbildung lernen sollen, sind in der Verordnung über die Berufsausbildung zum Kaufmann/Kauffrau für Büromanagement (BüroMKfAusbV) vom 11. Dez. 2013 festgelegt. Ihre Berufsausbildung umfasst nach § 4 BüroMKfAusbV drei wesentliche Inhalte:

1. Gemeinsame berufsprofilgebende Fertigkeiten, Kenntnisse und Fähigkeiten in den beiden Pflichtqualifikationen: Büroprozesse und Geschäftsprozesse.

2. Weitere berufsprofilgebende Fertigkeiten, Kenntnisse und Fähigkeiten in **zwei Wahlqualifikationen**, die jeweils fünf Monate dauern und im Ausbildungsvertrag festgelegt werden. Diese legt Ihr Ausbildungsbetrieb fest, zur Wahl stehen: Auftragssteuerung und -koordination, kaufmännische Steuerung und Kontrolle, kaufmännische Abläufe in kleinen und mittleren Unternehmen, Einkauf und Logistik, Marketing und Vertrieb, Personalwirtschaft, Assistenz und Sekretariat, Öffentlichkeitsarbeit und Veranstaltungsmanagement, Verwaltung und Recht, öffentliche Finanzwirtschaft.

3. Gemeinsame integrative Fertigkeiten, Kenntnisse und Fähigkeiten: Ausbildungsbetrieb, Arbeitsorganisation, Information, Kommunikation, Kooperation.

Die in der BüroMKfAusbV genannten Fertigkeiten, Kenntnisse und Fähigkeiten soll Ihnen Ihr Ausbildungsbetrieb so vermitteln, dass Sie zur Ausübung einer qualifizierten beruflichen Tätigkeit im Sinne des § 1 Absatz 3 des Berufsbildungsgesetzes befähigt werden, die insbesondere selbständiges Planen, Durchführen und Kontrollieren einschließt. Diese Befähigung müssen Sie auch in Aufgaben in der Abschlussprüfung nachweisen.

Die Lerninhalte des Berufsschulunterrichts finden Sie in den Lehrplänen für die einzelnen Unterrichtsfächer bzw. Lernfelder. Diese unterscheiden sich geringfügig in den einzelnen Bundesländern. Im Prüfungsfach WISO sind die Themenbereiche der Abschlussprüfung bundeseinheitlich die gleichen.

6.1.1 Ausbildung im Betrieb und Berufsschule

In Deutschland wird die gewerbliche und die kaufmännische Berufsausbildung, zu der auch Ihr Beruf zählt, meist im dualen System durchgeführt. Dual bedeutet „zweifach": Die Ausbildung erfolgt durch zwei Partner an zwei verschiedenen Lernorten:

Im Ausbildungsbetrieb (Ausbildender)	In der Berufsschule
• praktische Ausbildung in der realen Arbeitswelt • Fachbildung • Vermittlung von Fertigkeiten und berufsspezifischen Kenntnissen	• berufsbegleitende theoretische Ausbildung • zusätzlich Allgemeinbildung • Vermittlung von Fachkenntnissen

In den beiden Ausbildungsorten gelten unterschiedliche gesetzliche Regelungen:

	Betrieb	Berufsschule
Rechtsgrundlagen	• Berufsbildungsgesetz (BBiG) • Ausbildungsordnung für Ihren Beruf (BüroMKfAusbV)	• Rahmenlehrplan • Schulpflichtgesetze der Länder
Zuständigkeit	Bundesministerium für Wirtschaft und Energie (Bundesrecht)	Kultusministerium des Bundeslandes
Zweck	Güter bzw. Dienstleistungen herstellen und Geschäftsprozesse organisieren	Bildungseinrichtung
Vertrag	privatrechtlicher Vertrag zwischen Ausbildenden (= Betrieb) und Auszubildenden	öffentlich-rechtliche Schulpflicht

Daneben gibt es noch die Berufsausbildung an nur einem Lernort, z. B. die Ausbildung zur Kauffrau/zum Kaufmann für Büromanagement an einer Berufsfachschule.

Berufsausbildung nach dem Berufsbildungsgesetz (BBiG)

Das Berufsbildungsgesetz (BBiG) in der Fassung von 2005 regelt den gesamten Bereich der beruflichen Bildung im Betrieb. Es gilt nur für die gewerbliche und die kaufmännische Ausbildung sowie für Umschulungen in

- Privatbetrieben,
- Betrieben der öffentlichen Hand,
- freien Berufen.

§ 1 des BBiG unterscheidet
- die Berufsausbildung (also die Erstausbildung in einem anerkannten Ausbildungsberuf),
- die berufliche Fortbildung,
- die Umschulung sowie
- die Berufsvorbereitung.

Aus einem Berufsausbildungsvertrag folgen Rechte und Pflichten für die Vertragspartner, welche von der zuständigen Stelle, der Industrie- und Handelskammer oder der Handwerkskammer auch überwacht werden.

6.1.2 Ausbildungsvertrag

Auch Ihre Ausbildung begann mit einem Berufsausbildungsvertrag, der zwischen dem Ausbildenden und dem oder der Auszubildenden geschlossen wird. Ein Berufsausbildungsvertrag ist kein Arbeitsvertrag im Sinne des Arbeitsrechts. Aus diesem Grunde sind Auszubildende auch keine „klassischen" Arbeitnehmer, sondern haben einen Sonderstatus im Betrieb. Die rechtlichen Grundlagen hierfür sind im Berufsbildungsgesetz (BBiG) geregelt. Auszubildende haben beispielsweise auch kein Streikrecht – dies ist aber zwischen den Tarifvertragsparteien strittig.

Inhalte eines Berufsausbildungsvertrags:
- Art, Beginn und Dauer der Ausbildung; Beispiel: Kauffrau für Büromanagement, Ausbildungsbeginn: 01. September 2016, Dauer: 3 Jahre.
- Ausbildungsplan nach § 5 BüroMKfAusbV; Beispiel: Dauer und Inhalte der gemeinsamen Grundqualifikation und der zwei Wahlqualifikationen.
- Probezeit: Sie dauert mindestens 1 Monat bis höchstens 4 Monate.

- Ausbildungsvergütung:
  - Sie muss angemessen sein und mindestens einmal jährlich steigen,
  - wird bei Krankheit sechs Wochen weiterbezahlt, anschließend gibt es Krankengeld,
  - richtet sich nach dem Alter des Auszubildenden sowie der Dauer der Ausbildung und wird spätestens am letzten Arbeitstag des Monats gezahlt. Besteht für den Betrieb oder die Branche ein verbindlicher Tarifvertrag, müssen die tariflichen Ausbildungsvergütungen bezahlt werden. Eine Ausbildungsvergütung wird auch für die Zeit in der Berufsschule bezahlt.
- Urlaub: Er richtet sich nach den gesetzlichen Regelungen des Jugendarbeitsschutzgesetzes bzw. nach dem für den Ausbildungsbetrieb geltenden Tarifvertrag. Wer zu Beginn des Kalenderjahres (Stichtag 1. Januar) noch keine 18, 17 oder 16 Jahre alt ist, erhält als Mindesturlaub in diesem Jahr 25, 27 oder 30 Werktage (Montag bis Samstag).
- Tägliche Arbeitszeit:
  - Sie richtet sich nach den üblichen Arbeitszeiten des Betriebes, darf aber für Jugendliche nicht mehr als 8 Stunden täglich und 40 Stunden wöchentlich betragen.
  - In Ausnahmefällen darf auch bis 8,5 Stunden täglich ausgebildet werden – beispielsweise dann, wenn die Arbeitszeit am Freitag verkürzt ist. Ein Ausgleich muss aber noch in derselben Arbeitswoche erfolgen.
  - Pausen: Ohne Ruhepause darf nicht länger als 4,5 Stunden gearbeitet werden. Bei 4,5 – 6 Stunden Arbeitszeit gilt: insgesamt mindestens 30 Minuten Pause bei einer Pausendauer von mindestens 15 Minuten. Bei mehr als 6 Stunden Arbeitszeit: insgesamt mindestens 60 Minuten Pause bei einer Pausendauer von mindestens 15 Minuten. Lage der Pausen: frühestens 1 Stunde nach Arbeitsbeginn, spätestens 1 Stunde vor Arbeitsende.
  - Die Schichtzeit darf maximal 10 Stunden betragen (= Arbeitszeit + Pausen) und muss zwischen 6 Uhr und 20 Uhr liegen, bei Mehrschichtbetrieb zwischen 5:30 Uhr und 23:30 Uhr.
  - Die tägliche Freizeit muss ununterbrochen mindestens 12 Stunden betragen.
- Ergänzende Ausbildungsmaßnahmen: Beispielsweise überbetriebliche Lehrgänge, wenn die Einrichtungen zur Vermittlung von Fertigkeiten nicht im Betrieb vorhanden sind. Beispiel: EDV-Kurse.
- Kündigung (muss immer schriftlich erfolgen):
  - vor und während der Probezeit: sofort und ohne Angabe von Gründen,
  - nach der Probezeit: sofortige Kündigung nur bei wichtigem Grund, z. B. sexuelle Belästigung,
  - bei Aufgabe des Berufs: vier Wochen, mit Angabe des Grundes,
  - in gegenseitigem Einvernehmen: sofort und ohne Fristen (Aufhebungsvertrag),
  - zum Ende der Ausbildung: Aufhebungsvertrag möglich.

> **Wichtig**
>
> Ein Ausbildungsverhältnis kann auch vom Ausbildenden gekündigt werden. Beispiel: bei Diebstahl. Voraussetzung für eine Kündigung ist aber, dass diese Missstände vorher durch den Ausbildenden abgemahnt wurden und sich das Verhalten nicht geändert hat.

Ausbildungsverträge müssen schriftlich abgeschlossen und bei der zuständigen Stelle, der Industrie- und Handelskammer, registriert werden.

Wann endet die Berufsausbildung?

Eine Berufsausbildung endet grundsätzlich mit Vertragsende. Liegt der Prüfungstermin vor dem Vertragsende, endet die Ausbildung mit dem Bestehen des letzten Prüfungsabschnitts, d. h. wenn Sie definitiv erfahren, dass Sie die Abschlussprüfung bestanden haben. Auszubildende müssen nach bestandener Prüfung nicht vom Betrieb übernommen werden, allerdings können Ausbildender und Auszubildende bis zu sechs Monate vor Ausbildungsende vereinbaren, ob sich der Ausbildung ein unbefristetes oder ein Zeitarbeitsverhältnis anschließt. Bestehen Sie die Abschlussprüfung nicht, so können Sie die Verlängerung der Ausbildung bis zum nächsten Prüfungstermin verlangen. Da es möglich ist, eine Prüfung zweimal zu wiederholen, kann eine Verlängerung der Ausbildung um maximal ein Jahr erfolgen.

6.1.3 Rechte und Pflichten der Vertragspartner in einem Berufsausbildungsverhältnis

Wie in jedem Vertragsverhältnis sind Sie mit Ihrem Ausbildungsvertrag Pflichten eingegangen, aber auch der ausbildende Betrieb hat Pflichten.

Pflichten	
der/des Auszubildenden	**des Ausbildenden (Betrieb)**
Die/der Auszubildende hat sich zu bemühen, die Fertigkeiten und Kenntnisse zu erwerben, die erforderlich sind, um das Ausbildungsziel zu erreichen.	Der Ausbildende hat alles zu unternehmen, damit die/der Auszubildende das Ausbildungsziel erreicht.
Die/der Auszubildende muss	**Der Betrieb muss**
• die im Rahmen der Berufsausbildung aufgetragenen Verrichtungen sorgfältig ausführen. • die in der Ausbildungsordnung vorgegebenen Kenntnisse und Fertigkeiten erwerben. • Betriebs- und Geschäftsgeheimnisse wahren. • Weisungen von Vorgesetzten sorgfältig ausführen. • die Betriebsordnung einhalten. • Einrichtungen pfleglich behandeln. • regelmäßig am Berufsschulunterricht und an überbetrieblichen Ausbildungsmaßnahmen teilnehmen. Schulversäumnisse müssen nicht nur der Berufsschule, sondern auch dem Ausbildungsbetrieb mitgeteilt werden. • ein Berichtsheft oder einen Ausbildungsnachweis führen.	• die Ausbildung planmäßig durchführen und zeitlich sowie sachlich so gliedern, dass das Ausbildungsziel in der vorgesehenen Ausbildungszeit erreicht wird. • selbst ausbilden oder einen persönlich und fachlich geeigneten Ausbilder beauftragen. • alle Ausbildungsmittel im Betrieb kostenlos bereitstellen. • Auszubildende charakterlich fördern und vor sittlichen und körperlichen Gefährdungen bewahren. • Auszubildende für die Berufsschule und überbetriebliche Ausbildungsmaßnahmen freistellen. • von Auszubildenden unter 18 Jahren eine ärztliche Bescheinigung der Eignung verlangen und nach einem Jahr den Nachweis einer Nachuntersuchung anfordern. • das Berichtsheft bzw. den Ausbildungsnachweis regelmäßig einsehen.

Nach Ende der Berufsausbildung haben Sie das Recht auf ein Zeugnis. Ein **einfaches Zeugnis** enthält: Ausbildungsbetrieb, Name des Auszubildenden, Ausbildungsberuf, Dauer der Ausbildung, erworbene Fertigkeiten und Kenntnisse, Datum und Unterschrift des Ausbildenden.

Ein **qualifiziertes Zeugnis** enthält zusätzlich: Angaben über Führung, besondere fachliche Fähigkeiten, Leistung (es muss aber wohlwollend abgefasst sein).

6.1.4 Prüfungen

Während Ihrer Berufsausbildung müssen Sie eine Zwischenprüfung sowie die Abschlussprüfung ablegen, welche von den Prüfungsausschüssen abgenommen werden. Diese sind an den Kammern als die zuständigen Stellen eingerichtet und entscheiden allein über das Bestehen der Prüfung und die vorzeitige Zulassung. In den Prüfungsausschüssen sitzen zu gleichen Teilen Vertreter der Arbeitgeber und der Arbeitnehmer sowie mindestens ein Berufsschullehrer. Vorsitzender ist immer ein Vertreter der Arbeitgeber.

Sie haben die Abschlussprüfung bestanden, wenn Sie folgendes Ergebnis erzielt haben:
1. Im Gesamtergebnis mindestens „ausreichend".
2. In mindestens drei von vier Prüfungsbereichen mindestens „ausreichend" und
3. in keinem Prüfungsbereich ungenügend.

Zwischenprüfung	Abschlussprüfung
• Sie findet im Prüfungsbereich „Büro- und Beschaffungsprozesse" statt (schriftlich: 120 min.), WISO wird nicht geprüft. • Sie ist eine Rückmeldung über den Stand der Kenntnisse zur „Halbzeit der Ausbildung" für den Ausbildenden und den Auszubildenden. • Sie muss nicht wiederholt werden, wenn sie nicht bestanden wurde. Sie ist dann ein Hinweis, dass Sie sich intensiver mit den Inhalten Ihrer Ausbildung befassen müssen.	Sie besteht aus den Prüfungsbereichen: 1. Informationstechnisches Büromanagement (schriftlich: 120 min., Wertung: 25 %), 2. Kundenbeziehungsprozesse (schriftlich: 150 min., Wertung: 30 %), 3. Fachaufgabe in der Wahlqualifikation (Fachgespräch: 20 min., Wertung: 35 %), 4. Wirtschafts- und Sozialkunde (schriftlich: 60 min., Wertung: 10 %); dabei sollen Sie in fachbezogenen Aufgaben nachweisen, dass Sie in der Lage sind, allgemeine wirtschaftliche und gesellschaftliche Zusammenhänge der Berufs- und Arbeitswelt darzustellen und zu beurteilen.

Der § 8 BüroMKfAusbV ermöglicht Ihnen eine mündliche Prüfung, wenn das Ergebnis zum Bestehen nicht gereicht hat:

Auf Antrag des Prüflings ist die Prüfung in einem der Prüfungsbereiche „Informationstechnisches Büromanagement", „Kundenbeziehungsprozesse" oder „Wirtschafts- und Sozialkunde" durch eine mündliche Prüfung von etwa 15 Minuten zu ergänzen, wenn
1. einer der drei Prüfungsbereiche schlechter als „ausreichend" bewertet worden ist und
2. die mündliche Ergänzungsprüfung für das Bestehen der Abschlussprüfung den Ausschlag geben kann. Bei der Ermittlung des Ergebnisses für diesen Prüfungsbereich sind das bisherige Ergebnis und das Ergebnis der mündlichen Ergänzungsprüfung im Verhältnis 2:1 zu gewichten.

In der Wahlqualifikation ist keine mündliche Prüfung möglich.

6.1.5 Berufliche Mobilität

Eine solide berufliche Bildung hat viele Vorteile, sie
- mindert das Risiko, keinen Arbeitsplatz zu finden,
- legt die Grundlage für Aufstiegsmöglichkeiten,
- sichert die Wettbewerbsfähigkeit der Wirtschaft,
- erhöht die berufliche Mobilität und Flexibilität,
- sichert den sozialen Frieden durch ausreichende Einkommensmöglichkeiten.

Eine berufliche Erstausbildung reicht aber nicht für ein ganzes Berufsleben. Der technische Fortschritt und der Wandel zur Wissensgesellschaft fordern von Ihnen ein lebenslanges Lernen. Sie müssen die Qualifikationen Ihrer Erstausbildung erhalten, anpassen und erweitern, also immer flexibel sein. Dabei helfen berufliche Fortbildung und Weiterbildung, manchmal wird auch eine Umschulung notwendig sein.

Man unterscheidet:

Maßnahme	Weiterbildung		
	berufliche Fortbildung	allgemeine Fortbildung	Umschulung
Erklärung	= Weiterbildung im erlernten oder ausgeübten Beruf	= Erwerb von persönlichen Kompetenzen	= Wechsel des Berufs nach einer Erstausbildung
Ziele	• berufliche Mobilität und Flexibilität erhalten • wirtschaftliche Lage verbessern • Beschäftigung unter Qualifikationsniveau vermeiden • beruflichen Aufstieg ermöglichen	Erwerben und Verbessern von z. B. • Sozialkompetenzen • Methodenkompetenzen • Sprachen • höheren Schul- und Bildungsabschlüssen, z. B. FHR, Abitur	Wechsel des Berufs z.B. zu einem zukunftssicheren Beruf oder Rehabilitationsmaßnahme nach einem Unfall („Reha") oder Verhinderung von Arbeitslosigkeit
findet statt	• in Unternehmen • bei staatlichen Bildungsträgern • bei privaten Bildungsträgern • als E-Learning	• bei staatlichen Bildungsträgern, z. B. BOS • bei privaten Bildungsträgern, z. B. VHS • als E-Learning • autodidaktisch • in Fernlehrgängen (= distance learning)	• in einem Ausbildungsbetrieb • in einer beruflichen Schule • bei einem zertifizierten Bildungsträger
Formen	• Anpassungsfortbildung, z. B. SAP-Lehrgang • Aufstiegsfortbildung, z. B. zum Betriebswirt/zur Betriebswirtin	kein formalisierter Bildungsgang; Ausnahme: höherer Schulabschluss, z. B. an einer BOS oder FOS	• Zweitausbildung, meist verkürzt auf 2 Jahre • geregelte Berufsausbildung mit Abschlussprüfung vor einer Kammer (IHK oder HWK)
Förderung durch	• Betrieb und Wirtschaft • Staat	i. d. R. keine betriebliche und staatliche Förderung; teilweise BAföG möglich	• Rentenversicherung • Arbeitsagenturen

Berufliche Fortbildung und Umschulung sind oft mit hohen Kosten verbunden. Der Einzelne muss dazu beitragen, beispielsweise durch geringeres Einkommen während einer Fortbildung oder Umschulung; den Großteil der Kosten tragen aber Wirtschaft und Staat. Die Arbeitgeber – und damit die Wirtschaft – fördern die berufliche Fortbildung durch Kostenübernahme (oft bis zu 100 %) und Freistellung bei vollem Lohnausgleich, wenn es sich für den Betrieb rechnet, denn diese Kosten fließen durch die höhere Leistung und Produktivität oft in kurzer Zeit wieder zurück.

Im Sozialgesetzbuch (SGB 3) festgelegt, unterstützt der Staat über Arbeitsagenturen und Rentenversicherungsträger durch Beratung und finanzielle Förderung u. a. die
- fachbezogene Berufsberatung,
- berufliche Fortbildung,
- Erhaltung und Schaffung von neuen Arbeitsplätzen,
- Vermittlung von Stellen,
- Eingliederung von Menschen mit Behinderung in den Arbeitsmarkt.

Liegen die Voraussetzungen für eine Förderung vor, so zahlen die Kostenträger neben den Lehrgangsgebühren auch Unterhaltsgeld, Fahrtkosten, Unterkunft und Verpflegungszuschuss. Im Speziellen fördert der Staat berufliche Aus- und Weiterbildung mit dem Job-AQTIV-Gesetz durch
- Berufsausbildungsbeihilfen für Auszubildende,
- BAföG für schulische Aus- und Fortbildung,
- Aufstiegsfortbildungsförderung („Meister- BAföG"),
- Förderung der Weiterbildung von älteren Arbeitnehmern,
- Förderung der von Arbeitslosigkeit bedrohten Arbeitnehmer.

Über Fortbildungsmöglichkeiten informieren
- die Arbeitgeber im Betrieb mit zielgerichteten Angeboten und einer Fortbildungspflicht für ihre Mitarbeiter,
- Tages-, Wochen- und Fachzeitschriften mit Angeboten unterschiedlicher Bildungsträger,
- Verbände und Vereine mit Broschüren und im Internet, z. B. Kammern, Gewerkschaften,
- das Internetportal *berufenet* der Bundesagentur für Arbeit,
- öffentliche Bildungsträger, die Weiterbildungen anbieten, z. B. Fachschulen über die Aufstiegsfortbildung zum Betriebswirt,
- die Arbeitsagenturen; sie müssen Interessierte umfassend beraten, auch zur finanziellen Förderung von Maßnahmen.

Heutzutage geht man davon aus, dass die Halbwertszeit der Fachkenntnisse nur noch 10 Jahre beträgt – das heißt, nach dieser Zeitspanne ist die Hälfte des in der Ausbildung erworbenen Wissens veraltet. Im Laufe des 21. Jahrhunderts werden sich Wirtschaft und Gesellschaft noch schneller und nachhaltiger verändern:
- Der technische Fortschritt schafft laufend neue Produkte; z. B. ab 1990 die flächendeckende Verbreitung von PC und Internet.

	Mobilität			Flexibilität
Art	räumliche	persönliche/ geistige	soziale	
Erklärung	Damit sind die Bereitschaft und die Fähigkeit gemeint,			
	einen Arbeitsplatz in einer anderen Region, einem anderen Land anzunehmen.	den erlernten Beruf und/oder die ausgeübte Tätigkeit permanent zu erweitern und auch den Beruf zu wechseln.	zwischen sozialen Positionen wechseln zu können, sowohl als Aufstieg wie auch als Abstieg.	sich auf neue Anforderungen in Beruf und Lebensumfeld einzustellen und sie anzunehmen.
Voraussetzungen	• Bereitschaft zu mehrfachem Wohnortwechsel • Sprachkenntnisse, insbesondere Englisch	berufsfeldübergreifende Qualifikationen, wie Methodenkompetenz („Wie lernt man was")	hohe Sozialkompetenz, um sich wechselnden gesellschaftlichen Rollen anzupassen	lebenslang wechselnde Qualifikationen zu erwerben und zu trainieren
Ziele	Arbeit dort annehmen, wo sie angeboten wird	lebenslange Lernbereitschaft	sozialer und beruflicher Aufstieg	persönliche und berufliche Anpassungsfähigkeit

- Der gesellschaftliche Wandel verlangt nach neuen Dienstleistungen, z. B. Softwarespezialisten für die neuen IT-gestützten sozialen Medien.
- Die globalisierte Wirtschaft fordert den Arbeitnehmern noch weitreichendere Qualifikationen als damals ab, z. B. die Beherrschung des Englischen.
- Die räumliche, geistige und soziale Mobilität wird zunehmend wichtig, so verlagern sich zurzeit Zulieferer- und Absatzmärkte nach Ostasien.

Der Einzelne wird deshalb sehr flexibel auf die Veränderungen von Arbeitsmarkt und Gesellschaft reagieren müssen, um beruflich nicht abzusteigen. Die Schlüsselqualifikationen „Mobilität" und „Flexibilität" werden zukünftig genauso wichtig sein wie die jeweiligen Fachkenntnisse. Für alle Arbeitnehmer wird es notwendig, die Qualifikationen und Voraussetzungen für ihre persönliche Mobilität und Flexibilität durch Weiterbildung zu erwerben. Das beugt am nachhaltigsten einer erzwungenen Mobilität, der Arbeitslosigkeit und dem sozialen Abstieg vor.

6.1.6 EQR und ECVET

Da Unternehmen heute international tätig sind, sind sie auf gut ausgebildete, flexible Fachkräfte angewiesen. In einem sich schnell verändernden Markt mit immer rascher folgenden Technologiezyklen wird der Bedarf an mobilen Fachkräften mit internationalen Qualifikationen wachsen. Es sind nicht nur Fach-, sondern auch die sogenannten Schlüsselqualifikationen nötig, wie beispielsweise das Leben in anderen Kulturkreisen und die Verständigung in einer anderen als der Muttersprache. Diese erwerben Sie am nachhaltigsten durch eine Berufstätigkeit außerhalb Ihres Heimatlandes.

Bei einer Berufstätigkeit im Ausland können sich Probleme ergeben, denn die Berufsabschlüsse in den Ländern der Europäischen Union sind sehr unterschiedlich. So gibt es das duale System der Berufsausbildung nur in deutschsprachigen Ländern. Damit die Schul- und Berufsabschlüsse länderübergreifend vergleichbar werden, wurde ein sogenannter Europäischer Qualifikationsrahmen (EQR) geschaffen (Englisch: EQF = *European Qualifications Frame*). Schul- und Berufsabschlüsse werden dabei in sechs Niveaustufen eingeteilt. Die in einer Aus- und Fortbildung erworbenen Kompetenzen werden mit Kreditpunkten bewertet und sollen so zu einem beruflichen Niveau führen, das jetzt EU-weit vergleichbar wird (ECVET: *European Creditsystem for Vocational Education and Training*).

Die Kreditpunkte *(credit points)* vergeben die Bildungsträger, bei denen Sie eine Aus- oder Fortbildung absolvieren. Für die berufliche Erstausbildung sind das die Industrie- und Handelskammern bzw. Handwerkskammern, für Weiterbildungen – z. B. zum Betriebswirt – der veranstaltende Bildungsträger.

Der Deutsche Qualifikationsrahmen weicht etwas vom internationalen ab. Sie können sich im Internet darüber informieren.

Aufgaben

Offene Aufgaben
Formulieren Sie Ihre Antworten in Stichpunkten und vermeiden Sie es, auf den vorhergehenden Seiten nachzusehen.

1. Nennen Sie drei Vorteile, die für einen Betrieb bestehen, der selbst ausbildet.

2. Wer kann Ausbilder/in sein und welche Voraussetzungen muss er/sie erfüllen, um ausbilden zu dürfen?

3. Stellen Sie dar, welche Bedeutung die Ausbildungsordnung (BüroMKfAusbV) für Ihre Ausbildung zum Kaufmann/zur Kauffrau für Büromanagement hat.

4. Beschreiben Sie das *Duale System der Berufsausbildung am Beispiel Ausbildung zur Kauffrau/zum Kaufmann für Büromanagement* bei der Fa. Systems in Frankfurt a. M.
   - Lernorte
   - Was wird jeweils vermittelt?
   - Rechtsgrundlagen.

5. Eine Auszubildende hat zum Abschluss ihrer Ausbildung folgendes Zeugnis erhalten:

Ausbildungszeugnis

Frau Nadine Moll, geb. am 12. Mai 1999, hat bei uns eine Ausbildung zur Kauffrau für Büromanagement absolviert und die in der Ausbildungsordnung genannten Pflicht- und Wahlqualifikationen erworben. Die Ausbildung begann am 1. Sept. 2016 und endete am 31. August 2019.

Frau Moll hat die Abschlussprüfung „Kauffrau für Büromanagement" vor der IHK München mit dem Gesamturteil „gut" bestanden.

Frau Moll verlässt uns auf eigenen Wunsch. Wir hätten sie nach der Ausbildung nicht in ein unbefristetes Arbeitsverhältnis übernommen. Wir waren mit ihrem Einsatz und ihren Leistungen meistens zufrieden, nur ihre Pünktlichkeit ließ oft zu wünschen übrig.
Wir wünschen Frau Moll alles Gute für ihre berufliche Zukunft.

München, 31. August 2019
Gez. ppm. Hans Rumpler
Fa. Morasch – Softwarelösungen

Welche Art von Zeugnis liegt vor? Beurteilen Sie den Inhalt.

6. Entscheiden Sie, ob die Prüfung zur Kaufmann für Büromanagement bestanden wurde und berechnen Sie die Gesamtnote.
   1. Informationstechnisches Büromanagement: Note 1,5
   2. Kundenbeziehungsprozesse: Note 2,5
   3. Wahlqualifikation: Note 3,0
   4. Wirtschafts- und Sozialkunde: Note 2,5

Berufsausbildung

7 Eine Auszubildende zur Kauffrau für Büromanagement stellt vor der Prüfung fest, dass sie zehn Monate in der Wahlqualifikation „Einkauf und Logistik" und zwei Monate in der Wahlqualifikation „Personalwirtschaft" ausgebildet wurde. Beurteilen Sie die Ausbildung anhand der BüroMKfAusbV.

8 Unterscheiden Sie berufliche Fortbildung, Umschulung sowie allgemeine Weiterbildung und geben Sie je eine Möglichkeit an.

9 Begründen Sie die Behauptung: „In Zukunft genügen Fachkenntnisse alleine nicht mehr, sie müssen von Sozial- und Methodenkompetenzen begleitet werden."

10 Begründen Sie am Beispiel der Grafik, warum sich eine gute Ausbildung rechnet.

Die Lösungen zum Überprüfen Ihrer Antworten finden Sie auf den Seiten 189–190.
Lösen Sie nun die Multiple-Choice-Aufgaben.

Multiple-Choice-Fragen

Kreuzen Sie die richtige Lösung an!
Die Anzahl der richtigen Lösungen ist in Klammern angegeben.

1. Betriebe bilden aus, da (1)
   1. sie von den Kammern dazu verpflichtet werden können. ☐
   2. Auszubildende billige Arbeitskräfte sind. ☐
   3. die Zahl der Schulabgänger steigt. ☐
   4. sie sich einen eigenen Fachkräftenachwuchs sichern wollen. ☐
   5. sie für junge Menschen Arbeitsplätze schaffen wollen. ☐

2. Für welchen Personenkreis gilt das Berufsbildungsgesetz? (1)
   1. nur für jugendliche Arbeitnehmer ☐
   2. nur für Auszubildende in der Industrie ☐
   3. für Auszubildende in der Wirtschaft allgemein ☐
   4. für Beamtenanwärter im Kommunaldienst ☐
   5. nur für Auszubildende in Dienstleistungsbetrieben ☐

3. Was gehört *nicht* zu den Pflichten des Ausbildenden? Auszubildende (2)
   1. charakterlich fördern. ☐
   2. zum Berufsschulbesuch anhalten. ☐
   3. nach der Ausbildung weiterbeschäftigen. ☐
   4. für Prüfungen freistellen. ☐
   5. übertariflich zu entlohnen. ☐

4. Welche Aussagen sind *falsch*? (3)
   1. Alter des Azubi am 15.02. des Jahres: 17 → Jahresurlaub: 25 Werktage ☐
   2. gesetzlich zulässige wöchentliche Arbeitszeit: 40 Std. ☐
   3. zulässige Arbeitszeit ohne Pausen: 5 Std. ☐
   4. Schichtzeit: maximal 12 Std. täglich ☐
   5. Probezeit: 3 Monate ☐

5. Frau Nina Bauer beginnt nach Abbruch der FOS im Alter von 19 Jahren eine Ausbildung zur Kauffrau für Büromanagement bei der Fa. Systems. Aufgrund ihrer hervorragenden Leistungen teilt ihr die Fa. Systems zum Ende des 1. Ausbildungsjahres mit, dass die Ausbildung auf zweieinhalb Jahre verkürzt wird. Was gilt für den Berufsschulbesuch? Frau Bauer ist (2)
   1. ab sofort nur berufsschulberechtigt. ☐
   2. berufsschulpflichtig, da sie weiterhin Auszubildende ist. ☐
   3. weder berufsschulberechtigt noch berufsschulpflichtig. ☐
   4. berufsschulpflichtig, weil sie eine duale Ausbildung absolviert. ☐
   5. nicht mehr berufsschulberechtigt, da ihre Lehrzeit verkürzt wird. ☐

6. In welchem Fall liegt eine berufliche Fortbildung vor? (2)
   1. Besuch einer FOS ☐
   2. Sprachkurs zur Vorbereitung eines Auslandaufenthalts ☐
   3. zertifizierter Lehrgang „Projektmanagement" ☐
   4. Inhouse-Schulung in SAP ☐
   5. Zweitausbildung zur Steuerfachangestellten ☐

7. Wer muss Interessenten für eine Fortbildung beraten? (1)
   1. IHK ☐
   2. Arbeitsagentur ☐
   3. Volkshochschule ☐
   4. Fachstelle Fernlehrgänge ☐
   5. Ausbildungsbetrieb ☐

8. Was versteht man unter E-Learning? (1)
   1. Bedienung einer EDV-Anlage ☐
   2. Erwerb des Computer Führerscheins ☐
   3. Lernen am PC mithilfe von Lernsoftware ☐
   4. Herstellung von Computerbauelementen ☐
   5. Arbeiten mit SAP-Software ☐

9. In welchem Fall ist die Abschlussprüfung zur Kauffrau für Büromanagement *nicht* bestanden? (1)

	Informations- technisches Büro- management	Kundenbeziehungs- prozesse	Wahlqualifikation	Wirtschafts- und Sozialkunde	
❶	2,5	4,0	4,0	1,0	☐
❷	3,0	3,5	2,0	4,0	☐
❸	6,0	2,5	3,0	1,5	☐
❹	4,0	4,0	4,0	5,0	☐
❺	1,5	5,0	2,5	4,0	☐

10. Was versteht man unter der „Halbwertzeit des Wissens"? Es ist die (1)
    ❶ Periode, nach der Kenntnisse gründlich aufgefrischt werden müssen. ☐
    ❷ halbe Lebensarbeitszeit, meist 25 Jahre. ☐
    ❸ Zeit, nach der fachliche Kenntnisse überholt sind. ☐
    ❹ Entwicklungszeit für eine neue PC-Software, meist 5 Jahre. ☐
    ❺ durchschnittliche Betriebszugehörig- keit von Arbeitnehmern. ☐

11. Wann spricht man von erzwungener Mobilität? Ein (1)
    ❶ Betrieb ordnet Kurzarbeit an. ☐
    ❷ Mitarbeiter lernt auf Drängen seines Vorgesetzten Englisch. ☐
    ❸ Betrieb verlagert seinen Sitz nach Ostasien. ☐
    ❹ Mitarbeiter muss einen Arbeitsplatz mit langer Wegezeit annehmen. ☐
    ❺ Mitarbeiter kündigt auf Drängen seines Vorgesetzten. ☐

12. Was versteht man unter beruflicher Flexibilität? (1)
    ❶ Wunsch, Wohnort zu wechseln ☐
    ❷ innerbetriebliche Versetzung ☐
    ❸ berufliche Umschulungsmaßnahme ☐
    ❹ Wunsch, Arbeitsplatz zu wechseln ☐
    ❺ Fähigkeit, sich auf wechselnde An- forderungen im Beruf einstellen zu können ☐

13. Der Europäische Qualifikationsrahmen (EQF) (1)
    ❶ entspricht den Abschlüssen: Kaufmann, Betriebswirt, Diplomkaufmann. ☐
    ❷ ersetzt die Noten von Berufsabschlüssen durch Kreditpunkte. ☐
    ❸ unterscheidet zwischen Schul- und Berufsabschlüssen. ☐
    ❹ gilt nur für Hochschulabsolventen. ☐
    ❺ soll Schul- und Berufsabschlüsse vergleichbar machen. ☐

Die Lösungen finden Sie auf Seite 190.
Arbeiten Sie jetzt das **Kapitel 6.2** durch.

6.2 Arbeitsschutz im Betrieb

Arbeitsschutzgesetze haben das Ziel, die Gesundheit aller Beschäftigten durch Maßnahmen des Arbeitsschutzes zu wahren und zu verbessern. Sie sind das Ergebnis einer Jahrzehnte langen Entwicklung und werden laufend den Entwicklungen des Arbeitslebens angepasst. Der Gesetzgeber verlangt neben Schutzmaßnahmen neuerdings eine vorbeugende **Gefährdungsbeurteilung,** bei der die Gestaltung von Arbeits- und Fertigungsverfahren, Arbeitsabläufen und deren Zusammenwirken zu untersuchen ist. Sie soll vor Gefahren schützen, die sich durch „unzureichende Qualifikation und Unterweisung der Beschäftigten" ergeben. Jugendliche genießen einen besonderen Arbeitsschutz.

6.2.1 Jugendarbeitsschutz

Das Jugendarbeitsschutzgesetz (JArbSchG) von 1960 gilt für alle jugendlichen Beschäftigten bis zum vollendeten 18. Lebensjahr und soll sie vor Entwicklungsschäden und Ausbeutung schützen. Im Gesetz wird zwischen Kindern und Jugendlichen unterschieden. Als Kinder gelten alle, die noch der Vollzeitschulpflicht unterliegen.

Die wichtigsten **Vorschriften des JArbSchG** sind:
- **Kinderarbeit:** Sie ist grundsätzlich verboten. Ausnahmen bestehen z. B. ab dem 13. Lebensjahr beim Austragen von Zeitungen bis 2 Stunden am Tag usw.;
- **Arbeitszeit:** höchstens 8 Stunden pro Tag und 40 Stunden die Woche oder 8,5 Stunden, wenn an einem Arbeitstag die Arbeitszeit verkürzt wird;
- **Pausen:** 30 Minuten bei 4,5 bis 6 Stunden Arbeitszeit, 60 Minuten bei mehr als 6 Stunden Arbeitszeit;
- **Freizeit:** mindestens 12 Stunden ununterbrochen, regelmäßige Beschäftigung nur zwischen 6 Uhr und 20 Uhr, Ausnahmen sind jedoch möglich;
- **Schichtzeit:** maximal 11 Stunden einschließlich der Pausen im Gastgewerbe und in der Landwirtschaft;
- **Wochenende:** Samstags-, Sonntags- und Nachtarbeit sind zu vermeiden. Ausnahmen: Groß- und Einzelhandel, Kfz-Werkstätten. Es sollen zwei Samstage und müssen zwei Sonntage pro Monat beschäftigungsfrei bleiben.
- **Berufsschule:** gilt als Arbeitszeit
  - bei Teilzeitunterricht: bei mindestens 6 Unterrichtsstunden: Freistellung ganztägig;
  - bei Blockunterricht: bei mindestens 25 Zeitstunden wöchentlich und Unterricht an 5 Tagen: Freistellung für die ganze Woche; aber: Es sind zusätzlich 2 Stunden pro Woche betriebliche Ausbildung möglich.
- **ärztliche Untersuchung:** frühestens 9 Monate vor und dann ein Jahr nach Aufnahme der Beschäftigung;
- **Beschäftigungsverbot:** keine gefährlichen Arbeiten und solche, die die sittliche Entwicklung gefährden könnten;
- **Urlaub:** gestaffelt nach Alter (Stichtag = 1. Januar des Jahres)
  - bis 16 Jahre: 30 Werktage (Mo – Sa)
  - bis 17 Jahre: 27 Werktage (Mo – Sa)
  - bis 18 Jahre: 25 Werktage (Mo – Sa)
  - Tarifverträge bieten oft bessere Urlaubsregelungen für alle Arbeitnehmer;
- **Bußen:** bis zu 10.000 € für denjenigen, der die Verstöße anordnet und sich dadurch wirtschaftlich bereichert; bei dreimaliger Geldbuße droht ein Beschäftigungsverbot für Jugendliche.

6.2.2 Arbeitsschutzgesetze

Die Vorschriften und Gesetze zum Arbeits- und Gesundheitsschutz dienen zur Erhaltung von Leben und Gesundheit der Arbeitnehmer im Betrieb. Die Unfallverhütungsvorschriften der Berufsgenossenschaften ergänzen die Gesetze. Auch Tarifverträge und Betriebsvereinbarungen zwischen Arbeitgebern und Betriebsrat entwickeln Unfallverhütungsvorschriften.

Über die Einhaltung der Schutzvorschriften wachen Gewerbeaufsichtsämter und der Außendienst der Berufsgenossenschaften. Das Gewerbeaufsichtsamt als staatliche Behörde überprüft nicht nur Arbeitsstätten, Maschinen, Anlagen und Arbeitsmittel, sondern überwacht auch die Einhaltung von Jugendarbeitsschutzbestimmungen und hat alle Ausnahmen zu genehmigen, wie z. B. die Verlängerung der täglichen Arbeitszeit.

Man unterscheidet:

technische Schutzvorschriften regeln die Sicherheit von Maschinen und Anlagen	soziale Schutzvorschriften gewähren Rechte in bestimmten Situationen oder für bestimmte schutzwürdige Gruppen von Arbeitnehmern
z. B. - **Geräte- und Produktsicherheitsgesetz:** regelt die Sicherheit technischer Arbeitsmittel. - **Arbeitssicherheitsgesetz:** regelt Stellung und Aufgaben von Sicherheitsfachkräften und Betriebsärzten. - **Gefahrstoffverordnung:** regelt den Umgang und die Kennzeichnung von gefährlichen Stoffen. - **Arbeitsstättenverordnung:** regelt die menschengerechte (ergonomische) Gestaltung von Arbeitsplätzen. - **Bildschirmarbeitsverordnung:** regelt Schutzbestimmungen an PC-Arbeitsplätzen, z. B. die Mindestgröße eines Monitors, für Textverarbeitung muss die Diagonale des Bildschirmes mindestens 15 Zoll (38 cm) betragen, an Grafik-Arbeitsplätzen, z.B. CAD, mindestens 17 Zoll.	z. B. - **Kündigungsschutzgesetz:** regelt den Modus, wie ein Beschäftigungsverhältnis beendet wird. - **Urlaubsgesetz:** regelt den gesetzlichen Urlaubsanspruch (in der Regel 24 Werktage, in Tarifverträgen in der Regel 6 Wochen). - **Schwerbehindertengesetz:** regelt die Rechte von Schwerbehinderten und ihre Eingliederung in das Erwerbsleben. - **Mutterschutzgesetz:** regelt den Schutz von Müttern und werdenden Müttern. - **Jugendarbeitsschutzgesetz:** begründet Schutzvorschriften für Jugendliche im Arbeitsleben. - **Bundeseltern- und Elternzeitgesetz (BEEG):** regelt seit 2007 den Anspruch auf bezahlte Elternzeit und Freistellung nach Geburt eines Kindes.

6.2.3 Arbeitsrecht

Das Arbeitsrecht regelt alle Beziehungen zwischen Arbeitgeber (AG) und Arbeitnehmer (AN). Es ist nicht in einem einheitlichen Gesetzeswerk, sondern in vielen Einzelgesetzen und Vorschriften geregelt. Oberste Norm für das Arbeitsrecht ist Artikel 12 des Grundgesetzes. Ergänzt und verbessert wird das Arbeitsrecht durch

- Gesetze und Verordnungen des Bundes: Sie sind Mindestbestimmungen und binden alle AN und AG.
- Tarifvereinbarungen: Sie gelten nur, wenn AG und AN tarifgebunden sind oder der Tarifvertrag allgemein verbindlich ist.
- Betriebsvereinbarungen: Sie werden zwischen Betriebsrat und Betriebsleitung abgeschlossen und gelten nur im eigenen Betrieb.
- Individuelle Regelungen in einem Arbeitsvertrag: Sie gelten nur für den Einzelnen.
- Anweisungen des AGs im Rahmen seines Direktionsrechts.

Rangfolge im Arbeitsrecht

- **Grundgesetz** (insbesondere Artikel 12 GG)
- **gesetzliche Vorschriften** (Mindestvorschriften, z. B. Urlaub: 24 Werktage pro Jahr)
- **Tarifverträge** (z. B. Tarifvertrag für die Metallindustrie)
- **Betriebsvereinbarungen** (z. B. vier Wochen Betriebsschließung im August)
- **betriebliches Gewohnheitsrecht** (z. B. 10 Minuten pro Woche bezahlte Arbeitszeit zur Schreibtischordnung)
- **individuelle Arbeitsverträge**
- **Anweisungen des Arbeitgebers**

Berufsausbildung

Die Wirksamkeit des Arbeitsrechts hängt davon ab, ob und inwieweit die Arbeitnehmer ihre Rechte auch tatsächlich in Anspruch nehmen. Ergänzt werden Arbeitsrecht und -schutz durch
- Vorschriften der Bundesanstalt für Arbeitsschutz und Arbeitsmedizin,
- Grundsatzentscheidungen der Arbeitsgerichte,
- Regeln für den technischen Arbeitsschutz von TÜV, VDE u. a. **Keine Zuständigkeit im Arbeitsrecht und -schutz haben die Industrie- und Handelskammern bzw. die Handwerkskammern.**

Das Arbeitsrecht und der Arbeitsschutz sind immer gemeinsam zu betrachten, sie sind nicht in einem einzigen Gesetz, sondern in einer Vielzahl von Gesetzen und Bestimmungen geregelt. Sie betreffen im individuellen Arbeitsrecht den Einzelnen, im kollektiven Arbeitsrecht und im Arbeitsschutzrecht alle Arbeitnehmer und Arbeitgeber.

Das Arbeitsrecht lässt sich gliedern in

individuelles Arbeitsrecht	kollektives Arbeitsrecht	Arbeitsschutzrecht	
Es enthält die zwischen AG und AN auf Betriebsebene frei ausgehandelten Arbeitsbedingungen.	Es enthält Regelungen für die AN eines Betriebs oder einer Branche.	Arbeitsschutz bewahrt vor Überanstrengungen, vorzeitigem Verschleiß der Arbeitskraft und Gefahren am Arbeitsplatz.	
z. B. Arbeitsvertrag	z. B. Tarifvertragsrecht, Betriebsvereinbarungen	**Arbeitszeitschutz** u. a. Bestimmungen zur Feiertagsarbeit, Höchstarbeitszeit und zu Ruhepausen.	**Gefahrenschutz** u. a. Vorschriften zur Verhütung von Arbeitsunfällen und Berufskrankheiten.
Es liegt beim Einzelnen, günstige Bedingungen in seinem Arbeitsvertrag auszuhandeln. Das individuelle Arbeitsrecht spielt bei der Masse der AN keine Rolle, da sie als Einzelne in der schwächeren Position gegenüber ihrem AG sind.	Eine Interessenvertretung handelt für die AN die Arbeitsbedingungen aus, dies kann sein: • der Betriebsrat für einen Betrieb oder Konzern, • eine Gewerkschaft für eine Branche in einem Tarifbezirk.	Der Staat erfüllt diese Aufgabe durch Arbeitsschutzgesetze und durch die Berufsgenossenschaften als Träger der gesetzlichen Unfallversicherung. Es ist auch privatrechtliche Pflicht des Arbeitgebers, durch sichere Gestaltung des Arbeitsplatzes vor Gefahren zu schützen.	

Arbeitsrecht am Arbeitsplatz
Im Rahmen eines Arbeitsvertrags haben Arbeitgeber und Arbeitnehmer wechselseitige Rechte und Pflichten. Diese leiten sich aus dem Arbeitsrecht, aber auch aus anderen Gesetzen ab, z. B. dem Bürgerlichen Gesetzbuch (BGB).

Pflichten des Arbeitgebers gegenüber dem Arbeitnehmer:	Pflichten des Arbeitnehmers gegenüber dem Arbeitgeber:
• **Fürsorgepflicht**, z. B. für Leben und Gesundheit des Arbeitnehmers im Betrieb, • **Gleichbehandlung**, z. B. 13. Monatsgehalt für alle Beschäftigten, • **Bezahlung** als Vergütung für geleistete Arbeit, • **Beschäftigungspflicht** gemäß der im Arbeitsvertrag vereinbarten Tätigkeit, • **Übernahme jeder Haftung** aus der Tätigkeit des Arbeitnehmers; aber nicht wenn der Arbeitnehmer grob fahrlässig oder vorsätzlich handelt, • **Pflicht, ein Zeugnis auszustellen.**	• **Arbeitspflicht** gemäß der im Arbeitsvertrag vereinbarten Tätigkeit, • **Treuepflicht**, d. h. für die Interessen des Betriebs zu arbeiten, • **Gehorsamspflicht gegenüber dem Direktionsrecht des Arbeitgebers.** Es berechtigt den Arbeitgeber, Weisungen zu erteilen, denen der Arbeitnehmer aufgrund der Gehorsamspflicht nachkommen muss, soweit sie nicht gegen Gesetze, Arbeitsvertrag, die guten Sitten oder gegen die Fürsorgepflicht verstoßen. • **Verschwiegenheitspflicht** bei Geschäfts- und Betriebsgeheimnissen, • **Wettbewerbsbeschränkungen**, z. B. Verbot, mit Betriebseigentum Geschäfte auf eigene Rechnung zu tätigen.

6.2.4 Arbeitsvertrag und Kündigungsschutz

Ein Arbeitsvertrag kommt, wie jeder andere Vertrag auch, durch eine Einigung der Vertragsparteien zustande. Er ist nach §611 BGB eine Unterart eines Dienstvertrages und regelt die privatrechtlichen Beziehungen zwischen Arbeitgeber (AG) und Arbeitnehmer (AN).

Arbeitgeber (AG)		Arbeitnehmer (AN)		
Alle, die andere als Arbeitnehmer gegen eine Gegenleistung beschäftigen. Das können sein:		Alle, die aufgrund eines Arbeitsvertrages abhängige Arbeit leisten. Das können sein:		
natürliche Personen in Einzelunternehmen, z. B. Egon Hingerl, EDV-Systemlösungen	juristische Personen in Personen- und Kapitalgesellschaften, z. B. BMW AG	Arbeitnehmer im gewerblichen Bereich (früher: Arbeiter)	Sonderform: Leitende Angestellte mit besonderen Befugnissen, z. B. Prokura	Arbeitnehmer in Verwaltung, Dienstleistung öffentlicher und privater Betriebe (früher: Angestellter)

Je nach Befristung unterscheidet man:

Art	unbefristete Arbeitsverträge	Zeitarbeitsverträge	Praktikantenverträge
Befristung	keine	• maximal 2 Jahre • bei Betriebsneugründungen und für Langzeitarbeitslose 4 Jahre	maximal 6 Monate
Zulässig bei	Normalfall eines Arbeitsverhältnisses	• Neueinstellung • Anschluss an eine Berufsausbildung • Dauer: maximal 2 Jahre (mit Ausnahmen)	AN, die die Chance bekommen sollen, in die Arbeitswelt hineinzuwachsen oder bestimmte Fertigkeiten zu lernen
Beendigung durch	• Kündigung • Aufhebung • Tod des AN • Erreichen der Altersgrenze • Erwerbsunfähigkeit • Betriebsschließung	• Fristablauf • Erreichen des vereinbarten Datums • Erreichen des Zwecks, z. B. bei Messe-Assistentinnen das Ende einer Messe	jederzeit
Besonderheiten	Zunehmend wird von Unternehmen nur noch eine Kernbelegschaft unbefristet angestellt, Auftragsspitzen oftmals durch Zeitarbeitsverträge und Leiharbeiter kompensiert.	• Arbeitsbedingungen und Entlohnung wie bei unbefristeten Arbeitsverhältnissen • dreimalige Verlängerung innerhalb der Laufzeit möglich	oft keine Entlohnung üblich

Eine Sonderform liegt bei sogenannten Leiharbeitnehmern vor. Sie sind bei einer Leiharbeitsfirma befristet oder auf Dauer angestellt, verrichten ihre Tätigkeit aber in wechselnden Betrieben, die Kunden der Leiharbeitsfirma sind. Arbeitsbedingungen und Entlohnung bestimmt die Leiharbeitsfirma, nicht der Betrieb, in dem die Beschäftigung erfolgt.

Ein Arbeitsvertrag muss schriftlich abgeschlossen werden (Ausnahme: kurze Hilfeleistungen) und nach dem Nachweisgesetz Folgendes enthalten:
- Name und Anschrift von AG und AN,
- Art der Tätigkeit,
- Dauer (bei Zeitarbeitsverträgen),
- Ort der Tätigkeit,
- Tages- und Wochenarbeitszeit,
- Dauer der Probezeit (4 Wochen bis maximal 6 Monate) und des Urlaubs,
- Höhe und Zusammensetzung von Lohn oder Gehalt,
- Kündigungsfristen,
- Hinweise auf geltende Tarifverträge und Betriebsvereinbarungen.

Außerdem gilt: Arbeitsverträge müssen eingehalten werden, sonst droht Schadensersatz für Stellenanzeigen und kurzfristige Aushilfen.

Nach der Art der Erfüllung eines Arbeitsvertrags unterscheidet man zwischen:

Dienstvertrag	Werkvertrag
Er ist die Regelform eines Arbeitsvertrags. Der Arbeitnehmer wird für geleistete Arbeitszeit entlohnt, z. B. für 40 Stunden pro Woche oder Festgehalt pro Monat. Der Arbeitserfolg fließt nur indirekt in die Höhe der Entlohnung ein.	Entlohnt wird ausschließlich das erfüllte Werk, z. B. der Haarschnitt nach Wunsch einer Kundin bzw. eines Kunden, der Projektstrukturplan eines externen Projektleiters. Die Dauer der Arbeitszeit ist für die Entlohnung ohne Belang.

Wichtig

- Gesetzliche Bestimmungen sind immer Mindestbestimmungen, z. B. der gesetzliche Urlaubsanspruch auf 24 Werktage.
- Tarifbestimmungen gelten nur dann, wenn der Tarifvertrag allgemeinverbindlich ist oder wenn beide Vertragspartner organisiert sind: der AG in seinem Arbeitgeberverband, der AN in einer Gewerkschaft.
- Besteht im Unternehmen ein Betriebsrat, so hat dieser bei Arbeitsverträgen Mitwirkungsrechte. Wurde er z. B. vor einer Einstellung oder Kündigung nicht gehört, so ist diese unwirksam. Hingegen aber muss der Betriebsrat einer Kündigung nicht zustimmen, wirksam wird sie trotzdem.

Kündigungsschutz

Der Kündigungsschutz umfasst alle Rechtsnormen, welche Arbeitnehmern aus sozialen Gründen den Arbeitsplatz sichern und ihnen eine Nachprüfung der Kündigung durch das Arbeitsgericht erlauben. Er gilt in Betrieben, die 10 oder mehr Arbeitnehmer beschäftigen.

Kündigungsschutz gliedert sich in

individualrechtlichen Kündigungsschutz	besonderen Kündigungsschutz	Kündigungsschutz bei Massenentlassungen

Ein Arbeitsverhältnis kann beendet werden
- durch einen Aufhebungsvertrag in beiderseitigem Einvernehmen, ohne die Einhaltung von Fristen – hierzu bedarf es keiner Kündigung.
- gegen den Willen eines Vertragspartners – hier ist eine Kündigung notwendig. Dabei wird unterschieden zwischen
  - ordentlicher Kündigung (fristgemäß) und
  - außerordentlicher Kündigung (fristlos).
- durch eine Änderungskündigung.
- durch Vertragsende, z. B. im Falle befristeter Arbeitsverhältnisse.

Eine Kündigung
- ist die einseitige Ankündigung, das Arbeitsverhältnis beenden zu wollen,
- kann nicht zurückgenommen werden,
- ist dann wirksam, wenn der Vertragspartner davon Kenntnis erhält,
- muss nach § 623 BGB schriftlich erfolgen,
- muss begründet sein; die Beweislast hat der Arbeitgeber,
- muss sozial gerechtfertigt sein,
- ist nach Grund, Form und Fristen auch in Manteltarifverträgen für die jeweilige Branche geregelt, die oft weit über das Kündigungsschutzgesetz hinausgehen,
- kann durch eine Kündigungsschutzklage beim Arbeitsgericht innerhalb von drei Wochen angefochten werden.

Merke:
- Kündigungsschutzklagen sichern nicht den Arbeitsplatz, sondern sind meist Klagen auf Abfindung.
- Verzichtet der Arbeitnehmer auf eine Kündigungsschutzklage, so hat er Anspruch auf eine Abfindung, wenn der Arbeitgeber diese anbietet; üblich sind 0,5 Monatsgehälter pro Jahr Betriebszugehörigkeit.
- Kann über die Klage nicht innerhalb der Kündigungsfrist beim Arbeitsgericht verhandelt werden, scheidet der Arbeitnehmer auf jeden Fall aus dem Betrieb aus.

Der Arbeitgeber hat dem Arbeitnehmer innerhalb der Kündigungszeit angemessene Freizeit zu gewähren, damit sich dieser eine neue Stelle suchen kann; üblich sind hier um die 10 Stunden während der Kündigungsfrist.

Massenentlassungen müssen dem Arbeitsamt angezeigt werden und der Betriebsrat ist vorher durch die Betriebsleitung umfassend zu informieren.

Wird ein Unternehmen oder Betriebsteil wegen Konkurs geschlossen und alle Arbeitnehmer entlassen, so stellen Unternehmensleitung und Betriebsrat einen Sozialplan auf, gemäß dem die Beschäftigten je nach Alter und Betriebszugehörigkeit finanzielle Abfindungen erhalten können.

ordentliche Kündigung	außerordentliche Kündigung	Änderungskündigung
Kündigung mit Einhaltung der geltenden Kündigungsfristen. Sie muss, um wirksam zu sein, sozial gerechtfertigt sein.	Kündigung ohne Einhaltung von Kündigungsfristen – sofort	Eine Kündigung mit dem Ziel, die Arbeitsbedingungen oder den Arbeitsplatz innerhalb eines Betriebes zu verändern.
Sie ist durch den AG möglich, wenn der Kündigungsgrund • **personenbedingt** ist: z. B. Verlust der Arbeitsfähigkeit, ungenügende Leistung, häufige Kurzerkrankungen, • **verhaltensbedingt** ist: Unpünktlichkeit, Diebstahl, Mobbing, Drogenkonsum am Arbeitsplatz, Störung des Betriebsfriedens, • **betriebsbedingt** ist: z. B. Auftragsmangel, Rationalisierung, und die Kündigung durch Weiterbildung oder innerbetriebliche Umsetzung des Arbeitnehmers nicht abgewendet werden kann. **Bei verhaltensbedingter Kündigung muss der Arbeitgeber das unerwünschte Verhalten erst abmahnen.**	Sie ist durch den AG oder den AN möglich, z. B. bei • grober Pflichtverletzung durch einen der beiden Partner, z. B. bei sexueller Belästigung, • Verrat von Betriebsgeheimnissen gegen Entgelt, z. B. Weitergabe einer Marketingstrategie, • Verweigerung des Lohnes, z. B., wenn der Arbeitgeber einem Mitarbeiter angeordnete Überstunden nicht bezahlen will. **Der Verursacher der fristlosen Kündigung ist schadensersatzpflichtig.** **Die Kündigung muss innerhalb von zwei Wochen, nachdem der Kündigungsgrund bekannt wurde, erfolgen.**	Sie ist durch den AG möglich, z. B. bei • Umstrukturierung des Betriebs. • geringer Bereitschaft des Arbeitnehmers, seine Fachkenntnisse den an seinem Arbeitsplatz erforderlichen Kenntnissen anzupassen. **Akzeptiert der Arbeitnehmer eine Änderungskündigung nicht, so wandelt sie sich automatisch in eine ordentliche Kündigung.**

Kündigungsfristen können im Arbeitsvertrag individuell vereinbart werden. Wird nichts vereinbart, so gilt die gesetzliche Regelung:

Kündigt der Arbeitnehmer, betragen die Mindestkündigungsfristen nach der Probezeit für Arbeitnehmer vier Wochen zum 15. eines Monats oder zum Monatsende.	Kündigt der Arbeitgeber, so verlängern sich die Kündigungsfristen mit der Dauer der Betriebszugehörigkeit auf bis zu 7 Monate (nach 20 Jahren) zum Quartalsende. Eine Betriebszugehörigkeit zählt erst ab dem 25. Lebensjahr.

Erhöhter Kündigungsschutz
Nach dem Kündigungsschutzgesetz (KSchG) von 1969 genießen einige Gruppen einen besonderen, kollektiv gültigen Kündigungsschutz, jedoch nicht bei fristlosen Kündigungen:
- Wahlvorstände bei Betriebsratswahlen während der Amtszeit,
- Betriebsratsmitglieder und Jugendvertreter bis ein Jahr nach Ablauf der Amtszeit,
- Schwerbehinderte – nach dem Schwerbehindertengesetz nur mit Zustimmung der Hauptfürsorgestelle,
- werdende Mütter bis 4 Monate nach der Entbindung (Mutterschutzgesetz (MSchG)),
- Mütter oder Väter während der Elternzeit (sie können sich die Elternzeit auch teilen).

Nach dem Ausscheiden eines Arbeitnehmers aus einem Betrieb muss ihm der Arbeitgeber folgende Unterlagen aushändigen:
- Arbeitszeugnis (ein qualifiziertes nur auf Verlangen),
- Lohnsteuerkarte,
- Urlaubsbescheinigung,
- Entgeltbescheinigung für die Rentenversicherung.

Hat der Arbeitnehmer noch Lohn- oder Gehaltsforderungen, so muss er diese innerhalb von zwei Kalenderjahren anmelden, da diese sonst verjähren.

6.2.5 Arbeitsgerichtsbarkeit
Arbeitsgerichte sind Teil der Zivilgerichtsbarkeit und zuständig für alle Rechtsstreitigkeiten im Zusammenhang mit
- Arbeitsverträgen: z. B. Kündigungsschutzklagen – bei diesen Klagen fällt das Gericht ein Urteil. Hinweis: Kündigungsschutzklagen haben gegenüber allen anderen Klagen Vorrang.
- dem Betriebsverfassungsgesetz sowie dem Mitbestimmungsgesetz: z. B. die Rechte des Betriebsrats; hier gibt es das sogenannte Beschlussverfahren, das Gericht fällt kein Urteil.
- Tarifverträgen: z. B. Gültigkeit von Tarifverträgen, auch hier ergeht kein Urteil, sondern ein Beschluss.

Zuständig ist das Gericht des Ortes, an dem die beklagte Partei ihren Wohnort bzw. Firmensitz hat. Eine

Verhandlung vor dem Arbeitsgericht im Urteilsverfahren beginnt immer mit einer Güteverhandlung durch den Arbeitsrichter.

Die Güteverhandlung
- soll vor Beginn der Verhandlung eine Einigung herbeiführen,
- dient der Beschleunigung der Arbeitsgerichtsverfahren,
- soll ein Verhärten der Fronten zwischen Klägern und Beklagten verhindern.

> **Wichtig**
> Nur wenn die Güteverhandlung scheitert, wird das Verfahren eröffnet.

Die Arbeitsgerichtsbarkeit kennt drei Instanzen
I. Instanz: örtliches Arbeitsgericht
II. Instanz: Landesarbeitsgericht
III. Instanz: Bundesarbeitsgericht

- In der I. Instanz herrscht kein Anwaltszwang. Der Kläger kann die Klage formlos einreichen oder bei der Rechtsantragsstelle im Arbeitsgericht zu Protokoll geben.
- In der I. Instanz tragen Kläger und Beklagte ihre Kosten selbst, in der II. und III. Instanz muss die unterlegene Partei die gesamten Prozess- und Anwaltskosten bezahlen.
- Es fallen nur sehr niedrige Gerichtskosten und keine Kostenvorschüsse, wie es sonst bei Zivilprozessen üblich ist, an. Die Gerichtskosten betragen 1,50 € je 50 € Streitwert und insgesamt höchstens 250 €.
- Wird in der Güteverhandlung eine Einigung erzielt, die Klage vom Kläger zurückgezogen oder schließen Kläger und Beklagte einen Vergleich, so fallen keine Kosten an.

- In allen Instanzen wirken Vertreter der Sozialpartner als ehrenamtliche Arbeitsrichter mit gleichem Stimmrecht mit. Gewerkschaften und Arbeitgeberverbände schlagen aus ihren Reihen geeignete Personen als Arbeitsrichter vor.
- Für alle drei Arbeitsgerichtsinstanzen gilt:
  - Es gibt vor Gericht nur die drei „Parteien": Kläger, Beklagter, Richter.
  - Das Gericht ermittelt nicht von sich aus, es gibt also keinen Staatsanwalt, sondern es fällt sein Urteil aufgrund der Tatsachen, die Kläger und Beklagte in der Verhandlung vortragen.
  - Das Gericht kann Gutachter zur Urteilsfindung heranziehen.

> **Wichtig**
> Grundsatz im privatrechtlichen Arbeitsrecht ist die Vertragsfreiheit.
>
> Die Vertragspartner haben beispielsweise einen Arbeitsvertrag so zu gestalten, dass er eindeutig ist und nicht von den Arbeitsgerichten im Fall einer Klage erst interpretiert werden muss.

Arbeitsgerichte sollen vor allem
- im Einzelfall den Arbeitnehmer vor fehlerhaften oder willkürlichen Entscheidungen ihres Arbeitgebers schützen,
- dem Einzelnen helfen, seine Rechte aus dem Arbeitsrecht wahrzunehmen,
- das Arbeitsrecht weiterentwickeln,
- die Rechte der Organe der Betriebsverfassung, z.B. des Betriebsrats oder der Jugend- und Auszubildendenvertretung, gegenüber „unwilligen" Arbeitgebern sichern und die Mitbestimmungsrechte auf Betriebsebene schützen.

Aufgaben

Offene Aufgaben
Formulieren Sie Ihre Antworten in Stichpunkten und vermeiden Sie es, auf den vorhergehenden Seiten nachzusehen.

1. Ein Ausbildungsbetrieb fordert eine Auszubildende auf, am Freitagnachmittag im Büro zu arbeiten, da die Berufsschule bei Blockbeschulung bereits mittags endet. Nehmen Sie dazu unter Zuhilfenahme des §9 JArbSchG Stellung.

2. In einem Betrieb gilt der Tarifvertrag des Groß- und Außenhandels. Er sieht 30 Arbeitstage Urlaub vor. Die Betriebsleitung will einer Auszubildenden, die am 15. Februar 18 Jahre alt wird, nur 25 Werktage genehmigen. Vergleichen Sie das JArbSchG mit der Regelung im Tarifvertrag.

3. Arbeitsschutzvorschriften lassen sich in technische und soziale Schutzvorschriften unterteilen. Nennen Sie jeweils zwei technische und zwei soziale Schutzvorschriften sowie den Bereich, den sie regeln.

4. Eine Büroangestellte nimmt während ihres Jahresurlaubs einen Job als Animateurin an und erleidet dabei einen Arbeitsunfall, der zwei Wochen Krankenhausaufenthalt nach sich zieht. Beurteilen Sie: Muss ihr eigentlicher Arbeitgeber eine Lohnfortzahlung leisten?

5. Eine Mitarbeiterin, die ein Kind erwartet, arbeitet in der Kommissionierung eines Buchversands im Akkord. Welche Fürsorgepflicht hat ihr Arbeitgeber?

6. Ein Arbeitsvertrag sieht für eine Beschäftigte im Einzelhandel eine 5-Tage-Woche bei einer wöchentlichen Arbeitszeit von 42 Stunden sowie die Bereitschaft zu Überstunden vor. Ist das bei einer täglichen Regelarbeitszeit von 8 Stunden pro Tag zulässig?

7. Nennen Sie je zwei Gründe, derentwegen gekündigt werden kann:
   a) ordentlich,
   b) fristlos.

8. Nennen Sie zwei Mitarbeitergruppen mit erhöhtem Kündigungsschutz.

9. Eine Fachkraft für Büromanagement erhält nach Abschluss ihrer Ausbildung von ihrem Arbeitgeber folgendes Angebot: Zeitarbeitsvertrag: 30 Stunden/Woche, Dauer: 30 Monate, Einsatz: Beschaffung von Betriebsmitteln; Entschädigung an den Arbeitgeber für fehlerhafte Bestellungen: pauschal 50 €/Fehler.
Beurteilen Sie das Angebot.

10. Ein Arbeitgeber bietet einer Büroangestellten in der Kundenbetreuung an, ihre Tätigkeit zukünftig im Homeoffice zu erledigen. Er will sie mit einem Werkvertrag mit 5 € pro Kundenkontakt entlohnen. Nehmen Sie dazu Stellung.

11. Erläutern Sie, warum es keinen Anwaltszwang in der I. Instanz an Arbeitsgerichten gibt.

Die Lösungen zum Überprüfen Ihrer Antworten finden Sie auf den Seiten 190–191.
Lösen Sie nun die Multiple-Choice-Aufgaben.

Multiple-Choice-Aufgaben

Kreuzen Sie die richtige Lösung an!
Die Anzahl der richtigen Lösungen ist in Klammern angegeben.

1. **Für welche Gruppe gilt das Jugendarbeitsschutzgesetz? (1)**
   1. alle Auszubildenden im Betrieb
   2. jugendliche Beschäftigte bis 21 Jahre
   3. Studenten
   4. Jungarbeiter unter 21 Jahren
   5. jugendliche Beschäftigte bis 18 Jahre

2. **Bis zu welchem Alter gilt das Jugendarbeitsschutzgesetz? (1)**
   1. 15 Jahre
   2. 16 Jahre
   3. 18 Jahre
   4. 21 Jahre
   5. 24 Jahre

3. **Welche Pausenzeit hat ein Jugendlicher bei acht Stunden Arbeitszeit pro Tag? (1)**
   1. mindestens 15 min
   2. mindestens 30 min
   3. mindestens 60 min
   4. maximal 60 min
   5. maximal 45 min

4. **Eine 18-jährige Mitarbeiterin erwartet ein Kind. Was gilt nach Mutterschutzgesetz (MuSchG)? (2)**
   1. Sie darf zwischen 18 Uhr und 7 Uhr morgens nicht beschäftigt werden.
   2. Sie darf nicht mit Akkordarbeiten beschäftigt werden.
   3. Die Mutterschutzfrist beginnt sechs Wochen vor und endet acht Wochen nach der Geburt des Kindes.
   4. Die Frau kann auf den Mutterschutz verzichten.
   5. Mit der Mutterschutzfrist endet automatisch das Arbeitsverhältnis.

5. **Tarifverträge zählen zum (1)**
   1. individuellen Arbeitsrecht
   2. persönlichen Arbeitsrecht
   3. kollektiven Arbeitsrecht
   4. Mitbestimmungsrecht in Betrieben
   5. Arbeitsschutzrecht

6. **Was kann eine Mitarbeiterin tun, wenn sie glaubt, ihr Bildschirmarbeitsplatz entspricht *nicht* den Anforderungen der Bildschirmarbeitsverordnung? (2)**
   1. Klage beim Arbeitsgericht einreichen.
   2. Arbeitgeber auf das Problem hinweisen.
   3. Einen eigenen Monitor verwenden.
   4. Sicherheitsbeauftragten auf das Problem hinweisen.
   5. Die Arbeit bis zur Problemlösung unterbrechen.

7. **In welchen Fällen sind Kündigungsfristen einzuhalten? (1)**
   1. bei ordentlicher Kündigung
   2. bei Aufhebung des Arbeitsvertrags
   3. bei Abschluss eines Zeitarbeitsvertrags
   4. ein Azubi hat seine Abschlussprüfung bestanden
   5. bei Erreichen der Altersgrenze eines Mitarbeiters

8. **Eine Kündigung ist unwirksam, wenn (2)**
   1. sie sozial ungerechtfertigt ist.
   2. der Betriebsrat nicht beteiligt wurde.
   3. sie nur mündlich erfolgt.
   4. sie nur Arbeiter, aber keine Angestellten betrifft.
   5. sie nur jüngere, unverheiratete Mitarbeiter betrifft.

9. **Welche Gruppe genießt keinen besonderen Kündigungsschutz? (2)**
   1. Mitarbeiter in Stabsstellen
   2. Jugendvertreter
   3. Betriebsräte
   4. Vertrauensleute einer Gewerkschaft
   5. werdende Mütter

10. In welchem Fall ist eine außerordentliche Kündigung berechtigt? (2)
1. Ein Mitarbeiter kandidiert für ein politisches Amt. ☐
2. Eine Mitarbeiterin verlängert ohne Rückfrage ihren Urlaub. ☐
3. Eine Mitarbeiterin beschwert sich über Arbeitsbedingungen. ☐
4. Eine Mitarbeiterin setzt ihr tägliches Arbeitsende willkürlich fest. ☐
5. Ein Mitarbeiter fordert die Einrichtung eines Betriebsrats. ☐

11. Ein Arbeitnehmer zieht nach zwei Wochen seine ordentliche Kündigung wieder zurück. Was gilt? (1)
1. Die Kündigung kann nicht zurückgenommen werden. ☐
2. Der Betriebsrat muss der Rücknahme zustimmen. ☐
3. Die Kündigung gilt als „nichtig". ☐
4. Die Kündigung ist wirkungslos. ☐
5. Die Kündigung wird zur Änderungskündigung. ☐

12. Eine Mitarbeiterin mit 20 Jahren Betriebszugehörigkeit möchte kündigen. Wie lang ist ihre Kündigungsfrist? (1)
1. mindestens 6 Monate ☐
2. abhängig von tarifvertraglichen Regelungen ☐
3. 4 Wochen zum 15. des Monats oder zum Monatsende ☐
4. 4 Wochen zum Quartalsende ☐
5. 6 Monate zum Jahresende ☐

13. Welches Gericht ist für die Klage eines Arbeitnehmers gegen eine Kündigung zuständig? (1)
1. Amtsgericht ☐
2. Arbeitsgericht ☐
3. Sozialgericht ☐
4. Landgericht ☐
5. Verwaltungsgericht ☐

14. Am Arbeitsgericht unterbreitet der Richter im Urteilsverfahren vor Prozessbeginn immer einen Gütevorschlag. Was bedeutet das? (1)
1. Vorschlag, den Fall erst am Amtsgericht zu verhandeln ☐
2. Appell an die Verfahrensbeteiligten, auf Drohungen in der Verhandlung zu verzichten ☐
3. Hinweis, geübten Rechtsvertretern, z. B. Anwälten, Prozessvollmacht zu erteilen ☐
4. Hinweis an Kläger und Beklagte, wegen hoher Kosten auf das Verfahren zu verzichten ☐
5. Hinweis an die Prozessbeteiligten, sich vor Verfahrensbeginn außergerichtlich zu einigen ☐

15. Warum ist die Revision gegen Urteile von Arbeitsgerichten eingeschränkt? (2)
1. Diese Gerichte sollen vor Überlastung geschützt werden. ☐
2. Kläger sollen vor großen Kosten geschützt werden. ☐
3. Meinungsverschiedenheiten zwischen Arbeitgeber und Arbeitnehmer sollen im Betrieb gelöst werden. ☐
4. Arbeitsgerichte sind Sondergerichte und behandeln nur ausgewählte Fälle. ☐
5. Die Tarifvertragsparteien sollen Missverständnisse in Tarifverträgen möglichst selbst regeln. ☐

Berufsausbildung

Die Lösungen finden Sie auf Seite 191.
Arbeiten Sie jetzt das **Kapitel 6.3** durch.

6.3 Arbeitnehmer im Betrieb

Das moderne Arbeitsrecht gewährt Arbeitnehmern nicht nur Rechte am Arbeitsplatz, sondern auch Mitwirkungsrechte auf Unternehmensebene. Das wichtigste Organ für die Zusammenarbeit von Arbeitgeber und Arbeitnehmern im Betrieb ist der Betriebsrat. Seine Stellung und Aufgaben sind im Betriebsverfassungsgesetz von 1972 verankert. Dieses Gesetz beteiligt die Arbeitnehmer an Entscheidungen des Arbeitgebers.

Arbeitnehmer üben die Beteiligungsrechte nicht unmittelbar aus, sondern übertragen sie auf	
Betriebsrat	Belegschaftsvertreter im Aufsichtsrat (bei größeren Unternehmen)

Das Betriebsverfassungsgesetz (BetrVerfG) gilt in Privatunternehmen mit mindestens fünf Arbeitnehmern, von denen drei das passive Wahlrecht zum Betriebsrat haben müssen. Nur in diesen Betrieben kann zur Sicherung der Arbeitnehmerinteressen ein Betriebsrat gewählt werden. Er wird nur gewählt, wenn Arbeitgeber oder Arbeitnehmer dies wünschen. Das BetrVerfG gilt nicht in Unternehmen der öffentlichen Hand, z. B. der Stadtverwaltung. Hier wirken die Arbeitnehmer über einen Personalrat mit.
Wichtige Organe der Betriebsverfassung sind:
- Betriebsrat
- Jugend- und Auszubildendenvertretung (JAV)
- Betriebsversammlung
- Wirtschaftsausschuss

6.3.1 Betriebsrat
Der Betriebsrat muss mit dem Arbeitgeber bei Beachtung der geltenden Tarifverträge vertrauensvoll zum Wohl der Arbeitnehmer und des Betriebs zusammenarbeiten. Dabei sind die im Betrieb vertretenen Gewerkschaften und Arbeitgebervereinigungen mit einzubeziehen. Eine Gewerkschaft gilt als im Betrieb vertreten, wenn sie bei der letzten Betriebsratswahl einen Wahlvorschlag eingereicht hat.

Aufgaben des Betriebsrats
Der Betriebsrat sorgt dafür, dass
- Tarifverträge, Gesetze, Unfallverhütungsvorschriften, Betriebsvereinbarungen beachtet und umgesetzt werden,
- eine Jugend- und Auszubildendenvertretung eingerichtet wird,
- Schwerbeschädigte, Schutzbedürftige und ausländische Mitarbeiter eingegliedert werden,
- alle Arbeitnehmer gleich behandelt werden,
- sämtliche Maßnahmen unterbleiben, die Arbeitsablauf oder Arbeitsfrieden beeinträchtigen können.

Zur Erfüllung ihrer Aufgaben haben Betriebsräte Anspruch auf bis zu drei Wochen bezahlte Freistellung pro Jahr, um an Schulungs- und Bildungsveranstaltungen teilzunehmen.

Betriebsrat und Arbeitgeber treffen sich mindestens einmal im Monat und haben dabei über strittige Fragen mit dem ernsten Willen zur Einigung zu verhandeln. Alle Maßnahmen des Arbeitskampfes zwischen Betriebsrat und Arbeitgeber sind unzulässig, ebenso alles, was den Betriebsfrieden beeinträchtigen könnte, z. B. einseitige politische Werbung, Mitarbeiter zum Eintritt in eine bestimmte Gewerkschaft anzuhalten usw.

Wahl des Betriebsrates
- Alle vier Jahre in der Zeit vom 1. März bis 31. Mai.
- Die Kosten trägt der Arbeitgeber.
- Wahlvorschläge können einreichen:
  - die im Betrieb vertretenen Gewerkschaften,
  - wahlberechtigte Arbeitnehmer – der Vorschlag muss allerdings von 5 % der Wahlberechtigten unterzeichnet sein.
- Die Anzahl der Betriebsräte richtet sich nach der Zahl der wahlberechtigten Arbeitnehmer im Betrieb und ist im BetrVerfG geregelt.
- Aktives Wahlrecht haben alle Arbeitnehmer, die das 18. Lebensjahr vollendet haben, unabhängig von der Dauer der Betriebszugehörigkeit.
- Es besteht keine Wahlpflicht.
- Die Wahl ist geheim und unmittelbar (= direkt).
- Passives Wahlrecht haben alle Arbeitnehmer, die dem Betrieb mindestens sechs Monate angehören.
- Nicht wählbar ist, wem die bürgerlichen Ehrenrechte entzogen wurden.

Das BetrVerfG regelt umfassend die Tätigkeit des Betriebsrats:
- Der Betriebsrat wählt aus seiner Mitte einen Vorsitzenden, der das Gremium nach außen vertritt und die Geschäfte führt.
- Alle Kosten des Betriebsrats und seiner Arbeit, z. B. die Kosten für das Büro usw., trägt der Arbeitgeber. Er darf von den Arbeitnehmern keinen Kostenersatz, z. B. über eine Umlage, verlangen.
- Die Tätigkeit der Betriebsräte ist ehrenamtlich, sie erhalten dafür keinerlei Vergütung.

Die Rechte des Betriebsrats sind abgestuft und unterschiedlich wirksam. Das BetrVerfG unterscheidet:

Mitbestimmungsrechte	Anhörungsrechte (Mitwirkungsrechte, Zustimmungsverweigerungsrechte)	Informations- und Beratungsrechte
in sozialen Angelegenheiten, § 87 BetrVerfG	in personellen Angelegenheiten	in wirtschaftlichen Angelegenheiten
• Mitbestimmen bedeutet gleichberechtigtes Mitentscheiden. • Arbeitgeber und Betriebsrat müssen sich einigen.	In den folgenden Angelegenheiten muss der Betriebsrat angehört werden, er muss aber der Maßnahme nicht zustimmen:	In den folgenden Angelegenheiten ist der Betriebsrat nur zu unterrichten, er hat kein Mitbestimmungs- und Zustimmungsverweigerungsrecht
• Urlaubsgrundsätze • Einrichtungen zur Überwachung von Arbeitnehmern • betriebliches Vorschlagswesen • Festsetzung von Prämien • Betriebsordnung • Beginn und Ende der täglichen Arbeitszeit • zeitweilige Änderung der Arbeitszeit • Unfallverhütungsmaßnahmen	• alle Fragen im Zusammenhang mit Beurteilungsgrundsätzen • Versetzung, Einstellung und Umgruppierung von Mitarbeitern • Gestaltung von Arbeitsplätzen • ordentliche und außerordentliche Kündigung von Mitarbeitern und Auszubildenden – nicht jedoch bei leitenden Angestellten, Geschäftsführern und Vorstandsmitgliedern. Es gilt: Eine Kündigung ohne vorherige Anhörung des Betriebsrats ist unwirksam. Der Arbeitgeber kann trotz Widerspruch des Betriebsrats kündigen.	• Einstellung von leitenden Mitarbeitern • Planung des Personalbedarfs • Um- und Erweiterungsbauten • Fragen der globalen Arbeitsgestaltung • Einführung neuer Produkte und Dienstleistungen

- Ab 201 Arbeitnehmern kann ein Betriebsrat in Absprache mit dem Arbeitgeber freigestellt werden.
- Freigestellte Betriebsräte erhalten Lohn bzw. Gehalt, so als ob sie weiterhin berufstätig wären.
- Die Tätigkeit als Betriebsrat darf dem Amtsinhaber weder Vor- noch Nachteile bringen.
- Der Betriebsrat hält während der Arbeitszeit Sprechstunden für die Arbeitnehmer ab, die diese ohne Lohnabzug wahrnehmen können.
- Hat der Betriebsrat mehr als neun Mitglieder, so bildet er einen Betriebsausschuss, dem der Vorsitzende, sein Stellvertreter und weitere Mitglieder angehören.

Können sich Betriebsrat und Arbeitgeber in Mitbestimmungs- und Zustimmungsfragen nicht einigen, dann entscheidet die **Einigungsstelle**. Das ist eine vom Betriebsrat und Arbeitgeber einzurichtende Stelle im Betrieb mit
- jeweils vom Arbeitgeber und vom Betriebsrat in gleicher Anzahl benannten Beisitzern sowie
- einem unparteiischen Vorsitzenden, auf den sich beide Seiten einigen müssen.

Können sie sich nicht auf einen Vorsitzenden einigen, dann bestellt ihn das zuständige Arbeitsgericht.

Ein Mittel der Mitwirkung an betrieblichen Entscheidungen und der Festschreibung von Ergebnissen ist der Abschluss von Betriebsvereinbarungen. **Betriebsvereinbarungen** sind schriftliche Verträge zwischen Arbeitgeber und Betriebsrat, die gemeinsame Beschlüsse – auch die der Einigungsstelle – festhalten und für solche Fälle Vereinbarungen treffen, für die es keine gesetzlichen oder tarifvertraglichen Vorgaben gibt.

Betriebsversammlung
Zur Information der Arbeitnehmer beruft der Betriebsrat einmal pro Kalendervierteljahr während der Arbeitszeit eine Betriebsversammlung ein und erstattet einen Tätigkeitsbericht. Der Arbeitgeber ist dazu eingeladen und hat Rederecht, insbesondere hat er mindestens einmal jährlich über die wirtschaftliche Lage des Unternehmens zu referieren. Beratend teilnehmen dürfen auch Beauftragte der im Betrieb vertretenen Gewerkschaften und des Arbeitgeberverbandes.

Wirtschaftsausschuss
In Unternehmen mit mehr als 100 Beschäftigten ist nach § 106 ff. des BetrVerfG ein Wirtschaftsausschuss zu bilden, der nicht mit dem Betriebsrat identisch ist. Der Wirtschaftsausschuss
- wird vom Betriebsrat berufen,
- besteht aus mindestens drei und höchstens sieben Mitgliedern, darunter mindestens ein Betriebsratsmitglied,
- berät den Arbeitgeber in wirtschaftlichen Angelegenheiten und berichtet darüber dem Betriebsrat,
- tagt mindestens einmal pro Monat; die Betriebsleitung muss an den Sitzungen teilnehmen.

6.3.2 Jugend- und Auszubildendenvertretung

Zur Vertretung ihrer besonderen Interessen können jugendliche Arbeitnehmer und Auszubildende in einem Betrieb eine Jugend- und Auszubildendenvertretung (JAV) wählen. Die JAV kann aber gegenüber der Betriebsleitung nicht selbst aktiv werden, sondern muss den Betriebsrat einschalten. Voraussetzungen zur Wahl einer JAV sind: Es sind

- mindestens fünf jugendliche Arbeitnehmer (unter 18 Jahren) beschäftigt oder
- mindestens fünf Auszubildende (unter 25 Jahren) beschäftigt.

Merke:
In einem Betrieb ohne Betriebsrat gibt es auch keine Jugend- und Auszubildendenvertretung.

Wahl der JAV
Für die Wahl einer JAV gilt:
- Sie findet alle zwei Jahre in der Zeit vom 1. Oktober bis 30. November statt; die Kosten trägt der Arbeitgeber.
- Die Anzahl der Jugendvertreter richtet sich nach der Anzahl der wahlberechtigten Jugendlichen oder Auszubildenden im Betrieb.
- Aktives Wahlrecht haben alle jugendlichen Arbeitnehmer (unter 18) des Betriebs sowie alle Auszubildenden und Praktikanten unter 25 Jahren, unabhängig von der Dauer der Betriebszugehörigkeit.
- Passives Wahlrecht haben alle Arbeitnehmer des Betriebs, die das 25. Lebensjahr noch nicht vollendet haben – jedoch dürfen sie nicht gleichzeitig Betriebsräte sein.
- Es besteht keine Wahlpflicht; die Wahl ist geheim und unmittelbar.

Begrenzte Rechte der JAV
Die JAV kann ihre Rechte gegenüber der Betriebsleitung nur mithilfe des Betriebsrats wirkungsvoll vertreten. Sie hat kein direktes Zugangsrecht zur Betriebs- bzw. Unternehmensleitung, sondern nur über den Betriebsrat.

Antragsrecht	Überwachungsrecht	Informationsrecht
liegt beim Betriebsrat: zu allen Maßnahmen, die Jugendliche und Auszubildende betreffen.	damit alle für Jugendliche und Azubis gültigen Gesetze, Tarifverträge, Unfallverhütungsvorschriften usw. eingehalten werden.	liegt beim Betriebsrat: über alle Fragen, die Jugendliche und Azubis betreffen, sowie das Sammeln und Weiterleiten von Anträgen.

Im Einzelnen hat die JAV folgende eigenständige Rechte:
- Freistellungsanspruch von Mitgliedern oder Vertretern für Schulungs- und Bildungsveranstaltungen;
- Teilnahmerecht eines Mitglieds der JAV an allen Betriebsratssitzungen;
- Teilnahmerecht der gesamten JAV mit vollem Stimmrecht an Betriebsratssitzungen, wenn spezielle Fragen der Jugendlichen oder Azubis behandelt werden;
- Informationsrecht gegenüber dem Betriebsrat;
- Abhalten von Sprechstunden während der Arbeitszeit in Betrieben mit mehr als 50 Jugendlichen/Azubis; ein Betriebsrat darf daran beratend teilnehmen;
- Aussetzen von Beschlüssen des Betriebsrats für eine Woche, wenn sie Jugendliche und Azubis betreffen;
- Abhalten von Jugend- und Auszubildendenversammlungen im Einvernehmen mit dem Betriebsrat vor bzw. nach jeder Betriebsversammlung;
- Bildung einer Gesamt-JAV in Unternehmen mit mehreren Einzelbetrieben.

6.3.3 Allgemeine Arbeitnehmerrechte

Existiert in einem Betrieb kein Betriebsrat und keine Jugend- und Auszubildendenvertretung, so haben hier beschäftigte Arbeitnehmer trotzdem gewisse Minimalrechte. Sie müssen sie aber direkt bei ihrem Arbeitgeber geltend machen:
- Der Arbeitgeber muss den Arbeitnehmer über Aufgaben, Tätigkeit, Unfallgefahren und Veränderungen in seinem Arbeitsbereich unterrichten.
- Ein Arbeitnehmer hat beim Arbeitgeber ein Anhörungs-, Unterrichtungs- und Beschwerderecht über alle Fragen, die ihn und seinen Arbeitsplatz betreffen, einschließlich der Lohngestaltung und seiner beruflichen Zukunft. Er darf seine Personalakte einsehen und Erklärungen dazu abgeben, die **zu den Akten** genommen werden müssen. Ein Arbeitnehmer hat im Fall einer Kündigung Anspruch auf die Aushändigung seiner Arbeitspapiere, insbesondere auf ein Zeugnis, und kann auch jederzeit ein Zwischenzeugnis verlangen.

6.3.4 Mitbestimmung im Aufsichtsrat

Umfang der Mitbestimmung von Arbeitnehmern im Aufsichtsrat von Unternehmen richtet sich nach Art und Größe des Unternehmens.

Montanindustrie: paritätische Mitbestimmung

Die Montanindustrie ist der Bereich der Eisen- und Stahlgewinnung sowie der Kohleförderung und des Bergbaus. Hier gilt die paritätische (= gleichgestellte) Mitbestimmung nach dem Montan-Mitbestimmungsgesetz von 1951. Sie gilt für Unternehmen (AGs und GmbHs) mit mehr als 1000 Beschäftigten.

Die Mitbestimmung findet statt in		
Aufsichtsrat		**Vorstand**
1/2 Arbeitnehmervertreter 2 Betriebsangehörige 2 Außerbetriebliche 1 weiteres Mitglied	1/2 Vertreter der Kapitaleigner 4 Kapitaleigner 1 weiteres Mitglied	neben den sonstigen Vorstandsmitgliedern **ein Arbeitsdirektor.** Dieser muss das Vertrauen der Arbeitnehmervertreter im Aufsichtsrat haben.
+ gemeinsame Wahl eines neutralen Mitglieds. Das neutrale Mitglied stellt die Parität (Gleichrangigkeit) her.		
Die Aufsichtsräte werden in unmittelbarer Wahl von den Beschäftigten gewählt.	Die Aufsichtsräte werden von den Anteilseignern in der Hauptversammlung (AG) gewählt.	Der Vorstand wird vom Aufsichtsrat bestimmt.

Kapitalgesellschaften: fast paritätisch

In Großbetrieben, die als KGaA, AG oder GmbH organisiert sind (siehe Seite 87) und mehr als 2 000 Beschäftigte haben, gilt das Mitbestimmungsgesetz von 1976. Beispiel: Unternehmen bis 10 000 Beschäftigte.

Die Mitbestimmung findet nur im Aufsichtsrat statt	
1/2 Arbeitnehmervertreter 4 Betriebsangehörige (davon 1 leitender Angestellter) 2 Gewerkschaftsvertreter	1/2 Vertreter der Kapitaleigner 6 Kapitaleigner Ein Kapitaleigner ist in der Regel Aufsichtsratsvorsitzender, der bei Patt (= Stimmengleichheit) zwei Stimmen hat.
Die Aufsichtsräte werden in unmittelbarer Wahl von den Beschäftigten gewählt.	Die Aufsichtsräte werden von den Anteilseignern in der Hauptversammlung (AG) bzw. Gesellschafterversammlung (GmbH) gewählt.

Kleine Kapitalgesellschaften: geringe Mitbestimmung

In Mittelbetrieben, die als KGaA, AG oder GmbH organisiert sind und weniger als 2 000 Beschäftigte haben, gilt das Drittelbeteiligungsgesetz von 2004.

Die Mitbestimmung findet nur im Aufsichtsrat statt	
1/3 Arbeitnehmervertreter 2 Betriebsangehörige 1 Gewerkschaftsvertreter	2/3 Vertreter der Kapitaleigner 6 Kapitaleigner Ein Kapitaleigner ist Aufsichtsratsvorsitzender.
Die Aufsichtsräte werden in unmittelbarer Wahl von den Beschäftigten gewählt.	Die Aufsichtsräte werden von den Anteilseignern in der Hauptversammlung (AG) bzw. Gesellschafterversammlung (GmbH) gewählt.

In KGaAs und AGs, die in Familienbesitz sind und weniger als 500 Beschäftigte haben, existiert kein Aufsichtsrat und es gibt dort aus diesem Grund keine Mitbestimmung.

Aufgaben

Offene Aufgaben
Formulieren Sie Ihre Antworten in Stichpunkten und vermeiden Sie es, auf den vorhergehenden Seiten nachzusehen.

1. Benennen Sie wichtige Organe der Betriebsverfassung nach BVerfG.

2. Nennen Sie drei wichtige Aufgaben des Betriebsrats.

3. Welche Formvorschriften gelten für Betriebsratswahlen?

4. Bei den Rechten des Betriebsrats unterscheidet man Mitbestimmung, Mitwirkung sowie Information. Erläutern Sie diese Rechte und geben Sie je zwei Beispiele an.

5. Welche Möglichkeiten hat ein Betriebsrat, wenn er sich mit dem Arbeitgeber über Beginn und Ende der täglichen Arbeitszeit nicht einigen kann?

6. Nennen Sie drei eigenständige Rechte der Jugend- und Auszubildendenvertretung (JAV).

7. Ein Arbeitgeber untersagt der JAV das Abhalten von Sprechstunden während der Arbeitszeit. Erläutern Sie die Rechtslage.

8. Welche Minimalrechte haben Arbeitnehmer, in deren Betrieb kein Betriebsrat vorhanden ist?

9. Wie ist die Mitbestimmung in einer GmbH mit 600 Mitarbeitern gesetzlich geregelt?

10. Setzen Sie die Buchstaben **A** bis **I** an der richtigen Stelle im folgenden Text ein.

    A Kapitalgesellschaften
    B Mitbestimmungsrecht
    C JAV (= Jugend- und Auszubildendenvertretung)
    D Informationsrecht
    E Betriebsrat
    F Arbeitnehmer
    G Anhörungsrecht
    H Arbeitsbereich
    I Paritätische Mitbestimmung

Das Betriebsverfassungsgesetz regelt die Mitwirkungsrechte der _____ in einem Unternehmen. Sie können das nicht direkt ausüben, sondern wählen als ihre Interessenvertreter alle vier Jahre einen _____. Dessen Rechte sind abgestuft. So hat er bei der Urlaubsplanung ein _____, bei der Kündigung von Arbeitnehmern ein _____ und bei der Einstellung von leitenden Mitarbeitern gar nur ein _____. Gibt es in einem Unternehmen keinen Betriebsrat, so haben die Mitarbeiter nur Informationsrechte zu ihrem persönlichen _____. Das Vertretungsgremium für jugendliche Arbeitnehmer und Auszubildende – unabhängig von deren Alter ist die _____. Sie hat aber kein direktes Zugangsrecht zur Unternehmensleitung, sondern nur über den Betriebsrat.
Die Mitbestimmung im Aufsichtsrat von _____ orientiert sich an der Größe der Unternehmen. Ein Sonderfall ist die Montanindustrie. Hier gilt seit 1951 die _____.

Die Lösungen zum Überprüfen Ihrer Antworten finden Sie auf den Seiten 191–192.
Lösen Sie nun die Multiple-Choice-Aufgaben.

Multiple-Choice-Aufgaben

Kreuzen Sie die richtige Lösung an!
Die Anzahl der richtigen Lösungen ist in Klammern angegeben.

1. In einem Betrieb kann ein Betriebsrat gewählt werden, wenn (1)
   1. mindestens drei Mitarbeiter beschäftigt sind. ☐
   2. drei Beschäftigte dies beantragen. ☐
   3. der Betrieb Mitglied im Arbeitgeberverband ist. ☐
   4. mindestens fünf Mitarbeiter beschäftigt sind, drei davon mit passivem Wahlrecht. ☐
   5. ein Arbeitsgericht die Wahl eines Betriebsrats genehmigt. ☐

2. Wie lang ist die Amtsperiode eines Betriebsrats? (1)
   1. ein Jahr ☐
   2. zwei Jahre ☐
   3. drei Jahre ☐
   4. vier Jahre ☐
   5. fünf Jahre ☐

3. Was gehört *nicht* zum Katalog der Mitbestimmungsrechte eines Betriebsrats? (2)
   1. Festlegen einer Betriebsordnung ☐
   2. Preise der Erzeugnisse ☐
   3. Vereinbarung über Leistungslohnfeststellung ☐
   4. Vereinbarung über Verteilung der täglichen Arbeitszeit ☐
   5. Einstellung von leitenden Mitarbeitern ☐

4. Was trifft *nicht* zu? Der Betriebsrat hat ein (2)
   1. Mitbestimmungsrecht in sozialen Angelegenheiten. ☐
   2. Mitwirkungsrecht bei Einstellungen und Entlassungen. ☐
   3. Mitbestimmungsrecht in wirtschaftlichen Angelegenheiten. ☐
   4. Informationsrecht zur finanziellen Lage des Unternehmens. ☐
   5. alleiniges Besetzungsrecht für die Einigungsstelle. ☐

5. Betriebsvereinbarungen sind bindend für (1)
   1. Gewerkschaftsmitglieder ☐
   2. leitende Angestellte ☐
   3. alle Beschäftigten ☐
   4. Mitarbeiter unter 50 Jahren ☐
   5. die Mitarbeiter, die zustimmen ☐

6. In welchen Fällen wird ein Wirtschaftsausschuss eingerichtet? (2)
   1. in Kleinbetrieben der Gastronomie ☐
   2. in Betrieben mit mehr als 100 Mitarbeitern ☐
   3. in GmbHs mit 500 Mitarbeitern ☐
   4. in Betrieben ohne Betriebsrat ☐
   5. nur in multinationalen Konzernen ☐

7. Wer hat *kein* aktives Wahlrecht zur Jugend- und Auszubildendenvertretung? (2)
   1. Auszubildende, 20 Jahre alt ☐
   2. Lagerhelfer, 17 Jahre alt ☐
   3. Praktikant, 16 Jahre alt ☐
   4. Werkstudent mit Zeitarbeitsvertrag, 26 Jahre alt ☐
   5. Mittelschüler, 14 Jahre alt, in der 2-wöchigen Schnupperlehre ☐

8. Was ist u. a. Aufgabe der Jugend- und Auszubildendenvertretung? (3)
   1. Betriebsvereinbarungen mit der Betriebsleitung abschließen ☐
   2. Betriebsjugendversammlungen einberufen ☐
   3. Sprechstunden für alle Mitarbeiter anbieten ☐
   4. Jugendarbeitsschutzgesetz und Arbeitszeitgesetz im Betrieb umsetzen ☐
   5. Maßnahmen zur Verbesserung der Berufsausbildung anregen ☐

Berufsausbildung

9. **In Betrieben ohne Betriebsrat besitzen Arbeitnehmer (2)**
   1. Mitbestimmungsrechte direkt. ☐
   2. nur geringe Informationsrechte. ☐
   3. kein Streikrecht. ☐
   4. Recht auf ein qualifiziertes Zeugnis. ☐
   5. Informationsrechte über Investitionen. ☐

10. **In welchen Fällen ist die Zuordnung der Mitbestimmung im Aufsichtsrat richtig? (2)**
    1. Montanindustrie – paritätische Mitbestimmung ☐
    2. Pkw-Hersteller mit 120.000 Mitarbeitern – paritätische Mitbestimmung ☐
    3. GmbH in Privatbesitz mit 400 Mitarbeitern – Drittelbeteiligung ☐
    4. AG mit 2000 Mitarbeitern – Mitbestimmungsgesetz von 1976 ☐
    5. Großhandels-AG mit 800 Mitarbeitern – Drittelbeteiligung ☐

Die Lösungen finden Sie auf Seite 192.
Arbeiten Sie jetzt das **Kapitel 6.4** durch.

---

handwerk-technik.de

6.4 Arbeitnehmer- und Arbeitgeberorganisationen

Arbeitgeber als Eigentümer der Produktionsmittel haben andere Interessen als ihre lohnabhängigen Arbeitnehmer. Niemand kann seine Interessen allein und individuell gegenüber anderen durchsetzen – er braucht einen Interessenverband, der für ihn kämpft. Vielfältige Interessenverbände sammeln, bündeln, organisieren und vertreten diese Interessen und stellen sie in der Öffentlichkeit dar.

Interessenverbände sind durch Artikel 9 des Grundgesetzes (Koalitionsfreiheit) besonders geschützt.

Für Arbeitgeber bzw. Unternehmen	Für Arbeitnehmer
• Bundesverband der Deutschen Industrie (BDI) • Bundesvereinigung der Deutschen Arbeitgeberverbände (BDA) • Deutscher Industrie- und Handelstag (DIHT) (= Spitzenorganisation der Industrie- und Handelskammern) • Zentralverband des Deutschen Handwerks (= Spitzenorganisation der Handwerkskammern)	• Einzelgewerkschaften bzw. Industriegewerkschaften mit ihrem Dachverband „Deutscher Gewerkschaftsbund" (DGB) • Berufsständische Organisationen, z. B. Verband der Sekretärinnen (VdS) • Spartengewerkschaften für bestimmte Berufsgruppen, z. B. Unabhängige Flugbegleiter Organisation e.V. (UFO)

Folgende Eigenschaften sind allen Interessenverbänden gemeinsam:
- Sie müssen nicht parteipolitisch neutral sein, sondern dürfen eine bestimmte politische Richtung vertreten.
- Sie erhalten für ihre Arbeit keine Zuschüsse von staatlicher Seite.
- Sie wirken mit bei der Vorbereitung von Gesetzen und Verwaltungsentscheidungen durch Anregungen, Vorschläge sowie Stellungnahmen.
- Ihr Prinzip ist die freiwillige Mitgliedschaft.
- Sie müssen über ihre Finanzen keine öffentliche Rechenschaft ablegen.
- Ihre Spitzenverbände sind in der Regel im Bundestag in der Lobbyisten-Liste eingetragen und haben Zugang zu den Abgeordneten, zur Staatsverwaltung sowie zur Ministerialbürokratie.
- Als Tarifpartner wirken einige Verbände beim Aushandeln von Tarifen und Arbeitsbedingungen sowie bei Arbeitskämpfen mit.

6.4.1 Gewerkschaften

Gewerkschaften entstanden im 19. Jahrhundert als Kampforganisation und Interessenvertretung der Arbeiter gegenüber den Fabrikbesitzern. Im Interesse ihrer Mitglieder verfolgen sie heute
- wirtschaftliche,
- soziale,
- berufliche und
- kulturelle Interessen.

Sie treten für eine Verbesserung der Arbeits- und Lebensbedingungen der abhängig Beschäftigten ein. Sie wollen nicht nur die Arbeitnehmer vertreten, sondern ebenso wie die Arbeitgeberverbände in die Gesellschaft hineinwirken.

Aufgaben der Gewerkschaften:
- Aushandeln von Lohn- und Manteltarifverträgen mit den Arbeitgeberverbänden oder einzelnen Betrieben,
- Wahrnehmung von Arbeitnehmerinteressen in der Öffentlichkeit, in Gesetzgebung, Verwaltung und gegenüber Unternehmerverbänden,
- Mitwirkung bei Gesetzesvorhaben durch Anträge, Beratungen, Stellungnahmen,
- Mitwirkung in den Selbstverwaltungsorganen der Sozialversicherungsträger,
- Unterstützen der Mitglieder (ideell und finanziell) bei Streiks und Aussperrungen,
- Vorschlagen von Arbeits- und Sozialrichtern,
- Beratung und Rechtshilfe bei Verfahren vor Arbeits- und Sozialgerichten,
- Unterstützen von bedürftigen Mitgliedern und Gewähren von Stipendien,
- Umsetzen der Mitbestimmung durch Entsenden von Mitgliedern in Aufsichtsräte und als Arbeitsdirektoren,
- Mitwirkung in Aufsichtsgremien von Anstalten des öffentlichen Rechts, z. B. als Rundfunkräte.

Organisation der Gewerkschaften
Dachorganisation ist der Deutsche Gewerkschaftsbund (DGB) mit seinen acht Einzelgewerkschaften mit ungefähr sechs Millionen Mitgliedern. Die Einzelgewerkschaften im DGB
- vertreten die Interessen der Arbeitnehmer eines Wirtschaftszweiges;
- arbeiten nach dem Prinzip der Industriegewerkschaft, das heißt, in einem Betrieb und Industriezweig ist nur eine Gewerkschaft des DGB tätig. So kann beispielsweise eine Sekretärin in einem Automobilwerk nur der IG Metall beitreten, nicht der Gewerkschaft ver.di (Vereinigte Dienstleistungsge-

werkschaften); wechselt sie in ein Großhandelsunternehmen, so wechselt ihre Mitgliedschaft automatisch zu ver.di;
- verstehen sich als Einheitsgewerkschaften, d. h., sie organisieren Mitglieder ohne Rücksicht auf deren parteipolitische und weltanschauliche Richtung;
- sind tariffähig, handeln also für ihre Mitglieder Tarifverträge mit Arbeitgeberverbänden aus;
- gewähren ihren Mitgliedern Rechtsschutz und Rechtsberatung;
- fördern die berufliche, allgemeine und arbeitsrechtliche Bildung ihrer Mitglieder;
- leisten Unterstützung bei organisierten Arbeitskämpfen, z. B. in Form von Streikgeld bei Arbeitskampfmaßnahmen. Das Streikgeld richtet sich nach Höhe und Anzahl der in der Vergangenheit bezahlten Beiträge sowie einer Mindestmitgliedzeit.

Hinweis:
Ein Betriebsrat darf nicht einseitig die Interessen einer Gewerkschaft vertreten, er ist der gesamten Belegschaft eines Betriebes verpflichtet – auch den Mitarbeitern, die nicht in einer Gewerkschaft organisiert sind.

Durch das Prinzip der Industriegewerkschaft soll in einem Betrieb nur ein Tarifvertrag gelten, beispielsweise für die Deutsche Bahn Fernverkehr nur der zwischen der EVG (Eisenbahn- und Verkehrsgewerkschaft) und der Deutschen Bahn abgeschlossene Tarifvertrag. Neben der zuständigen Industriegewerkschaft des DGB kann in einem Betrieb auch eine Konkurrenzgewerkschaft des DGB tätig sein, z. B. bei der Deutschen Bahn die GDL (Gewerkschaft Deutscher Lokomotivführer). Existieren in einem Unternehmen mehrere Tarifverträge mit unterschiedlichen Gewerkschaften, so gilt der, dessen Gewerkschaft die meisten Mitglieder organisiert hat (Tarifkollision nach § 4a TVG).

6.4.2 Arbeitgeberorganisationen
Sie werden unterschieden in Organisationen
- der Industrie: Arbeitgeberverbände, Wirtschaftsverbände, Industrie- und Handelskammern;
- des Handwerks: Innungen, Kreishandwerkerschaften, Handwerkskammern.

Arbeitgeberverbände
- vertreten die sozial und tarifpolitischen Belange ihrer Mitgliedsunternehmen,
- handeln Löhne und Arbeitsbedingungen mit den Gewerkschaften aus,
- vertreten die Interessen der Arbeitgeber in den Selbstverwaltungsorganen der Sozialversicherungen,
- wirken durch entsandte ehrenamtliche Richter auch in der Arbeits- und Sozialgerichtsbarkeit mit.

Gemeinsame Ziele aller Arbeitgeberverbände sind:
- Abwehr gewerkschaftlicher Forderungen,
- Abschaffung staatlicher Subventionen für einzelne Unternehmen,
- Einschränkung der Mitbestimmung,
- Privatisierung aller staatlicher Wirtschaftstätigkeit,
- Reform der gesetzlichen Sozialversicherungen,
- Einschränkung sozialpolitischer Elemente in Arbeitsverträgen,
- Schaffung von unternehmerfreundlichen Rahmenbedingungen,
- investitionsfördernde Steuerpolitik.

Der Zusammenschluss aller industriellen Arbeitgeberverbände ist die „Bundesvereinigung der Deutschen Arbeitgeberverbände" (BDA): Sie vertritt als Dachorganisation über 800 Arbeitgeberverbände aus allen Wirtschaftszweigen.

Wirtschaftsverbände
Sie vertreten die berufsständischen Interessen ihrer Mitgliedsverbände in Staat und Öffentlichkeit, wie beispielsweise der Bundesverband der Deutschen Industrie (BDI). Er vertritt als Gesamtverband vor allem die wirtschaftspolitischen Interessen der Industrie, z. B. in der Wirtschafts- und Steuerpolitik. Er ist nicht tariffähig. Dem BDI gehören keine Einzelpersonen an, sondern die Spitzenverbände der Industrie, z. B. Verband der Automobilindustrie e.V.

Industrie- und Handelskammern (IHK) und Handwerkskammern (HWK)
Die Kammern
- sind im Gegensatz zu den Mitgliedsverbänden der BDA und des BDI keine Vereine, sondern Körperschaften des öffentlichen Rechts,
- werden von ihren Mitgliedern selbst verwaltet,
- unterliegen nicht staatlichen Weisungen, jedoch der Staatsaufsicht,
- nehmen die Interessen ihrer Mitgliedsbetriebe, der Unternehmen des jeweiligen Kammerbezirks, wahr,
- fördern die gewerbliche Wirtschaft und sollen dabei die wirtschaftlichen Interessen der einzelnen Gewerbezweige und Betriebe abwägend und ausgleichend berücksichtigen,
- führen als zuständige Stelle die Berufsausbildungsverhältnisse ihrer Mitgliedsfirmen.

Es herrscht Zwangsmitgliedschaft. Jedes Industrie- und Handelsunternehmen im jeweiligen Kammerbezirk muss Mitglied einer IHK sein, jeder Handwerksbetrieb Mitglied in der zuständigen HWK.

Eine Besonderheit im Handwerk sind die Innungen, das sind freiwillige fachliche Vereinigungen von selbständigen Handwerksmeistern einer Branche. Die Handwerkskammern übertragen den Innungen oft die Durchführung von Gesellenprüfungen im Handwerk. Auf Kreisebene schließen sich die fachlich organisierten Innungen zu berufsständisch organisierten Kreishandwerkerschaften zusammen. Alle selbstständigen Handwerksmeister sind Pflichtmitglieder. Die Kreishandwerkerschaften bilden auf Regierungsbezirksebene die Handwerkskammern, die sich auf Bundesebene zum Zentralverband des Deutschen Handwerks zusammengeschlossen haben.

6.4.3 Tarifrecht

Der Artikel 9 des Grundgesetzes und das Tarifvertragsgesetz (TVG) von 1969 sichern den Tarif- oder Sozialpartnern die Tarifautonomie. Das bedeutet, sie können die Lohn- und Arbeitsbedingungen in Tarifverträgen frei von staatlicher Einmischung oder Vorgaben aushandeln. Nicht in Gesetzen geregelt sind hingegen der Ablauf von Tarifverhandlungen und die Regeln für Arbeitskampfmaßnahmen – sie sind ein sogenanntes Gewohnheitsrecht.

Tarif- oder Sozialpartner sind:

auf Arbeitnehmerseite	auf Arbeitgeberseite
• tariffähige Gewerkschaften, z. B. IG Metall, ver.di • Spartengewerkschaften, z. B. GdL, UFO e.V.	regionale Arbeitgeberverbände, z. B. Verband der Norddeutschen Metallindustrie, oder einzelne Unternehmen mit „Haustarifverträgen", z. B. Volkswagenwerk

Funktionen von Tarifverträgen

Tarifverträge sind privatrechtliche Verträge zwischen „tariffähigen" Sozialpartnern. Sie
- haben Schutz-, Ordnungs- und Friedensfunktion,
- müssen immer schriftlich abgeschlossen werden,
- dürfen nicht gegen staatliches Recht verstoßen,
- dürfen keine Verschlechterung der gesetzlich geregelten Arbeitsbedingungen enthalten,
- unterscheiden sich nach Branche, Geltungsbereich und Inhalt.

Die Mitglieder der Tarifvertragsparteien sind an die Vereinbarungen des Tarifvertrags gebunden. Beim Bundesminister für Arbeit und Soziales wird ein Tarifvertragsregister geführt, in das Abschluss, Änderung und Aufhebung von Tarifverträgen eingetragen wird. Öffnungsklauseln in Tarifverträgen gestatten Arbeitgebern, bei wirtschaftlichen Krisen die Tarifbestimmungen zu unterschreiten, nicht aber, den Tarifvertrag außer Kraft zu setzen.

Tarifverträge enthalten immer Mindestbestimmungen, die gelten, wenn

Arbeitnehmer und Arbeitgeber organisiert sind.	oder	der Tarifvertrag für allgemeinverbindlich erklärt worden ist.

Wird der Tarifvertrag auf Antrag eines Sozialpartners vom Landes- oder Bundesminister für Arbeit und Soziales für allgemein verbindlich erklärt, so gilt er für alle Arbeitnehmer und Arbeitgeber des betreffenden Wirtschaftszweiges und Tarifbezirks und hat Gesetzeskraft. Allgemeinverbindliche Tarifverträge müssen im Betrieb ausgelegt werden. 2018/19 gab es in Deutschland über 73.000 gültige Tarifverträge, davon sind 443 allgemeinverbindlich.

Funktionen von Tarifverträgen		
Schutzfunktion	**Ordnungsfunktion**	**Friedensfunktion**
Da die tarifvertraglichen Arbeitsbedingungen nicht unterschritten werden dürfen, sind Arbeitnehmer gegen einseitige Festlegungen durch die Arbeitgeber geschützt – Arbeitsbedingungen und Lohn können nicht willkürlich geändert werden. Die Mindestarbeitsbedingungen sind für die Laufzeit des Tarifvertrags garantiert.	Während der Laufzeit eines Tarifvertrags sind alle davon erfassten Arbeitsverhältnisse gleichartig geregelt. Arbeitnehmer mit gleicher Tätigkeit, gleicher Berufserfahrung und gleicher Verantwortung sind gleich eingruppiert und somit gleichgestellt.	Während der Laufzeit eines Tarifvertrags gilt die Friedenspflicht, Arbeitskämpfe wie Streiks und Aussperrungen sowie neue Forderungen und Nachforderungen zu tarifvertraglichen Abmachungen sind während der Geltungsdauer eines Tarifvertrags bis vier Wochen nach Ablauf ausgeschlossen.

Tarifverhandlungen

Läuft ein Tarifvertrag aus oder wird er von einem Tarifpartner fristgerecht gekündigt, kommt es zu Verhandlungen über einen neuen Tarifvertrag. Die Tarifpartner benennen dazu Tarifkommissionen, die in den Tarifverhandlungen ihre Forderungen bzw. Angebote nennen. Oft organisieren in dieser Phase einzelne Belegschaften spontane Warnstreiks. Dabei handelt es sich um kurze Arbeitsunterbrechungen, die dezent Druck auf die Arbeitgeber ausüben sollen.

Das Ergebnis von Tarifverhandlungen kann sein:

	Einigung	keine Einigung	
Ergebnis	ein neuer Tarifvertrag	Tarifverhandlungen gescheitert	
Es folgt		Schlichtungsverfahren	
		erfolgreich	nicht erfolgreich
Ergebnis		neuer Tarifvertrag	Arbeitskampfmaßnahmen zulässig

- Nach einer gescheiterten Schlichtung müssen 75 % der Gewerkschaftsmitglieder des Tarifbezirks für einen Streik stimmen, erst dann kann die Gewerkschaftsführung zu einem Streik aufrufen.
- Üblich sind Schwerpunktstreiks, es werden nur wenige Betriebe bestreikt.
- Die Arbeitgeber können mit einer Abwehraussperrung reagieren, diese muss aber verhältnismäßig sein.

„Spielregeln" für einen Streik:
- Das Arbeitsverhältnis ruht nur, ebenso die Lohnzahlungspflicht des Arbeitgebers.
- Streikende Arbeitnehmer dürfen Arbeitswillige nicht mit Gewalt hindern, den Betrieb zu betreten.
- Ein Streik, der nicht von einer Gewerkschaft geführt wird, ist ein wilder Streik. Wer sich daran beteiligt, kann fristlos entlassen werden.
- Schließen sich Arbeitnehmer außerhalb des betroffenen Tarifgebiets den Streikmaßnahmen an, so spricht man von einem Sympathiestreik.
- Streikende sind beitragsfrei krankenversichert, jedoch nicht unfall- und rentenversichert.
- Der Betriebsrat als gewählte Institution aller Arbeitnehmer muss sich bei einem Streik neutral verhalten.
- Nach Beendigung des Arbeitskampfes müssen Arbeitgeber ausgesperrte Arbeitnehmer wieder einstellen.
- Ein Generalstreik aller Arbeitnehmer zur Durchsetzung politischer Ziele ist verboten.

Die Antwort der Arbeitgeber auf einen Streik ist die Aussperrung. Dabei werden alle Arbeitnehmer – auch Nichtstreikende – vom Betrieb und von der Arbeit ausgeschlossen.

Bisherige Arbeitskämpfe und die Rechtsprechung des Bundesarbeitsgerichts haben folgende Regeln zur Aussperrung entwickelt:
- Verboten ist es, nur Mitglieder der streikenden Gewerkschaft auszusperren, nicht-organisierte Arbeitnehmer aber arbeiten zu lassen.
- Als Antwort auf einen Schwerpunktstreik ist eine Abwehraussperrung erlaubt. Sie muss verhältnismäßig sein.
- Kommt es aufgrund eines Schwerpunktstreiks zu Produktionsausfällen in anderen Branchen, so wird dort kein Kurzarbeitergeld bezahlt.

Streik und Aussperrung sind letzte Mittel zur Durchsetzung von Forderungen und sollen den jeweils anderen Partner an den Verhandlungstisch zwingen. Kommt eine Einigung zustande, so müssen nach den meisten Gewerkschaftssatzungen nur noch 25 % der Gewerkschaftsmitglieder dem Verhandlungsergebnis in einer Urabstimmung zustimmen, um den Streik zu beenden.

Nach den Vorschriften des Bürgerlichen Gesetzbuchs (BGB) kann ein Arbeitgeber bei einem rechtswidrigen Streik Schadensersatz verlangen:
- von der Gewerkschaft, die den Streik ausgerufen hat, oder
- direkt bei den streikenden Arbeitnehmern.

Dies kommt aber in der Realität praktisch nicht vor.

Aufgaben

Offene Aufgaben
Formulieren Sie Ihre Antworten in Stichpunkten und vermeiden Sie es, auf den vorhergehenden Seiten nachzusehen.

1. Für jedes Interesse gibt es bei uns einen Verband, z. B. für Arbeitgeber, Arbeitnehmer, Autofahrer, Steuerzahler, Sekretärinnen usw. Nennen Sie vier Merkmale, die allen Interessenverbänden gemeinsam sind.

2. Arbeitgeberverbände vertreten die Interessen von Arbeitgebern, Gewerkschaften die von Arbeitnehmern. Stellen Sie die unterschiedlichen Interessen in einer Übersicht gegenüber.

3. Gewerkschaften haben eine Vielzahl von Aufgaben. Nennen Sie drei Vorteile, die Sie durch die Mitgliedschaft in einer Gewerkschaft haben.

4. Was sind Spartengewerkschaften und welche negativen Folgen können sie für die etablierten Industriegewerkschaften haben?

5. Was unterscheidet eine Kammer, z. B. eine IHK, von einem Arbeitgeberverband? Nennen Sie drei Merkmale.

6. Tarifverträge schützen, ordnen und sie sichern den Betriebsfrieden. Erläutern Sie diese Behauptungen.

7. Was bedeutet „Tarifautonomie"?

8. Erklären Sie den Begriff und erläutern Sie den Zweck von
   a) Schwerpunktstreik,
   b) Warnstreik,
   c) Aussperrung.

9. Nennen Sie zwei Beispiele für rechtswidrige Streiks.

10. In der Privatwirtschaft sind die tatsächlich bezahlten Bruttogehälter oft wesentlich höher als die für eine Berufsgruppe im Tarifvertrag festgelegten Tarifgehälter. Welche Motive haben Arbeitgeber, höhere Gehälter zu bezahlen?

Die Lösungen zum Überprüfen Ihrer Antworten finden Sie auf den Seiten 192–193.
Lösen Sie nun die Multiple-Choice-Aufgaben.

Multiple-Choice-Aufgaben

Kreuzen Sie die richtige Lösung an!
Die Anzahl der richtigen Lösungen ist in Klammern angegeben.

1. Welche Organisationen sind nicht durch Artikel 9 des Grundgesetzes (Koalitionsfreiheit) geschützt? (2)
   1. Arbeitgeberverbände
   2. Industriegewerkschaften
   3. Einkaufskartelle
   4. Sekretärinnenverbände
   5. Gebietskartelle

2. Welche Zuordnung ist falsch? (1)
   1. BDA – sozial- und tarifpolitische Belange von Arbeitgebern
   2. BDI – wirtschaftspolitische Belange von Arbeitgebern
   3. Zentralverband des Handwerks – Spitzenorganisation der IHKs
   4. ver.di – sozialpolitische Belange von Arbeitnehmern
   5. DGB – Dachverband der Einzelgewerkschaften

3. Welcher Verband vertritt primär Interessen von Arbeitnehmern? (2)
   1. ver.di
   2. BDA
   3. IHK
   4. Spartengewerkschaft
   5. DGB

4. Welche Zuordnung ist richtig? (2)
   1. Industriegewerkschaft – ein Betrieb, eine Gewerkschaft des DGB
   2. Einheitsgewerkschaft – einheitliche politische Orientierung
   3. Spartengewerkschaft – organisiert nur bestimmte Berufsgruppen
   4. Tarifautonomie – Registrierung von Tarifverträgen
   5. Bundesarbeitsministerium – Genehmigung von Tarifverträgen

5. Welchen Vorteil hat man durch Mitgliedschaft in einer Gewerkschaft? (1)
   1. erhöhten Kündigungsschutz
   2. Beratung im Arbeitsrecht
   3. höheren Lohn
   4. Unterstützung im Alter
   5. Anspruch auf Bildungsurlaub

6. Welche Maßnahmen sind ungesetzlich? Der Betriebsrat eines Discounters (2)
   1. ordnet einen Streik an.
   2. begrüßt Arbeitskampfmaßnahmen.
   3. vernetzt sich mit Betriebsräten von Mitbewerbern am Markt.
   4. überprüft die Einhaltung der Arbeitszeit in den Filialen.
   5. erklärt einen Tarifvertrag für allgemeinverbindlich.

7. Eine Sekretärin arbeitet in einer Spedition und ist Mitglied bei ver.di. Sie wechselt zu einem Lkw-Hersteller. Was trifft zu? Sie (1)
   1. ist weiterhin Mitglied bei ver.di.
   2. wechselt zur IG Metall.
   3. ist automatisch nicht mehr Gewerkschaftsmitglied.
   4. muss beim Betriebsrat die Aufnahme in die IG Metall beantragen.
   5. kann ihre Gewerkschaft frei wählen.

8. Welche Aufgaben haben unter anderem die Industrie- und Handelskammern? (2)
   1. Durchführen von Berufs-, Zwischen- und Abschlussprüfungen
   2. Überwachen von Unfallverhütungsvorschriften
   3. Abschließen von Tarifverträgen mit Gewerkschaften
   4. Genehmigen von Zeit- und befristeten Arbeitsverträgen
   5. Fördern und Vertreten ihrer Mitgliedsunternehmen

9. **Wer handelt Tarifverträge aus? (2)**
   1. Arbeitgeber mit großen Einzelbetrieben ☐
   2. Bundesminister für Arbeit und Soziales mit Gewerkschaften ☐
   3. einzelne Betriebe mit Industrie- und Handelskammern ☐
   4. Betriebsrat mit Arbeitgeber ☐
   5. Gewerkschaften mit Arbeitgeberverbänden ☐

10. **Welche Mehrheit der Gewerkschaftsmitglieder muss bei einer Urabstimmung einem Streik zustimmen? (1)**
    1. 100 % ☐
    2. 80 % ☐
    3. 75 % ☐
    4. 2/3 Mehrheit ☐
    5. 51 % ☐

11. **Welche Arbeitskampfmaßnahmen sind *nicht* zulässig? (1)**
    1. spontane Arbeitsniederlegungen ☐
    2. organisierte Streiks ☐
    3. Aussperrungen ☐
    4. wilde Streiks ☐
    5. Sympathiestreiks ☐

12. **Ein Unternehmen beschließt, seine Produktion ins Ausland zu verlagern. Ein Streik der Mitarbeiter gegen diese Absicht (1)**
    1. verstößt gegen das Direktionsrecht des Arbeitgebers. ☐
    2. ist nach Tarifrecht zulässig. ☐
    3. ist verboten, da dieser ein politischer Streik ist. ☐
    4. darf nur vom Betriebsrat dieses Unternehmens geführt werden. ☐
    5. ist nur zulässig, wenn Mitarbeiter von Arbeitslosigkeit bedroht sind. ☐

13. **Was entspricht der Friedensfunktion von Tarifverträgen? (2)**
    1. Die Mitarbeiter eines Unternehmens vermeiden persönliche Auseinandersetzungen. ☐
    2. Während der Laufzeit eines Tarifvertrags sind Arbeitskampfmaßnahmen unzulässig. ☐
    3. Betriebsleitung und Betriebsrat verzichten auf Aussperrungen. ☐
    4. Während der Laufzeit eines Tarifvertrags gelten die vereinbarten Bedingungen. ☐
    5. Ein Generalstreik gegen Steuererhöhungen wird vermieden. ☐

Die Lösungen finden Sie auf Seite 193.
Arbeiten Sie jetzt das **Kapitel 6.5** durch.

6.5 Soziale Sicherung

Selbst ein hohes Einkommen würde nicht ausreichen, persönlich gegen alle Risiken des Lebens vorzusorgen. In modernen Sozialstaaten wie Deutschland übernehmen gesetzliche Sozialversicherungssysteme eine Basissicherung beispielsweise gegen Krankheitskosten und im Alter. Der Einzelne muss sie aber noch mit privatrechtlichen Individualversicherungen ergänzen.

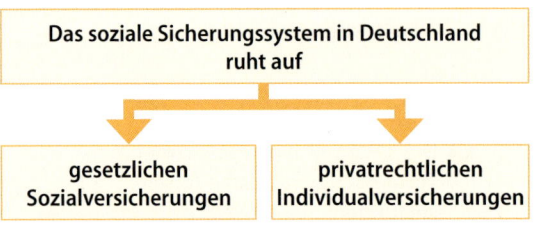

In Deutschland verpflichtet das Sozialstaatsgebot aus Artikel 20 des Grundgesetzes den Staat, die soziale Ordnung zu gestalten und auszubauen. So ist z. B. die Neuordnung der Rentenversicherung 1957 durch den Staat aus Sorge um die soziale Sicherung älterer Mitbürger entstanden: Die Rentner sollen durch die Dynamisierung der Renten regelmäßig am Einkommenszuwachs der Erwerbstätigen beteiligt werden.

6.5.1 Gesetzliche Sozialversicherungen
Die fünf Säulen der gesetzlichen Sozialversicherungen sind

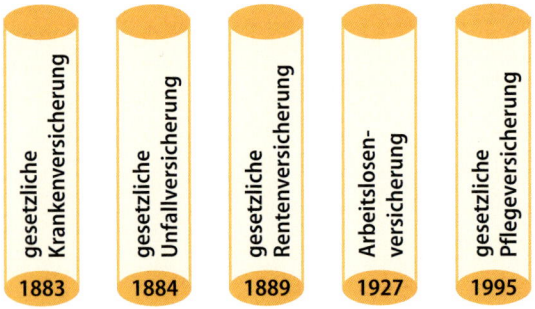

Die meisten Sozialversicherungen wurden bereits zum Ende des 19. Jahrhunderts unter Reichskanzler Otto von Bismarck eingeführt. Sie wurden notwendig, da durch die mit der Industrialisierung einhergehende Landflucht und Verarmung breiter Bevölkerungskreise auch die kollektive soziale Sicherung durch Familie und Dorfgemeinschaft entfiel. Die einzelnen heutzutage existierenden Sozialversicherungen sind aber nicht staatlich, sondern Körperschaften des öffentlichen Rechts. Sie sind finanziell und organisatorisch selbstständig und verwalten sich selbst durch paritätisch besetzte Vertreterversammlungen: Arbeitnehmer und Arbeitgeber wählen getrennt in Sozialwahlen ihre Vertreter in die Vertreterversammlung. Wahlberechtigt sind alle Versicherten über 16 Jahre. Die Wahlen finden alle 6 Jahre statt. Eine Ausnahme bildet die Arbeitslosenversicherung, die als Bundesagentur für Arbeit durch Verwaltungsbeiräte verwaltet wird.

Die gesetzlichen Sozialversicherungen sollen Elementarrisiken wie Alter, Krankheit usw. abdecken. In allen Versicherungsarten der gesetzlichen Sozialversicherung gilt das **Zwangssolidarprinzip:**
Die Gemeinschaft sichert dem Einzelnen bei Krankheit, Alter, Arbeitslosigkeit usw. ein Existenzminimum. Dafür zieht sie alle Arbeitnehmer (und Arbeitgeber) zu Beitragszahlungen heran. In der gesetzlichen Krankenversicherung allerdings nur dann, wenn das Einkommen unter der sogenannten Beitragsbemessungsgrenze liegt.
Daraus folgt: Wer sehr gut verdient, ist nicht mehr zur Solidarität in der gesetzlichen Krankenkasse verpflichtet – er kann sich freiwillig oder privat versichern.

Keine Beiträge zu den gesetzlichen Sozialversicherungen bezahlen sogenannte „Minijobber" mit einem Einkommen bis 450 €/Monat. Hier muss der Arbeitgeber alleine Beiträge abführen: 15 % Rentenversicherung, 13 % Krankenversicherung, 2 % Lohnsteuer.

Die Ausweitung der Leistungen des zunehmend dichter werdenden Netzes der sozialen Sicherung hat zu enormen Steigerungen der Beiträge geführt. Damit stiegen auch die Lohnnebenkosten, da die Beiträge zur Hälfte von den Arbeitgebern aufgebracht werden. Die sehr unübersichtlich gewordenen Sozialgesetze wurden in einem einheitlichen, 12-teiligen Sozialgesetzbuch (SGB) zusammengefasst.

In der folgenden Übersicht sind die wichtigsten Daten zu den fünf gesetzlichen Sozialversicherungen dargestellt.

Versicherung	gesetzliche Kranken-versicherung	gesetzliche Unfall-versicherung	gesetzliche Renten-versicherung	Arbeitslosen-versicherung	gesetzliche Pflege-versicherung
Träger	• Allgemeine Ortskrankenkassen (AOK) • Ersatzkassen, z. B. BEK • spezielle Krankenkassen, z. B. Innungskrankenkassen	die für den jeweiligen Gewerbezweig zuständigen Berufsgenossenschaften, Unfallkassen von Bund, Ländern, Gemeinden	• Deutsche Rentenversicherung Bund • Deutsche Rentenversicherung • Knappschaft – Bahn – See	Bundesagentur für Arbeit in Nürnberg mit 156 örtlichen Agenturen für Arbeit als Zweigstellen	Pflegekassen, die den jeweiligen gesetzlichen und privaten Krankenkassen zugeordnet sind
Versicherte	• alle Auszubildenden • Arbeitnehmer bis zur Beitragsbemessungsgrenze (2020: 56.250,00 €/a) • Rentner, Studenten, Arbeitslose • freiwillige Versicherung möglich	• alle Arbeitnehmer unabhängig vom Einkommen • jeder, der anderen Hilfe leistet, z. B. bei Verkehrsunfällen • Schüler, z. B. beim Besuch der Berufsschule	• Pflicht: für alle Arbeitnehmer (inkl. Auszubildende) bis zur Beitragsbemessungsgrenze (2020: West: 82.800,00 €/a, Ost: 77.400,00 €/a) • freiwillig: für Selbstständige, Hausfrauen	alle Arbeitnehmer bis zum 65. Lebensjahr, unabhängig vom Einkommen; nicht Beamte, Selbstständige, Studenten	• alle Personen, die auch gesetzlich krankenversichert sind • Arbeitnehmer bis zur Beitragsbemessungsgrenze • Rentner, Studenten, Arbeitslosengeldempfänger
Gesetzliche Grundlage	Fünftes Buch des Sozialgesetzbuches (SGB V)	Siebtes Buch des Sozialgesetzbuches (SGB VII)	Sechstes Buch des Sozialgesetzbuches (SGB VI)	Drittes Buch des Sozialgesetzbuches (SGB III)	Elftes Buch des Sozialgesetzbuches (SGB XI)
Beitrag	Bundesgesetz: 2020: 14,6 % + X %, davon: Arbeitgeber: 7,3 % vom Bruttolohn, Arbeitnehmer 7,3 % + X % Alle Beiträge fließen in einen Gesundheitsfonds.	Beschluss der Vertreterversammlung; nur Arbeitgeber bezahlen Beiträge nach Gefahrenklasse und Unfallhäufigkeit des Betriebes. 2020 ca. 1,40 % der Lohnsumme des Betriebs.	Bundesgesetz: 2020: 18,6 % vom Bruttolohn, davon Arbeitgeber 7,3 %, Arbeitnehmer 7,3 % Zuschuss des Bundes aus Steuermitteln: 2019: 95 Mrd. €	Bundesgesetz: 2020: 2,4 % des Bruttolohns, davon Arbeitgeber 1,2 %, Arbeitnehmer 1,2 %	Bundesgesetz: 2020: 3,05 % vom Bruttolohn, davon Arbeitgeber 1,525 % und Arbeitnehmer 1,525 % (Sonderregelung in Sachsen)
Leistungen	• Krankenbehandlung: Kosten für Arzt, Zahnarzt • (teilweise) Krankenhaus • Vorsorgeuntersuchungen: z. B. Krebsvorsorge • Krankengeld: zeitlich unbegrenzt nach sechs Wochen Arbeitsunfähigkeit • Leistungen für werdende Mütter	• Maßnahmen zur Unfallverhütung • Erlass und Überwachung von Unfallverhütungsvorschriften • Linderung von Folgen von Arbeitsunfällen (zeitlich unbegrenzt) • Verletztenrente bei mindestens 20 % Erwerbsminderung • Rehabilitationsmaßnahmen, z. B. berufliche Umschulung	• Renten wie: – Erwerbsunfähigkeit – flexibles Altersruhegeld – Altersruhegeld ab 67 – Witwen-/Witwerrente – Halb- und Vollwaisenrente • Heilbehandlungen und Kuren • Rehabilitationsmaßnahmen verhindern und die Arbeitskraft erhalten • Beiträge zur Krankenversicherung der Rentner	• Leistungen, die Arbeitsplätze erhalten oder schaffen, z. B. Kurzarbeitergeld, Konkursausfallgeld • Leistungen an Arbeitslose: – Arbeitslosengeld I – Arbeitslosengeld II (Hartz IV) – Förderung von Aus- und Fortbildung sowie – Umschulung	• Ambulante und stationäre Pflege: Leistungen richten sich nach den Pflegegraden; von 1 bis 5 • Pflegegeld für pflegende Angehörige

Einige Besonderheiten gelten für die Arbeitslosenversicherung.

Voraussetzungen für den Bezug von Arbeitslosengeld I: Man muss
- arbeitslos sein,
- den Antrag auf Arbeitslosengeld persönlich stellen,
- der zuständigen Arbeitsagentur zur Verfügung stehen,
- die Anwartschaft erfüllen, d. h. genügend Beiträge bezahlt haben.

Das Arbeitslosengeld I ist eine Versicherungsleistung und auf höchstens ein Jahr begrenzt, das Arbeitslosengeld II (Hartz IV) wird aus Steuermitteln bezahlt und wird zeitlich unbegrenzt gewährt. Die Bezieher müssen aber ihre Bedürftigkeit nachweisen.

Die Beitragszahlung für alle Sozialversicherungen wird technisch wie folgt abgewickelt:
Die Krankenkassen ziehen alle Beiträge ein und verteilen sie an die einzelnen Sozialversicherungsträger. Für die Abführung der Beiträge ist der Arbeitgeber verantwortlich. Führt er schuldhaft keine Beiträge ab, so ist der Beschäftigte trotzdem sozialversichert. Beansprucht ein Versicherter Leistungen aus den gesetzlichen Sozialversicherungen, so hat er sich darum selbst zu bemühen: z. B.
- muss der Antrag auf Arbeitslosengeld sofort und persönlich bei der Arbeitsagentur gestellt werden,
- müssen Ersatz- und Ausfallzeiten der Rentenversicherung selbst gemeldet werden.

Als Nachweis der Mitgliedschaft in der gesetzlichen Sozialversicherung erhält jeder Versicherte einen Sozialversicherungsausweis. Damit verbunden sind Pflichten, die unter anderem die Schwarzarbeit eindämmen sollen. (Schwarzarbeit: Tätigkeiten, für die keine Sozialversicherungsbeiträge und keine Lohnsteuer abgeführt werden).

Für den Sozialversicherungsausweis gilt
- Vorlagepflicht beim Arbeitgeber,
- Hinterlegungspflicht beim Bezug von Leistungen der Arbeitslosenversicherung,
- Meldepflicht an die Arbeitsagentur bei der Aufnahme einer Beschäftigung.

6.5.2 Probleme der sozialen Sicherung

Der Staat ist durch das Sozialstaatsgebot angehalten, bei wirtschaftlichen Problemen mit Reformen in das soziale Netz einzugreifen. Die Grundprinzipien aller Reformen bleiben dabei Vorsorge, Fürsorge und Versorgung.

Vorsorge durch	Fürsorge durch	Versorgung durch
Pflichtmitgliedschaft in den fünf gesetzlichen Sozialversicherungen für möglichst alle Mitbürger	gesetzliche Leistungen für Mitmenschen in besonderen Notlagen und in Härtefällen, z. B. Unterkunft und Sozialhilfe für Nichtsesshafte, Sozialwohnungen für kinderreiche Familien usw.	staatliche Leistungen für Mitmenschen, deren Notlage nicht durch das soziale Netz aufgefangen wird, z. B. Unterstützung für Opfer von Gewalttaten, Asylbewerber u. a.
Finanzierung durch		
Solidarbeiträge der Arbeitnehmer und Arbeitgeber sowie Steuermittel durch den Bund	Gemeinden und Gebietskörperschaften aus Steuermitteln	Bund, Länder und Gemeinden aus Steuermitteln und Spenden

Der Ausbau des sozialen Netzes bereitet zunehmend finanzielle Schwierigkeiten, denn bereits heute gibt der Bund nahezu die Hälfte seiner Steuereinnahmen als Zuschüsse und direkte Leistungen für soziale Aufgaben aus. Ursachen für die Finanzierungsprobleme sind vor allem (siehe die Tabelle Seite 145 oben):

Die Folgen der Finanzierungsprobleme der sozialen Sicherungssysteme sind für den Einzelnen, die Wirtschaft und die Gesellschaft schon heute spürbar und werden noch zunehmen:
- sinkende Einkommen durch steigende Beiträge zu den gesetzlichen Sozialversicherungen,
- Zunahme von Schwarzarbeit, da Nettoeinkommen stagnieren,
- Anwachsen der Staatsverschuldung,
- steigende Lohnnebenkosten.

Ein Problem im Netz der sozialen Sicherung stellen niedrige Renten dar. Die im Jahr 2005 eingeführte **Grundsicherung** im Alter und bei Erwerbsminderung ist eine bedarfsorientierte Sozialleistung zur Sicherstellung des notwendigen Lebensunterhalts bei Hilfebedürftigkeit. Eine staatliche gestützte **Grundrente** ist in der politischen Diskussion.

Wirtschafts- und Finanzkrisen	Veränderung der Altersstruktur	Höhere Ansprüche an das Sozialsystem
Sinken die Auftragseingänge, so müssen Unternehmen Mitarbeiter entlassen. Die Zahl der Arbeitslosen steigt, die der Beitragszahler sinkt. Gleichzeitig vermindert sich durch geringere Einkommen die Kaufkraft, die Auswirkungen von Wirtschaftskrisen werden so verstärkt.	Eine früher stabile Bevölkerungspyramide verkehrt sich zusehends ins Gegenteil: Die Zahl der Kinder sinkt, gleichzeitig werden die Menschen immer älter. (Lebenserwartung 2020: Frauen: 84 Jahre, Männer: 78 Jahre). Eine immer geringere Zahl an Erwerbstätigen muss eine immer größer werdende Zahl an Alten versorgen. 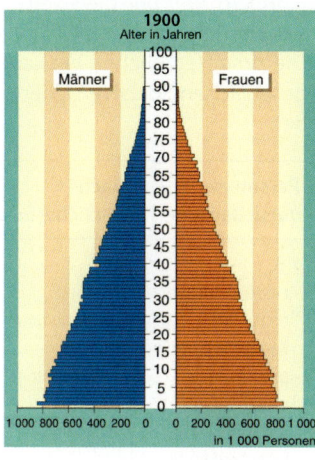 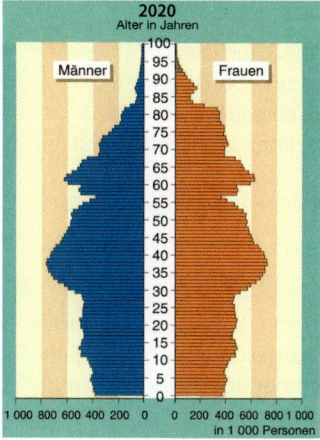	Der Fortschritt in der Medizin und die steigende Lebenserwartung erhöhen u. a. die Kosten des Gesundheitssystems. Krankheiten und Seuchen, die früher tödlich waren, werden heute mit hohen Kosten geheilt oder gemildert, z. B. Krebs, Herz- und Kreislauferkrankungen.

Der Staat versucht gegenzusteuern mit		
Konjunkturprogrammen, diese erhöhen aber gleichzeitig die Staatsverschuldung.	• Kindergeld und Elternzeit, • Leistungskürzungen für Alte, Kranke und Arbeitslose.	• Vorsorgeprogrammen, die aber neue Kosten verursachen, • Zuzahlungen durch die Versicherten.

Zukunft der Altersvorsorge

Zunehmende Überalterung der Gesellschaft und die sinkende Geburtenrate fordern vom Einzelnen, sich im Alter nicht alleine auf die Leistungen der gesetzlichen Rentenversicherung zu verlassen.
Für die Zeit nach ihrer Erwerbstätigkeit sollten die Menschen durch ein Mehr-Säulen-Modell vorgesorgt haben:

Der Staat fördert zudem die private Altersvorsorge, indem er
- Zuschüsse leistet, z. B. zur „Riester-Rente" für Arbeitnehmer und zur „Rürup-Rente" für Selbstständige,
- Steuererleichterungen gewährt, z. B. können Vorsorgeaufwendungen als Sonderausgaben in der Einkommensteuererklärung von der Steuer „abgesetzt" werden.

Finanzielle Sicherung im Alter: in der Zukunft durch einen Mix aus		
gesetzlicher Alterssicherung als Basisversorgung	betrieblicher Versorgung als Zusatzversorgung	Privater Vorsorge aus Kapitalanlagen
• gesetzliche Rentenversicherung (für Arbeitnehmer) • Beamtenversorgung (für Beamte) • berufsständische Alterssicherungssysteme (für Freiberufler/ Selbstständige)	• Betriebsrenten (für Arbeitnehmer in der Privatwirtschaft) • Zusatzrente (für Arbeitnehmer im öffentlichen Dienst)	• private Lebensversicherungen • Immobilien • Aktien-/ Rentenfonds • Riester-/ Rürup-Rente

6.5.3 Sozialgerichtsbarkeit

Die Sozialgerichtsbarkeit ist zuständig für alle Rechtsstreitigkeiten im Zusammenhang mit
- Leistungen aus den gesetzlichen Sozialversicherungen,
- Leistungen aus dem SGB III (Arbeitsförderung) und dem Kindergeld,
- Lohnfortzahlung im Krankheitsfall,
- Kassenarztrecht,
- der Sozialhilfe.

Mögliche Klagen ergeben sich z. B. durch
- Sperrung des Arbeitslosengeldes,
- Ablehnung von Ersatzzeiten zur Rentenversicherung usw.,
- Streitigkeiten mit Zahnärzten um Kosten für Zahnersatz.

Verfahren

Vor dem Sozialgericht kann erst klagen, wer vorher das Widerspruchsrecht ausgeschöpft hat; beispielsweise dann, wenn ein Rentner gegen seinen Rentenbescheid klagen will. Er muss dann vorher bei der Rentenversicherung binnen vier Wochen Widerspruch gegen den Bescheid eingelegt haben.
- Das Sozialgericht ermittelt von Amts wegen alle für ein Urteil wesentlichen Sachverhalte.
- Es fallen keine Gerichtskosten an, nur die Beklagten bezahlen eine Pauschalgebühr für jeden Klagefall.
- Kläger und Beklagte haben direkte Akteneinsicht oder können sich von einem Anwalt oder einer Person ihres Vertrauens vertreten lassen.
- Einen Anwaltszwang gibt es nur in der III. Instanz.
- In allen Instanzen wirken Vertreter der Sozialpartner bei der Urteils- und Beschlussfindung mit gleichem Stimmrecht mit; Gewerkschaften und Arbeitgeberverbände schlagen aus ihren Reihen Sozialrichter vor. Diese müssen keine juristische Ausbildung haben und werden von den jeweiligen Bezirksregierungen berufen.
- Das Gericht entscheidet nach einer mündlichen Verhandlung.
- Die Sozialgerichtsbarkeit kennt – wie die Arbeitsgerichtsbarkeit – drei Instanzen.
- Grundsatzentscheidungen zum Sozialrecht fällt der Große Senat am Bundessozialgericht.

Sozialgerichte sollen
- im Einzelfall fehlerhafte Entscheidungen der gesetzlichen Sozialversicherungen korrigieren,
- den Einzelnen vor ungerechter Behandlung durch die gesetzlichen Sozialversicherungen schützen,
- das Sozialrecht weiterentwickeln.

6.5.4 Private Versicherungen

Der Staat sowie die gesetzlichen Sozialversicherungen – und damit die Gemeinschaft – können nicht alle Risiken der Daseinsvorsorge übernehmen. Sie müssen vom Einzelnen bei Bedarf durch Privatversicherungen ergänzt werden. Diese lindern Einwirkungen, die weder vom Staat noch von den gesetzlichen Sozialversicherungen abgedeckt werden. Hier gilt das Individualprinzip: Wer beispielsweise einen Pkw fährt, muss sich selbst um eine Haftpflichtversicherung bemühen. Die privatrechtlichen Versicherungen ergänzen die gesetzlichen Sozialversicherungen. Man unterscheidet:

Personenversicherungen	Sachversicherungen	Vermögensversicherungen
z. B. • Lebensversicherungen als Risiko- oder Kapitalversicherung • private Unfallversicherung • private Krankenversicherung: als Voll- oder Zusatzversicherung • private Berufsunfähigkeitsversicherung	z. B. • Hausratversicherung • Fahrzeugversicherung • Brand-/Feuerversicherung	z. B. • Privat-Haftpflichtversicherung • Rechtsschutzversicherung • Kfz-Haftpflichtversicherung

Die Leistungen der privaten Individualversicherungen richten sich nach den vereinbarten Versicherungsleistungen. Der zu zahlende Beitrag hängt also von den vereinbarten Leistungen ab, bei privaten Kranken- und Lebensversicherungen auch vom Eintrittsalter. Im Gegensatz dazu sind beispielsweise die Leistungen der gesetzlichen Krankenversicherung für alle Versicherten gleich, unabhängig von der Beitragshöhe, dem Eintritts- oder dem Lebensalter.

Viele Privatversicherungen sind in ihren Leistungen dynamisiert. Dabei werden z. B. von einer privaten Lebensversicherungsgesellschaft die Versicherungssumme und damit auch der Beitrag jährlich erhöht, der Versicherte kann dem aber widersprechen. Bereits junge Menschen sollten sich mit der finanziellen Absicherung im Alter befassen, denn es wird kaum jemand einer Erwerbstätigkeit im Alter nachgehen wollen.

Aufgaben

Offene Aufgaben
Formulieren Sie Ihre Antworten in Stichpunkten und vermeiden Sie es, auf den vorhergehenden Seiten nachzusehen.

① Nennen Sie fünf konkrete Aufgaben gesetzlicher Sozialversicherungen und ordnen Sie die Versicherung und den jeweiligen Träger zu.

② Nennen Sie je zwei Leistungen der
a) gesetzlichen Krankenversicherung,
b) gesetzlichen Rentenversicherung,
c) gesetzlichen Unfallversicherung,
d) Arbeitslosenversicherung,
e) Pflegeversicherung.

③ Wie kann mithilfe des Sozialversicherungsausweises dem Missbrauch von Sozialversicherungen vorgebeugt werden?

④ Nennen Sie zwei Beispiele für Rechtsstreitigkeiten, die in den Zuständigkeitsbereich der Sozialgerichte fallen.

⑤ Welche Probleme können auf die einzelnen gesetzlichen Sozialversicherungen zukommen durch
a) die längere Lebenserwartung der Versicherten,
b) Wirtschaftskrisen?

⑥ Warum empfiehlt sich der Abschluss einer Kapitallebensversicherung?

⑦ Setzen Sie die Buchstaben **A** bis **G** an der richtigen Stelle im folgenden Text ein.

A Sozialabgaben
B Nettolohn
C Lohnsteuer
D Gebühren
E Brutto
F Mineralölsteuer
G Kapitallebensversicherung

Die Büroangestellte Karin Schuster, verheiratet, ein Kind, Lohnsteuerklasse III verdient im Monat _____ 3650 €. Ihr Ehemann ist in Elternzeit. Ihr werden an gesetzlichen _____ 735,- € und an _____ 390 € abgezogen. Das ergibt einen _____ von 2525,- €. Karin Schuster muss aber noch indirekte Steuern bezahlen, z. B. _____ beim Tanken oder Mehrwertsteuer bei jedem Einkauf. Karin Schuster schätzt, dass sie gut 40 % ihres Bruttoeinkommens als Sozialabgaben an die gesetzlichen Sozialversicherungen und als Steuern an den Staat abführen muss, denn zu den direkten und indirekten Steuern kommen noch _____ beispielsweise für die Ausstellung eines Personalausweises. Sie sieht große Probleme, für ihre Altersvorsorge vorzusorgen, denn die Prämie für eine _____ für sie und ihren Ehemann wird zusätzlich das Familiennettoeinkommen verringern.

Die Lösungen zum Überprüfen Ihrer Antworten finden Sie auf den Seiten 193–194.
Lösen Sie nun die Multiple-Choice-Aufgaben.

Multiple-Choice-Aufgaben

Kreuzen Sie die richtige Lösung an! Die Anzahl der richtigen Lösungen ist in Klammern angegeben.

1. **In welchem Fall sind Versicherungsart und -träger falsch zugeordnet? (2)**
   1. gesetzliche Krankenversicherung — Ortskrankenkassen ☐
   2. gesetzliche Rentenversicherung — Arbeitsagenturen ☐
   3. gesetzliche Rentenversicherung — Deutsche Rentenversicherung ☐
   4. gesetzliche Unfallversicherung — Berufsgenossenschaften ☐
   5. Arbeitslosenversicherung — Ersatzkassen ☐

2. **Was versteht man in den gesetzlichen Sozialversicherungen unter dem Begriff Solidarprinzip? (1)**
   1. Jeder erhält die gleichen Leistungen. ☐
   2. Jeder bezahlt die gleichen Beiträge. ☐
   3. Der Staat haftet für die Leistungen. ☐
   4. Die Gemeinschaft unterstützt Bedürftige. ☐
   5. Die Renten werden laufend angepasst. ☐

3. **Für welche Sozialversicherung leistet der Arbeitnehmer keine Beiträge? (1)**
   1. Gesetzliche Krankenversicherung ☐
   2. Gesetzliche Unfallversicherung ☐
   3. Gesetzliche Rentenversicherung ☐
   4. Arbeitslosenversicherung ☐
   5. Private Lebensversicherung ☐

4. **Woran orientiert sich die spätere Rentenhöhe eines Versicherten hauptsächlich? (2)**
   1. Anzahl der Beiträge ☐
   2. Höhe der Beiträge ☐
   3. Zahl der Kinder ☐
   4. Steuerklasse während der Lebensarbeitszeit ☐
   5. berufliche Qualifikation ☐

5. **Welche Auswirkungen können stagnierende Bruttolöhne auf das System der gesetzlichen Sozialversicherungen haben? (2)**
   1. Die Steuereinnahmen sinken. ☐
   2. Die Zuschüsse des Bundes an die Rentenversicherung werden zunehmen. ☐
   3. Der Kostendruck in den Unternehmen steigt. ☐
   4. Zahl der Ausbildungsplätze sinkt. ☐
   5. Das Defizit der Bundesagentur für Arbeit steigt. ☐

6. **Was ist keine Voraussetzung für den Bezug von Arbeitslosengeld I? (1)**
   1. Arbeitslosigkeit ☐
   2. persönliche Antragstellung ☐
   3. Arbeitsbereitschaft ☐
   4. Anwartschaft durch genügend Beiträge ☐
   5. Bedürftigkeit des Versicherten ☐

7. **Welches Gericht ist zuständig für die Klage eines Versicherten gegen seinen Rentenbescheid? (1)**
   1. Amtsgericht ☐
   2. Arbeitsgericht ☐
   3. Sozialgericht ☐
   4. Landgericht ☐
   5. Verwaltungsgericht ☐

8. **Was gilt für die Gerichtskosten bei Sozialgerichtsverfahren? (1)**
   1. Die Verfahren sind kostenfrei. ☐
   2. Die Kosten betragen einheitlich 500 € (Pauschalbetrag). ☐
   3. Die Kosten orientieren sich am Streitwert. ☐
   4. Die Kosten richten sich nach dem Einkommen des Klägers. ☐
   5. Der Beklagte muss alle Kosten tragen. ☐

9. **Welche Zuordnungen sind richtig? (2)**

	Versichertes Gut	Versicherung	
1	Hausrat	Vermögen	☐
2	Pkw	Personen	☐
3	Risiko-Lebensversicherung	Personen	☐
4	Gebäude	Vermögen	☐
5	Berufsunfähigkeit	Personen	☐

10. Was trifft zu? (2)
1. Die Beitragshöhe in einer Lebensversicherung hängt vom Eintrittsalter ab. ☐
2. Berufsunfähigkeitsversicherung ist nur für Selbstständige möglich. ☐
3. Immobilienbesitz wirkt sich rentenmindernd aus. ☐
4. Arbeitnehmer haben die Wahl zwischen Riester- und Rürup-Rente. ☐
5. Betriebsrenten sind eine Zusatzversorgung im Alter. ☐

11. Was kann *nicht* Ziel staatlicher Sozialpolitik sein? (2)
1. Schutz vor Arbeitslosigkeit ☐
2. Gesundheitsfürsorge und -vorsorge ☐
3. Wohlstand im Rentenalter ☐
4. Steigerung der Eigentumsquote ☐
5. Sozialer Ausgleich in der Bevölkerung ☐

12. Was versteht man unter Überversicherung? (2)
1. Ein Versicherter entrichtet zu viel Beitrag. ☐
2. Die Versicherungsleistung übersteigt den Wert des versicherten Gutes. ☐
3. Die Versicherungsprämien liegen über den Beiträgen für die gesetzlichen Sozialversicherungen. ☐
4. Die Beiträge steigen schneller als die Einkommensentwicklung. ☐
5. Ein gesetzlich Krankenversicherter schließt zusätzlich eine private Krankenvollversicherung ab. ☐

13. Die Grafik zeigt, wie eng das Netz der sozialen Sicherung in Deutschland gewebt ist. Es umfasst wesentlich mehr Leistungen als die gesetzlichen Sozialversicherungen. Überlegen Sie, von welchen Leistungen Sie persönlich profitieren und warum selbst Leistungen wie die Ausbildungsförderung zum Sozialen Netz beitragen und notwendig sind.

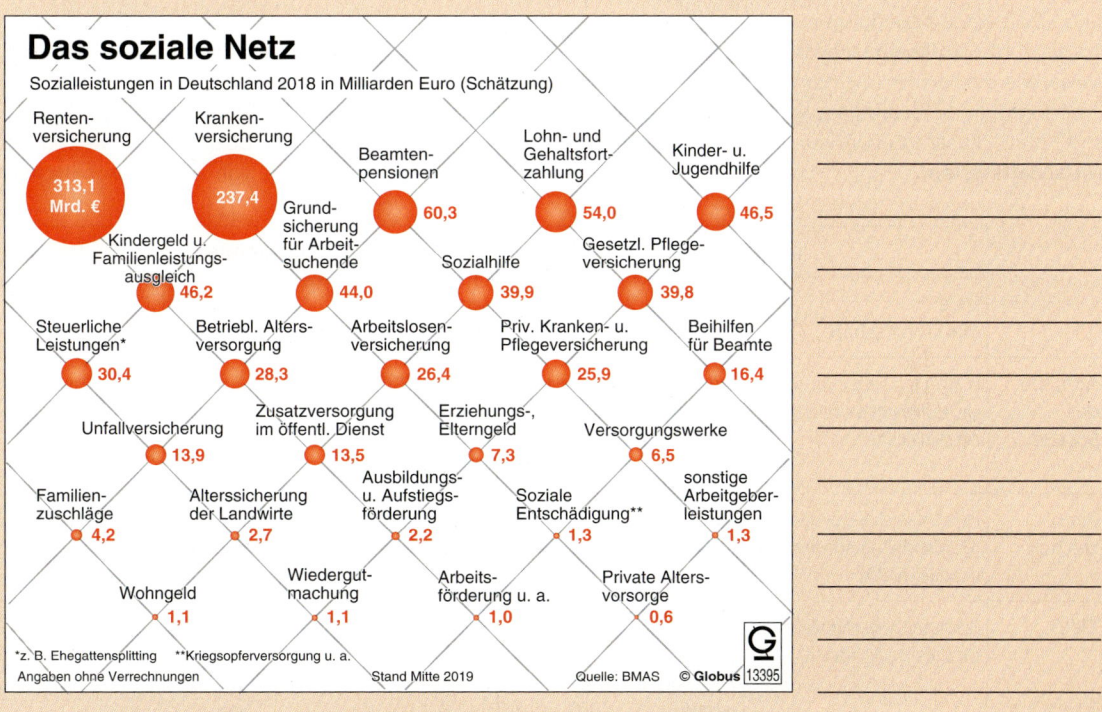

Die Lösungen finden Sie auf Seite 194.
Arbeiten Sie jetzt das **Kapitel 7** durch.

7 Staat und Wirtschaft

Prüfungsgebiet	Themenbereiche	Prüfungsinhalte
In der Abschlussprüfung WISO müssen Sie im Prüfungsgebiet *Staat und Wirtschaft* Aufgaben zu folgenden Bereichen bearbeiten:	Marktwirtschaft	• freie Marktwirtschaft • soziale Marktwirtschaft • EU-Wirtschaftsraum • globale Wirtschaft
	Wirtschafts- und Konjunkturpolitik	• Konjunkturzyklen • Auswirkungen von Konjunkturzyklen • Ziele und Maßnahmen der Wirtschaftspolitik • Magisches Vier- und Sechseck
	Geldpolitik	• Geld- und Währungspolitik • Eingriffe Staat, Bundesbank, EZB

In Ihrer beruflichen Erstausbildung sind Sie in der Berufsschule mit berufsfachlichen Aufgaben an Ihrem Arbeitsplatz und in Ihrem Ausbildungsbetrieb befasst. Mit den Abläufen im Betrieb, dessen Beziehungen zu Mitarbeitern, Zulieferern und Kunden, beschäftigt sich die **Betriebswirtschaftslehre**. Betrachtet man das Wirtschaftsgeschehen in einem Staat, z. B. in Deutschland, sowie seine Beziehungen ins Ausland, so ist dies Aufgabe der **Volkswirtschaftslehre**. Die Art und Weise, wie die Partner in einer Volkswirtschaft – also Unternehmen, Selbständige, Arbeitnehmer, Banken und Staat – zusammenwirken, bezeichnet man als **Wirtschaftssystem**.

7.1 Marktwirtschaft

7.1.1. Soziale Marktwirtschaft

Betrachtet man die Wirtschaftssysteme in unterschiedlichen Ländern, so lassen sich grundsätzlich Idealformen und Realformen unterscheiden (siehe die Tabelle unten).

In Deutschland hat man sich 1949 bei der Gründung der Bundesrepublik für eine Marktwirtschaft mit starken staatlichen Eingriffen entschieden. Dieses System ist als sogenannte Soziale Marktwirtschaft sehr erfolgreich und wurde von vielen europäischen

	Idealformen		Realformen	
	freie Marktwirtschaft	Zentralverwaltungswirtschaft	soziale Marktwirtschaft	sozialistische Planwirtschaft
Aufgabe des Staates	Er greift nicht in die Wirtschaft ein; es herrscht das freie Spiel der Marktkräfte.	Er lenkt die Wirtschaft mit Plandaten und kontrolliert deren Erfüllung.	Er setzt die Rahmenbedingungen für das Wirtschaftsgeschehen und greift bei Störungen ein.	Er lenkt die Wirtschaft mit Fünfjahresplänen.
Kennzeichen	Freie Unternehmer bestimmen das Wirtschaftsgeschehen uneingeschränkt.	Alle Produktionsfaktoren sind in Staatsbesitz.	Die Produktionsfaktoren sind überwiegend in Privatbesitz.	Die Produktionsfaktoren sind überwiegend in Staatsbesitz.
Ziele	Jeder sorgt selbst für seinen persönlichen Wohlstand.	Gleichheit von Einkommen und Besitz aller Bürger, kein Privateigentum an Unternehmen.	Größtmöglicher Wohlstand bei bestmöglicher sozialer Absicherung und Zukunftsvorsorge.	Größtmögliche Angleichung von Einkommen, Privateigentum nur bei Kleinunternehmen.
Beispiele	USA, Russland, viele Schwellenländer in Asien und Afrika.	Nordkorea	Deutschland und viele EU-Länder.	Länder wie ehemals die DDR und die Sowjetunion.

Ländern in Teilen übernommen. Sie verbindet die Vorteile der freien Marktwirtschaft und verhindert gleichzeitig ihre Nachteile durch konjunktur-, wettbewerbs- und sozialpolitische Maßnahmen.
Als der Erfinder dieses Mittelwegs zwischen den Extremen gilt Professor Ludwig Erhard, der erste Wirtschaftsminister (1949–1963) der Bundesrepublik Deutschland.

Kennzeichen einer sozialen Marktwirtschaft sind:
- **Privateigentum an Produktionsmitteln:** Die Unternehmen sind in Privatbesitz, der Staat behält sich aber einflussreiche Beteiligungen an Unternehmen der Daseinsvorsorge vor, z. B. öffentlicher Verkehr, Gesundheitswesen, Infrastruktur. Geraten Schlüsselunternehmen einer Volkswirtschaft, wie Banken, in wirtschaftliche Schwierigkeiten, so kann der Staat seine Beteiligung am Betriebskapital erzwingen.
- **Wettbewerb:** Der Staat sorgt durch Gesetze für einen Wettbewerb der Unternehmen am Markt, verhindert Monopole und Abhängigkeiten, z. B. durch Förderung alternativer Energien und die Anwendung des Gesetzes gegen Wettbewerbsbeschränkungen.
- **Tarifautonomie:** Arbeitgeberverbände und Gewerkschaften können Löhne und Arbeitsbedingungen im Rahmen von Gesetzen frei aushandeln. Wo das nicht gegeben ist, weil zu wenige Beschäftigte in einer Branche organisiert sind, gibt der Staat Regeln vor, z. B. **Mindestlöhne** (in Deutschland 2020: 9,35 €/h).
- **sozialer Ausgleich:** Der Staat sorgt durch ein Steuersystem, das Wohlhabende stärker belastet und Bedürftige unterstützt, für einen Ausgleich zwischen Arm und Reich. Mit den gesetzlichen Sozialversicherungen ist für Arbeitnehmer bei Alter, Krankheit, Arbeitslosigkeit und Pflegebedürftigkeit eine Basisversorgung gesichert, auch Arbeitgeber sind zu Beitragsleistungen verpflichtet.
- **private Vermögensbildung:** Der Staat fördert sie durch vermögenswirksame Leistungen und die steuerliche Förderung von Wohnungseigentum, damit die Bürger nicht alleine auf Arbeitseinkommen angewiesen sind.

Der Staat hat in der sozialen Marktwirtschaft eine wichtige und aktive Funktion, da durch den Wettbewerb der „Marktbeteiligten" ebenso wie durch Einflüsse der Weltwirtschaft kein stabiles Gleichgewicht herrschen kann. Die Wirtschaftsordnung ist weder ein statisches noch ein sich selbst regulierendes System, sondern braucht die ordnende Hand des Staates. Staatliche Eingriffe umfassen drei Kernaufgaben:

Marktwirtschaftliche Grundregeln schützen	Störungen von innen und außen mildern und beseitigen	Soziale Korrekturen zugunsten der Schwächeren vornehmen
beispielsweise durch • Verbraucherschutzgesetze, • Gesetz gegen unlauteren Wettbewerb, • europaweite Interventionen.	beispielsweise durch • finanzielle Förderung strukturschwacher Regionen und Wirtschaftszweige, • Eingriff in den Konjunkturverlauf.	beispielsweise durch • ausgleichende Steuerpolitik mit Freibeträgen und Progression, • Grundsicherung für Rentner und Langzeitarbeitslose, • private Vermögensbildung.

7.1.2 Globale Wirtschaft

Im Jahr 1957 gründeten die sechs Länder Deutschland, Frankreich, Italien, Belgien, Niederlande und Luxemburg die Europäische Wirtschaftsgemeinschaft (EWG). Sie hat sich durch den Beitritt weiterer Länder und die enge Zusammenarbeit zu einer Europäischen Union entwickelt. Heute gehören ihr 27 europäische Länder an, 19 davon haben durch ihre gemeinsame Währung, den Euro, ihre Wirtschafts- und Währungspolitik eng miteinander verbunden. Großbritannien ist am 31.01.2020 aus der EU ausgetreten.

Die Volkswirtschaften sind aber nicht nur in der EU durch die Abschaffung der Zölle und den freien Austausch von Gütern und Dienstleistungen eng verzahnt. Durch bilaterale Abkommen mit vielen Ländern kann die Wirtschaft heute ihre Erzeugnisse weltweit exportieren und Waren aus aller Welt importieren.
Eine wesentliche Voraussetzung dafür war auch die globale Verbreitung moderner Kommunikationstechnik, insbesondere des Internets. Mit seiner Hilfe können Kunden und Lieferanten weltweit problemlos Informationen und Angebote austauschen und in Echtzeit kommunizieren. Die Globalisierung, sie wird oft auch als weltweite Arbeitsteilung gesehen, hat das Leben der Menschen nachhaltig beeinflusst – ob dies aber eher vor- oder nachteilige Auswirkungen hat, ist abhängig von der Region, in der die jeweils betroffenen Menschen leben.

In den europäischen Industrieländern sind besonders Arbeitnehmer durch die Verlagerung der Güterproduktion in Schwellenländer wie Rumänien, Indien und China stark betroffen. Gerade bei lohnintensiven Erzeugnissen, wie z.B. der Pkw-Teilefertigung, lohnt es sich für heimische Unternehmen, nicht mehr in

Deutschland, sondern in Niedriglohnländern fertigen zu lassen. Ob eine Verlagerung ins kostengünstige Ausland für ein Unternehmen rentabel ist, muss im Einzelfall durch die Untersuchung und Abwägung der Standortfaktoren entschieden werden.

Bei einer Standortverlagerung ins Ausland ist aber auch zu beachten, dass sich langfristig die Lebensverhältnisse der Menschen weltweit anpassen werden. Die Vorteile durch niedrigere Lohnkosten werden so minimiert. Auch die Vorteile durch geringere Auflagen zum Schutz der Umwelt werden verschwinden, da der Umweltschutz zum globalen Problem geworden ist.

Zudem ist für viele Investoren die politische Instabilität der Entwicklungsländer ein entscheidender Standortnachteil. Die Vorteile einer kostengünstigen Fertigung können durch politische Veränderungen schnell zunichtegemacht werden.

Standortfaktoren, die für	
eine Fertigung in Deutschland sprechen:	eine Verlagerung der Produktion ins Ausland sprechen:
• hervorragende Infrastruktur, z. B. Straßen, Energieversorgung, • politische, wirtschaftliche und soziale Stabilität, • hohe Produktivität der Mitarbeiter und Anlagen, • hohe Produktivität der Mitarbeiter und Anlagen, • gut ausgebildete Facharbeiter und Ingenieure, • effiziente Organisation und Verwaltung von Fertigung und Vertrieb der Güter.	• geringe Lohnkosten, kaum Kosten für die soziale Sicherung der Mitarbeiter, • wenig Auflagen durch Arbeitsschutz-, Sozial- und Umweltschutzgesetze, • direkter Zugang zu Entscheidungsträgern in Regierung und Verwaltung und damit einfache Genehmigungsverfahren, • Zugang zu Märkten, die sonst durch Zollgrenzen verschlossen wären, • Verlagerung der Produktion und damit keine Kosten für Transport und Anpassung an nationale Vorschriften, z. B. Pkw-Fertigung in China.

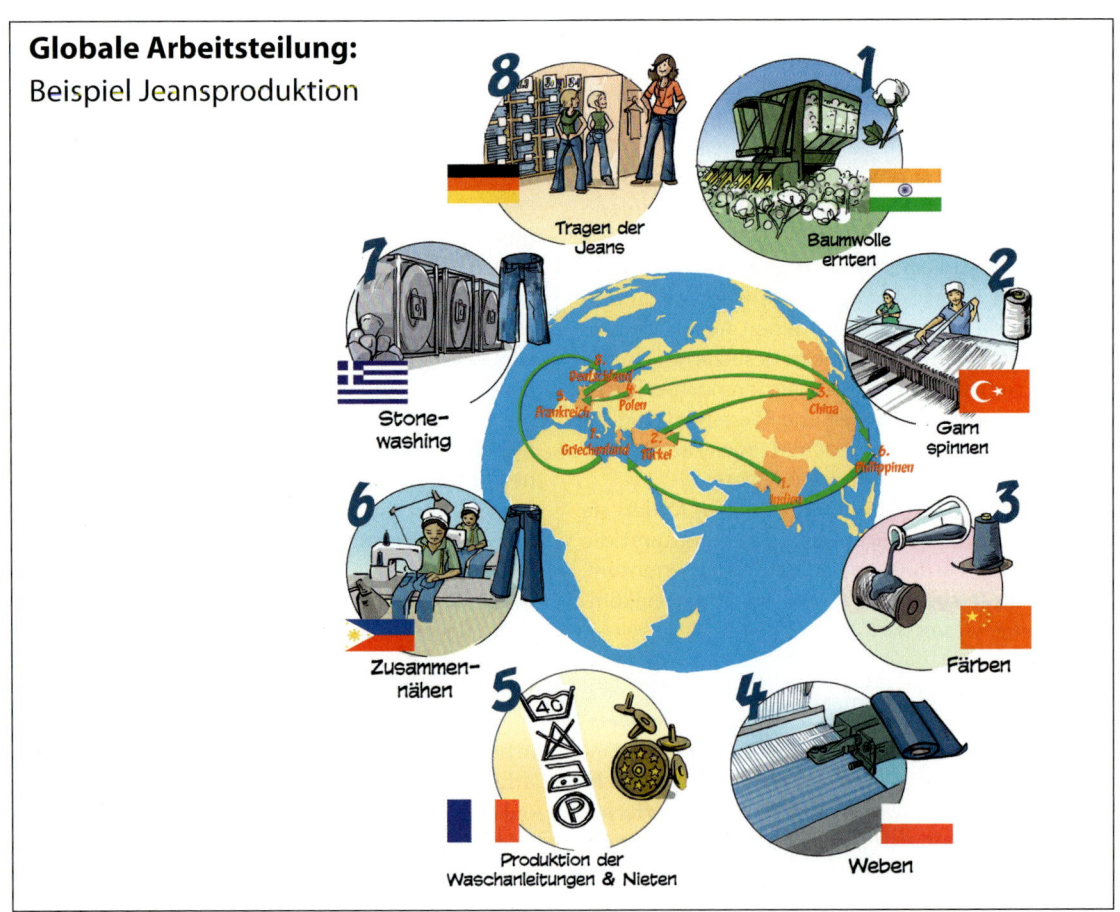

Globale Arbeitsteilung:
Beispiel Jeansproduktion

7.2 Wirtschafts- und Konjunkturpolitik

Alle Eingriffe des Staates in das Wirtschaftsgeschehen können nicht verhindern, dass das Bruttoinlandsprodukt (BIP) in regelmäßigen zeitlichen Abständen zunimmt und wieder sinkt. Man bezeichnet das auch als Konjunkturschwankungen.

> **Wichtig**
>
> Das BIP ist die Summe aller Güter und Dienstleistungen einer Volkswirtschaft in einem Jahr zu Marktpreisen. Es betrug im Jahr 2020 in Deutschland ungefähr 3.850 Milliarden Euro. Darin sind nur „bezahlte" Güter und Dienstleistungen enthalten, nicht aber Dienstleistungen, die in einem Ehrenamt oder als Verwandten- oder Nachbarschaftshilfe kostenlos erbracht werden.

Die Ursachen für die Konjunkturschwankungen sind vielfältig. So steigen z. B. bei einem Aufschwung die Preise, weil das Angebot der Nachfrage hinterherhinkt. Die Unternehmen stellen dann mehr Waren und Dienstleistungen her, weil sie sich große Gewinne versprechen. Bis diese aber auf den Markt kommen, ist die Konjunktur bereits „überhitzt", die Verbraucher geben nicht so viel Geld aus und die Nachfrage sinkt. Es werden nicht mehr so viele Arbeitskräfte gebraucht, die Arbeitslosigkeit steigt und damit sinkt auch die Nachfrage weiter.

Der Staat hat die Aufgabe, diese Schwankungen zu dämpfen, denn er ist

- durch das „Gesetz zur Förderung der Stabilität und des Wachstums der Wirtschaft" (= Stabilitätsgesetz) dazu verpflichtet;

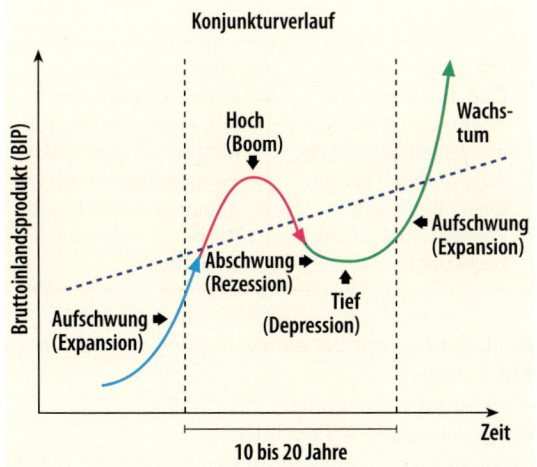

- an gleichmäßig fließenden Steuereinnahmen interessiert; diese sinken bei Abschwung und Depression;
- verpflichtet, Defizite bei den gesetzlichen Sozialversicherungen durch Bundeszuschüsse auszugleichen; diese steigen in der Depression.

Der Staat, aber auch die Verbraucher sowie die Unternehmen sind an einem gesamtwirtschaftlichen Gleichgewicht mit stetigem Wachstum interessiert. Ein Wachstum zeigt sich an der jährlichen Zunahme des BIP. Der Staat versucht, dies durch wirtschafts- und finanzpolitische Maßnahmen zu erreichen. Diese Maßnahmen widersprechen sich aber teilweise.

Man spricht bei diesen sich widersprechenden Maßnahmen bzw. Zielen auch vom „Magischen Viereck".

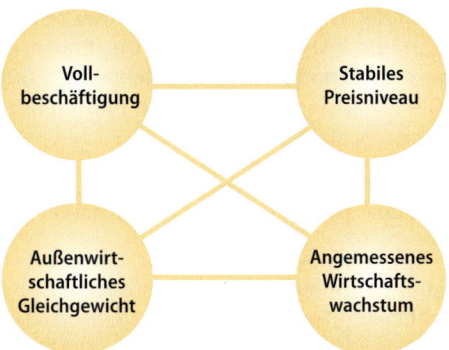

Es ist unmöglich, alle diese Ziele gleichzeitig zu erreichen, es kommt zu Zielkonflikten. Herrscht im Boom Vollbeschäftigung,

- sind stabile Preise durch steigende Nachfrage wenig wahrscheinlich,
- werden infolge der hohen Kaufkraft mehr Güter aus dem Ausland importiert,
- wächst das BIP mehr als erwünscht und die Zinsen steigen durch die hohe Nachfrage nach Investitions- und Konsumkrediten.

Erweitert man die Ziele des magischen Vierecks noch um die beiden langfristig anzustrebenden Ziele

- Schutz der natürlichen Umwelt und
- gerechte Einkommens- und Vermögensverteilung,

dann wird es für den Staat noch schwieriger, diese nun sechs Ziele im Gleichgewicht zu halten.

Der Staat hat in den letzten Jahrzehnten zahlreiche Maßnahmen entwickelt, um in der Phase eines Booms die Nachfrage der Verbraucher nach Gütern und Dienstleistungen zu dämpfen und sie in einer Depression zu steigern.

Konjunkturphase	Boom	Depression
Einzelmaßnahmen	• Steuern erhöhen, • Sparanreize schaffen, z. B. durch hohe Zinsen für Bundesanleihen, • Subventionen senken, z. B. für Windenergieanlagen, • Staatsausgaben senken, z. B. Großbauten zurückstellen, • Abschreibungsfristen für Wirtschaftsgüter erhöhen; die Unternehmen investieren in der Folge weniger, • Staatsverschuldung durch Tilgung abbauen.	• Steuern senken, • Sparanreize dämpfen, z. B. durch Abschaffen von Bausparprämien, • Subventionen erhöhen, z. B. Zuschüsse für Solaranlagen, • Staatsausgaben erhöhen, z. B. Stadtsanierungen fördern, • Abschreibungsfristen für Wirtschaftsgüter senken; die Unternehmen werden zu Investitionen animiert, • Staatsverschuldung durch Kreditaufnahme erhöhen und damit Investitionen fördern.

Unterstützt wird der Staat dabei durch die Bundesbank und die Europäische Zentralbank (EZB). Beide sind wie der Staat verpflichtet, für ein gesamtwirtschaftliches Gleichgewicht zu sorgen.

7.3 Geld- und Währungspolitik

7.3.1 Aufgaben der Europäischen Zentralbank (EZB)

Die Geld- und Währungspolitik war vor der Errichtung der Europäischen Zentralbank (EZB) am 1.1.1999 Sache der einzelnen Staaten. Mit der Einführung des Euro und der Erweiterung der EU zu einer Wirtschafts- und Währungsunion ist sie seitdem für die Geldpolitik und damit auch für die Konjunkturpolitik im Eurowährungsgebiet zuständig. Die EZB mit Sitz in Frankfurt ist keine außerstaatliche Behörde, sondern sie bildet zusammen mit den nationalen Zentralbanken aller Mitgliedsstaaten das Europäische System der Zentralbanken (ESZB). Nach den negativen Erfahrungen der Währungskrise um 2008 haben die Euroländer der EZB im Jahr 2014 auch die Aufsicht über die Banken im Euroraum übertragen. Als Bankenaufsichtsbehörde hat die EZB auch eine beratende Funktion, indem sie die Abwicklungspläne der Kreditinstitute bewertet.

Die EZB kann den Konjunkturverlauf beeinflussen	
im Boom durch	in einer Depression durch
1. Erhöhen der Leitzinsen: Die Kreditzinsen steigen, die Unternehmen und Verbraucher verschulden sich weniger, die Nachfrage sinkt.	1. Senken der Leitzinsen: Die Kreditzinsen sinken, die Unternehmen und Verbraucher leihen sich von Banken „billiges" Geld und investieren.
2. Erhöhen der Mindestreserven: Die Banken müssen mehr Geld bei der EZB hinterlegen, die Zinsen steigen, weil sie weniger Kredite ausgeben können.	2. Senken der Mindestreserven: Die Banken können hinterlegte Mindestreserven bei der EZB abrufen und so mehr Kredite ausgeben.
3. Verkauf von Wertpapieren. Die Banken kaufen diese Wertpapiere und haben damit weniger Geld zur Verfügung, das sie als Kredite ausgeben können. Die Zinsen für Investitions- und Konsumkredite steigen.	3. Ankauf von Wertpapieren. Die Banken haben damit Geld, das sie als Kredite an die Wirtschaft und die Verbraucher weitergeben können und so die Wirtschaft ankurbeln können. Man bezeichnet das auch als „Geldschöpfung".

Die EZB beachtet bei der Festlegung des Leitzinses insbesondere
- die Arbeitslosenquote,
- das Wirtschaftswachstum sowie
- die Auslastung der Kapazitäten.

Im Jahr 2016 legte die EZB die Leitzinsen auf knapp 0 % fest. Damit wollte man erreichen, dass die Unternehmen und die Verbraucher günstige Kredite von Banken für Investitions- und Konsumgüter erhalten und dass die Depression in vielen Ländern des Euroraums in einen Aufschwung übergeht. Obwohl „billiges Geld" zur Verfügung steht, werden in vielen Ländern, wie beispielsweise in Griechenland und Spanien, die billigen Kredite nicht in Anspruch genommen. Ursachen für diese Zurückhaltung bei der Kreditnachfrage könnten sein
- die hohe Staatsverschuldung dieser Länder,
- das fehlende Vertrauen der Bürger in die Entwicklung der Wirtschaft.

Die Staatsverschuldung wird in Prozent des BIPs eines Landes angegeben. Sie betrug 2019 in
- Griechenland: 180 % des griechischen BIPs,
- Deutschland: 61 % des deutschen BIPs,
- Estland: 9 % des estnischen BIPs.

Ein Zinssatz von 0 % kann zu einer Deflation führen, da die Verbraucher und die Wirtschaft Kapital horten, weil sie erwarten, dass die Preise noch weiter sinken. Die beiden Extremfälle Inflation und Deflation lassen sich durch Vergleich der Gütermenge und der Geldmenge darstellen.

Deflation
Der Wert des Geldes steigt, da weniger für die gleiche Gütermenge bezahlt werden muss. Es sind mehr Güter als Geld auf dem Markt. Die EZB wird den Leitzins senken, um Geld und damit Kredite „billiger" zu machen.

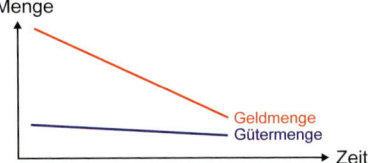

Inflation
Der Wert des Geldes sinkt, da mehr für die gleiche Gütermenge bezahlt werden muss.
Es ist mehr Geld auf dem Markt als es Güter sind. Die EZB wird den Leitzins erhöhen, um Geld und damit Kredite teurer zu machen.

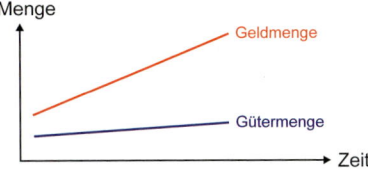

Die EZB strebt durch ihre geld- und währungspolitischen Maßnahmen einen gleichmäßigen Anstieg von Geld- und Gütermenge an.

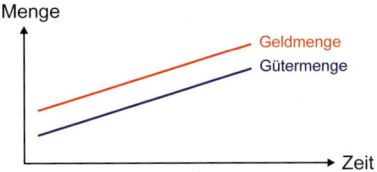

Stetiges Wirtschaftswachstum.
Die Steigung der Geraden für Geldmenge und Gütermenge ist ein Maß für das Wirtschaftswachstum von Volkswirtschaften.
Es sollte bei 2–3 % liegen.

Der Idealfall wäre *Geldmenge = Gütermenge,* wobei beide gleichmäßig um ca. 2–3 % jährlich steigen, ist nur in der Theorie möglich. Die wellenförmigen Konjunkturausschläge zwischen Boom und Depression würden dadurch sehr abgeschwächt werden.

Mit der Geldmenge wird aber nicht nur die Gütermenge verglichen und beschrieben – Geld dient also nicht nur als Recheneinheit, sondern es hat weitere wichtige Funktionen in einer komplexen Volkswirtschaft.

Geld in einer komplexen Volkswirtschaft ist		
Zahlungsmittel	Recheneinheit	Wertaufbewahrungsmittel
• für den Austausch von Gütern zwischen Produzenten sowie zwischen Produzenten und Konsumenten, • und einfaches Mittel für Finanztransaktionen, z. B. Kredite.	• und als Bezugsgröße für die Gütermenge ein Wertmaßstab.	• damit Gelderwerb und Geldausgabe zu unterschiedlichen Zeiten möglich sein können, • damit es in Form von Sparguthaben bei Banken deponiert werden kann.

7.3.2 Instrumente der Europäischen Zentralbank (EZB)
Der EZB stehen mit ihren beiden Instrumenten
- An- und Verkauf von Wertpapieren (= Offenmarktgeschäft) und
- Mindestreservepolitik

zwei sehr wirksame Instrumente zur mittel- und langfristigen Beeinflussung der Konjunktur zur Verfügung. Da die EZB auch den Leitzins festlegt, der wiederum die Zinsen für die Kredite und Spareinlagen bei Geschäftsbanken direkt bestimmt, nimmt die EZB stärker auf die Konjunktur Einfluss, als dies den Regierungen der einzelnen Länder der Eurozone möglich ist. Deren Maßnahmen, wie beispielsweise der kreditfinanzierte Bau von Autobahnen, wirken immer erst zeitverzögert.

Die kurzfristig wirksamen Zinssätze, z. B. für Tagesgeld, kann die EZB mit dem Instrument **Fazilitäten** steuern. Damit bezeichnet man die Möglichkeit für Banken, Geld „über Nacht" bei der EZB anzulegen oder auszuleihen.

Dabei unterscheidet man
- **Einlagefazilität:** Damit kann eine Geschäftsbank liquide Mittel (= Geld), die sie nicht als Kredite an ihre Kunden weitergeben konnte, bei der EZB bzw. den nationalen Zentralbanken „über Nacht" anlegen. Der Zinssatz für diese Anlage liegt unter dem Leitzins, wird von der EZB im Voraus fixiert und bildet die Untergrenze für den Tagesgeldsatz am Geldmarkt.
- **Spitzenrefinanzierungsfazilität:** Damit können sich Geschäftsbanken kurzfristig Geld von der EZB bzw. den nationalen Zentralbanken ausleihen, wenn sie wegen zu geringer eigener Mittel Kreditanfragen nicht bedienen können. Da der Zinssatz für die Spitzenrefinanzierungsfazilität immer über dem Leitzins liegt, werden die Geschäftsbanken zuerst versuchen, sich notwendige Mittel von anderen Geschäftsbanken zu beschaffen, ehe sie diese Finanzierungsquelle nutzen.

Im Jahr 2016 unternahm die EZB sehr drastische Maßnahmen, um die Geschäftsbanken zur Vergabe von Krediten zu zwingen. So mussten die Geschäftsbanken für Einlagefazilitäten Zinsen bezahlen. Die Geschäftsbanken haben einen Überschuss an Sparkapital, was nicht nur zu sehr niedrigen Guthaben- und Kreditzinsen führte, sondern sogar einen Negativzins für Spareinlagen wahrscheinlich macht.

Mit dieser Maßnahme will die EZB die Konjunktur in der Eurozone ankurbeln und vor allem eine drohende Deflation verhindern. Die billigen Kredite sollen die Wirtschaft motivieren, in Anlagen zu investieren und in der Folge mehr Güter zu produzieren, damit die Gütermenge wieder die Geldmenge übersteigt und eine Inflationsrate von ca. 2 – 3 % für Wachstum in der Eurozone sorgt.

Alle Maßnahmen, ob sie nun durch den Staat oder die EZB eingeleitet werden, können aber nicht verhindern, dass sich die Konjunktur weiter wellenförmig entwickelt. Dazu müssten sich alle Unternehmen und Verbraucher auch konjunkturgerecht, also „antizyklisch" verhalten. Das wird aber auch in Zukunft wenig wahrscheinlich sein, denn dann müssten die Verbraucher in Boom-Zeiten sparen und sich in einer Rezession oder Depression verschulden, um mehr konsumieren zu können. Das widerspricht aber jeder Lebenserfahrung.

Aufgaben

Offene Aufgaben
Formulieren Sie Ihre Antworten in Stichpunkten und vermeiden Sie es, auf den vorhergehenden Seiten nachzusehen.

① Ordnen Sie den folgenden Aussagen das Wirtschaftssystem zu.
   1 Freie Marktwirtschaft
   2 Soziale Marktwirtschaft
   3 Zentralverwaltungswirtschaft

   a) Es gibt kein Privateigentum an Produktionsmitteln.
   b) Der Staat sorgt durch Gesetze für einen freien Wettbewerb in der Wirtschaft.
   c) Der Binnen- und der Außenhandel sind frei von Einschränkungen.
   d) Geld ist primär Rechnungseinheit und nicht Tauschmittel für Güter und Dienstleistungen.
   e) Der Staat sorgt für geringe Lohnunterschiede.
   f) Der Staat greift durch Gesetze in den Konjunkturverlauf ein.
   g) Der Markt alleine steuert die Verteilung des Bruttoinlandsprodukts (BIP).

② Welche Kernaufgaben hat der Staat zur Sicherung der sozialen Marktwirtschaft?

③ Nennen Sie je drei Chancen und Gefahren, die für Sie persönlich als Arbeitnehmer im Rahmen der Globalisierung bestehen.

④ Nennen Sie je drei Kennzeichen einer Hochkonjunktur und einer wirtschaftlichen Depression.

⑤ Beschriften Sie die Grafik und beschreiben Sie den Zusammenhang der beiden Kurven.

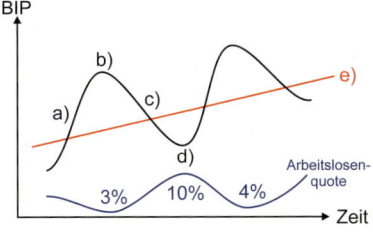

⑥ Die folgenden Grafiken zeigen das Verhältnis von Gütermenge zu Geldmenge in unterschiedlichen Konjunkturphasen.
Benennen und beschreiben Sie die Phasen und geben Sie an, wie sich das Mengenverhältnis auf die Konsumenten auswirkt.

a)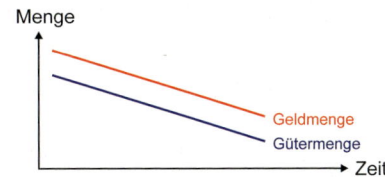

b)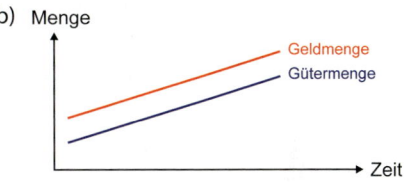

c)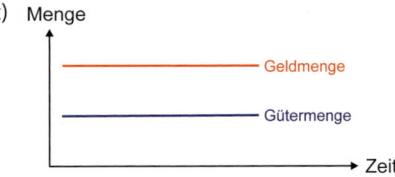

d)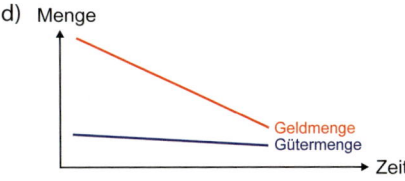

e)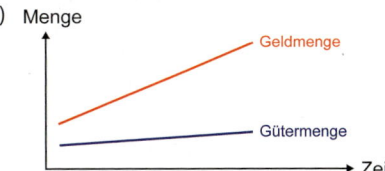

Die Lösungen zum Überprüfen Ihrer Antworten finden Sie auf den Seiten 194–195.
Lösen Sie nun die Multiple-Choice-Aufgaben.

Multiple-Choice-Aufgaben

Kreuzen Sie die richtige Lösung an!
Die Anzahl der richtigen Lösungen ist in Klammern angegeben.

1. **Was ist typisch für die Idealform der freien Marktwirtschaft? (2)**
   1. Der Staat garantiert Gewerbefreiheit. ☐
   2. Eine Planbehörde gibt Ziele vor. ☐
   3. Die Unternehmen sind Volkseigentum. ☐
   4. Der Markt allein regelt Löhne und Preise. ☐
   5. Der Staat sorgt für Wettbewerb. ☐

2. **In der sozialen Marktwirtschaft sorgt der Staat für (2)**
   1. stabile Löhne und Preise. ☐
   2. einen sozialen Ausgleich. ☐
   3. freie Entfaltung der Wirtschaft. ☐
   4. geringe Einkommensteuersätze. ☐
   5. Wettbewerb in der Wirtschaft. ☐

3. **Wer gilt als Begründer der sozialen Marktwirtschaft? (1)**
   1. Karl Marx, Ökonom und Philosoph ☐
   2. Ludwig Erhard, Wirtschaftsminister ☐
   3. Konrad Adenauer, Bundeskanzler ☐
   4. Karl Schiller, Wirtschaftsminister ☐
   5. Milton Friedman, Wirtschaftswissenschaftler ☐

4. **Mindestlöhne in einigen Branchen sind (1)**
   1. ein Verstoß gegen den freien Wettbewerb bei Löhnen. ☐
   2. eine Maßnahme des Staates zum sozialen Ausgleich. ☐
   3. notwendig zum Schutz des freien Unternehmertums. ☐
   4. zur Unterstützung der Rentenversicherung notwendig. ☐
   5. nur in einer Rezession notwendig. ☐

5. **Was sind Motive, die Produktion von Gütern nicht ins Ausland zu verlegen? (2)**
   1. gute Infrastruktur in Deutschland ☐
   2. Nähe zu den Märkten in Fernost ☐
   3. politische und wirtschaftliche Stabilität in Deutschland ☐
   4. höhere Fertigungskosten in Deutschland ☐
   5. geringe Sozialabgaben in Deutschland ☐

6. **Was sind negative Folgen der Globalisierung? (2)**
   1. Die umweltgefährdende Produktion wird in Entwicklungsländer verlagert. ☐
   2. Die Abhängigkeit der Entwicklungsländer nimmt zu. ☐
   3. Die Arbeitszeit in Deutschland kann gesenkt werden. ☐
   4. Menschen in Entwicklungsländern können sich hochwertige Industriegüter leisten. ☐
   5. Es findet ein sozialer Ausgleich zwischen Erster und Dritter Welt statt. ☐

7. **Welcher Standortfaktor spielt bei der Verlagerung einer Mobiltelefonfertigung nach Fernost die geringste Rolle? (1)**
   1. die niedrigeren Löhne ☐
   2. die geringeren Sozialkosten ☐
   3. die mangelhaften Arbeitsschutzgesetze ☐
   4. das politische System im Fertigungsland ☐
   5. die Transportkosten nach Deutschland ☐

8. **Was kennzeichnet eine Rezession (wirtschaftlicher Abschwung)? (2)**
   1. sinkende Arbeitslosenzahlen ☐
   2. steigende Zinsen ☐
   3. stabile Preise ☐
   4. geringe Nachfrage nach Gütern ☐
   5. steigende Arbeitslosenzahlen ☐

9. **Was kennzeichnet eine wirtschaftliche Hochkonjunktur (Boom)? (2)**
   1. hohe Beschäftigungsquote ☐
   2. geringer Export ☐
   3. hohe Kreditzinsen ☐
   4. hohe Sozialausgaben ☐
   5. geringes Steueraufkommen ☐

Staat und Wirtschaft

10. **Was gibt das Bruttoinlandsprodukt (BIP) an? (1)**
    1. Volkseinkommen multipliziert mit der Zahl der Beschäftigten ☐
    2. Lohnsumme eines Unternehmens in einem Jahr ☐
    3. Summe aller Unternehmenskredite ☐
    4. Größe des Bundeshaushalts ☐
    5. Summe aller produzierten Güter und Dienstleistungen eines Jahres ☐

11. **Was ist *kein* Ziel des magischen Vierecks? (1)**
    1. Vollbeschäftigung ☐
    2. stabile Preise ☐
    3. stetiges Wirtschaftswachstum ☐
    4. geringe Staatsverschuldung ☐
    5. außenwirtschaftliches Gleichgewicht ☐

12. **Wie kann der Staat in einer Depression die Wirtschaft „ankurbeln"? (2)**
    1. Steuereinnahmen erhöhen ☐
    2. Staatsverschuldung abbauen ☐
    3. Abschreibungsfristen verlängern ☐
    4. Staatsausgaben für Investitionen erhöhen ☐
    5. EZB zur Erhöhung des Leitzinses drängen ☐

13. **In welchen Fällen liegt ein Zielkonflikt im magischen Sechseck vor? (3)**
    1. Außenwirtschaftliches Gleichgewicht verhindert den erwünschten Exportüberschuss. ☐
    2. Die Vollbeschäftigung vermindert die Zahl der Langzeitarbeitslosen. ☐
    3. Hohe Produktionszahlen können die Umweltverschmutzung steigern. ☐
    4. Das Wirtschaftswachstum erlaubt dem Staat Steuersenkungen. ☐
    5. Stabile Preise motivieren die Wirtschaft wenig, die Produktion zu steigern. ☐

14. **Die Europäische Zentralbank (EZB) (2)**
    1. wurde 1957 zusammen mit der EWG eingerichtet. ☐
    2. hat ihren Sitz in Brüssel. ☐
    3. beeinflusst durch ihre Maßnahmen die Konjunktur in der Eurozone. ☐
    4. vergibt günstige Kredite an Konsumenten. ☐
    5. stimmt ihre Entscheidungen mit den nationalen Notenbanken ab. ☐

15. **Die Europäische Zentralbank (EZB) (2)**
    1. ist an Weisungen der Regierungen der Eurozone gebunden. ☐
    2. hat für die Geldwertstabilität in der Eurozone zu sorgen. ☐
    3. legt den Leitzins fest. ☐
    4. kauft Wertpapiere in Boom-Phasen auf. ☐
    5. verkauft Wertpapiere in Depressionsphasen. ☐

16. **Die Leitzinsen der EZB (2)**
    1. sind mit den Zinsen für Konsumentenkredite identisch. ☐
    2. bestimmen das Zinsniveau für Spareinlagen und Kredite. ☐
    3. bestimmen die Staatsverschuldung der Länder der Eurozone. ☐
    4. werden von der Deutschen Bundesbank festgelegt. ☐
    5. gelten in allen Ländern der Eurozone. ☐

17. **In welchem Fall verhalten Sie sich „antizyklisch" korrekt? (2)**
    1. in Boom-Zeiten einen Konsumentenkredit aufnehmen ☐
    2. in der Rezession sparen ☐
    3. in der Rezession in ein neues Auto investieren ☐
    4. im Aufschwung eine Fortbildung beginnen ☐
    5. in der Rezession einen Konsumentenkredit aufnehmen ☐

Die Lösungen finden Sie auf Seite 195.
Arbeiten Sie jetzt die **Musterprüfungssätze** durch.

8 Musterprüfungssätze

Musterprüfungssatz 1 – Sie haben 60 Minuten Zeit!

> **Achtung:**
> Sie müssen alle 30 Aufgaben beantworten.
> Die Anzahl der richtigen Lösungen ist bei jeder Frage in Klammern angegeben.
> Kreuzen Sie die richtigen Lösungen an.
> Tragen Sie die Ergebnisse zu den offenen Aufgaben in die vorgesehenen Felder ein.

1. Die Auszubildende Jana ist hungrig, hat Appetit auf einen Burger, geht in der Mittagspause in ein Fastfood-Restaurant und kauft sich einen für 4,50 €. Sie isst ihn sofort im Restaurant, ist zufrieden und wird die nächsten Tage wieder kommen. Ordnen Sie die folgenden Begriffe richtig zu:
   1. Bedarf
   2. Erwerb
   3. Bedürfnis
   4. Nutzenstiftung
   5. Vergleich Nutzenstiftung/Nutzenerwartung

   a) Jana ist hungrig. ☐
   b) Jana ist satt. ☐
   c) Sie kauft sich für 4,50 € ☐
   d) … einen Burger. ☐
   e) Jana wird wieder kommen. ☐

2. Was ist typisch für das Minimalprinzip? (1)
   1. Mit so wenig Aufwand wie möglich den höchsten Gewinn erzielen. ☐
   2. Mit vorgegebenem Aufwand ein bescheidenes Ziel erreichen. ☐
   3. Mit geringstem Aufwand den kleinsten Gewinn erzielen. ☐
   4. Ein festes Ziel mit geringem Aufwand erzielen. ☐
   5. Aufwand und Gewinn im Gleichgewicht halten. ☐

3. Ein Betrieb stattet seine Einkaufsabteilung mit neuen PCs und neuer Software aus. Was trifft zu? (2)
   1. Die PCs sind Produktions- und Verbrauchsgüter. ☐
   2. Die PCs sind Gebrauchs- und Wirtschaftsgüter. ☐
   3. Die PCs sind Konsumgüter, die Software eine Dienstleistung. ☐
   4. Die PCs und die Software sind Wirtschaftsgüter. ☐
   5. Die Software ist eine personenbezogene Dienstleistung für die Mitarbeiter. ☐

4. Ordnen Sie die Produktionsformen richtig zu:
   1. Primärbereich
   2. Sekundärbereich
   3. Tertiärbereich

   a) Seniorenheim ☐
   b) Kohlekraftwerk ☐
   c) Großhandelsfirma ☐
   d) Gartenbaubetrieb ☐
   e) Kaufhaus ☐

5. Die Firma Emsig hat im Geschäftsjahr 2016 mit 12 Mitarbeitern einen Umsatz von 0,6 Mio. € erzielt. Im folgenden Geschäftsjahr werden 4 Mitarbeiter zusätzlich eingestellt, der Umsatz steigt auf 0,8 Mio. €.

Berechnen Sie die Produktivität P_1 und P_2 für beide Jahre und tragen Sie das Ergebnis in das Kästchen ein.

a) Produktivität P_1: 2016

b) Produktivität P_2: 2017

c) Einheit

6. Ein Betrieb hat für die Nutzung einer Software eine feste monatliche Gebühr von 400 € zu bezahlen. Welche Zahlungsform ist zu empfehlen? (1)
   1. Dauerauftrag
   2. Onlinebanking
   3. Einzelüberweisung
   4. Kreditkarte
   5. Geldkarte

7. Die beiden Gesellschafter einer GmbH haben im Geschäftsjahr 2020 ihre Einlage um je 0,15 Mio. € erhöht.
Tragen Sie für das Geschäftsjahr 2020 Eigenkapital in Mio. € und Eigenkapitalquote in % mit zwei Kommastellen ein.

Geschäftsjahr	2019	2020
Bilanzsumme	5,3 Mio. €	5,8 Mio. €
a) Eigenkapital	1,6 Mio. €	
b) Eigenkapitalquote	30,19 %	

8. Ein Unternehmer hat an einen Kunden eine Forderung über 150.000 €. Er tritt diese als Sicherheit an seine Hausbank ab, bei der er seinen Kreditrahmen um 200.000 € erhöhen möchte. Es liegt vor ein (1)
   1. Lombardkredit
   2. Blankokredit
   3. Factoringkredit
   4. Zessionskredit
   5. Überziehungskredit

9. Ein Einzelhändler nimmt bei einer Bank ein Fälligkeitsdarlehen über 36.000 € zu einem Zinssatz von 4 % mit drei Jahren Laufzeit auf. Wie hoch sind die Zinszahlungen Z in € pro Monat?

10. Ein Schuldner bezahlt nach mehreren Mahnungen von einer Schuld über 10.000 € einen Teilbetrag von 2000 €. Was trifft zu? (2)
    1. Die Restschuld beträgt 8000 €.
    2. Der Schuldner erwirbt damit ein Recht auf einen neuen Tilgungsplan.
    3. Die Verjährungsfrist für die Restschuld beginnt neu.
    4. Der Schuldner muss Privatinsolvenz anmelden.
    5. Die Restschuld kann nur durch ein Mahnverfahren eingetrieben werden.

11. Ein Unternehmen stellt Fahrräder her und benötigt dazu folgende Stoffarten:
    1. Betriebsmittel
    2. Rohstoffe
    3. Hilfsstoffe
    4. Betriebsstoffe

    Tragen Sie die jeweilige Stoffart in das Kästchen neben den Beispielen ein.

    a) Rohrbiegemaschine
    b) Schmiermittel für die Maschine
    c) Öl zur Schmierung der Ketten
    d) Rohre für die Fahrradrahmen
    e) Gummi für die Bereifung

12. Die Rechtsfähigkeit einer juristischen Person endet (1)
    1. mit dem Tod der Person.
    2. mit dem Eintrag in das Handelsregister.
    3. mit der Löschung aus dem Handelsregister.
    4. durch Willenserklärung des Geschäftsführers.
    5. mit der Anmeldung von Insolvenz.

13. Die IBAN im SEPA-Verfahren (1)
    1. ist nur bei Auslandsüberweisungen notwendig.
    2. enthält nur die Bankleitzahl des Zahlungsempfängers.
    3. wird von der überweisenden Bank eingetragen.
    4. enthält die Steuernummer des Empfängers.
    5. enthält Landeskürzel, Bankleitzahl und Kontonummer.

Musterprüfungssätze

Musterprüfungssätze

14. Ein Sportartikelhändler hatte im letzten Geschäftsjahr mit 12 Mitarbeitern Erträge in Höhe von 5,4 Mio. € bei einem Aufwand von 4,8 Mio. €. Das Eigenkapital betrug 3,8 Mio. €. Wie hoch war die Eigenkapitalrendite REK in %? (1)
    1. 15,8 % ☐
    2. 0,6 % ☐
    3. 6 % ☐
    4. 0,05 % ☐
    5. −15,8 % ☐

15. Ein Lieferant beschädigte bei der Anlieferung von Waren die Laderampe eines Kunden. Welche Aussagen treffen zu? (3)

    Der Schadensfall ist eine Angelegenheit des
    1. Privatrechts, ☐
    2. Zivilrechts, ☐
    3. Verfassungsrechts, ☐
    4. materiellen Rechts, ☐
    5. zuständigen Arbeitsgerichts. ☐

16. Ein 17-jähriger kauft sich von seinen Ersparnissen einen Elektroroller. Was trifft zu? (2)
    1. Das Rechtsgeschäft ist schwebend unwirksam. ☐
    2. Der Kauf ist nichtig, da von einem Minderjährigen abgeschlossen. ☐
    3. Der Kauf wird wirksam, wenn der gesetzliche Vertreter nachträglich seine Zustimmung erteilt. ☐
    4. Der Kauf ist wirksam, weil der Käufer wie ein Volljähriger gehandelt hat. ☐
    5. Der Kauf muss in jedem Fall rückabgewickelt werden. ☐

17. Ordnen Sie die richtige Vertragsart zu:
    1. Kaufvertrag
    2. Mietvertrag
    3. Pachtvertrag
    4. Dienstvertrag
    5. Werkvertrag

    a) Eine Kundin lässt sich in einem Salon die Haare schneiden. ☐
    b) Eine Auszubildende kauft im Internet Oberbekleidung. ☐
    c) Eine Band reserviert einen Saal gegen Gebühr. ☐
    d) Ein Koch mietet einen mobilen Imbissstand für 5 Jahre. ☐
    e) Ein Erdbeerpflücker schließt einen Arbeitsvertrag ab. ☐

18. Welche Rechtsform liegt bei den einzelnen Unternehmen vor?
    1. Einzelunternehmen
    2. OHG
    3. KG
    4. GmbH
    5. AG

    a) Die Hauptversammlung beschließt 5 € Dividende auszuschütten. ☐
    b) Der Landwirt Emil Rübesam gründet eine Kartoffelhandelsfirma. ☐
    c) Der Seniorchef nimmt seinen Sohn als Kommanditist in seine Firma auf. ☐
    d) Das Ehepaar Schwarze betreibt gemeinsam einen Einzelhandel. ☐
    e) Die Gesellschafterversammlung beschließt eine Kapitalerhöhung. ☐

19. Herr Emsig gründet als alleiniger Gesellschafter die Sportive GmbH. Was trifft zu? (2)
    1. Er ist Vollkaufmann und muss sich in das Handelsregister Abt. B eintragen lassen. ☐
    2. Herr Emsig ist Kannkaufmann und nicht handelsregisterpflichtig. ☐
    3. Er kann seine Firma in das Handelsregister Abt. A eintragen lassen. ☐
    4. Herr Emsig ist kein Kaufmann im handelsrechtlichen Sinn. ☐
    5. Herr Emsig ist Formkaufmann kraft Rechtsform. ☐

20. Jana Fleissig beginnt nach Abschluss der Realschule mit 19 Jahren eine Ausbildung zur Kauffrau für Büromanagement. Was trifft zu? (3)
    1. Sie ist uneingeschränkt berufsschulpflichtig. ☐
    2. Jana hat einen gesetzlichen Urlaubsanspruch von 30 Tagen. ☐
    3. Es handelt sich um eine Fortbildungsmaßnahme nach dem Berufsbildungsgesetz. ☐
    4. Die Ausbildungszeit kann um 6 Monate verkürzt werden. ☐
    5. Es liegt ein privatrechtlicher Vertrag zwischen der Auszubildenden und dem Ausbildenden vor. ☐

Musterprüfungssätze

21. Jana Fleissig nimmt an der Zwischenprüfung der zuständigen Industrie- und Handelskammer teil. Was trifft zu? (2)
    1. Die Teilnahme ist freiwillig. ☐
    2. Das Ergebnis kann auf Lücken in der Ausbildung hinweisen. ☐
    3. Es werden die Fächer der Berufsschule geprüft. ☐
    4. Die Zwischenprüfung ist Voraussetzung für die Abschlussprüfung. ☐
    5. Das Ergebnis der Zwischenprüfung geht mit 40 % in die Abschlussprüfung ein. ☐

22. Welche Pausenregelung ist für Jugendliche bei 8-stündiger Arbeitszeit nach JugArbSchG zulässig? (2)
    1. zweimal 30 Minuten ☐
    2. einmal 15 Minuten und einmal 30 Minuten ☐
    3. einmal 15 Minuten und einmal 45 Minuten ☐
    4. dreimal 15 Minuten ☐
    5. Pausenregelung nach Arbeitsanfall und persönlichen Bedürfnissen ☐

23. In welchem Fall liegt eine berufliche Fortbildung vor? (2)
    1. Zweitausbildung zur Steuerfachangestellten ☐
    2. Sprachkurs zur Vorbereitung eines Auslandsaufenthalts ☐
    3. Zertifizierter Lehrgang „Projektmanagement" ☐
    4. Inhouse-Schulung in SAP ☐
    5. Besuch einer FOS nach Abschluss der Berufsausbildung ☐

24. Welche Beschäftigten genießen einen besonderen Kündigungsschutz? (2)
    1. Auszubildende während der Probezeit ☐
    2. Geschäftsführer einer GmbH ☐
    3. amtierender Betriebsrat ☐
    4. Schwerbehinderter ☐
    5. Praktikanten ☐

25. In welchem Fall sind Versicherungsart und -träger falsch zugeordnet? (2)
    1. gesetzliche Krankenversicherung — Ortskrankenkassen ☐
    2. gesetzliche Rentenversicherung — Arbeitsagenturen ☐
    3. gesetzliche Rentenversicherung — Deutsche Rentenversicherung ☐
    4. gesetzliche Unfallversicherung — Berufsgenossenschaften ☐
    5. Arbeitslosenversicherung — Ersatzkassen ☐

26. Was ist mit Friedenspflicht im Tarifvertragsrecht gemeint? (1)
    1. Die Tarifvertragsparteien verzichten auf Streik und Aussperrung. ☐
    2. Während der Laufzeit von Tarifverträgen sind Arbeitskampfmaßnahmen nicht zulässig. ☐
    3. Die Gewerkschaften verzichten auf überhöhte Forderungen. ☐
    4. Der Staat sorgt für ein friedliches Zusammenwirken in der Wirtschaft. ☐
    5. Die Mitbestimmung sorgt in allen Betrieben für zufriedene Mitarbeiter. ☐

27. Das magische Viereck hat die Ziele
    1. Vollbeschäftigung
    2. angemessenes Wirtschaftswachstum
    3. Preisstabilität
    4. außenwirtschaftliches Gleichgewicht

    Welches Ziel ist jeweils gefährdet?
    a) Die deutsche Wirtschaft erzielt auch im letzten Jahr einen Exportüberschuss. ☐
    b) Die hohe Nachfrage führte zu drastischen Mieterhöhungen in Städten. ☐
    c) Die Zahl der Minijobber steigt jedes Jahr um 5 %. ☐
    d) Das Bruttoinlandsprodukt stagnierte zum wiederholten Male. ☐
    e) Die Nachfrage nach Investitionskrediten nimmt ab. ☐

28. Kennzeichen eines Wirtschaftsbooms sind (2)
    1. fallende Zinsen. ☐
    2. steigende Zinsen. ☐
    3. Rückgang der Importe. ☐
    4. Rückgang der Exporte. ☐
    5. offene Stellen. ☐

29. Die Grafik zeigt die Entwicklung des Bruttoinlandsprodukts (BIP) über einige Jahre. Ordnen Sie die Phasen richtig zu.

Phasen:
1. Boom
2. Depression
3. Expansion
4. Wachstum
5. Rezession

a) ☐
b) ☐
c) ☐
d) ☐
e) ☐

30. Die Europäische Zentralbank kann durch ihre Instrumente die Geldmenge und damit die Konjunktur beeinflussen.

Maßnahmen:
1. Erhöhung der Mindestreserven
2. Senkung der Mindestreserven
3. Ankauf von Wertpapieren und Anleihen
4. Verkauf von Wertpapieren und Anleihen

Welche Maßnahmen beeinflussen die Ungleichgewichtslagen

a) Inflation ☐
b) Deflation ☐

Die Lösungen zur Kontrolle Ihrer Antworten finden Sie auf Seite 196.

Musterprüfungssatz 2 – Sie haben 60 Minuten Zeit!

> **Achtung:**
> Sie müssen alle 30 Aufgaben beantworten.
> Die Anzahl der richtigen Lösungen ist bei jeder Frage in Klammern angegeben.
> Kreuzen Sie die richtigen Lösungen an.
> Tragen Sie die Ergebnisse zu den offenen Aufgaben in die vorgesehenen Felder ein.

1. Bedürfnisse steuern das Konsumverhalten der Menschen. Ordnen Sie die Begriffe den Aussagen richtig zu.
   1. Bedarf
   2. Bedürfnis
   3. Erwerb
   4. Nutzenstiftung
   5. Vergleich Nutzenstiftung/Nutzenerwartung

   Der Marathonläufer Karl
   a) kauft sich nach dem Training ein isotonisches Getränk. ☐
   b) ist nach dem Training durstig. ☐
   c) sieht am Kiosk ein isotonisches Getränk. ☐
   d) resümiert: das Getränk schmeckt ihm vorzüglich. ☐
   e) wird sich dieses Getränk wieder kaufen. ☐

2. Zwischen Gasherden (Gut A) und Gas (Gut B) besteht eine komplementäre Beziehung. Welche Kurve drückt die Beziehung zwischen Gut A und Gut B richtig aus? (1)
   1. a) ☐
   2. b) ☐
   3. c) ☐
   4. d) ☐
   5. e) ☐

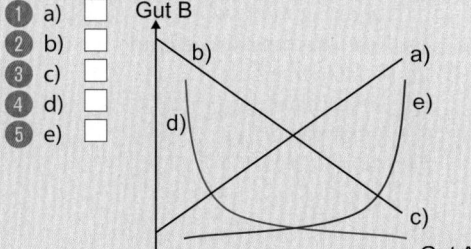

3. Der folgende Artikel enthält Aussagen zu Produktionsformen und Produktionsfaktoren.

Zeile	Aussage
01	Der Anteil der Landwirtschaft am BIP ist gering.
02	Der Maschinenbau verzeichnet steigende Auftragseingänge.
03	Immer mehr Menschen sind im Dienstleistungssektor beschäftigt.
04	Die Fa. Pedelec stellt ihre Fertigung auf E-Bikes um.
05	Der Großteil der Tattoo-Studios wird als Mini-AG geführt.
06	Eine Ausbildung zur Kauffrau für Büromanagement ist zukunftsträchtig.
07	Der Umsatz von Blumengeschäften steigt vor Feiertagen stark an.
08	Die deutsche Fischereiflotte lehnt Fangquoten ab.
09	Der Onlinehandel hat neue Formen der Kriminalität geschaffen.
10	In Deutschland geht die Kohleförderung dem Ende entgegen.

In welchen Zeilen wird berichtet über den

a) Primärsektor, ☐
b) Sekundärsektor, ☐
c) Tertiärsektor? ☐

Musterprüfungssätze

4. Die Arbeitsteilung ist ein wesentliches Kennzeichen einer entwickelten Volkswirtschaft.

   In welchen Beispielen liegen vor
   ① horizontale Arbeitsteilung,
   ② vertikale Arbeitsteilung,
   ③ Berufsspaltung?

   a) In der Automobilindustrie ist Fließfertigung üblich. ☐
   b) An Objektbauten arbeiten bis zu 50 verschiedene Auftragnehmer. ☐
   c) IT-Berufe spezialisieren sich zunehmend. ☐
   d) Viele Produzenten gründen eigene GmbHs für den Vertrieb. ☐
   e) Die Lieferkette zwischen Urproduktion und Einzelhandel wird zunehmend länger. ☐

5. Bringen Sie die Bildung von Kapital durch Eintragen der Ziffern 1 – 5 in die zeitlich richtige Reihenfolge.

   a) Unternehmen investieren zunehmend. ☐
   b) Die Sparer bringen Ersparnisse zur Bank. ☐
   c) Die Zinsen für Investitionskredite sinken. ☐
   d) Sparer leisten Konsumverzicht. ☐
   e) Die Spareinlagen bei Banken nehmen zu. ☐

6. Ein Maschinenbaubetrieb veröffentlicht folgende Daten für das abgelaufene Geschäftsjahr:

   Ertrag: 10,6 Mio. €
   Aufwand: 9,1 Mio. €
   Eigenkapital: 5,5 Mio. €
   Anzahl der Mitarbeiter: 50

   Berechnen Sie (mit zwei Kommastellen)
   a) Wirtschaftlichkeit W
   b) Gewinn G
   c) Eigenkapitalrendite R_{EK}

7. Eine Manipulation von Sachgütern liegt *nicht* vor beim (2)
   ① Umverpacken. ☐
   ② Konfektionieren. ☐
   ③ Veredeln. ☐
   ④ Anbieten von Dienstleistungen. ☐
   ⑤ Beraten von Kunden. ☐

8. Die Marktsättigungsphase eines Produkts ist erkennbar an (2)
   ① steigendem Absatz. ☐
   ② fallendem Absatz. ☐
   ③ zunehmendem Marktanteil. ☐
   ④ steigendem Gewinn. ☐
   ⑤ verminderten Gewinnen. ☐

9. Rechtsgeschäfte sind Willenserklärungen und werden sowohl zwischen natürlichen als auch zwischen juristischen Personen abgeschlossen. Man unterscheidet:
   ① empfangsbedürftige einseitige Rechtsgeschäfte
   ② nicht empfangsbedürftige einseitige Rechtsgeschäfte
   ③ ein- und mehrseitige Rechtsgeschäfte

   Ordnen Sie den Beispielen die richtige Art zu:
   a) Kündigung ☐
   b) Kaufvertrag ☐
   c) Testament ☐
   d) Kauf einer Eigentumswohnung ☐
   e) Beschluss der Hauptversammlung einer AG ☐

10. Eine rechtzeitig gelieferte Ware ist fehlerhaft. Was liegt vor? (1)
    ① Nicht-Rechtzeitig-Lieferung ☐
    ② Gläubigerverzug ☐
    ③ Schlechtleistung ☐
    ④ Annahmeverzug ☐
    ⑤ Nicht-Rechtzeitig-Zahlung ☐

11. Kreuzen Sie die richtige Lösung an:

a) = Monopol, b) = Polypol   a)   b)

1. In einer Kleinstadt gibt es nur einen Fleischer. ☐ ☐
2. Auf einem Viehmarkt bieten 10 Händler Tauben an. ☐ ☐
3. In Norddeutschland ist nur ein Energieversorger tätig. ☐ ☐
4. Im Fernverkehr konkurrieren viele Anbieter. ☐ ☐
5. In Südbayern kauft nur eine Firma Zuckerrüben. ☐ ☐

12. Ein Ziel des Marketings ist (3)

1. eine stärkere Kundenbindung. ☐
2. die Konzentration auf Laufkundschaft. ☐
3. das Wecken neuer Bedürfnisse. ☐
4. das Beeinflussen einer Kaufentscheidung. ☐
5. die Konsolidierung des Umsatzes. ☐

13. Das Handelsgesetzbuch kennt unterschiedliche Kaufmannseigenschaften. Ordnen Sie die Art des Kaufmanns der Geschäftstätigkeit richtig zu.

1. Kann-Kaufmann
2. Form-Kaufmann
3. Ist-Kaufmann
4. Nicht-Kaufmann

a) Dr. Emil Durchblick, Praxis für Ophthalmologie ☐
b) Dipl. Kffr. Angela Bauer, Alleingesellschafterin der Fa. Motorcycle GmbH ☐
c) Ernst Rübesam, Landwirt, Inhaber der Fa. Rübesam Kartoffelchips OHG ☐
d) Fa. Südwind GmbH, Geschäftsführer: Emil Herz, Dipl. Kfm ☐

14. Was gilt als Beleg für die Barzahlung einer Geldschuld? (1)

1. Quittung ☐
2. Lastschriftbuchung ☐
3. Gutschriftbuchung ☐
4. Lieferschein ☐
5. Kontoauszug online ☐

15. Ein Einzelhändler bezieht Waren im Wert von 50.000 €, Zahlungsziel 30 Tage. Er nimmt den Lieferantenkredit zum Zinssatz p = 9 % in Anspruch, bezahlt aber die Rechnung am 12. Tag ab Wareneingang und kann so das Skonto von 3 % nutzen.

Berechnen Sie die

a) Höhe K_L des Lieferantenkredits:

$K_L =$ ☐ in €

b) Kreditkosten Z für den Lieferantenkredit:

$K_Z =$ ☐ in €

16. In welchem Fall liegt eine Eigenfinanzierung von außen vor? (1)

1. Factoring wird verstärkt in Anspruch genommen. ☐
2. Rückstellungen des Vorjahres werden aufgelöst. ☐
3. Ein Teil des Gewinns wird reinvestiert. ☐
4. Lieferantenkredite werden ausgenutzt. ☐
5. Ein Gesellschafter einer GmbH erhöht seine Einlage um 50.000 €. ☐

17. Was trifft zu? (3)

1. Eine Prokura muss im Handelsregister eingetragen werden. ☐
2. Eine Handlungsvollmacht verleiht gleiche Befugnisse wie eine Prokura. ☐
3. Eine Prokura ist am Unterschriftszusatz ppa. erkennbar. ☐
4. Eine Handlungsvollmacht ist am Unterschriftszusatz i.V. erkennbar. ☐
5. Die Erteilung einer Prokura bedarf der Zustimmung eines Amtsgerichts. ☐

18. Wann beginnt die Rechtsfähigkeit? (2)

1. Bei natürlichen Personen mit der Geburt. ☐
2. Bei natürlichen Personen mit Vollendung des 18. Lebensjahres. ☐
3. Bei juristischen Personen mit dem Eintrag ins Handelsregister. ☐
4. Bei juristischen Personen mit der Aufnahme der Geschäftstätigkeit. ☐
5. Bei allen Personen mit ihrer Geschäftsfähigkeit. ☐

Musterprüfungssätze

Musterprüfungssätze

19. Alle Verträge kommen durch zwei inhaltlich voll übereinstimmende, rechtsgültige Willenserklärungen der beiden Vertragspartner zustande.
1. Darlehensvertrag
2. Dienstvertrag
3. Leihvertrag
4. Pachtvertrag
5. Werklieferungsvertrag

Tragen Sie die richtige Vertragsart ein:
a) Ein Rentner leiht sich ein Fachbuch aus der Stadtbibliothek. ☐
b) Eine Tänzerin lässt sich ein Karnevalskostüm nähen, den Stoff besorgt die Schneiderin. ☐
c) Ein Kaufmann vereinbart mit seiner Bank einen Dispositionskredit über 50.000 €. ☐
d) Ein Verein mietet einen Saal und bewirtet die Gäste auf eigene Rechnung. ☐
e) Ein Betrieb stellt einen Praktikanten für sechs Monate ein. ☐

20. Organe einer Aktiengesellschaft sind
1. Vorstand,
2. Aufsichtsrat und
3. Hauptversammlung

Ordnen Sie die Zuständigkeit den jeweiligen Organen zu:
a) Überwacht die Geschäftsführung. ☐
b) Bestellt den Vorstand. ☐
c) Beruft die Aktionäre ein. ☐
d) Wählt den Aufsichtsrat. ☐
e) Beschließt die Höhe der Dividende. ☐

21. Das Berufsbildungsgesetz (BBiG) erlegt Auszubildenden Pflichten auf. Was gehört *nicht* zu den Pflichten nach BBiG? (2)
1. Betriebsordnung beachten ☐
2. Kostenbeteiligung bei außerbetrieblichen Ausbildungsmaßnahmen ☐
3. zwei Stunden/ Woche Ausbildung im Betrieb bei Blockunterricht ☐
4. Schadenersatz für verursachte Schäden ☐
5. regelmäßiger Berufsschulbesuch ☐

22. Bei welchen Angelegenheiten hat der Betriebsrat ein Mitbestimmungsrecht? (2)
1. ordentliche Kündigung von Beschäftigten ☐
2. Einführung von Gleitzeit ☐
3. Einstellung von neuen Mitarbeitern ☐
4. Änderung des Fertigungsprogramms ☐
5. Regelung der Pausenzeiten ☐

23. Ein Mitarbeiter erhält nach 10 Jahren Betriebszugehörigkeit am 31. März des Jahres eine ordentliche Kündigung. In welcher Antwort sind Widerspruchsstelle und Widerspruchsfrist zutreffend? (1)
1. Arbeitsgericht, 3 Wochen ☐
2. Amtsgericht, 1 Woche ☐
3. Betriebsrat, 1 Woche ☐
4. Sozialgericht, 4 Wochen ☐
5. Vertrauensmann der Gewerkschaft, 1 Woche ☐

24. Welche Gruppierungen sind tariffähig, können also Tarifverträge abschließen? (2)
1. IHK mit Spartengewerkschaften ☐
2. Industriegewerkschaften mit Arbeitgeberverbänden ☐
3. Spartengewerkschaften mit großen Einzelbetrieben ☐
4. Betriebsrat mit Unternehmensleitung ☐
5. Betriebsrat mit Wirtschaftsverbänden ☐

25. Die gesetzlichen Sozialversicherungen bieten umfangreiche Leistungen an.

Zeile	Aussage
01	Die Vorsorgeleistungen werden von Männern wenig in Anspruch genommen.
02	Demenzerkrankte werden in den entsprechenden Pflegegrad eingeordnet.
03	Berufsberatung ist auch für Asylbewerber dringend notwendig.
04	Zahnersatz wird nur bezuschusst.
05	Der Nachhaltigkeitsfaktor ist demografisch notwendig.
06	Baustelleneinhausungen senken die Ausgaben für Schlechtwettergeld.
07	Kuren verlängern Zeiten der Erwerbstätigkeit.
08	Kinder sind bei ihren erwerbstätigen Eltern mitversichert.

| 09 | Gebrechlichkeit nimmt bei zunehmendem Alter stark zu. |
| 10 | Die Leistungen werden im Regelfall nur 12 Monate lang gewährt. |

In welchen Zeilen wird berichtet über die

a) Rentenversicherung ⬜

b) Krankenversicherung ⬜

c) Arbeitslosenversicherung ⬜

d) Pflegeversicherung ⬜

26. Gegeben ist die Gehaltsabrechnung für einen Beschäftigten. Berechnen Sie den Arbeitgeberanteil zur Sozialversicherung und den Gesamtaufwand des Arbeitgebers mit zwei Nachkommastellen.

Bruttogehalt:	3054,00 €
Sozialversicherungsbeiträge: Arbeitgeber (19 % des Bruttogehalts)	€
Gesetzliche Unfallversicherung	45,00 €
Gesamtaufwand	€

27. Welche Aussagen treffen für die soziale Marktwirtschaft zu? (2)
   ① Der Staat ordnet die Wirtschaft mit Fünfjahresplänen. ⬜
   ② Es herrscht Koalitionsfreiheit. ⬜
   ③ Der Staat setzt die Zinsen für Investitionskredite fest. ⬜
   ④ Der Markt regelt Angebot und Nachfrage. ⬜
   ⑤ Das Bundeswirtschaftsministerium legt die Wachstumsquote fest. ⬜

28. Was sind *keine* Aufgaben der Europäischen Zentralbank (EZB)? (2)
   ① Überwachung der Geldwertstabilität ⬜
   ② Steuerung der Geldmenge ⬜
   ③ Steuerung der Gütermenge ⬜
   ④ Festlegen von Löhnen und Preisen ⬜
   ⑤ Festlegen der Mindestreservesätze der Geschäftsbanken ⬜

29. Welche Entwicklung ist zu erwarten, wenn sich Geld- und Gütermenge wie folgt verhalten? (2)
   ① Inflation bei Kurvenpaar a) ⬜
   ② Deflation bei Kurvenpaar a) ⬜
   ③ Inflation bei Kurvenpaar b) ⬜
   ④ Deflation bei Kurvenpaar b) ⬜
   ⑤ stabiles Wirtschaftswachstum bei beiden Kurvenpaaren ⬜

30. Mit Steuern werden Gemeinschaftsaufgaben finanziert.
   Sie lassen sich unterscheiden in

A	B
① direkte Steuern ② indirekte Steuern	③ Verbrauchssteuern ④ Verkehrssteuern ⑤ Besitzsteuern

	A	B
a) Grunderwerbssteuer	⬜	⬜
b) Grundsteuer	⬜	⬜
c) Lohnsteuer	⬜	⬜
d) Einkommensteuer	⬜	⬜
e) Tabaksteuer	⬜	⬜
f) Mineralölsteuer	⬜	⬜
g) Körperschaftssteuer	⬜	⬜
h) Erbschaftssteuer	⬜	⬜

Musterprüfungssätze

Die Lösungen zur Kontrolle Ihrer Antworten finden Sie auf Seite 196.

Musterprüfungssatz 3 – Sie haben 60 Minuten Zeit!

> **Achtung:**
> Sie müssen alle 30 Aufgaben beantworten.
> Die Anzahl der richtigen Lösungen ist bei jeder Frage in Klammern angegeben.
> Kreuzen Sie die richtigen Lösungen an.
> Tragen Sie die Ergebnisse zu den offenen Aufgaben in die vorgesehenen Felder ein.

1. **Welche Bedürfnisse sind vielen Menschen zunehmend wichtig? (2)**
   1. pünktlicher Flugverkehr ☐
   2. Urlaub mit Fernreise ☐
   3. billige Elektro-Pkw ☐
   4. sicherer Arbeitsplatz ☐
   5. beruflicher Aufstieg ☐

2. **Bedürfnisse der Menschen sind von unterschiedlicher Wichtigkeit. In der Liste sind Bedürfnisse alphabetisch aufgeführt. Ordnen Sie die Bedürfnisse von 1 (= Grundbedürfnisse) bis 6 (= notfalls verzichtbar):**
   a) Alterssicherung ☐
   b) Gesundheitsfürsorge ☐
   c) hohes Ansehen ☐
   d) Kinobesuch ☐
   e) Nahrung ☐
   f) Premium-Pkw ☐

3. **Welche Behauptungen zu Wirtschafts- und Konsumgütern sind falsch? (2)**
   1. Substitutionsgüter können gegeneinander ausgetauscht werden. ☐
   2. Komplementärgüter ergänzen sich gegenseitig. ☐
   3. Konsumgüter sind immer auch Produktionsgüter. ☐
   4. Software ist ein immaterielles Gut. ☐
   5. Gebrauchsgüter verbrauchen sich bei ihrer Nutzung. ☐

4. **Ordnen Sie den Unternehmen den richtigen Wirtschaftsbereich zu:**
   1. Primärbereich
   2. Sekundärbereich
   3. Tertiärbereich

   a) Banken und Versicherungen ☐
   b) Hochseefischerei ☐
   c) Großhandelsunternehmen ☐
   d) Maschinenfabrik ☐
   e) Saatgutgewinnung ☐
   f) Stahlwerk ☐

5. **Gegeben sind Daten zu zwei Unternehmen A und B.**
   Berechnen Sie Gewinn G und Kapitalrendite R für beide Unternehmen (mit einer Kommastelle).

	Unternehmen A	Unternehmen B
Kapitaleinsatz K in Mio. €	5,3	2,4
Ertrag E in Mio. €	12	4,2
Aufwand A in Mio. €	10,5	3,3
Gewinn G in Mio. €	a)	b)
Kapitalrendite R in %	c)	d)

6. **In welchen Fällen liegt nachhaltiges Wirtschaften vor? (2)**
   1. Reduzieren des Verbrauchs von Primärenergie ☐
   2. Begrenzung von Urlaubsdauer und -geld ☐
   3. Einführung von papierlosen Verwaltungsabläufen ☐
   4. Begrenzung der Nahrungsmitteleinfuhr ☐
   5. Verringern der Begrenzung der Fläche von Solaranlagen ☐

7. Die Grafik zeigt den Zusammenhang zwischen Angebot und Nachfrage auf dem Markt.

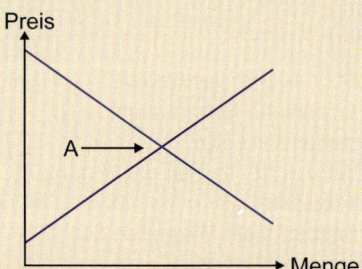

Welche Behauptungen treffen zu? (3)
1. Der Punkt A gibt den Gleichgewichtspreis an.
2. Erhöht sich das Angebot, steigen die Preise.
3. Bei geringer Nachfrage sinkt der Preis.
4. Die Angebotskurve fällt bei sinkender Nachfrage.
5. Bei Mindestpreisen gibt es keinen Gleichgewichtspreis.

8. Gegeben sind Aussagen zur Konzentration in der Wirtschaft.

Zeile	Aussage
01	Die beiden Firmen Hoch und Tief werden den Flughafen Tongatabu gemeinsam bauen.
02	Der Zusammenschluss aller Saatguthersteller wird wahrscheinlich.
03	Die Firmen Pedelec und E-Cycle arbeiten in der Forschung zusammen.
04	Die Busunternehmer in München gleichen ihre Preise an.
05	Der Küstenschutz wird an mehrere leistungsfähige Firmen vergeben.
06	Die Preise für Frischmilch in München sind fast identisch.
07	Blumenhändler arbeiten mit Fleurop zusammen.
08	Die großen deutschen Stahlwerke legen ihre Fertigung zusammen.
09	Autobahnleitplanken kosten in Deutschland einheitlich 1000 €/m.
10	Der Bau einer U-Bahn-Strecke ist für ein Einzelunternehmen nicht machbar.

In welchen Zeilen wird berichtet über
a) Kartelle
b) Interessengemeinschaften
c) Arbeitsgemeinschaften
d) Fusionen

9. **Welche Werbeslogans sind nach UWG unzulässig? (2)**
1. Inlineskaten steigert die Lebenslust.
2. Unser Softdrink hat Sexappeal.
3. Vorsicht! Fa. XY ist in Insolvenz.
4. BMW ist Freude am Fahren.
5. Wir garantieren Ihnen sofort 10.000 € Gewinn.

10. Gegeben sind verschiedene Fälle. Ordnen Sie die Kaufart zu.
1. Fixkauf
2. Kauf auf Abruf
3. Kauf auf Probe
4. Sofortkauf
5. Spezifikationskauf

a) „Wir bestellen 20 t Stahlblech. Lieferdatum und Teilmengen teilen wir Ihnen mit."
b) „Die notwendigen Raumteiler für die Halle teilen wir Ihnen vor Baubeginn mit."
c) „Einen Burger und eine Cola bitte."
d) „Wir werden Ihre Software zwei Wochen lang bei uns testen."
e) „Liefern Sie uns am Montag, den 23.05, bis 12.00 Uhr die Waren nach Liste."

11. **Bei einer Sicherungsübereignung (2)**
1. bleibt der Schuldner Eigentümer.
2. gibt es weder Schuldner noch Gläubiger.
3. bleibt der Gläubiger Eigentümer.
4. wird der Schuldner zum Besitzer.
5. erhält der Gläubiger ein Nutzungsrecht.

Musterprüfungssätze

12. Welche Art der Leistungsstörung liegt vor?
    1. Gläubigerverzug
    2. Nicht-Rechtzeitig-Leistung
    3. Nicht-Rechtzeitig-Zahlung
    4. Schlechtleistung

    a) Eine Schrankwand lässt sich mit der mitgelieferten Anleitung nicht montieren. ☐
    b) Ein Käufer weigert sich, einen bestellten Neuwagen anzunehmen. ☐
    c) Ein Caterer erhält für ein Event statt 100 Semmeln nur 10 geliefert. ☐
    d) Eine Auszubildende zahlt eine Onlinelieferung trotz mehrmaliger Mahnung nicht. ☐

13. Was gilt für die Rechtsform OHG? (2)
    1. Der Gesellschaftsvertrag muss von einem Notar beglaubigt sein. ☐
    2. Alle Gesellschafter haften mit ihrer Einlage und ihrem Privatvermögen. ☐
    3. Die Gewinnverteilung legt das Amtsgericht fest. ☐
    4. Alle Gesellschafter sind zur Geschäftsführung verpflichtet. ☐
    5. Es gibt Voll- und Teilhafter. ☐

14. Bei welcher Unternehmensrechtsform gibt es Voll- und Teilhafter? (1)
    1. GmbH ☐
    2. Personengesellschaft ☐
    3. KG ☐
    4. AG ☐
    5. OHG ☐

15. In welchen Fällen ist eine Erweiterung der beschränkten Geschäftsfähigkeit möglich? (2)
    1. Ein 5-Jähriger kauft ein Fahrrad. ☐
    2. Eine 17-Jährige Auszubildende heiratet. ☐
    3. Eine 16-Jährige schließt einen Ausbildungsvertrag ab. ☐
    4. Ein Entmündigter verfasst sein Testament. ☐
    5. Ein 16-Jähriger gründet ein Softwareunternehmen. ☐

16. Geben Sie für die Forderungen die zutreffenden Verjährungsfristen an:
    1. 2 Jahre
    2. 3 Jahre
    3. 5 Jahre
    4. 30 Jahre

    a) Ein Erntehelfer fordert einen noch ausstehenden Lohn. ☐
    b) Ein Verwandter fechtet das Testament des Erblassers an. ☐
    c) Ein Bauherr stellt Mängel an der Fensterverglasung fest. ☐
    d) Ein Autokäufer stellt fest, dass ihm Reparaturen verschwiegen wurden. ☐
    e) Ein Onlinehändler mahnt die Bezahlung einer offenen Rechnung an. ☐

17. In welchen Fällen liegt ein Werkvertrag vor? (3)
    1. Ein Installateur repariert eine Gastherme. ☐
    2. Ein Erntehelfer erhält den gesetzlichen Mindestlohn. ☐
    3. Ein Bildhauer fertigt eine Plastik nach Kundenwunsch. ☐
    4. Eine Kundin ist mit ihrer Frisur nicht zufrieden. ☐
    5. Ein angestellter Monteur ist in unterschiedlichen Werken tätig. ☐

18. Wo ist die Ausbildung zur Kauffrau für Büromanagement gesetzlich geregelt? (1)
    1. Prüfungsordnung der zuständigen IHK ☐
    2. Berufsbildungsgesetz (BBiG) ☐
    3. Ausbildungsvertrag ☐
    4. Rahmenlehrplan der Berufsschule ☐
    5. Ausbildungsordnung ☐

19. Eine Berufsausbildung zur Kauffrau für Büromanagement endet (1)
    1. mit Vertragsende. ☐
    2. mit dem Bestehen des letzten Prüfungsteils. ☐
    3. wenn mindestens die Note „befriegend" erreicht wurde. ☐
    4. grundsätzlich nach drei Jahren. ☐
    5. wenn auch die Wahlqualifikationen im Betrieb erworben wurden. ☐

20. Eine Auszubildende zur Kauffrau für Büromanagement hat folgendes Ergebnis in der theoretischen Berufsabschlussprüfung erzielt:

❶ Informationstechnisches Büromanagement:	Note 3,5
❷ indirekte Steuern	Note 2,5
❸ Verbrauchssteuern	Note 4,0
❹ Verkehrssteuern	Note 3,5

   a) Berechnen Sie die Gesamtnote:
   b) Hat sie die theoretische Prüfung bestanden? (ja = 1; nein = 2)

21. In welchen Fällen hat der Betriebsrat nur ein Mitwirkungsrecht? (2)
    ❶ Kündigung von Mitarbeitern
    ❷ Festlegen der Pausenzeiten
    ❸ Planung des Personalbedarfs
    ❹ Bestellung des Geschäftsführers
    ❺ Eingruppierung von Mitarbeitern

22. Die Liste enthält Aussagen zur Jugend- und Auszubildendenvertretung (JAV). Entscheiden Sie ob richtig (= 1) oder falsch (= 2):
    a) Die JAV wird alle vier Jahre gewählt.
    b) Das aktive Wahlrecht zur JAV haben nur Jugendliche unter 18 Jahren.
    c) Die JAV kann eigene Sprechstunden abhalten.
    d) Die JAV hat ein Antragsrecht direkt bei der Betriebsleitung.
    e) Ein Vertreter der JAV kann an Betriebsratssitzungen teilnehmen.
    f) In Konzernen kann eine Gesamt-JAV gewählt werden.
    g) Die JAV darf zu Arbeitskampfmaßnahmen aufrufen.

23. Was gilt für die paritätische Mitbestimmung? (2)
    ❶ Sie gilt in allen Unternehmen mit mehr als 500 Mitarbeitern.
    ❷ Im Aufsichtsrat sind die Arbeitnehmer mit einem Drittel der Mitglieder vertreten.
    ❸ Paritätische Mitbestimmung gilt nur in der Montanindustrie.
    ❹ Ein Vorstandsmitglied hat die Aufgabe eines Arbeitsdirektors.
    ❺ Die Vertreter der Arbeitnehmer im Aufsichtsrat müssen Gewerkschaftsmitglieder sein.

24. Bringen Sie den Ablauf von Tarifverhandlungen in die richtige Reihenfolge.
    1 = Beginn; 8 = Ende
    a) In einer Urabstimmung stimmen 60 % der Gewerkschaftsmitglieder dem Kompromiss zu.
    b) Der neue Tarifvertrag tritt in Kraft.
    c) Die Tarifverhandlungen scheitern.
    d) Die Tarifvertragsparteien verhandeln, die Gewerkschaft ruft zu Warnstreiks auf.
    e) Bei Wiederaufnahme der Tarifverhandlungen wird ein Kompromiss erzielt.
    f) In einer Urabstimmung stimmen 80 % der Gewerkschaftsmitglieder für einen Streik.
    g) Eine Tarifvertragspartei kündigt den Tarifvertrag.
    h) Die Gewerkschaft stellt Forderungen, die Arbeitgeber machen ein Angebot.

25. Welche Aussagen zur Arbeitsgerichtsbarkeit treffen *nicht* zu? (2)
    ❶ Arbeitsgerichte sind Zivilgerichte.
    ❷ Die Ermittlungen führt die Staatsanwaltschaft.
    ❸ In der I. Instanz gibt es keinen Anwaltszwang.
    ❹ Die Frist für Kündigungsschutzklagen beträgt 4 Wochen.
    ❺ Die Güteverhandlung findet nach dem Urteil statt.

Musterprüfungssätze

26. Die Grafik zeigt den Konjunkturverlauf in einer Volkswirtschaft über mehrere Jahre. Entscheiden Sie mit 1 (= ja) und 2 (= nein), ob die Aussagen zutreffen.

    BIP ↑ → Zeit

    a) BIP = Bruttoinlandsprodukt. ☐
    b) Die steigende Gerade zeigt das Wachstum der Volkswirtschaft. ☐
    c) Die beiden Gipfel weisen auf ein wirtschaftliches Hoch hin. ☐
    d) Steigt das BIP, dann steigt auch die Zahl der Arbeitslosen. ☐
    e) In der Rezession steigt das BIP steil an. ☐

27. Die Bundesregierung ist nach dem Stabilitäts- und Wachstumsgesetz gehalten, die Konjunktur zu steuern. Geben Sie an, wie die Maßnahmen wirken.

    Maßnahmen:
    ① Förderung der Konjunktur
    ② Dämpfung der Konjunktur

    a) Die Abschreibungsfristen werden verlängert. ☐
    b) Verbrauchssteuern werden gesenkt. ☐
    c) Der Straßenbau wird mit Krediten finanziert. ☐
    d) Der Kauf von E-Pkw wird subventioniert. ☐
    e) Verbrauchssteuern werden erhöht. ☐

28. Was ist *nicht* Teil des magischen Vierecks? (1)
    ① außenwirtschaftliches Gleichgewicht ☐
    ② hohe Sparrate ☐
    ③ Vollbeschäftigung ☐
    ④ Geldwertstabilität ☐
    ⑤ stetiges Wirtschaftswachstum ☐

29. Welche Maßnahmen der Europäischen Zentralbank wirken konjunkturfördernd? (3)
    ① Erhöhung der Mindestreserven ☐
    ② Senkung der Mindestreserven ☐
    ③ Ankauf von Wertpapieren und Anleihen ☐
    ④ Verkauf von Wertpapieren und Anleihen ☐
    ⑤ Appelle zur Beseitigung von Investitionshemmnissen ☐

30. Kennzeichen einer inflationären Entwicklung sind (1)
    ① steigende Preise. ☐
    ② Rückgang des Bruttoinlandsprodukts. ☐
    ③ steigendes Angebot auf den Märkten. ☐
    ④ Vollbeschäftigung in vielen Wirtschaftszweigen. ☐
    ⑤ Verlängerung der Lieferfristen für Wirtschaftsgüter. ☐

Die Lösungen zur Kontrolle Ihrer Antworten finden Sie auf Seite 196.

9 Lösungen zu den Aufgaben

Kapitel 1: Notwendigkeit des Wirtschaftens

Kapitel 1.1

Lösungen zu den offenen Fragen (in Kurzform) auf Seite 3:

zu ❶
1. Nahrung, Kleidung — sehr wichtig
2. Rente im Alter — wichtig
3. Urlaub — wichtig
4. Theaterbesuch — weniger wichtig
5. Luxus-Pkw — verzichtbar

zu ❷
1. Mangelzustand: Hungergefühl
2. Bedürfnis: Kleinigkeit zum Essen
3. Kaufwille: im Stehen zu essen
4. Bedarf: Sandwich
5. Kaufkraft: 6 € zur Verfügung
6. Nachfrage: Cafeteria
7. Bedürfnisbefriedigung: Hunger gestillt

zu ❸

	a)	b)
modische Schuhe	1	3
sicherer Arbeitsplatz	2	3
Berufsunfähigkeitsversicherung	2	3
Anerkennung im Beruf	2	3
beruflicher Aufstieg	2	3
Tablet-PC	1	3

zu ❹
Bedürfnis: Wunsch nach einem aktuellen Notebook
Bedarf: Sonderangebot: Notebook für 650,- €
Kaufkraft: 400,- €
Nachfrage: Anbieter im Internet
Bedürfnisbefriedigung:
  ja: Kauf gegen Ratenzahlung
  nein: Verzicht auf das Notebook

zu ❺
Eine Privatinsolvenz ist immer auch mit einer Gehaltspfändung verbunden. Davon betroffene Mitarbeiter könnte der Arbeitgeber in finanziellen Angelegenheiten als „nicht vertrauenswürdig" einstufen.

zu ❻
Eine sehr rasche Veränderung von Bedürfnissen – und damit der Nachfrage – kann dazu führen, dass Billigfleisch nicht abgesetzt werden kann, Biofleisch aber noch nicht in ausreichender Menge zur Verfügung steht und deshalb die Preise von Biofleisch stark ansteigen.

Lösungen zu den Multiple-Choice-Aufgaben auf Seite 4:

1. ❷
2. ❹
3. ❷, ❸
4. ❶, ❹, ❺
5. ❸
6. ❸, ❺
7. ❷, ❺
8. ❹, ❺

Kapitel 1.2 und 1.3

Lösungen zu den offenen Fragen (in Kurzform) auf den Seiten 11–12:

zu ❶
individuelle Lösungen; je nach Betrieb und Ausbildungsberuf

zu ❷
a) Benzin für Privat-Pkw:
  materiell, Konsumgut, Verbrauchsgut
b) Diesel für ein Taxi:
  materiell, Produktionsgut, Verbrauchsgut
c) Sandwich in der Mittagspause:
  materiell, Konsumgut, Verbrauchsgut
d) Patent zur Papierbeschichtung:
  immateriell, Recht
e) Mieterberatung durch einen Anwalt:
  immateriell, Dienstleistung, privat, personenbezogen
f) Möbel im Büro:
  materiell, Produktionsgut, Verbrauchsgut
g) Schlafzimmermöbel:
  materiell, Konsumgut, Gebrauchsgut
h) Patrone für Abteilungsdrucker:
  materiell, Produktionsgut, Verbrauchsgut

zu ❸
Laserdrucker: materiell, Produktionsgut, Gebrauchsgut, Basisgut
Laserpatrone: materiell, Produktionsgut, Verbrauchsgut, Komplementärgut

zu 4

Die Wirtschaftlichkeit erhöht sich durch Verringerung des Aufwands, z. B. durch niedrigere Löhne für die Mitarbeiter oder kürzere Vorgabezeiten für Reinigungsarbeiten.

zu 5

Pkw-Hersteller: Privatbetrieb, alle Produktionsfaktoren wie Rohstoffe, Arbeitskraft und Kapital werden benötigt; Verarbeitungsbetrieb (Sekundärbereich), Industriebetrieb, Schlüsselindustrie, Serienfertigung.

zu 6

	Vorjahr A	Folgejahr B
a) Wirtschaftlichkeit W	W_A = 14 Mio. €/ 13 Mio. € W_A = 1,08	W_B = 16 Mio. €/ 14 Mio. € W_B = 1,14
b) Gewinn G	G_A = 14 Mio. € – 13 Mio. € G_A = 1 Mio. €	G_B = 16 Mio. € – 14 Mio. € G_B = 2 Mio €
c) Rentabilität des Eigenkapitals R_{EK}	R_{EKA} = 1 Mio. € · 100/ 8 Mio. € R_{EKA} = 12,5 %	R_{EKB} = 2 Mio. € · 100/ 8,5 Mio. € R_{EKB} = 23,5 %
d) Wertschöpfung WS	E_A = 14 Mio. € + 1 Mio. € – 2 Mio. € – 3 Mio. € WS_A = 10 Mio €	E_B = 16 Mio. € + 0,5 Mio. € – 2,5 Mio. € – 4 Mio. € WS_B = 10 Mio. €

zu 7

Altglassammlung: Recycling;
Pfandflaschen: Ressourcenschonung;
Aufforstung von Brachland: Nachhaltigkeit;
Rad fahren statt Pkw-Nutzung: Umweltschonendes Verhalten;
System Grüner Punkt: Recycling;
Papierloses Büro: Ressourcenschonung.

Lösungen zu den Multiple-Choice-Aufgaben auf den Seiten 13–14:

1. ④, ⑤
2. ②, ④
3. ③
4. ①, ⑤
5. ①, ④
6. ③
7. ②
8. ②
9. ①, ③
10. ①, ②
11. ①, ⑤
12. ③
13. ②
14. ③
15. ⑤
16. ②, ③, ④
17. ①, ③

Kapitel 1.4

Lösungen zu den offenen Aufgaben (in Kurzform) auf den Seiten 19–20:

zu 1
a) Verkäufermarkt
b)

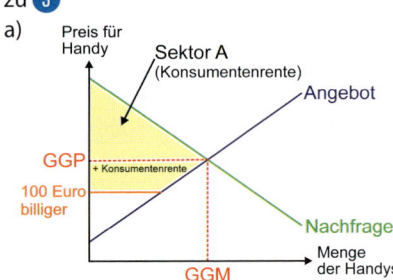

c) Kauf von Alternativprodukten, z. B. Heidelbeeren
d) Anbieten von Alternativprodukten, z. B. Heidelbeeren, oder Import von Erdbeeren, um diese zu Sommerpreisen anzubieten

zu 2
Das Angebot an freien Wohnungen entspricht der Nachfrage.

zu 3
a)

b) Er kauft ein Sonderangebot, das um 100,– € billiger als der Marktpreis ist.
c) Die Nachfrage sinkt, der Gleichgewichtspreis sinkt.

zu 4
a) Signalfunktion
b) Lenkungsfunktion
c) Ausschaltungsfunktion
d) Signalfunktion

zu 5
a) Angebotsmonopol: Die Preise für Busreisen steigen.
b) Überangebot, Dumpingpreise, Verdrängungswettbewerb.
c) Es bildet sich ein Schwarzmarkt, es werden höhere Mieten „unter der Hand geboten".

d) Es bildet sich ein grauer Markt, Arbeitssuchende sind bereit, länger als zulässig zu arbeiten.
e) Überangebot, die Bodenpreise sinken.
f) Sachliche Preisdifferenzierung, die Verbraucher kaufen mehr.
g) Zeitliche Preisdifferenzierung, der Heizölkauf verlagert sich auf den Sommer.

zu ❻
Siehe Grafik
a) GGP = 100 € bei einer GGM von 200 Stück.
b) Der Marktpreis steigt auf 125 €.
c) Die Nachfrage geht auf 100 Stück zurück.
d) Die Schuhe werden verramscht, es gibt keinen Marktpreis mehr.

Lösungen zu den Multiple-Choice-Aufgaben auf Seite 21:

1. ❶, ❸
2. ❶, ❸
3. ❶, ❺
4. ❹
5. ❶
6. ❺
7. ❶, ❸
8. ❸

Kapitel 2: *Betrieblicher Leistungsprozess*
Kapitel 2.1

Lösungen zu den offenen Aufgaben (in Kurzform) auf Seite 25:

zu ❶
a) + b)
   Boden (Natur): Betriebsgrundstück, lieferbare Bauteile
   Arbeit: Forschungs-, Entwicklungs- und Konstruktionsarbeiten, neue Mitarbeiter, technisches Büro
   Kapital: Investitionen in Maschinen und Anlagen, neue Montagehalle, Rücklagen, Darlehen
c) Erweiterungsinvestition

zu ❷
Elektrogroßhandel:
Boden (Natur): Betriebsgrundstück, Handelsware (Elektrogeräte) von Herstellern und Zulieferern.
Arbeit: Organisationsarbeiten der Geschäftsleitung, Tätigkeiten der Mitarbeiter in Einkauf, Lager, Kommissionierung, Versand.
Kapital: Bürogebäude und Lagerhallen, Betriebseinrichtungen in Büro, EDV und Lager, Kapital für die Beschaffung der Handelswaren.

zu ❸
a) Umwegproduktion, da erst in Montageroboter investiert werden muss, die dann das Erzeugnis herstellen.
b) Die Personalkosten sollen gesenkt werden, die Maschinenkosten steigen allerdings.

zu ❹

Betriebswirtschaftliche Faktoren für die geplante Fertigung von Elektrofahrrädern		
Elementarfaktoren		Dispositive Faktoren
Repetierfaktoren	Potenzialfaktoren	
Fertigungsmaterial, z. B. Rohrrahmen	Maschinen, z. B. Montageroboter	Marktanalyse zum möglichen Absatz
Akkus zum Antrieb	Programmierarbeit für die Roboter	Planung der Montagefolge
Hilfsstoffe, z. B. Lacke	Software für die Montageroboter	Vertriebsstrategie

zu ❺
a) Führungsprozesse: Geschäftsleitung: Planung und Zielvorgabe;
   Kernprozesse: Entwicklung, Konstruktion, Fertigung und Montage von Fahrrädern;
   Unterstützungsprozesse: Einkauf, Vertrieb, Lagerhaltung, Betriebskantine, Personalbüro.
b) Das Controlling steuert und überprüft die von der Geschäftsleitung vorgegebenen Ziele.

Lösungen zu den Multiple-Choice-Aufgaben auf Seite 26:

1. ❶, ❸, ❺
2. ❶A; ❷C; ❸A; ❹B; ❺C
3. ❸, ❹
4. ❸, ❹, ❺
5. ❶, ❹
6. ❶C; ❷A; ❸A; ❹C; ❺B
7. ❸, ❹
8. ❷, ❹

Kapitel 2.2. und 2.3

Lösungen zu den offenen Aufgaben (in Kurzform) auf den Seiten 31–32:

zu ❶
Wachstum zeigt sich in der Zunahme von Geld- und Sachkapital in einer Volkswirtschaft, verbunden mit höherem Lebensstandard.
1. Konsumverzicht der Verbraucher.
2. Banken sammeln Geldkapital in Form von Sparguthaben.
3. Zinsen für Kredite bei den Banken sinken.
4. Bereitschaft der Unternehmen wächst, Kredite bei den Banken aufzunehmen.
5. Investitionen in Sachkapital, wie Maschinen und Fertigungsanlagen.
6. Niedrigere Preise für Güter durch rationellere Fertigung.
7. Verbraucher haben niedrigere Konsumausgaben und können einen Teil ihres Einkommens sparen.

zu ❷

Bilanz					
Aktiva			Passiva		
Investitionen	Jahr 1 in Mio. €	Jahr 2 = Folgejahr in Mio. €	Finanzierung	Jahr 1 in Mio. €	Jahr 2 = Folgejahr in Mio. €
Anlagevermögen	1,60	1,85	Eigenkapital	2,0	2,35
Vorräte	0,30	0,35			
Geldkapital	0,20	0,15			
Summe	2,10	2,35	Summe	2,0	2,35

Gewinn- und Verlustrechnung Jahr 2			
Aufwand		Ertrag	
	in Mio. €		in Mio. €
Löhne	6,50	Umsatzerlöse	10,75
Materialverbrauch	2,50		
Abschreibungen	0,40		
Gewinn	0,35		
Summe	9,75	Summe	10,75

a) Anlageinvestitionen: 0,65 Mio. € (1,85 – 1,6) + 0,40 (Mio. €)
b) Vorratsinvestitionen: 0,05 Mio. € (0,35 – 0,30) (Mio. €)
c) Ersatzinvestitionen: 0,40 Mio. €
d) Erweiterungsinvestitionen: 0,25 Mio. € (1,85 – 1.60) (Mio. €)
e) Bruttoinvestitionen: 0,70 Mio. € (0,65 + 0,05) (Mio. €)

zu ❸
Artteilung: An allen 20 Baustellen werden von einer Baukolonne nacheinander erst die die Keller gefertigt, dann der Rohbau und dann der Ausbau (= Reihenfertigung).
Mengenteilung: Jede Kolonne fertigt jeweils ein Haus komplett (Parallelfertigung).
Die Phasenteilung folgt den Vorgängen:
Entwurf – Herstellung der Pläne – Gründung – Rohbau – Ausbau.

zu ❹

	falsch	richtig
Aussage	Mengenteilung	Artteilung
	gleichzeitig, also parallel	nacheinander
	höher als bei einer Mengenteilung	niedriger als bei einer …
	von horizontaler Arbeitsteilung	von vertikaler Arbeitsteilung
	Primärbereich … Güterherstellung	Primärbereich … Gewinnung von Rohstoffen
	Sekundärbereich … Gewinnung von Rohstoffen	Sekundärbereich … Güterherstellung
	Textilindustrie in Hochlohnländern	Textilindustrie in Niedriglohnländer
	… in Entwicklungsländern	… in Industrieländern.
	Motivation der Mitarbeiter zu steigern	Motivation der Mitarbeiter sinkt
	ein komplexes Erzeugnis … alleine	ein komplexes Erzeugnis … nicht mehr alleine

zu ⑤

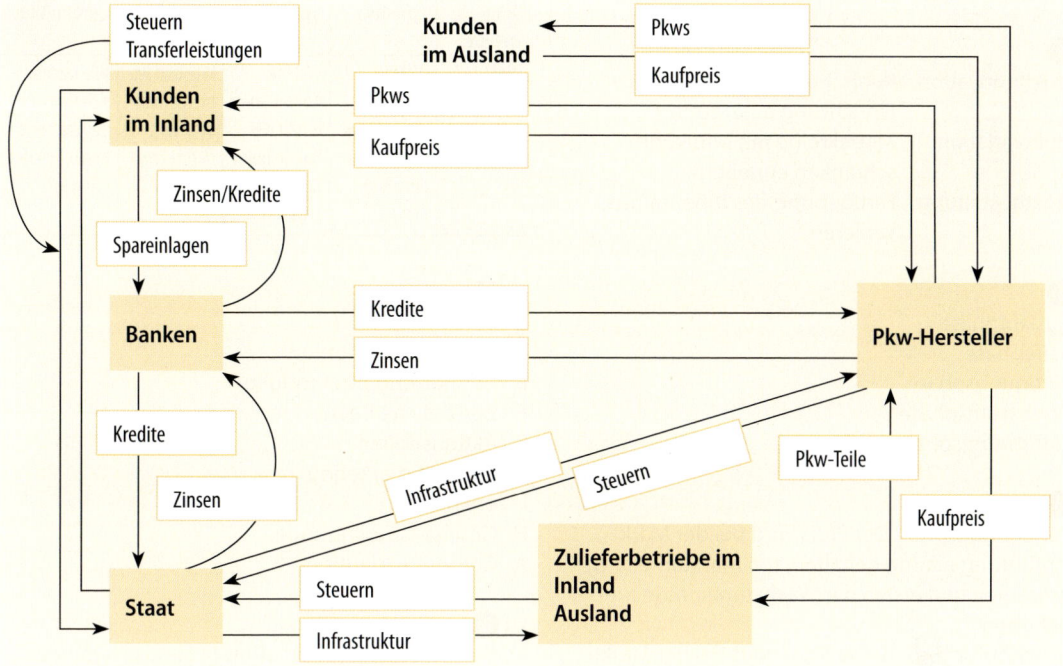

Lösungen zu den Multiple-Choice-Aufgaben auf Seite 33:

1. ⑤
2. ③, ⑤
3. ①, ④
4. ④
5. ①
6. ②, ④
7. ①, ③
8. ① B; ② A; ③ B; ④ A; ⑤ B
9. ① B; ② B; ③ B; ④ A; ⑤ A

Kapitel 2.4

Lösungen zu den offenen Aufgaben (in Kurzform) auf den Seiten 42–43:

zu ❶
a) E; b) B; c) C; d) D; e) A; f) E; g) C; h) B; i) C; j) C

zu ❷
Der Pkw-Hersteller bezieht die Baugruppe „Räder komplett: Felge + Reifen" von mehreren Herstellern weltweit.
- Die Abhängigkeit von einem Zulieferer wird damit vermieden.
- Es können die jeweils kostengünstigsten Anbieter verpflichtet werden.

Lösungen

zu ③
2018: 1,75 %, 2019: 5,17 %, 2020: 4,26 %

zu ④
Produktinnovation: Kühlschrank mit Crashed-Ice-Einrichtung ausstatten
Produktvariation: Modellreihe mit Minikühlschränken erweitern
Produktgestaltung: Farbgebung des Innenraums variieren

zu ⑤
a) Auslaufphase
b) Reifephase
c) Sättigungsphase
d) Wachstumsphase
e) Einführungsphase

zu ⑥
a) Penetrationspreis: Der Preis wird bei der Markteinführung niedrig gehalten, um Marktanteile zu gewinnen und erst in der Wachstumsphase angehoben.
b) Abschöpfungspreis: Der Preis wird bei der Markteinführung hoch angesetzt, um kaufkräftige Kunden zu bedienen und in der Reifephase herabgesetzt, um möglichst hohe Umsätze zu generieren.

zu ⑦
a) Sortimentsbreite: Die Hersteller bieten unterschiedliche Fahrräder an, vom Citybike bis zum Mountainbike.
b) Sortimentstiefe: Die Fahrräder werden in unterschiedlicher Größe und Ausstattung angeboten.

zu ⑧
Diversifikation: Das Produktionsprogramm erweitern um E-Bikes, Pedelecs und Road Scooter.
Differenzierung: Mehrere Varianten von Fahrrädern anbieten, z. B. Klappräder, Dreiräder für Erwachsene.

zu ⑨
Um vegane Erzeugnisse auf dem Markt erfolgreich zu platzieren,
- muss bei Kunden das Bedürfnis dafür geweckt werden.
- müssen Kunden darauf aufmerksam gemacht werden.
- muss die Kaufentscheidung für vegane Produkte beeinflusst werden.
- müssen die Ernährungsgewohnheiten der Kunden langfristig verändert werden.

zu ⑩

Maßnahme	„product"	„price"	„place"	„promotion"
Ziel	Welche Modelle von E-Pkws bietet man dem Kunden an?	Welche Konditionen erhält der Kunde beim Kauf eines E-Pkws?	Wie und wo bietet man dem Kunden E-Pkws an?	Wie lassen sich Kundenkontakte herstellen und pflegen?

zu ⑪
D „4 P"
C „product positioning"
E Ausstattung des Produkts
F persönliche Ebene
B Aktionsebene
G Content marketing
I online
H Geschäftsbedingungen
A Corporate Identity

zu ⑫
a) Die logistische Distribution befasst sich mit der Wahl des Transportmittels von Wirtschaftsgütern.
b) Ein Franchisenehmer ist ein selbständiger Kaufmann.
c) Ein Pkw-Vertragshändler verkauft Pkws auf eigene Rechnung.
d) Ein Customer Relationship Management ist kundenorientiert organisiert.
e) Eine funktionsorientierte Absatzorganisation ist Teil der Aufbauorganisation.
f) Vorteil eines indirekten Absatzes sind geringere Absatzkosten.

Lösungen zu den Multiple-Choice-Aufgaben auf den Seiten 44-45:

1. ④, ⑤
2. ①
3. ②
4. ①, ③, ⑤
5. ②, ⑤
6. ②, ③
7. ④
8. ④, ⑤
9. ①, ②, ⑤
10. ③, ⑤
11. ①, ③, ⑤
12. ①, ③
13. ③, ④
14. ②, ③
15. ②
16. ① Marketing ist Aufgabe aller Abteilungen.
    ② Marketing ist auch zur Umsatzsicherung notwendig.

Kapitel 2.5

Lösungen zu den offenen Aufgaben (in Kurzform) auf den Seiten 50-51:

zu ❶
a) Unzumutbare Belästigung durch ein unverlangtes Angebot.
b) Irreführende geschäftliche Handlung: Es müssen ausreichend Geräte des Sonderangebots vorhanden sein.
c) Irreführende geschäftliche Handlung: Die Produktangaben sind unwahr.
d) Diese vergleichende Werbung ist unzulässig, da die Vergleichsobjekte sehr unterschiedlich sind.
e) Unlautere geschäftliche Handlung: Der Mitbewerber wird verleumdet.

zu ❷
Der Internetuser sollte dem Schreiben schriftlich widersprechen, muss aber weder Gebühren, noch Schadenersatz leisten, noch die Geldstrafe bezahlen, die nur ein Gericht verhängen dürfte. Der angesprochene Verstoß müsste genau bezeichnet und erst abgemahnt werden.

zu ❸
Benutzung von
- Fernbuslinien,
- Mitfahrdiensten,
- eigenem Pkw.

zu ❹
Die Einzelunternehmen der Arge A103 bleiben rechtlich unabhängig und bestehen nur für die Bauzeit. Eine Fusion wäre ein Zusammenschluss mit Kapitalbeteiligung der drei Unternehmen zu einem neuen Unternehmen.

zu ❺
Monopole: a) c) d) e)
Polypol: b)

zu ❻
Da es nur wenige Einkaufsgenossenschaften im Lebensmittelbereich gibt und hier die Gewinnmargen sehr klein sind, besteht die Gefahr, dass sich Genossenschaften zusammenschließen, um gegenüber den Discountern konkurrenzfähig zu bleiben.

zu ❼
a) Gebietskartell: Die Stromkunden können auf Angebote im Internet ausweichen.
b) Preiskartell: Die Verbraucher verzichten auf den Kauf von Bananen.
c) Empfehlungskartell: Die potentiellen Kunden wählen einen anderen Pkw.
d) Bücher sind wie alle Medienerzeugnisse preisgebunden, es liegt ein zulässiges Preiskartell vor.
e) Quotenkartell: Die Verbraucher können entweder auf einen Weihnachtsbaum verzichten oder ihn in einer anderen Region kaufen.

zu ❽

	falsch	richtig
Aussage	Mangel auf dem Markt ...	Überschuss auf dem Markt ...
	Strafrecht	Gesetz gegen Wettbewerbsbeschränkungen (GWG)
	Wettbewerb ... einschränken	Wettbewerb ... sicherstellen
	grenzenlose vergleichende Werbung	vergleichende Werbung, so Gleiches mit Gleichem verglichen wird
	... jeder Verbraucher berechtigt ...	... sind nur Verbände ...
	Angebotsmonopole = ein Nachfrager – viele Anbieter	Angebotsmonopole = ein Anbieter – viele Nachfrager
	Nachfragemonopole = ein Anbieter – viele Nachfrager	Nachfragemonopole = viele Anbieter – ein Nachfrager
	Polypole, viele Anbieter und wenige Kunden	Polypole, also viele Anbieter und viele Kunden
	Konzerne ohne Kapitalbeteiligung	Konzerne mit ... Kapitalbeteiligung
	Interessengemeinschaften mit Kapitalbeteiligung	Interessengemeinschaften ohne Kapitalbeteiligung
	50 % des Marktes ...	20 % des Marktes ...
	Quotenkartell	Gebietskartell
	große Pkw-Hersteller ...	Einzelhändler
	zu Produkten mit festen Verkaufspreisen	zu Produkten mit variablen Marktpreisen

Lösungen zu den Multiple-Choice-Aufgaben auf Seite 52:

1. ❶, ❹
2. ❷, ❺
3. ❸
4. ❶, ❷
5. ❹
6. ❷, ❹, ❺
7. ❶, ❸, ❺

8.
		steigt	konstant	sinkt
❶	Gewinnspanne	☒	☐	☐
❷	Absatzkosten	☐	☐	☒
❸	Personalbedarf	☒	☐	☐
❹	Zwischenhandel	☐	☐	☒
❺	Kundenkontakt	☒	☐	☐

Kapitel 3: *Zahlungsverkehr und Finanzwirtschaft*

Kapitel 3.1

Lösungen zu den offenen Aufgaben (in Kurzform) auf den Seiten 56-57:

zu ①
a) bargeldlos mit Einzugsermächtigung
b) bargeldlos mit Dauerauftrag
c) halbbar mit Nachnahme
d) bargeldlos mit Kreditkarte
e) bar

zu ②

Sporthaus Topfit

Emil Wurmdobler
Radweg 32
10123 Berlin
Tel 040 – 123 456
E-Mail: info@topfit-Berlin.de

Quittung

Von __Frau Nadia Zuse__

haben wir heute für __1 Skateboard Modell Flitzer__

__120,–__ EURO erhalten.

in dem Betrag sind __19__ % Mehrwertsteuer enthalten = __22,80__ EURO

Berlin: __16. 01. 2020__   *Emil Wurmdobler*
                                                   Unterschrift

---

zu ③

Kürzel	Erklärung	notwendig bei
TAN	Transaktionsnummer	Onlinebanking
IBAN	International Bank Account Number	Überweisungen vom Girokonto
BIC	Bank Identifier Code	Überweisungen vom Girokonto

zu ④
Aufwand   gering: a), b), e)
                                hoch: d), c)
Zusätzliche Kosten: a), e) keine
                                b), d) Kontoführungs- / Überweisungsgebühr
                                c) Überweisungsgebühr

zu 5

Aufgabe	Zahlungsart
a) monatliche Mietzahlung	Übergabe Verrechnungsscheck
b) Nachzahlung für Heizkosten	Einzelüberweisung
c) Kauf eines Coffee to go	Lastschriftverfahren
d) Kauf eines Buches bei einem Onlinehändler	Geldkarte
e) Kauf einer Busfahrkarte im Stadtverkehr	Bankkarte
f) Kauf eines gebrauchten Rollers von privat	Kreditkarte
g) Buchen eines Landgangs während einer Kreuzfahrt	Internet-Bezahldienste
h) Bezahlung der Gebühren für das Mobiltelefon	Barzahlung
i) Kauf von Damenoberbekleidung bei eBay	Einzahlung am Bankschalter
j) Buchung einer DB-Fahrkarte online	Dauerauftrag

zu 6
- Ein Scheck muss immer gedeckt sein,
- viele Gläubiger akzeptieren keine Schecks mehr,
- ein verlorener Scheck kann missbräuchlich verwendet werden.

zu 7
Der Kunde muss den verspäteten Rechnungseingang sofort beim Lieferanten reklamieren, um ein Skonto doch noch in Anspruch nehmen zu können.

Lösungen zu den Multiple-Choice-Aufgaben auf Seite 58:

1. ③
2. ④
3. ①, ④
4. ①
5. ①, ③
6. ③, ④
7. ① ja; ② nein; ③ ja; ④ nein; ⑤ ja;
8. ①, ③, ⑤
9. ②, ④

Kapitel 3.2

Lösungen zu den offenen Aufgaben (in Kurzform) auf den Seiten 63-64:

zu 1
a) Eigenfinanzierung durch einen Mitgesellschafter, Kapital kommt von „außen", aus dem Privatvermögen eines Gesellschafters.
b) Aktivseite: Anlagen nimmt um 70.000 € zu. Passivseite: Eigenkapital nimmt um 50.000 € zu, Fremdkapital nimmt um 20.000 € zu.

c) Der Gesellschafter B erhält fortan einen höheren Anteil am Gewinn.

d)
	Eigenkapitalquote	Fremdkapitalquote
vor der Einlage	46,2 %	53,8 %
nach der Einlage	48,6 %	51,4 %

zu 2
a) Die Gesellschafter sind wegen des geringen Eigenkapitals möglicherweise nicht kreditfähig. Eine Bank würde hohe Zinsen und Sicherheiten fordern.
b) Venturecapital-Geber sind auf die Finanzierung von Start-up-Unternehmen spezialisiert, da sie sich bei Erfolg des Unternehmens hohe Gewinne versprechen.

zu 3
a) Bankdarlehen mit ca. 5 Jahren Laufzeit; der Lkw kann als Sicherheit dienen.
b) Lieferantenkredit über 15.000 €.
c) Bankdarlehen mit ca. 10 Jahren Laufzeit; die Maschine kann als Sicherheit dienen.
d) Kontokorrentkredit.
e) Lombardkredit; Gemälde im Wert von 50.000 € können einer Bank als Pfand übergeben werden.

zu 4
Fälligkeitsdarlehen: Es werden nur gleichbleibende Zinsen bezahlt: 36 x 240 €/Monat, im letzten Monat 36.000 € Tilgung+ die letzte Zinsrate von 240 €.

zu 5
a) Es liegt ein Kredit mit fester Rate vor.
b) Der Zins wird mit zunehmender Laufzeit geringer, die Tilgung höher.

zu 6

a) Fälligkeitsdarlehen, b) Tilgungsdarlehen, c) Annuitätendarlehen

zu 7

Geschäftsvorfall	Lieferung einer Ware mit dem Rechnungsbetrag K = 30.000 € Zahlungsziel: t = 60 Tage.		
Art der Finanzierung	Lieferantenkredit mit Zinssatz p = 8 % für 60 Tage wird voll in Anspruch genommen.	Lieferantenkredit mit Zinssatz p = 8 % wird t = 20 Tage in Anspruch genommen (Rechnung wird am 20. Tag bezahlt).	Kontokorrentkredit mit Zinssatz 9 % p. a. wird statt des Lieferantenkredits 20 Tage in Anspruch genommen (Rechnung wird am 20. Tag bezahlt).
Skonto 3 %	0 €	30.000 € – 3 % = 900 € Restbetrag: 29.100 €	30.000 € – 3 % = 900 € Restbetrag: 29.100 €
Kreditkosten Z $Z = \frac{K \cdot p \cdot t}{100 \cdot 360}$	$Z = \frac{30.000 \cdot 8}{100}$ **Z = 2400 €**	$Z = \frac{29.100 \cdot 8 \cdot 20}{100 \cdot 60}$ **Z = 776 €**	$Z = \frac{29.100 \cdot 9 \cdot 20}{100 \cdot 360}$ **Z = 145,50 €**
Finanzierungsbilanz: Skonto – Zinsen	0 € – 2400 € = = **– 2400 €** (negativ)	900 € – 776 € = = **+ 124 €** (positiv)	900 € – 145,50 € = = **+ 754,50 €** (positiv)

Lösungen zu den Multiple-Choice-Aufgaben auf Seite 65:

1. ①, ④ 2. ② 3. ②, ③ 4. ①, ③ 5. ③, ④ 6. ④, ⑤ 7. ②, ④
8. ① ja; ② nein; ③ ja; ④ nein; ⑤ ja;

Kapitel 3.3 und 3.4

Lösungen zu den offenen Aufgaben (in Kurzform) auf Seite 71:

zu 1

Je nach Ergebnis der aktuellen Internetrecherche; z. B. für 2018:
Die Einnahmen des Staates betrugen rund 1.543,56 Milliarden Euro, die Ausgaben im gleichen Zeitraum beliefen sich auf ca. 1.485,55 Milliarden Euro.

zu 2

- Gerechtigkeit: Alle Bürger werden unabhängig von Alter, Geschlecht, Religion, Art des Einkommens usw. zur Lohn- und Einkommensteuer herangezogen.
- Leistungsfähigkeit: Die Lohn- und Einkommensteuer steigt prozentual mit dem Einkommen. Wer viel verdient, zahlt einen höheren Prozentsatz von seinem Einkommen als Steuer.

zu 3

Vorgang/Tatsache	Steuerart	Verbrauchs-steuer	Besitz-steuer	Verkehrs-steuer	direkte Steuer	indirekte Steuer
Kauf von Zigaretten	Mehrwertsteuer, Tabaksteuer	X				X
Kauf eines Grundstücks	Grunderwerbssteuer		X	X	X	
Ferienreise	Mehrwertsteuer	X				X
Eigentum an einem Grundstück	Grundsteuer		X		X	
Volltanken eines Pkw	Mehrwertsteuer, Mineralölsteuer	X				X
13. Monatsgehalt	Lohn-/Einkommensteuer		X		X	
Verkauf von Aktien	Abgeltungssteuer		X	X	X	

Hinweis: Die Abgeltungssteuer ist eine pauschalierte Einkommensteuer auf Zinseinkünfte und beträgt einheitlich 25 %.

zu ④

	Herr Huber	Frau Huber
Vor der Umwandlung: Einzelunternehmen	Der Gewinn aus dem Ingenieurbüro wird als Einkommen besteuert.	Ehegattensplitting: Gemeinsame Besteuerung mit dem Ehemann.
Nach der Umwandlung: GmbH	• Geschäftsführergehalt: lohnsteuerpflichtig • entnommener Gewinn: einkommensteuerpflichtig	• entnommener Gewinn: einkommensteuerpflichtig • Ehegattensplitting: gemeinsame Besteuerung aller Einkommen mit dem Ehemann
	GmbH: körperschaftsteuerpflichtig	

zu ⑤
Gewerbesteuer: 45.000 € · 0,04 · 3,5 = 6300 €/a

zu ⑥
- Brandschaden: Betriebsfeuerversicherung (Sachversicherung);
- Schadenersatz wegen nicht gelieferter Ware: Betriebsunterbrechungsversicherung (Vermögensversicherung);
- Schaden am Pkw: Haftpflichtversicherung der Feuerwehr.

Lösungen zu den Multiple-Choice-Aufgaben auf Seite 72:

1. ②
2. ③, ④
3. ③
4. ①, ③, ⑤
5. ④
6. ① ja; ② ja; ③ nein; ④ nein; ⑤ ja;
7. ⑤
8. ②, ③, ④

Kapitel 4: Rechtsgrundlagen – Unternehmensrecht

Kapitel 4.1

Lösungen zu den offenen Aufgaben (in Kurzform) auf den Seiten 77–78:

zu ①

Beispiel		Rechtsbereich	Rang
A	Betretungsverbot von Spielplätzen	Weisung einer Behörde	6
B	„Die Würde des Menschen ist unantastbar"	Grundgesetz	2
C	Elternzeitgesetz	Gesetz	3
D	Schwimmbadsatzung	Satzung	5
E	Allgemeine Erklärung der Menschenrechte	Menschenrecht	1
F	Lohnsteuerdurchführungsverordnung	Verordnung	4

zu ②
Privatrecht, Arbeitsrecht: Verstoß gegen den allgemeinen Gleichbehandlungsgrundsatz im Arbeitsrecht, Klage vor dem örtlichen Arbeitsgericht möglich.

zu ③
Jugendliche sollen vor Übervorteilung geschützt werden und insbesondere keine Rechtsgeschäfte abschließen können, deren Folgen ihnen mangels Lebenserfahrung noch nicht bewusst sind.

zu ④

	falsch	richtig
1	und Geschlecht	nur an das Alter
2	mit der Zeugung	mit der Geburt
3	Verlust der Rechtsfähigkeit, z. B. bei Demenz	mit dem Tod
4	Idealvereine	Öffentlich rechtliche Anstalten
5	Gründung in einer Gesellschafterversammlung	mit dem Eintrag in das HR
6	bis zum Tag ihrer gesetzlichen Auflösung	Tag der Lösung aus dem HR
7	geschäftsuntüchtig	geschäftsunfähig
8	Eintrag in das Handelsregister	mit dem 18. Lebensjahr

9	vorher ihre Einwilligung	oder nachher die Genehmigung
10	nicht mehr rechtsfähig	bleiben rechtsfähig bis zum Tod
11	keine Erweiterung ihrer beschränkten	sie kann diese beantragen
12	nur beschränkt geschäftsfähig	voll geschäftsfähig

Lösungen zu den Multiple-Choice-Aufgaben auf den Seiten 79–80:

1. ①
2. ②
3. ①
4. ③
5. ①, ③
6. ⑤
7. ⑤
8. ④
9. ②, ③
10. ①, ⑤
11. ②, ③, ④

Kapitel 4.2 und 4.3

Lösungen zu den offenen Aufgaben (in Kurzform) auf den Seiten 84–85:

zu ①

	Einseitiges Rechtsgeschäft		Zweiseitiges Rechtsgeschäft	
	Nicht empfangsbedürftig	empfangsbedürftig	Verpflichtungsgeschäft	Verfügungsgeschäft
a)			X	
b)	X			
c)		X		
d)		X		
e)				X
f)		X		
g)		X		
h)			X	

zu ②
Die Geschäftspartner einer GmbH wollen oft vor Aufnahme einer Geschäftsbeziehung über das haftende Kapital und die Gesellschafter informiert sein. Einsichtnahme ist beim Amtsgericht am Sitz der GmbH auf Antrag möglich.

zu ③
Der Laptop
- hat nicht die zugesicherten Eigenschaften, z. B. Festplatte mit 1 GB statt mit 10 GB,
- ist ein Vorführgerät obwohl es als Neugerät angeboten wurde,
- hat einen wesentlich kleineren Bildschirm als im Verkaufsprospekt beschrieben,
- wurde von einem privaten Vermittler gekauft, obwohl im Prospekt ein Händler genannt wurde.

zu ④
Entscheidung?
a) nichtig: Drogenhandel ist strafbar;
b) wirksam;
c) nichtig: Es handelt sich vermutlich um strafbare Hehlerei;
d) nichtig: Ein 10-Jähriger ist nicht geschäftsfähig;
e) nichtig: Grundstückskäufe müssen öffentlich beurkundet werden;
f) nichtig: Asylbewerber benötigen eine Arbeitserlaubnis, der Mindestlohn beträgt 9,35 €/Std. (Stand: 2020);
g) wirksam.

zu ⑤

	falsch	richtig
Aussage	… ist unwirksam.	… ist anfechtbar.
	… als unbewegliche Sache	Sachen und Gegenstände sind immer beweglich.
	20 Tage nach Lieferung einen Mahnbescheid	Kauf auf Ziel 30 Tage. Der Mahnbescheid ist rechtsunwirksam.
	… als Sicherheit die Eigentumswohnung	Als Mieterin ist sie Besitzerin, aber nicht Eigentümerin.
	… eine öffentliche Beglaubigung des Kreditvertrags	Kreditverträge müssen nicht öffentlich beglaubigt werden.
	… 3 % Skonto	Skontoabzug ist nicht möglich, da das Zahlungsziel 30 Tage beträgt.

Lösungen zu den Multiple-Choice-Aufgaben auf Seite 86:

1. ②, ⑤
2. ③, ④
3. ① nichtig; ② anfechtbar; ③ nichtig; ④ nichtig; ⑤ nichtig;
4. ① B; ② E; ③ B; ④ B; ⑤ B
5. ②, ④
6. ③, ⑤

Kapitel 4.4

Lösungen zu den offenen Aufgaben (in Kurzform) auf den Seiten 92–93:

zu 1
Es ist zur Unternehmensgründung kein Mindestkapital notwendig. Der Inhaber muss den Gewinn nicht mit weiteren Teilhabern teilen. Der Inhaber kann über alle Geschäftsvorfälle alleine entscheiden.

zu 2
KG: Die Familienmitglieder treten als Kommanditisten in das Unternehmen ein und haften nur mit ihrer Einlage. Der bisherige Einzelunternehmer ist Komplementär. Oder:
GmbH: Die Familienmitglieder gründen eine GmbH und wählen einen Geschäftsführer. Jeder haftet nur mit seinem Anteil am Stammkapital.

zu 3
a) OHG, GbR
b) OHG
c) GmbH, OHG, wenn Grundstücke eingebracht werden
d) KG, die Kommanditisten haften nur mit ihrer Einlage
e) AG
f) GmbH, AG, Mini-GmbH
g) eG
h) Einzelunternehmen
i) Mini-GmbH
j) GbR, GmbH, Mini-GmbH
k) OHG, GbR, KG, GmbH, eG, Mini-GmbH
l) OHG, KG

zu 4
A: ohne Privatentnahmen

	Fr. Specht	H. Huber
Kapitaleinlage am 01.01. d. J.	120.000 €	80.000 €
Gewinn	20.000 € im Geschäftsjahr	
Kapitalverzinsung: 4 %	4800 €	3200 €
Gewinnrest	20.000 € − 4800 € − 3200 € = **12.000 €**	
Anteile am Gewinnrest: Verhältnis	6	4
Anteile am Gewinnrest:	7200 €	4800 €
Kapitaleinlage: 31.12. d. J. (keine Gewinnentnahmen durch die Gesellschafter)	132.000 € (= 120.000 € + 4800 € + 7200 €)	88.000 € (= 80.000 € + 3200 € + 4800 €)

Probe: Gewinn = 4800 € + 7200 € + 3200 € + 4800 €
= 20.000 €

B: mit Privatentnahmen

	Fr. Specht	H. Huber
Kapitaleinlage am 01.01. d. J.	120.000 € (= 60 %)	80.000 € (= 40 %)
Gewinn	20.000 € im Geschäftsjahr	
Kapitalverzinsung: 4 %	4800 €	3200 €
Privatentnahme	01.08.d.J.: 2000 €	15.11.d. J: 3000 €
Zins für Privatentnahmen: 4 % p. a. (Sollzinsen)	$Z = 2000 \text{ €} \cdot \frac{4}{100} \cdot \frac{5}{12}$ $Z = 33{,}33 \text{ €}$	$Z = 3000 \text{ €} \cdot \frac{4}{100} \cdot \frac{45}{360}$ $Z = 15 \text{ €}$
Zinsanteil	4800 € − 33,33 € = **4766,67 €**	3200 € − 15 € = **3185 €**
Gewinnrest	20.000 € − 4800 € − 3200 € + 33,33 € + 15 € = **12.048,33 €**	
Anteile am Gewinnrest: Verhältnis	6	4
Anteile am Gewinnrest:	7229 € (= 60 % von 12.048,33 €)	4819,33 € (= 40 % von 12.048,33 €)
Gewinn im Geschäftsjahr	12.029 € (4800 € + 7229 €)	8.019,33 € (3200 € + 4819,33 €)
Kapitaleinlage: 31.12. d. J. (keine Gewinnentnahmen durch die Gesellschafter)	120.000 € + 4.800 € + 12.029 € − 33,33 € − 2000 € = **134.795,67 €**	80.000 € + 3200 € + 8.019,33 € − 15 € − 3000 € = **88.204,33 €**

Probe: (Gewinnanteil Fr. Specht − Sollzinsen)
+ (Gewinnanteil H. Huber − Sollzinsen)
= (4800 € + 7229 € − 33,33 €) + (3200 € + 4819,33 € − 15 €) = 20.000 € Gewinn

zu 5
Die Weisung von H. Schreier ist unterschrieben mit *ppa. Emil Schreier.* Fr. Igel muss beim Schreiben an den Kunden unterzeichnen mit *i. A. Sabine Igel,* da sie nur im Auftrag diesen einen Geschäftsvorfall selbständig bearbeiten darf.

zu ⑥

Das Handelsregister am Amtsgericht gibt jedermann Auskunft zu den Eigentumsverhältnissen eines Unternehmens sowie zur Geschäftsführung.
In Abteilung A müssen sich alle eingetragenen Kaufleute sowie OHG und KGs eintragen.
In Abteilung B müssen sich alle GmbHs, KGAs und AGs eintragen.

Lösungen zu den Multiple-Choice-Aufgaben auf den Seiten 94–95:

1. ①, ③, ④
2. ① 1; ② 2; ③ 2; ④ 1; ⑤ 1
3. ①, ④
4. ④
5. ⑤
6. ⑤
7. ⑤
8. ①
9. ②
10. ③
11. ④
12. ③
13. ① C; ② A; ③ D; ④ B; ⑤ D

Kapitel 5: *Rechtsgeschäfte*

Kapitel 5.1 und 5.2

Lösungen zu den offenen Aufgaben (in Kurzform) auf den Seiten 103–104:

zu ①
a) Leihvertrag
b) Werklieferungsvertrag
c) Darlehensvertrag
d) Pachtvertrag
e) Arbeits- bzw. Dienstvertrag
f) Werkvertrag
g) Mietvertrag

zu ②
a) Leihvertrag; eine nachträgliche Leihgebühr ist nicht rechtens.
b) Pachtvertrag; er schließt das Ertragsrecht mit ein, die Forderung ist nicht rechtens.
c) Leasingvertrag; der Nutzer muss den Pkw nicht zum Restwert kaufen.

zu ③
Leasingvertrag: Der Lkw bleibt im Eigentum des Leasinggebers, die Leasingraten sind Aufwand.
Lkw mit Darlehen beschafft: Der Lkw ist Eigentum des Spediteurs und geht in das Betriebsvermögen ein, das Darlehen ist Fremdkapital, die Zinsen sind Aufwand.

zu ④
Eigner Bürogebäude – Reinigungsfirma:
Werkvertrag; die Reinigungsfirma schuldet den Erfolg.
Reinigungsfirma – Glasreiniger:
Arbeits- bzw. Dienstvertrag; die Glasreiniger schulden nicht den Erfolg, also saubere Fenster.

zu ⑤
Bei Onlinekäufen gilt ein Rückgaberecht von zwei Wochen, ohne dass es einer Begründung bedarf.

zu ⑥
a) Schlechtleistung: Der Käufer hat das Recht auf eine fehlerfreie und ausführliche Montageanleitung. Wird sie nicht geliefert, kann er vom Kaufvertrag zurücktreten.
b) Gläubigerverzug: Der Gläubiger hat das Recht auf Abnahme des Pkws durch den Käufer, notfalls auf Selbsthilfeverkauf.

c) Nicht-Rechtzeitig-Leistung: Die Konditorei hat das Recht auf Schadenersatz für den Nichterfüllungsschaden und kann vom Vertrag zurücktreten.
d) Nicht-Rechtzeitig-Zahlung: Der Installateur hat das Recht auf Zahlung des Gesamtbetrags und Verzugszinsen.

zu ❼

Willens-erklärung	Vorgang	Besonderheiten, z. B.
I	Käufer (Textilhändler) stellt einen Antrag (Verpflichtungsgeschäft).	Gattungskauf, zweiseitiger Handelskauf, Fernkauf
II	Der Verkäufer (Großhändler) nimmt den Antrag an (Erfüllungsgeschäft).	Spezifikationskauf
III	Der Großhändler liefert die Ware.	Lieferung frei Haus
IV	Der Textilhändler nimmt die Ware an.	Lieferung in fünf Teillieferungen
V	Der Textilhändler bezahlt den Gesamtpreis einen Monat nach der letzten Lieferung.	Zahlung nach Lieferung der letzten Teilmenge
VI	Der Großhändler nimmt den Gesamtpreis an.	

Lösungen zu den Multiple-Choice-Aufgaben auf den Seiten 105–106:

1. ④
2. ⑤
3. ❶ DV; ❷ DV; ❸ WV; ❹ WV; ❺ DV
4. ①, ⑤
5. ③, ④, ⑤
6. ②, ⑤
7. ③
8. ②, ③, ⑤
9. ②, ⑤
10. ②, ④
11. ①
12. ②
13. ⑤
14. ①
15. ❶ 2 Jahre; ❷ 5 Jahre; ❸ 3 Jahre; ❹ 30 Jahre; ❺ 2 Jahre
16. ②
17. ②, ④, ⑤

Kapitel 6: Berufsausbildung – Arbeit im Betrieb

Kapitel 6.1

Lösungen zu den offenen Aufgaben (in Kurzform) auf den Seiten 114–115:

zu ❶
Ausbildung im eigenen Betrieb lohnt, da
- Nachwuchs betriebsspezifisch ausgebildet werden kann,
- keine Kosten für Einarbeitungszeit von neuen Mitarbeitern anfallen,
- ein guter Mix von Stammpersonal und jungen Mitarbeitern herrscht.

zu ❷
Ausbilder kann der Ausbildende selbst sein oder ein von ihm bestellter Ausbilder. Voraussetzungen dafür sind
- fachliche und persönliche Eignung,
- eine erfolgreich abgelegte Berufsabschlussprüfung,
- eine Ausbildereignungsprüfung.

zu ❸
Die Ausbildungsordnung (BüroMKfAusbV) ist Gesetz und soll eine planmäßige, geordnete und umfassende Ausbildung für alle Auszubildenden in diesem Beruf sicherstellen.

zu ❹
Lernorte:
- Betrieb: Fa. Systems, Frankfurt/M.; vermittelt die Fertigkeiten und Kenntnisse nach BüroMKfAusbV; Rechtsgrundlage ist das Berufsbildungsgesetz.
- Berufsschule: Die für Frankfurt/M. zuständige Berufsschule; sie ergänzt die betriebliche Berufsausbildung und vermittelt allgemeine Bildung;
- Rechtsgrundlage bildet das Hessische Schulgesetz.

zu ❺
Es liegt ein qualifiziertes Arbeitszeugnis vor. Es müsste aber von Wohlwollen getragen sein; die Aussagen „Wir hätten sie nach der Ausbildung nicht in ein unbefristetes Arbeitsverhältnis übernommen" und „nur ihre Pünktlichkeit ließ oft zu wünschen übrig" sind ein Verstoß gegen das Gebot Wohlwollen. Das Arbeitszeugnis muss persönlich von H. Rumpler unterschrieben sein.

zu ⑥
Abschlussprüfung bestanden, Gesamtergebnis 2,42 (= befriedigend = bestanden)

zu ⑦
Die BüroMKfAusbV verlangt, dass jeweils fünf Monate in den beiden Wahlqualifikationen ausgebildet wird. Das wird bei „Personalwirtschaft" nicht erreicht. Es liegt ein Verstoß des Ausbildenden gegen die Vorgabe vor, „die zeitliche und sachliche Gliederung der Ausbildung so zu planen, dass das Ausbildungsziel erreicht wird".

zu ⑧
- Berufliche Fortbildung: Weiterbildung im erlernten oder ausgeübten Beruf.
  Beispiel: Aufstiegsfortbildung zum Betriebswirt.
- Umschulung: Wechsel des Berufs nach einer Erstausbildung.
  Beispiel: nach einem Unfall: von der Kauffrau für Büromanagement zur Mediengestalterin.
- Allgemeine Weiterbildung: Erwerb von persönlichen Qualifikationen.
  Beispiel: Erwerb des Fachabiturs an einer FOS.

zu ⑨
Sozialkompetenzen werden zunehmend wichtiger, denn die Menschen werden in Unternehmen immer stärker im Team arbeiten.
Methodenkompetenzen braucht man, um die Verfahren zu beherrschen, wie man sich selbst Fachkenntnisse aneignen kann, z. B. durch E-Learning.

zu ⑩
individuelle Lösung; die Grafik zeigt:
- Je höher die berufliche Qualifikation, desto geringer ist die Arbeitslosenquote.

Es gibt unabhängig von der Wirtschaftslage einen großen Sockel von Arbeitslosen mit geringer beruflicher Qualifikation; er steigt in Zeiten der Krise immer am stärksten.

Lösungen zu den Multiple-Choice-Aufgaben auf den Seiten 116–117:

1. ④
2. ③
3. ③, ⑤
4. ①, ③, ④
5. ②, ④
6. ③, ④
7. ②
8. ③
9. ③
10. ③
11. ④
12. ⑤
13. ⑤

Kapitel 6.2

Lösungen zu den offenen Aufgaben (in Kurzform) auf Seite 125:

zu ①
Nach § 9 JArbSchG muss der Betrieb die Auszubildende für Berufsschulwochen mit einem planmäßigen Blockunterricht von mindestens 25 Stunden an mindestens fünf Tagen freistellen. Er kann sie aber am Freitagnachmittag zwei Stunden für eine betriebliche Ausbildung in den Betrieb beordern.

zu ②
Die Auszubildende hat Anspruch auf 30 Tage Urlaub, da der Tarifvertrag dem JArbSchG vorgeht, wenn er eine günstigere Regelung als im Gesetz vorsieht. Nach JArbSchG stünden ihr 27 Werktage zu, da der 1. Januar des Jahres der Stichtag für den Urlaubsanspruch ist.

zu ③
- Technische Schutzvorschriften regeln die Sicherheit von Maschinen und Anlagen, z. B. im Rahmen des Geräte- und Produktionssicherheitsgesetzes, des Arbeitssicherheitsgesetzes.
- Soziale Schutzvorschriften gewähren Rechte in bestimmten Situationen oder für bestimmte schutzwürdige Gruppen von Arbeitnehmern, z. B. im Rahmen des Bundesurlaubsgesetzes, des Kündigungsschutzgesetzes oder des Mutterschutzgesetzes.

zu ④
Nein; der Jahresurlaub dient der Erholung; die Mitarbeiterin kann fristlos entlassen werden.

zu ⑤
Akkordarbeit ist für werdende Mütter nicht zulässig; der Arbeitgeber muss ihr einen Ersatzarbeitsplatz im Zeitlohn anbieten. Sie muss aber dadurch keine Einbuße in der Lohnhöhe akzeptieren.

zu ⑥
Diese Vereinbarung ist zulässig; die Regelarbeitszeit von 40 Stunden bezieht sich auf sechs Werktage pro Woche.

zu ⑦
a) ordentlich, wenn z. B.
- das Verhalten des Arbeitnehmers nicht zu tolerieren ist, weil er beispielsweise immer unpünktlich ist (= verhaltensbedingt),
- der Arbeitnehmer aufgrund von Auftragsmangel nicht beschäftigt werden kann (= betriebsbedingt);

b) fristlos, wenn z. B.
- der Arbeitnehmer seine Pflichten grob missachtet, beispielsweise laufend gegen Unfallverhütungsvorschriften verstößt,
- der Arbeitnehmer gegenüber Mitarbeitern und Vorgesetzten tätlich wird.

zu ⑧
Erhöhten Kündigungsschutz genießen z. B.
- Schwerbehinderte,
- Mitarbeiter, die sich in der Elternzeit befinden.

zu ⑨
Das Angebot eines Zeitvertrags ist rechtens, muss aber auf 2 Jahre befristet sein. Die Mitarbeiterin muss nicht für fehlerhafte Bestellungen haften, diese Vereinbarung ist nichtig.

zu ⑩
Die Tätigkeit für den Arbeitgeber im Homeoffice ist weiterhin ein Dienstvertrag. Ein Werkvertrag wäre in diesem Fall eine Scheinselbständigkeit.

zu ⑪
Der Verzicht auf den Anwaltszwang in der I. Instanz an Arbeitsgerichten soll die Kosten für Arbeitnehmer gering halten und rechtsuchende Arbeitnehmer nicht durch Anwaltsgebühren belasten.

Lösungen zu den Multiple-Choice-Aufgaben auf den Seiten 126–127:

1. ⑤
2. ③
3. ③
4. ②, ③
5. ③
6. ②, ④
7. ①
8. ①, ③
9. ①, ④
10. ②, ④
11. ①
12. ③
13. ②
14. ⑤
15. ③, ⑤

Kapitel 6.3

Lösungen zu den offenen Aufgaben (in Kurzform) auf Seite 132:

zu ①
Wichtige Organe der Betriebsverfassung sind:
- Betriebsversammlung: Versammlung aller Arbeitnehmer, die im Betrieb beschäftigt sind;
- Betriebsrat: gewählte Vertreter der Arbeitnehmer;
- Jugend- und Auszubildendenvertretung: gewählte Vertreter der Auszubildenden (ohne Altersbegrenzung) und der jugendlichen Arbeitnehmer im Betrieb (bis 18 Jahre).

zu ②
Wichtige Aufgaben des Betriebsrats sind, dafür zu sorgen, dass
- Tarifverträge und Betriebsvereinbarungen eingehalten werden,
- alle Arbeitnehmer gleich behandelt werden,
- Mitarbeiter mit besonderem Schutzbedürfnis, z. B. werdende Mütter, nicht benachteiligt werden.

zu ③
Formvorschriften für Betriebsratswahlen:
- Wahl alle vier Jahre.
- Die Kosten trägt der Arbeitgeber.
- Die Anzahl der Beschäftigten bestimmt die Zahl der Betriebsräte.
- Es besteht keine Wahlpflicht.

zu ④
Rechte des Betriebsrats:
- Mitbestimmung in sozialen Angelegenheiten, z. B.: Beginn und Ende der täglichen Arbeitszeit, Betriebsordnung.
- Mitwirkung in personellen Angelegenheiten, z. B.: Beurteilungsgrundsätze, Einstellung und Kündigung von Mitarbeitern.
- Informationsrechte in wirtschaftlichen Angelegenheiten, z. B.: Planung des Personalbedarfs, Sozialpläne bei Betriebsschließungen.

zu ⑤
Kann sich der Betriebsrat mit dem Arbeitgeber in einer mitbestimmungspflichtigen Angelegenheit nicht einigen, z. B. Beginn und Ende der täglichen Arbeitszeit, so kann er das Arbeitsgericht anrufen.

zu ❻
Eigenständige Rechte der Jugend- und Auszubildendenvertretung (JAV) sind u. a.:
- Die JAV kann Sprechstunden während der Arbeitszeit anbieten.
- Mitglieder der JAV müssen für Schulungs- und Bildungsmaßnahmen freigestellt werden.
- Die JAV hat ein Informationsrecht gegenüber dem Betriebsrat.

zu ❼
Untersagt der Arbeitgeber der JAV das Abhalten von Sprechstunden während der Arbeitszeit, so verstößt er gegen das Betriebsverfassungsgesetz; die JAV kann sich für eine Vermittlung an den Betriebsrat wenden.

zu ❽
Minimalrechte von Arbeitnehmern (AN), in deren Betrieb kein Betriebsrat vorhanden ist, sind z. B.:
- Informationsrecht der AN über ihren unmittelbaren Arbeitsbereich,
- Anhörung in Fragen, die sie oder ihren Arbeitsbereich direkt betreffen,
- Recht auf ein Arbeitszeugnis (ein qualifiziertes nur auf Verlangen).

zu ❾
In einer GmbH mit 600 Mitarbeitern gilt das Drittelbeteiligungsgesetz. Die Mitbestimmung findet nur im Aufsichtsrat statt. Hier stellen die Arbeitnehmervertreter nur ein Drittel der Mitglieder, können also immer von den Vertretern der Kapitaleigner überstimmt werden.

zu ❿
Lösung: F – E – B – G – D – H – C – A – I

Lösungen zu den Multiple-Choice-Aufgaben auf den Seiten 133–134:

1. ❹
2. ❹
3. ❷, ❺
4. ❸, ❺
5. ❸
6. ❷, ❸
7. ❹, ❺
8. ❷, ❹, ❺
9. ❷, ❹
10. ❶, ❺

Kapitel 6.4

Lösungen zu den offenen Aufgaben (in Kurzform) auf Seite 139:

zu ❶
Interessenverbände:
- dürfen eine bestimmte politische Richtung vertreten,
- erhalten für ihre Arbeit keine Zuschüsse vom Staat,
- wirken bei der Vorbereitung von Gesetzen und Verordnungen mit,
- die Mitgliedschaft ist freiwillig.

zu ❷
Arbeitgeberverbände:
- organisieren, bündeln und vertreten Arbeitgeberinteressen,
- wollen gewerkschaftliche Forderungen abwehren,
- wollen die Mitbestimmung einschränken,
- fordern Reformen der gesetzlichen Sozialversicherungen zur Entlastung der Arbeitgeber.

Gewerkschaften:
- organisieren, bündeln und vertreten Arbeitnehmerinteressen,
- wollen Arbeitnehmerinteressen in Staat und Wirtschaft durchsetzen,
- wollen die Mitbestimmung sichern,
- fordern Reformen der gesetzlichen Sozialversicherungen, z. B. der Rentenversicherung, ohne zusätzliche Belastungen der Versicherten.

zu ❸
Vorteile einer Mitgliedschaft in einer Gewerkschaft sind:
- Jedes Mitglied trägt zu einem mitgliederstarken Verband bei.
- Unterstützung bei Streik und Aussperrung.
- Beratung bei Problemen mit dem Arbeitsrecht.

zu ❹
Spartengewerkschaften organisieren nur bestimmte Berufsgruppen in Unternehmen, z. B. die GDL für Lokomotivführer. Gewerkschaftliche Forderungen werden nicht mehr von einer Industriegewerkschaft für alle Beschäftigten vertreten, z. B. von der EVG (= Eisenbahn- und Verkehrsgewerkschaft). Die Arbeitgeber können Industrie- und Spartengewerkschaften gegeneinander ausspielen und so die Wirksamkeit von Industriegewerkschaften schwächen.

zu ⑤
Industrie- und Handelskammern
- sind vom Staat errichtete „Körperschaften des öffentlichen Rechts",
- erfordern Zwangsmitgliedschaft,
- nehmen für den Staat Aufgaben wahr, z. B. die Durchführung von Berufsabschlussprüfungen wie die zur Kauffrau für Bürokommunikation.

zu ⑥
- Schutzfunktion: Arbeitgeber können Löhne und Arbeitsbedingungen nicht willkürlich ändern.
- Ordnungsfunktion: Arbeitsverhältnisse, Eingruppierung und Löhne sind während der Laufzeit eines Tarifvertrags geregelt.
- Sichern des Betriebsfriedens: Während der Laufzeit von Tarifverträgen sind Streik und Aussperrung nicht zulässig.

zu ⑦
Tarifautonomie bedeutet: Arbeitgeberverbände können mit Gewerkschaften Tarifverträge ohne staatliche Einmischung und Vorgaben aushandeln.

zu ⑧
a) Schwerpunktstreik: Ausgewählte Betriebe werden bestreikt, z. B. ein Reifenhersteller; so lassen sich ohne großen Aufwand ganze Wirtschaftszweige, z. B. die Automobilindustrie, stilllegen.
b) Warnstreik: kurzer Streik, um die Arbeitgeber von der Ernsthaftigkeit zu überzeugen, selbst einen längeren Streik durchzuführen.
c) Aussperrung: Schließen eines Betriebs für alle Beschäftigten, auch für die, die nicht streiken.

zu ⑨
Rechtswidrig ist ein Streik, wenn er nicht nach den Regeln des Tarifvertragsgesetzes oder den Regeln der zuständigen Industriegewerkschaft geführt wird, z. B. ein Streik zur Durchsetzung politischer Ziele oder eine längere Arbeitsniederlegung ohne Urabstimmung.

zu ⑩
Tarifgehälter sind Mindestgehälter, wenn ein Tarifvertrag allgemeinverbindlich ist. Einem Arbeitgeber steht es frei, ein höheres Gehalt zu bezahlen, um damit Mitarbeiter zu motivieren und gut qualifiziertes Personal zu gewinnen.

Lösungen zu den Multiple-Choice-Aufgaben auf den Seiten 140–141:

1. ③, ⑤
2. ③
3. ①, ⑤
4. ①, ③
5. ②
6. ①, ⑤
7. ②
8. ①, ⑤
9. ①, ⑤
10. ③
11. ④
12. ②
13. ②, ④

Kapitel 6.5

Lösungen zu den offenen Aufgaben (in Kurzform) auf Seite 147:

zu ①
Aufgaben in der sozialen Sicherung, z. B.

Aufgabe	gesetzliche Sozialversicherung	Träger, z. B.
Alterssicherung	Rentenversicherung	Deutsche Rentenversicherung – Bund
Krankenfürsorge	Krankenkasse	AOK; BEK
Unterstützung bei Pflegebedürftigkeit	Pflegekasse	bei der jeweiligen Krankenversicherung
Arbeitsvermittlung	Bundesanstalt für Arbeit	zuständige Arbeitsagentur
Heilbehandlung nach Arbeitsunfällen	Gesetzliche Unfallversicherung	Berufsgenossenschaft

zu ②

Versicherung	Leistungen
a) gesetzliche Krankenversicherung	Vorsorgeuntersuchungen, Krankengeld
b) gesetzliche Rentenversicherung	Altersrenten, Witwen-/Waisenrenten
c) gesetzliche Unfallversicherung	Unfallverhütung im Betrieb, Unfallrente
d) Arbeitslosenversicherung	Arbeitsvermittlung, ALG I
e) Pflegeversicherung	Pflegegeld, Sachleistungen

zu
Der Sozialversicherungsausweis muss beim Arbeitgeber abgegeben und bei wechselnder Beschäftigung immer mitgeführt werden, z. B. auf Baustellen.

zu
Sozialgerichte sind zuständig für Klagen im Zusammenhang mit den gesetzlichen Sozialversicherungen, z. B. Klage auf Übernahme von Reha-Maßnahmen, Klage gegen einen Rentenbescheid usw.

zu
Probleme der gesetzlichen Sozialversicherungen
a) Längere Lebenserwartung der Menschen bewirkt: Die Zeitspanne, in der ältere Mitmenschen Rente beziehen, verlängert sich. Die Zahl der Beitragszahler bleibt aber gleich. Mögliche Auswege sind höhere Beiträge oder ein Absenken des Rentenniveaus.
b) Eine steigende Zahl von Arbeitslosen führt dazu, dass die Anzahl der Beitragszahler sinkt, die der Leistungsempfänger hingegen steigt.

zu
Eine Kapital-Lebensversicherung
- schafft eine Zusatzrente im Alter,
- versorgt für begrenzte Zeit Hinterbliebene im Alter,
- ist steuerlich begünstigt und senkt so die Lohnsteuer.

zu ❼
Lösung: E – A – C – B – F – D – G

Lösungen zu den Multiple-Choice-Aufgaben auf den Seiten 148–149:

1. ❷, ❺
2. ❹
3. ❷
4. ❶, ❷
5. ❷, ❺
6. ❺
7. ❸
8. ❶
9. ❸, ❺
10. ❶, ❺
11. ❸, ❹
12. ❷, ❺
13. Individuelle Lösungen

Kapitel 7: Staat und Wirtschaft
Kapitel 7.1

Lösungen zu den offenen Aufgaben (in Kurzform) auf Seite 157:

zu
a): 3; b): 2; c): 1; d): 3; e): 3; f): 2; g): 1

zu
Kernaufgaben des Staates zur Sicherung der sozialen Marktwirtschaft sind:
- marktwirtschaftliche Grundregeln sichern, z. B. durch Untersagung von Kartellen,
- Störungen von innen und außen mildern, z. B. durch Förderung strukturschwacher Gebiete,
- soziale Korrekturen zugunsten der Schwächeren vornehmen, z. B. durch die Steuerprogression.

zu
Chancen der Globalisierung für Arbeitnehmer:
- Erhöhung der beruflichen Mobilität, auch ins Ausland,
- Spezialisierung für hochwertige Tätigkeiten wahrscheinlich,
- stabile Preise durch verstärkte Abnahme aus dem Ausland.

(Weitere individuelle Antworten sind möglich.)

Gefahren der Globalisierung für Arbeitnehmer:
- Arbeitslosigkeit durch Verlagerung von Betrieben ins Ausland,
- sinkende Löhne durch mehr Konkurrenz auf dem Arbeitsmarkt,
- Zwang, sich dem internationalen Arbeitsmarkt anzupassen.

(Weitere individuelle Antworten sind möglich.)

zu
Kennzeichen einer Hochkonjunktur sind:
- hohe Preise,
- Vollbeschäftigung,
- hohes Bruttoinlandsprodukt.

Kennzeichen einer wirtschaftlichen Depression sind:
- Arbeitslosigkeit,
- stabile bis fallende Preise,
- niedrige Kredit- und Guthabenzinsen.

zu 5

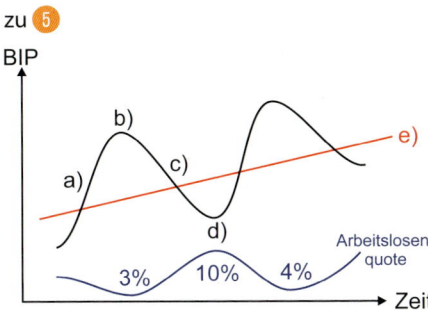

a) Aufschwung (Expansion)
b) Hoch (Boom)
c) Abschwung (Rezession)
d) Tief (Depression)
e) Stetige Wachstumskurve

In der Hochkonjunktur sinkt die Arbeitslosenquote, weil die Betriebe mehr produzieren, in der Depression steigt sie, da die Aufträge zurückgehen.

zu 6

a) Rezession:	Geldmenge und Gütermenge nehmen ab. Da die Abnahme gleichförmig ist, bleiben die Preise trotzdem stabil.
b) Aufschwung:	Geldmenge und Gütermenge nehmen zu. Da die Zunahme gleichförmig ist, bleiben die Preise trotzdem stabil.
c) Stagnation:	Geldmenge und Gütermenge bleiben gleich. Es gibt kein Wachstum der Wirtschaft.
d) Deflation:	Die Geldmenge nimmt stärker ab als die Gütermenge. Die Kaufkraft steigt, die Konsumenten neigen zur Kaufzurückhaltung, weil sie auf weiter sinkende Preise hoffen.
e) Inflation:	Die Geldmenge nimmt stärker zu als die Gütermenge. Die Preise steigen, da die Konsumenten verstärkt Güter nachfragen.

Lösungen zu den Multiple-Choice-Aufgaben auf den Seiten 158–159:

1. ①, ④
2. ②, ⑤
3. ②
4. ②
5. ①, ③
6. ①, ②
7. ⑤
8. ④, ⑤
9. ①, ③
10. ⑤
11. ④
12. ③, ④
13. ①, ③, ⑤
14. ③, ⑤
15. ②, ③
16. ②, ⑤
17. ③, ⑤

Lösungen zu den Musterprüfungssätzen

Musterprüfungssatz 1

1. a) ③; b) ④; c) ②; d) ①; e) ⑤
2. ④
3. ②, ④
4. a) ③; b) ①; c) ③; d) ③; e) ③
5. a) 50.000; b) 50.000; c) €/MA
6. ①
7. a) 1,90; b) 32,76
8. ④
9. 120 €
10. ①, ③
11. a) ①; b) ④; c) ③; d) ②; e) ②
12. ③
13. ⑤
14. ①
15. ①, ②, ④
16. ①, ③
17. a) ⑤; b) ①; c) ②; d) ③; e) ④
18. a) ⑤; b) ①; c) ③; d) ③; e) ④
19. ①, ⑤
20. ①, ④, ⑤
21. ②, ④
22. ①, ③
23. ③, ④
24. ③, ④
25. ②, ⑤
26. ②
27. a) ④; b) ③; c) ①; d) ②; e) ④
28. ②, ⑤
29. a) ③; b) ①; c) ⑤; d) ②; e) ④
30. a) ①, ③; b) ②, ④

Musterprüfungssatz 2

1. a) ③; b) ②; c) ①; d) ④; e) ⑤
2. ①
3. a) 01, 08, 10; b) 02, 04; c) 03, 05, 06, 07, 09
4. a) ①; b) ②; c) ③; d) ②; e) ②
5. a) ⑤; b) ②; c) ④; d) ①; e) ③
6. a) 1,16; b) 1,50; c) 27,27
7. ④, ⑤
8. ②, ⑤
9. a) ①; b) ③; c) ②; d) ③; e) ③
10. ③
11. ① a); ② b); ③ a); ④ b); ⑤ a)
12. ①, ③, ④
13. a) ④; b) ③; c) ①; d) ②
14. ①
15. a) 48.500 €; b) 1746 €
16. ⑤
17. ①, ③, ⑤
18. ①, ③
19. a) ③; b) ②; c) ①; d) ③; e) ②
20. a) ②; b) ②; c) ①; d) ③; e) ③
21. ②, ④
22. ②, ⑤
23. ①
24. ②, ③
25. a) 01, 05, 07; b) 04, 08; c) 03, 06, 10; d) 02, 09
26. a) 580,26 €; b) 3679,26 €
27. ②, ④
28. ③, ④
29. ①, ④
30. a) A① B④   e) A② B③
    b) A① B⑤   f) A② B③
    c) A① B⑤   g) A① B⑤
    d) A① B⑤   h) A① B⑤

Musterprüfungssatz 3

1. ④, ⑤
2. a) ③; b) ①; c) ⑤; d) ④; e) ①; f) ⑥
3. ③, ⑤
4. a) ③; b) ①; c) ③; d) ②; e) ①; f) ②
5. a) 1,5 Mio. €; b) 0,9 Mio. €; c) 28,3 %; d) 37,5 %
6. ①, ③
7. ①, ③, ⑤
8. a) 04, 06, 09; b) 03, 07; c) 01, 05, 10; d) 02, 08
9. ③, ⑤
10. a) ②; b) ⑤; c) ④; d) ③; e) ①
11. ③, ④
12. a) ④; b) ①; c) ②; d) ③
13. ②, ④
14. ③
15. ②, ⑤
16. a) ①; b) ④; c) ③; d) ②; e) ①
17. ①, ③, ④
18. ⑤
19. ②
20. a) 3,37; b) 1
21. ①, ⑤
22. a) ②; b) ②; c) ①; d) ②; e) ①; f) ①; g) ②
23. ③, ④
24. g) 1; h) 2; d) 3; c) 4; f) 5; e) 6; a) 7; b) 8
25. ②, ⑤
26. a) ①; b) ①; c) ①; d) ②; e) ②
27. a) ②; b) ①; c) ①; d) ①; e) ②
28. ②
29. ②, ③, ⑤
30. ①

Sachwortverzeichnis

A

Ablauforganisation 24
Abmahnung 46
Absatz 24, 39
– direkter 39
– indirekter 39
– -organisation 38
– -politik 36
Abschlussprüfung 110, 111
Abschöpfungspreis 36
Abschwung (Rezession) 153
AG 87
Aktie 88
Aktiengesellschaft 88
Aktionär 88
Aktionsebene 40
Aktiva 28
Alleinstellungsmerkmal 41
Altersstruktur 145
Altersvorsorge 145
– Basisversorgung 145
– private 145
– Zusatzversorgung 145
Anbieter 47
Änderungskündigung 122, 123
Angebot 15, 16
Angebotsmonopol 17, 47
Angebotsoligopol 17, 47
Angebotsüberhang 17
Anhörungsrechte 129
Annuitätendarlehen 61
Anwaltszwang 146
Arbeit 22, 23
– dispositive 23
– exekutive 23
Arbeitgeber 120
Arbeitgeberorganisation 136
Arbeitgeberverband 136
– Ziele 136
– Zusammenschluss 136
Arbeitnehmer 120, 128
– Beteiligungsrechte 128
– Mitwirkungsrechte 128
Arbeitnehmerrechte 130
– allgemeine 130
Arbeitsablauf 24, 29
Arbeitsgericht 124
Arbeitsgerichtsbarkeit 123, 124
– Instanzen 124
Arbeitskampfmaßnahmen 137

Arbeitslosengeld 144
Arbeitslosenversicherung 143, 144
Arbeitspflicht 120
Arbeitsrecht 74, 119, 120, 124
– am Arbeitsplatz 120
– individuelles 120
– kollektives 120
– Rangfolge 119
Arbeitsrichter 124
Arbeitsschutz 118
Arbeitsschutzgesetz 118
– Schutzvorschriften 118
Arbeitsschutzrecht 120
Arbeitsteilung 28, 29, 30
– betriebliche 28
– horizontale 30
– internationale 30
– Mengenteilung 29
– Nachteile 30
– Phasenteilung 29
– vertikale 29
– volkswirtschaftliche 29
– Vorteile 30
Arbeitsvertrag 97, 119, 121, 122
– Arbeitgeber 121
– Arbeitnehmer 121
– Beendigung 121
– Befristung 121
– Besonderheiten 121
– Praktikanten- 121
– Sonderform 121
– unbefristeter 121
– Zeit- 121
Arbeitszeit 109
Arbeitszeitschutz 120
Arge (Arbeitsgemeinschaft) 48
Artteilung 28
Aufbauorganisation 24
Aufschwung (Expansion) 153
Aufsichtsrat 89, 131
Ausbilder 107, 110
– Pflichten 110
Ausbildung 108
– Berufsschule 108
– Betrieb 108
– Lernorte 108
Ausbildungsbetrieb 107
Ausbildungsmaßnahme 109
Ausbildungsvergütung 109

Ausbildungsvertrag 97, 108, 109
– Pflichten 109
– Rechte 109
– Vertragspartner 109
Ausschaltungsfunktion 17
Ausstattungspolitik 40
Auszubildende 110
– Pflichten 110

B

Bankkarte 54
Barzahlung 53
Bedarf 1, 2
– qualitativer 2
– quantitativer 2
– räumlicher 2
– -träger 2
– zeitlicher 2
Bedürfnis 1, 2
– immaterielles 2
– Individual- 2
– Kollektiv- 2
– materielles 2
– Pyramide 1
Beglaubigung 81
Benchmarking 7
Berufsausbildung 107, 108, 109
– -gesetz 108
– Ende 109
– Prüfungen 110
Berufsausbildungsvertrag 108
– Inhalte 108
Berufsbildungsgesetz (BBiG) 108
Berufshaftpflichtversicherung 70
Berufsschule 108
Berufsspaltung 30
Berufsteilung 30
Berufsvorbereitung 108
Berufung 75
Beschaffung 24
Beschäftigungspflicht 120
Besitz 82
Besorgungsvertrag 97
Besteuerung 66
Beteiligungsrechte 128
Betrieb 108
Betriebsmittelkredit 55
Betriebsorganisation 24
– Ziele 24

Betriebsrat 128, 129
- Aufgaben 128
- Freistellung 128
- Rechte 129
- Tätigkeit 128
- Wahl 128
Betriebsvereinbarungen 119, 129
Betriebsverfassungsgesetz (BetrVerfG) 128
Betriebsversammlung 129
Betriebswirtschaftslehre 150
Beurkundung 81
Bevölkerungspyramide 145
BIC (= Bank Identifier Code) 54
Bilanz 28
Bilanzanalyse 28
Bismarck, Otto von 142
Blankokredit 60
Boden 22, 23
Boom 153, 154
Bruttoinlandsprodukt (BIP) 35
Buchgeld 54
Bundeskartellamt 48
Bundesverband der Deutschen Industrie (BDI) 136

C
Cash Cow 36
Content Marketing 41
Controlling 24
Customer Relationship Management 38

D
Darlehen 61
- Annuitäten- 61
- Fälligkeits- 61
- Tilgungs- 61
Darlehensvertrag 97
Dauerauftrag 54
Deflation 155
Deliktfähigkeit 75
Depression 153, 154
Dienstleister 7, 34
Dienstleistung 6
Dienstvertrag 98, 122
DIN ISO 9001 24
Directors-and-Officers-Versicherung 70
Dispositionskredit 55
Dispositiver Faktor 23

Distribution 38
- akquisitorische 38
- logistische 38
Distributionspolitik 38
Distributions- und Vertriebspolitik 40
Dual 108
duales System 108

E
ECVET 113
eG 87
Ehegattensplitting 67
Eigenfinanzierung 59
Eigenkapital 59
- -quote 59
Eigentum 82
- -vorbehalt 83
Eingangssteuersatz 67
Einigungsstelle 129
Einkommensteuer 67, 68
- -tarife 67
Einlagefazilität 156
Einzelfertigung 7
Einzelhandel 34
Einzelüberweisung 54
Elementarfaktoren 23
EQR 113
Erfüllungsgeschäft 96, 98, 99
Erhardt, Ludwig 151
Erstausbildung 107
- berufliche 107
Europäischer Qualifikationsrahmen (EQR) 113
Europäische Union 151
Europäische Wirtschaftsgemeinschaft (EWG) 151
Europäische Zentralbank (EZB) 154, 155
- Aufgaben 154
- Instrumente 155
- Konjunktur 156
- Leitzins 155
- Maßnahmen 156
Euroraum 154
Eurozone 156
Extremumprinzip 8

F
Factoring 60
Faktor 24
- dispositiver 24
Fälligkeitsdarlehen 61

Familienrecht 74
Fazilitäten 156
Fernabsatzverträge 100
Fertigung 7, 29, 34
Fertigungsbetrieb 34
Finanzierung 59
Finanzwirtschaft 53
Flexibilität 112
Ford, Henry 29
Fordismus 29
Form-Kaufmann 91
Fortbildung 111, 112
- allgemeine 111
- berufliche 111
Franchisesystem 39
Freibetrag 69
Fremdfinanzierung 59, 60
Fremdkapital 59
- -quote 59
Friedensfunktion 137
Führungsprozess 24
Fünfjahresplan 150
Fürsorgepflicht 120
Fusion 48, 49

G
GbR 87
Gefährdungsbeurteilung 118
Gefahrenschutz 120
Gehorsamspflicht 120
Geld 27, 155
- -menge 155
Geldkarte 54
Geldpolitik 154, 155
- Deflation 155
- Inflation 155
Geld- und Währungspolitik 154
Generalstreik 138
Gerichtsbarkeit 74
- besondere 74
- ordentliche 74
gesamtwirtschaftliches Gleichgewicht 153
Geschäftsfähigkeit 75, 76
Gesellschaft 89
- Gewinnbeteiligung 89
Gesetze 73
Gesetz gegen den unlauteren Wettbewerb 49
- gegen Wettbewerbsbeschränkungen 49
Gewerbeaufsichtsamt 118
Gewerbesteuer 69

Gewerkschaften 135
– Aufgaben 135
– Organisation 135
– Prinzip 136
Gewinnbeteiligung 89
Gewinn- und Verlustrechnung 28
Gewohnheitsrecht 74
Giralgeld 54
Girokonto 54
Gläubigerverzug 101
Gleichgewichtsmenge (GGM) 15, 16
Gleichgewichtspreis (GGP) 15, 16
Globalisierung 151
Global Sourcing 9, 34
GmbH 87
Großhandel 34
Grundfreibetrag 67
Grundrente 87
Grundsicherung 87
Grundstoffindustrie 7
Güter 5
– Komplementär- 6
– Konsum- 5
– Produktions- 5
– Substitutions- 6
– -produktion 22
Güteverhandlung 124

H

Handel 34
Handelsrecht 88
Handelsregister 91
Handelsunternehmen 34
Handlungsvollmacht 89
Handwerksbetrieb 7
Handwerkskammern (HWK) 136
Hartz IV 144
Hauptversammlung 89
Hebesatz 69
Höchstpreis 17
Holding 48

I

IBAN (= International Bank Account Number) 54
IG (Interessengemeinschaft) 48
Individualversicherung 146
Industriebetrieb 7
Industriegewerkschaft 136
Industrieländer 151
Industrie- und Handelskammer (IHK) 136

Inflation 155
Informationsebene 40
Informations- und Beratungsrecht 129
Innung 137
Instanz 124
Interessenverband 135
– Arbeitgeber 135
– Arbeitnehmer 135
– Eigenschaften 135
Internal Function Management 38
Internetbezahlsysteme 54
Investition 9, 59
Investitionskapitel 59
Ist-Kaufmann 91

J

Job-AQTIV-Gesetz 112
Jugendarbeitsschutz 118
Jugendarbeitsschutzgesetz 118
– Vorschriften 118
Jugend- und Auszubildendenvertretung (JAV) 130
– Rechte 130
– Wahl 130

K

Kammer 7
Kann-Kaufmann 91
Kapital 22
Kapitalbeteiligung 48
Kapitalgesellschaft 87, 131
Kartell 48, 49
– Empfehlungs- 49
– Gebiets- 49
– Preis- 49
– Quoten- 49
Kaufkraft 1
Kaufmannseigenschaften 91
Kaufvertrag 98
Kenngröße 7
Kernprozess 24
KG 87
Kommunikationspolitik 40
Komplementärprodukt 17
Konjunktur 153, 154
– Boom 154
– Depression 154
– -phase 154
– -politik 153
– -schwankungen 153
– -verlauf 153

Konsumentenrendite 16
Konsumentenrente 15, 17
Konsumgüter 27
Konsumverzicht 27
Kontokorrentkredit 55
Kontokorrentzins 62
Kontrahierungs- und Preispolitik 40
Konzentration 46, 47, 48
– diagonale 48
– horizontale 48
– vertikale 48
Konzern 48
Kooperation 9, 48
Körperschaftsteuer 69
Krankenversicherung 143
Kredit 59, 61, 62
– Blanko- 60
– Factoring 60
– -formen 60
– Lieferanten- 60, 62
– Lombard- 60
– Personal- 59
– Real- 60
– Tilgung 60
– Zessions- 60
– Zinszahlung 60
Kreditkarte 54
Kreditpunkte (credit points) 113
Kündigung 109, 122, 123
– Änderungs- 123
– außerordentliche 123
– ordentliche 123
Kündigungsschutz 121, 122, 123
– erhöhter 123
– -klage 122
KVP (kontinuierlicher Verbesserungsprozess) 7

L

Lastschriftverfahren 54
Leasingvertrag 97
Leiharbeitnehmer 121
Leihvertrag 97
Leistungserstellung 34
Leistungsprozess 22
– betrieblicher 22
Leistungsstörung 100, 101
Leitzins 154, 155
Lenkungsfunktion 17
Lernort 108
Lieferantenkredit 60, 62
Lieferantenzinssatz 62

Limited Company (Ltd.) 88
Lobbyisten-Liste 135
Lohnsteuer 67
- -tabelle 68
Lombardkredit 60

M
Magisches Viereck 153
- Ziele 153
Managementebene 40
Mangelzustand 1
Marketing 2, 39, 40, 41
- Aufgabe 39
- Content 41
- -instrumente 39, 40, 41
- Mix 39, 40
- Ziel 39
Markt 15, 17, 47
- -formen 47
- Gleichgewichts- 15
- grauer 17
- Käufer- 15
- schwarzer 17
- Verkäufer- 15
Marktforschung 40
Marktwirtschaft 150, 151
- freie 150
- soziale 150, 151
- sozialistische 150
Maslow, Abraham H. 1
Massenfertigung 7
Maximierungsprinzip 8
Mengenteilung 28, 29
Mietvertrag 97
Mindestlohn 17, 151
Mindestpreis 17
„Mini-GmbH" 87
Minimierungsprinzip 8
Mitbestimmung 131
- Kapitalgesellschaften 131
- Montanindustrie 131
- paritätische 131
Mitbestimmungsrechte 129
Mittelstandskartelle 49
Mitwirkungsrechte 128
Mobilität 111, 112
Monopol 47
Montanindustrie 131
Multiple Sourcing 34
mündliche Ergänzungs-
   prüfung 111

N
Nachfrage 1, 15, 16
Nachfragemonopol 17, 47
Nachfrageoligopol 17, 47
Nachfrager 47
Nachfrageüberhang 17
Nachhaltigkeit 10
Nicht-Rechtzeitig-Lieferung
   101
Nicht-Rechtzeitig-Zahlung
   101
Niedriglohnländer 151

O
Öffnungsklausel 137
OHG 87
Ökologie 10
Online-Kaufvertrag 100
- Widerrufsrecht 100
- Zahlungsverkehr 100
Onlineshop 39
Ordnungsfunktion 137
Outsourcing 9

P
Pachtvertrag 97
paritätisch 131
Passiva 28
Pause 109
Penetrationspreis 36
Personalakte 130
Personalentwicklung 40
personal politics 40
Personengesellschaft 87
Pflegeversicherung 143
Pflichten 120
- Arbeitgeber 120
- Arbeitnehmer 120
Phasenteilung 29
physical facilities 40
place 40
Planwirtschaft 150
Polypol 47, 48
Poor Dog 36
Portfolioanalyse 36
- Cash Cows 36
- Poor Dogs 36
- Question Marks 36
- Stars 36
Potenzialfaktor 23
Preis 36
- Abschöpfungs- 36
- Penetrations- 36

Preisangabenverordnung
   (PAngV) 36
Preisauszeichnung 36
Preisbildung 15, 17
Preise 17
- Ausschaltungsfunktion 17
- Lenkungsfunktion 17
- Signalfunktion 17
Preispolitik 34
price 40
Privatinsolvenz 2
Privatversicherung 146
product 40
Product Management 38
product positioning 40
Produkthaftpflicht-
   versicherung 70
Produktion 24
Produktionsfaktoren 6, 7, 22, 23
- Arbeit 22
- betriebswirtschaftliche 23
- Boden 22
- dispositive Faktoren 23
- Elementarfaktoren 23
- Kapital 22
- Potenzialfaktoren 23
- Repetierfaktoren 23
- volkswirtschaftliche 22
Produktionsformen 6
Produktionsprozess 22
Produktivität 7, 8
Produktlebenszyklus 35, 36
- Auslaufphase 35
- Einführungsphase 35
- Reifephase 35
- Sättigungsphase 35
- Wachstumsphase 35
Produktpolitik 34, 35
- Produkteliminierung 35
- Produktgestaltung 35
- Produktinnovation 35
- Produktvariation 35
Produktpositionierung 40
Produkt- und Servicepolitik 40
Produzentenrendite 16
Produzentenrente 16, 17
Prokura 89
promotion 40
Prüfung 110
- Abschlussprüfung 111
- mündliche 111

Q

Qualifikation 111
Qualitätsmanagementsystem 24
Question Mark 36
Quittung 53

R

Rationalisierung 9
Realkredit 60
Recht 74
– Arbeits- 74
– Familien- 74
– formelles 74
– geschriebenes 74
– Gewohnheits- 74
– materielles 74
– öffentliches 74
– Privat- 74
– Sozial- 74
– Straf- 74
– Verfassungs- 74
rechtsbekundend
 (deklaratorisch) 91
rechtserzeugend (konstitutiv) 91
Rechtsfähigkeit 75
Rechtsformen von
 Unternehmen 87
Rechtsgeschäfte 81, 82, 96
– anfechtbare 81, 82
– Beglaubigung 81
– Beurkundung 81
– einseitige 81
– nichtige 82
– rückwirkende 82
– unwirksame 82
– zwei- und mehrseitige 81
Rechtsnormen 73
Rechtsobjekt 82
Rechtsordnung 73
Rechtsstreitigkeit 74
Rechtssubjekt 82
Recycling 10
Rendite 9, 88
Rentabilität 7, 9
Rentenversicherung 143
Repetierfaktoren 23
Ressourcenschonung 10
rote Zahlen 8
Rücklage 59

S

Sachkapital 27
Satzungen 73
Schichtzeit 109
Schlechtleistung 101
Schlichtungsverfahren 138
Schlüsselindustrie 7
Schutzfunktion 137
Schutzvorschriften 119
– soziale 119
– technische 119
Schwarzarbeit 144
Schwarze Liste 46
Schwellenland 151
Schwerindustrie 7
Schwerpunktstreik 138
SEPA-Verfahren 54
Serienfertigung 7
Signalfunktion 17
Sociatas Europaea (SE) 88
Sortimentspolitik 36
– Sortimentsbereinigung 37
– Sortimentsbildung 37
– Sortimentsbreite 36, 37
– Sortimentserweiterung 37
– Sortimentstiefe 36, 37
soziale Marktwirtschaft 151
– Kennzeichen 151
soziale Sicherung 144
– Finanzierung 144
– Fürsorge 144
– Probleme 144
– Versorgung 144
– Vorsorge 144
soziales Netz 144
Sozialgericht 146
Sozialgerichtsbarkeit 146
– Anwaltszwang 146
– Verfahren 146
Sozialrecht 74
Sozialstaatsgebot 144
Sozialsystem 145
Sozialversicherungen 142, 144
– Beitrag 143
– Beitragszahlung 144
– gesetzliche Grundlage 143
– Leistungen 143
– Mitgliedschaft 144
– Säulen 142
– Träger 143
– Versicherte 143
– Zwangssolidarprinzip 142
Sozialversicherungsausweis 144
Spezifikationskauf 100
Spitzenrefinanzierungs-
 fazilität 156
Staatsverschuldung 155
Stabilitätsgesetz 153
Standort 152
– -faktoren 152
– -nachteil 152
– -verlagerung 152
Star 36
Steuer 66, 67
– -arten 66, 67
– direkte 67
– Einkommen- 68
– -einnahmen 66
– -erklärung 68
– Freibetrag 69
– Gewerbe- 69
– Grundfreibetrag 67
– indirekte 67
– Körperschafts- 69
– Lohn- 67
– Lohnsteuertabelle 68
– -quote 66
– -tarife 67
Steuermesszahl 69
Strafrecht 74
Streik 138
– Spielregeln 138
Substitution 23
Substitutionsprodukt 17
Sympathiestreik 138

T

Tarifautonomie 137, 151
Tarifkollision 136
Tarifrecht 137
Tarifverhandlungen 138
Tarifvertrag 119, 137
– Funktionen 137
Tarifvertragsgesetz (TVG)
 137
Tarifvertragsparteien 137
Täuschung 82
– arglistige 82
Taylorismus 29
Tilgung 60
Tilgungsdarlehen 61
Tilgungsrate 61
Treuepflicht 120

U

Überlassungsvertrag 96
überstaatliche Normen 73
Umschulung 111, 112
Umtauschrecht 100

Umwegproduktion 23
umweltschonendes Verhalten 10
Unfallversicherung 143
Unterlassungserklärung 46
Unternehmen 7, 34, 49, 87, 88, 89
- Einzel- 89
- große 88
- marktbeherrschende 49
- -formen 87
- Ziele 7
Unternehmenszusammenschluss 48
- Kapitalbeteiligung 48
Unternehmergesellschaft 87
Unterstützungsprozesse 9, 24
Urlaub 109
Urproduktion 6
Urteil 74
UWG (Gesetz gegen den unlauteren Wettbewerb) 46
- Abmahnung 46
- Schwarze Liste 46
- Tatbestände 46
- Unterlassungserklärung 46
- Verbot 46

V
Verarbeitung 6
Verbraucher 27
Verfassung 73
Verfügungsgeschäft 99
Verhalten
- umweltschonendes 10
Verjährungsfristen 102
Verlustrechnung 28
Vermögensschadenhaftpflicht-Versicherung 70
Verordnungen 73
Verpflichtungsgeschäft 96, 98
Verrechnungsscheck 54, 55
Verschwiegenheitspflicht 120
Versicherungen 70, 146
- Art 70
- Kranken- 146
- Lebens- 146
- Personen- 70, 146
- private 146
- Sach- 70, 146
- Unternehmen 70
- Vermögens- 70, 146

Vertragsarten 96, 97, 98
- Arbeitsvertrag 97
- Ausbildungsvertrag 97
- Besorgungsvertrag 97
- Darlehensvertrag 97
- Dienstvertrag 98
- Kaufvertrag 98
- Leasingvertrag 97
- Leihvertrag 97
- Mietvertrag 97
- Pachtvertrag 97
- Werkvertrag 98
Vertragshändler 39
Volkswirtschaft 47
Volkswirtschaftslehre 150
Vorschriften und Weisungen 73
Vorstand 89, 131

W
Wachstum 27, 35
Wachstumsspirale 27
Wahlqualifikation 107
Währungskrise 154
Währungspolitik 154
Warnstreik 138
Weisungsbefugnis 24
Weiterbildung 111
Werbung 46
- vergleichende 46
Werkvertrag 98, 122
Wertschöpfung 7, 9
Wettbewerb 46, 47
Wettbewerbsbeschränkungen 49
Widerrufsrecht 100
Willenserklärung 81
- empfangsbedürftige 81
Wirtschaft 7, 46, 47, 151
- globale 151
- Konzentration 46, 47
- Ziele 7
Wirtschaftlichkeit 7, 8
Wirtschaftsausschuss 129
Wirtschaftsgüter 5
- Gebrauchsgüter 5
- immaterielle 5
- materielle 5
- Verbrauchsgüter 5
Wirtschaftskreislauf 27
- Wachstum 27
Wirtschaftspolitik 153

Wirtschaftsprinzip 7
Wirtschaftssystem 150
- Idealformen 150
- Kennzeichen 150
- Realformen 150
Wirtschafts- und Währungsunion 154
Wirtschaftsverband 136

Z
Zahlung 53, 54
- Bar- 53
- bargeldlose 54
- halbbare 53
Zahlungsbedingung 99
Zahlungsverkehr 53, 55
- Störungen 55
Zentralverwaltungswirtschaft 150
Zessionskredit 60
Zeugnis 110
- einfaches 110
- qualifiziertes 110
Zins 9
Zinszahlung 60
Zivilgericht 74
Zivilprozess 74
Zulieferer 34
Zusammenschluss 48
zuständige Stelle 108
Zwangsmitgliedschaft 137
Zwangssolidarprinzip 142
Zwangsvollstreckung 75
Zwischenprüfung 110
Zwischenzeugnis 130